빈항아리의 투덜거림

여규식 씀

은퇴하신 후 항기缸氣 여규식呂圭植 목사의 근영

책머리에

자식들이 정성모아 차려준 팔순 생일상을 받고 나니 새롭게 느껴지는 바가 있습니다. 그간 물안개 긴 듯 희미하고 멀리 보이던 요단강 언덕이 이젠 분명하고 뚜렷하게 보이는 것입니다. 그 언덕을 바라본 눈으로 내가 살아온 지난 삶을 돌아보았습니다. 일제치하, 6·25동란 등 그 험난한 격동의 세월을 용케도 헤쳐나왔다는 감회가 깊습니다.

저의 삶을 오늘의 이런 모습으로 형성한 중요한 계기를 돌아보면, 그것은 한국신학대학에서 기독교신학을 전공한 일과 군목으로 장기간 복무한 일이었다고 생각됩니다. 저는 한국신학대학을 졸업한 뒤 1958년에 육군 중위로 임관하여 군목으로서 많은 사병들과 장교들을 상대로 기독교를 전도하고 신앙생활을 지도하면서 두 가지 생각을 했습니다.

하나는 "프로테스탄트가 한국에 들어온 지 겨우 반세기를 넘긴 시기라서 기독교의 뿌리가 아직 이 땅에 제대로 내리지 못하고 있어 그 뿌리를 알려면 서쪽을 넘겨다 보아야 한다"라는 것이었습니다. 그래서 세계적으로 명성이 높은 서구의 큰 신학자들의 저서를 직접 읽어 보려고 몸부림을 쳤습니다. 당시 외국에 책을 주문하면 책값도 비싸기도 하려니와 내 손에 들어오기까지는 8, 9개월이 걸렸습니다. 그처럼 어렵게 구입한 책이기에 정독에 정독을 했고 거기 심취해서 도끼자루 썩는 줄 모르는 시간을 보냈습니다.

그렇게 무지개를 쳐다 본 그 눈으로 한국교회의 현실을 보니 절로 불평이 나올 수밖에 없었습니다. 그래서 소령으로 예편한 뒤 목회를 하면서도 계속 "이것은 아닌데…" 하고 투덜거리는 목회를 하게 되었습니다. 따라서 기쁨이 적은 목회일 수밖에 없었고, 이제 돌아보면 어떤 의미에서든 간에 성공적인 목회를 했다고 자부할 수가 없습니다.

다음으로는 "강단 위와 아래가 조화로운(不二) 목사가 되어야 할 텐데…" 하는 생각이 강렬했습니다. 그건 생각보다 매우 어려운 명제였습니다. 그래서 중요한 시험지를 앞에 받아 놓은 실력 부족한 학생처럼 크게 근심한 끝에 "어려운 문제와 씨름을 하다 보면 0점을 맞을 수가 있으니 쉬운 문제부터 풀어가자"고 생각했습니다. 그래서 "십자가는 너무 어려우니 뒤로 밀어 놓고 쉬운 문제부터 풀어간다"는 생각에서 '마태복음 5장 3절' 말씀을 삶의 목표로 정했습니다.

"심령이 가난한 자는 복이 있나니 천국이 저희 것임이요."

언제나 심신이 모두 가난했던 젊은 저에게 그 말씀은 매우 유리하고 고맙고 행복하게 다가왔습니다. 그래서 저의 위상을 '빈 항아리', 즉 '항기(缸氣)'에 두고 심령이 가난한 자로서의 모습과 그 뜻에 어긋나지 않는 삶을 살려고 몸부림쳤습니다. "진실로 '심령이 가난한 자'가 되게 해주소서!" 하는 것이 제가 늘 하나님께 드리는 기도였습니다.

문제는 그런 마음 가짐으로 살다가 보니 자연히 물질을 다루는 일에 엄격해지게 되었고 '가난'을 존중하게 되었으며 따라서 가족들에게 평생 가난을 겪게 하는 고생을 시켰다는 점입니다. 제가 시무했던 교회의 장로님으로부터 "목사님은 돈에 대해서 너무 결벽증이 있으십니다"라는 한탄을 들은 적도 있습니다. 장로님이 그런 말을 할 지경이었으니 일반 교인들은 더 답답했겠지요.

이제 돌아보니, 극과 극은 모두 힘들고 고통스러운 것입니다. 목회자가 너무 돈을 밝혀서 추잡스럽게 부패하는 일도 매우 큰일이지만 반면에 너무 과도한 결벽증을 지니고 돈을 심하게 경계하는 나머지 제대로 유효하게 쓰지 못하는 것도 전혀 칭찬할 만한 일은 아닙니다.

모든 인간관계에도 적당한 물질의 오고 감이 유용한 윤활유의 역할을 합니다. 마찬가지로 목회하는 일에서도 돈이 교인들의 어려운 문제 해결 또는 복음 선양사업 추진 등 얼마든지 좋은 윤활유의 역할과 기능을 할 수 있습니다. 그런데 저는 그런 이점까지도 완강하게 거부하면서 목회자의 길을 걸었습니다. '마태복음 5장 3절'을 문자 그대로 궁극의 목표로 삼고 수십 년의 목회생활을 했습니다. 그런데 은퇴한 뒤에야 비로소 '극과 극은 모두 힘들고 곤란하고 어려운 일'이라는 뒤늦은 깨달음에 도달했습니다.

제가 이런 '큰 지혜'를 깨달은 '지혜자'가 된 것을 가리켜서 그것이 곧 '천국'을 차지한 것이라고 본다면, 제가 평생을 두고 얻기 위해 공력을 들여온 '마태복음 5장 3절'의 축복이 드디어 저에게서 이루어졌다고 할런지요. 하하!

애통은 행복의 관문입니다. 바로 거기에 교회가 있습니다. 그 안에 버티고 앉아서 주위를 향해 욕하고 돌팔매질을 하는 곳은 교회가 아닙니다. 그 안에 들어가서 내 부족을 슬퍼하며 내 가슴을 치는 곳이 교회입니다.

나는 그런 주님의 교회를 사랑합니다. 내 마음을 다해서 사랑합니다.

돌아보면 평생토록 가난에서 벗어나지 못한 고생을 시킨 것이 너무 마음 아파서 아내와 자녀들을 대할 때가 뼈가 부서지는 듯 고통스러울 때가 있습니다. 그러나 이내 하나님의 크신 위로가 힘차게 임재하셔서 그런 아픔을 물론 제 삶의 후회스런 부분과 고통과 고뇌와 수치들까지 모두 거뜬히 떨쳐내도록 역사하심을 느낍니다. 그러면 제 마음은 깊은 감사로 가득 찹니다. 저의 노년을 감사로 보낼 수 있는 귀한 축복을 내려주신 주님께 감사드리고 또 감사드립니다.

이 책은 명언집도 아니요, 설교집은 더더욱 아닙니다. 빈 항아리 속에서 울려나오는 낮은 작은 소리이고 노래입니다. 그러나 미약하나마 바로 이 소리를 내기 위하여 저는 평생 빈 항아리의 삶을 추구해 왔고, 이제 온 힘을 다하여 나의 마지막 노래를 나의 빈 항아리 밖으로 내어보냅니다.

컴맹 시아버지가 손으로 쓴 원고를 일일이 컴퓨터에 입력해 주는 등 늘 정성스럽게 도와준 막내 며느리 은영에게 고마움을 전합니다. 그리고 아비가 걸어간 길을 뒤따르고 있는 신현이가 이 책 출간을 위해서 원고 정리와 교정을 비롯한 여러 힘든 일들을 기꺼이 해 준 데에 대해 큰 고마움을 전합니다. 끝으로 글을 쓸 수 있도록 용기를 주신 김 글라라님께 감사를 드립니다.

2014년 6월 30일

缸氣 呂圭植

백구과극(白駒過隙)이라! 세월이 참으로 빠르게 지나갑니다.

목사님의 저서 『야곱의 모노로그』를 읽은 감동의 여운이 채 가시지도 않았는데 벌써 새 칼럼집 『빈 항아리의 투덜거림』을 펴내신다는 소식을 듣고 무척 반가웠습니다.

산수(傘壽)이심에도 이같은 왕성한 집필력의 발휘는 후배들에게 귀감이 되고도 남습니다. 진심으로 축하드립니다.

목사님의 저서를 읽으면서 신학적 깊은 조예와 의미심장한 표현들에 큰 매력을 느끼고 있었습니다. 이번 『빈 항아리의 투덜거림』 또한 곳곳에 목사님의 내면의 영성이 녹아 숨쉬는 듯한 느낌을 받았습니다. 특히 한국 기독교계의 현실적 위기를 직관하시고 일부 교직자들의 세속화, 성경의 자의적(恣意的) 해석, 신도들의 기복적(祈福的) 신앙행위 등에 참으로 안타까워하시는 모습을 곳곳에서 발견하면서 원로 교직자로서의 임무를 다하고 계심을 절감하였습니다. 동시에 교회에 대한 목사님의 깊은 애정과 연민을 느낄 수 있었습니다.

종교는 이제 지식만을 전달하는 시대를 살지 않습니다. 예수 그리스도에 대한 믿음을 삶으로 받아들인 사람의 체험과, 이에 따른 변화에서 우러나온 언어로 설득해야 하는 시대가 되었습니다. 목사님의 이러한 체험에 기인한 말씀의 은혜를 『야곱의 모노로그』에 이어 내놓으신 『빈 항아리의 투덜거림』을 읽는 독자들도 충만히 받으시기를 축원합니다. 한 편 한 편 넘길 때마다 주님을 만나는 행복한 체험을 하시기 바랍니다.

같은 목표를 지향하면서도 가톨릭과 개신교는 약간의 다른 교리를 바탕으로 삼고 있습니다. 따라서 극히 일 부분 공감하여 함께 하기 어려운 부분은 있습니다만, 교리의 옳고 그름을 떠나 우리는 예수 그리스도의 지체로서, 한 형제가 되어 내면적 일치를 이루고 있다는 기쁨과 희망을 갖는 것이 더 중요하다고 생각하였습니다.

오히려 목사님의 글에서 상대주의에 빠지지 않고 함께 진리를 모색하고자 손을 내미는 듯한 따뜻한 정을 느꼈습니다.

다시 한 번 『야곱의 모노로그』에 이어 목사님의 귀한 말씀의 은혜 『빈 항아리의 투덜거림』의 출간을 축하드리며 내내 건강하시고 주님의 은혜 충만하시기를 기원합니다.

2014년 초여름에
학교법인 가톨릭학원
박신언 몬시뇰

빛나는 지혜와 소중한 깨달음의 일생

송우혜(소설가)

여규식 목사님의 수상집 원고를 읽으면서 여러 번 감탄했다.

첫째, 신학을 전공하시고 평생토록 목회자의 길을 걸어가신 자취가 매우 진솔하고 역력하게 드러나 있는 것이 실로 보기 좋아서였다. 둘째, 여 목사님이 지니신 '세상에 대한 깊은 사랑과 애착'이 매우 인상적이어서였다. 셋째, 잘못된 세상살이들에 대해 '바로 잡음'을 추구하는 열기의 강렬함 때문이다. 넷째, 이것은 여 목사님이 평생토록 누리신 축복 중에서 매우 주요한 부분인데, 자신의 실생활을 통해서 지혜와 진리를 제대로 파악하고 깨달을 수 있는 사례들을 실제로 몸소 많이 경험하셨다는 점이다.

그래서 여 목사님의 글을 읽고 있노라면 빛나는 지혜와 소중한 깨달음으로 가득 찬 여 목사님이 살아오신 일생이 눈에 선하게 떠오른다.

여 목사님의 글을 읽으면 즐겁고도 복되다. 늘 살아서 깨어 있는 곧은 정신을 만나게 되고, 더구나 의표를 찌르는 유머를 통해 전달되는 진리를 대하게 된다. 예를 들어 이런 글을 보자.

주일 낮 예배 시 장로님의 기도 중에는 "지난 일 주일 동안 하나님을 생각하지 않고 세상을 사랑했습니다. 용서해 주십시오"라는 대목이 곧잘 들어간다. "하나님이 세상을 이처럼 사랑하사", 하나님이 이처럼 사랑하시는 세상을 사랑하지 않는 것이 잘못이지, 사랑한 것이 어찌 죄가 되겠는가!

여 목사님의 눈을 따라 세상을 바라보면 예수님의 가르침이 새삼 몹시 새롭고도 귀하게 다가온다. 겉으로 보기에는 작은 사건이지만, 정신 차려 들여다보면 그 안에 담겨 있는 의미는 실로 너무도 크고도 막중한 것임을 깨닫게 된다.

예수님이 제자들의 발을 씻기셨다는 것은 율법과 구약 전체를 뒤엎는 실로 혁명적인 사건이다. 스스로 꼬리가 되신 것이다. 축복의 제1장 제1조는 "가난한 자가 복이 있다"라고 하셨는데, 이 말씀도 구약적인 신앙을 송두리째 뒤엎어버리는 선언이다. 사도 바울은 이 같은 예수님의 말씀과 행하시는 모습을 바라보고 외쳤다. "그리스도께서 우리를 자유롭게 하려고 자유를 주셨으니 그러므로 굳건하게 서서 다시는 종의 멍에를 매지 말라"(갈 5:1).

여 목사님의 글에서 거듭거듭 지적되고 있는 신약과 구약의 차이, 또한 그를 통해서 드러나는 하나님의 모습의 서로 다름을 알고 깨우치고 확인하는 성찰은 매우 소중하고 긴요하고 흥미롭다. 우리가 세상을 살아가는 데 매우 긴요한 나침반의 역할과 기능을 담고 있다.

여규식 목사님의 『빈 항아리의 투덜거림』이라는 신앙수상집은, 하나님께서 매우 귀한 목회자를 우리 한국 기독교계에 보내주셨음을 가시적으로 세상에 드러내신 소중한 축복에 해당한다.

2014년 6월 30일

차 례

책머리에
추천의 말 / 학교법인 가톨릭학원 박신언 몬시뇰
추천의 말 / 송우혜(소설가)

제1부 종교의 가르침과 인간의 사색

I. 고난은 삶의 뿌리 / 20

1. 하나님의 사랑(예정론)과 성서적인 애국의 길 / 20
2. 하나님이 하시는 일, 고난은 삶의 뿌리 / 26
3. 문자주의(Literalism) / 27
4. 이신득의(以信得義, Justification)(롬 5:1) / 30
5. 성서는 어떤 책인가 / 32
6. 찬미하고 강림산으로 가자 / 34
7. 주일 낮 예배 기도 / 36
8. 잘 살아라 / 38
9. 제 2의 요한복음 3장 16절(갈라디아서 5장 1절) / 40
10. 십자가 : 천사와 악마의 분기점 / 43
11. 하나님은 알파(A)와 오메가(Ω) / 45
12. 억지로 임금 삼으려는 / 47
13. 영생의 숨소리 / 49
14. 성서의 4대문 현판 / 51
15. '예수의 이름만으로' 그 앞에 있어야 할 것 / 53
16. 바벨탑 이야기 / 55
17. 꾸지람 속에서도 / 57

Ⅱ. 목사(牧師) 유감 / 59

1. 천국 / 59

2. 목사(牧師) 유감 / 61

3. 멋있는 아버지 (눅 15:11~23) / 63

4. 리얼리스트(Realist) / 66

5. 리트리트 (Retreat : 후퇴하다, 퇴각하다)(요 6:15) / 68

6. 두루 파고 거름을 주리니(마 7:19, 눅 13:6~9) /70

7. 두 번 나다(重生) / 71

8. 뒤집힌 가치관(구약에서 신약으로) / 74

9. 땅에 묻혀 있는 주춧돌 / 76

10. 네가 어디 있느냐? / 78

11. 누구의 죄로 인함이니까? / 80

12. 내 탓이요!〈1〉/ 83

13. 넘치는 하나님의 사랑 / 85

Ⅲ. 그래도 희망은 있다 / 87

1. 산을 옮길 수 있는 겨자씨교회(행 2장) / 87

2. 주의 죽으심을 오실 때까지 전하라 /89

3. 머리에 기름을 바른 집사(마 6:17) / 92

4. 오늘 '만우 목사님', '만수 목사님'을 그리는 것은 /94

5. 여기에 기장(基長)과 한신(韓神)이 살 길이 있다 / 98

6. 산 소망 / 103

7. 성령 강림 그리고 그 열매 : 교회의 원형 / 105

8. 에덴보다 더 위에 있는 방 / 106

9. 예언자들 / 109

10. 그래도 희망은 있다 / 112

11. 대속주(代贖主) 예수 / 113

IV. 거듭난 삶(크리스천의 길) / 117

1. 천국을 건설하려는 자들 / 117

2. 설교와 선교의 뿌리 / 119

3. 구약만으로 설교할 수 있나? / 121

4. 속으로 나는 '아브라함의 자손' 하지 말라 / 123

5. 숨 쉬는 신앙 / 125

6. 그의 나라(십자가)를 앞에 묻으라 / 127

7. 참 복의 뿌리 : 기도 / 130

8. 오호라! 나는 곤고(困苦)한 사람이로다 / 132

9. 표적(기적)을 구하나 / 134

10. 모세교냐 예수교냐(구약만으로 설교가 될 수 없다) / 135

11. 거듭난 삶(크리스천의 길) / 138

V. 영성(Spirituality) / 141

1. 누가 겨울을 오게 했나? / 141

2. 성령 충만한 지도자 / 143

3. 세미한 소리 / 145

4. 영성(Spirituality)(누가복음 18:11~14) / 147

5. 하나님을 볼 수 있는 청결 / 149

6. 행복의 뿌리 / 151

7. 하나님의 손 안에(예정론) / 153

8. 흑암(黑暗)에서 광명(光明)으로 / 155

제2부 선(善) 속에서 솟아난 악(惡)

Ⅰ. 네 몸 같이[易地思之] / 158

1. 뱀과 비둘기와의 대화 / 158
2. 나누어 갖는 감사(눅 17:11~19) / 160
3. 귀신들린 사람(막 5:1~8) / 163
4. 네 몸 같이[易地思之](마태복음 22장 39절) / 165
5. 넘치는 잔 (시편 23) / 167
6. 내 탓이요!〈2〉 / 169
7. 종교의 뿌리(이루아) / 170
8. 마름과 시듦 속에서 새싹은 움튼다 / 173
9. 부활의 뿌리와 열매 / 175
10. 불평등 속에 숨어 있는 하나님의 사랑 / 177
11. 사람을 믿지 말라 / 179
12. 생각하게 하는 봄날들 / 181
13. 선(善)속에서 솟아난 악(惡)(막 14:17~21) / 183
14. 사랑은 영원하다(롬 8장, 고전 13장 13절) / 185

Ⅱ. 맹수들의 지혜(智慧) / 188

1. 성숙한 효도(孝道) / 188
2. 선(善)의 장사꾼들 / 190
3. 사랑의 알맹이(고린도전서 13장) /193
4. 생각하여 보라 / 195
5. 뜻 깊은 명절, 추석 / 197
6. 이 봄에 개똥밭을 기경하자! / 200
7. 야구인생 / 202

8. 약속(約束) / 204

9. 맹수들의 지혜(智慧) / 206

Ⅲ. 나라와 역사를 먼저 생각하며 / 208

1. 6·25 －십자가와 부활－ / 208

2. 13년 군생활 중 기억에 남는 것들 / 211

3. 102병원 근무 중 보람 있었던 일 / 216

4. 나의 월남전 참전기 / 219

5. 가라지를 뽑아 버리지 말라 / 225

6. 버들문화와 대나무 문화 / 227

7. 보다 더 무서운 죄악들 / 229

8. 거목(巨木, 嶺南)에서 떨어진 낙엽들 / 231

9. 귀신의 정체[本心] (눅 8:26~39) / 240

10. 메시아니즘(Messianism) / 242

11. 시들지 않는 삶 / 244

12. 만병통치약 / 246

13. 동방의 요셉 / 248

14. 세상 의사들이 손댈 수 없는 암 / 250

15. 양심(良心) / 252

16. 영원한 새것 / 254

17. 다윗과 골리앗의 싸움 / 256

Ⅳ. 마음의 눈[心眼]으로 보라 / 259

1. 부활꽃 : 모닥불 사랑(요 21:9~13) / 259

2. 선(善)의 도취 / 262

3. 시험에 들게 하지 마시옵고 / 264

4. 모닥불 / 266

5. 신을 기억하라 / 268

6. 십자가의 도(Paradox) / 270

7. 아상(我相) / 272

8. 신의 명령(Divine imperative) / 274

9. 서울지구원로회 기도 / 275

10. 마음의 눈〔心眼〕으로 보라 / 277

제3부 타락을 뛰어넘어 성숙(成熟)을

Ⅰ. 사랑과 지혜를 / 282

1. 내 사랑하는 아들딸 / 282

2. 생명(生命) / 284

3. 다문화(多文化) / 286

4. 심령이 가난한 자 / 288

5. 악한 자를 대적하지 말라 / 290

6. 애국(愛國) / 292

7. 우상숭배 말라 / 294

8. 장자의 명분 / 296

9. 하늘에 계신 우리 아버지여! / 298

10. 홍수에 마실 물이 없다 / 301

11. 재인(災人) / 303

12. 에덴의 비극 / 305

13. 두려움(이루아) / 307

14. 종교, 이웃사랑(이해) / 309

15. 세대교체 / 311

16. 나누어 준다는 것 / 313

17. 문익환 목사의 방북에 대한 우리의 견해 / 316

Ⅱ. 종교심(religious)이 많도다 / 319

1. 밤낮 자고 깨고 하는 중에 / 319
2. 외나무 다리 / 321
3. 웃어야 하나 울어야 하나 / 324
4. 자기보다 남을 낫게 여기고 / 326
5. 정직(正直) / 328
6. 제일(第一)주의 / 330
7. 좁고 협착한 길 / 332
8. 종교심(religious)이 많도다 / 334
9. 주의 발치에 앉아… 듣더니 / 336
10. 주일예배 기도 / 338

Ⅲ. 절망(絶望)과 희망(希望) / 340

1. 지혜와 순결의 대화 / 340
2. 착하고 충성된 종 / 342
3. 천하보다 더 귀한 생명(生命) / 344
4. 태풍(颱風) / 346
5. 포퓰리즘(Populism) / 349
6. 폭언(暴言), 폭력(暴力) / 350
7. 한국교회 성장의 네 뿌리 / 352
8. 햇빛 쪼이기(영원한 새것) / 355
9. 헌금(獻金) / 357
10. 옳다 옳다, 아니라 아니라. 하라 / 359
11. 절망(絶望)과 희망(希望) / 361
12. 타락을 뛰어넘어 성숙(成熟)을 / 364

■ 이 책에서의 권유 : 성현교회 원로목사 권 영 수 / 366

제1부

종교의 가르침과 인간의 사색

Ⅰ. 고난은 삶의 뿌리

Ⅱ. 목사(牧師) 유감

Ⅲ. 그래도 희망은 있다.

Ⅳ. 거듭난 삶(크리스천의 길)

Ⅴ. 영성(Spirituality)

I. 고난은 삶의 뿌리

1. 하나님의 사랑(예정론)과 성서적인 애국의 길

1) 예정론

창세기에 나오는 야곱의 아들 요셉은 아버지의 사랑을 독차지했다. 이로 인해 형들의 시기를 사서 어려움을 당하게 된다. 우리 민족도 세상의 많은 민족 중에서 하나님의 사랑을 가장 많이 받은 민족이다. 성지순례를 갔을 때 누구나 갖는 첫 생각은 '가나안 복지라 하는 가나안 땅에서 사는 민족보다 우리 민족이 더 많은 하나님의 사랑을 받고 있구나' 하는 생각일 것이다.

이로 인해 이 민족은 형들의 시기를 사서 오천 년 동안 수많은 침략을 받으며 살아 왔다. 중국 한족, 몽골족 그러다가 마지막에는 일본인들의 노예가 되기도 했다. 그러던 이 민족이 이제는 세계 강국과 어깨를 나란히 하게끔 되었다.

1945년 8월 15일 광복은 송두리째 하나님의 은혜다. 이 민족이 잘해서도 아니요, 애국지사들의 독립운동 때문도 아니다. 침략자들은 시기심과 자기 욕망을 채우려는 야욕에서 저지른 죄악이지만 하나님은 그들의 썩은 욕망의 거름을 이용해서 거기서 오늘 대한민국이란 아름다운 꽃이 피어나게 하셨다.

조선 말엽의 우리들의 모습이 어떠했는지 생각해 보라. 스스로의 힘으로는 도저히 일어설 수 없을 때 하나님은 일본이란 채찍을 드셔서 오늘 이만큼 살게 되는 기초를 놓아 주셨다. 일제 36년을 돌이켜 보면 부정적인 면도 있었고 긍정적인 면도 있었는데 이 둘이 합쳐져서 오늘 대한민국의 기초가 되게 하셨다.

다음으로 이 땅에는 1950년 6월 25일, 이른 새벽에 인류 최대의 동족상잔의 비극이 일어났다. 요셉의 형들이 요셉을 죽이려고 한 것과 같은 비극을 우리는 실제로 맛보게 되었다. 그러나 인간이 저지른 죄악을 하나님은 또다시 역으로 이용하셔서 새로운 대한민국이 태어나게 하셨다. 형들이 요셉을 죽이려 하다가 한발 물러서서 그를 당시 세계 최대 강국이요, 문화가 꽃피어 있는 애급이란 나라로 가게 했다. 가룟 유다가 스승을 팔아넘긴 그 비극적인 사건을 하나님은 만 인류를 구원하는 구속의 사건으로 만드셨듯이 애급으로 팔려간 요셉은 애급의 국무총리가 되어 야곱의 식솔들을 모두 아사로부터 구원해 주셨다.

동방의 요셉 대한민국도 마찬가지다. 6·25로 인해 대한민국은 오늘 세계 최강국 미국과 손을 잡게 되었고 젊은이들이 거기 가서 교육을 받고 오게 되었다. 오늘 세계를 주름잡고 있는 자동차 산업 뒤에는 군대 병기 장교가 있었고 항공, 중공업, 건설 등등의 그 위에는 육해공군 장교들의 땀이 서려 있다. 6·25가 없었다면 절대로 오늘의 대한민국은 존재할 수가 없다. 마지막으로 요셉은 죄 없이 감방생활을 했다. 마찬가지로 동방의 요셉 대한민국도 인권, 자유가 억압당하는 독재시대가 있었다. 인간의 일생도 마찬가지다.

사람이 태어나기 전에는 엄마 뱃속에서 자유도 인권도 민주도 없는 캄캄한 감방생활을 열 달 동안은 해야 한다. 군사독재 정부가 오늘의 대한 민국이 있게 한 모태의 역할을 했다는 것을 부인해서는 안 된다. 야곱의 아들 요셉은 이것을 알았다. 그래서 자기를 죽이려 한 형들을 만나서 그는 말했다. "당신들이 나를 이곳에 팔았다고 해서 근심하지 마소서… 하나님이 생명을 구원하시려고 나를 당신들보다 먼저 보내셨나이다.(창 45:5) 부디 내가 이 땅에 태어나기 전 열 달 동안 나를 가두어 두었다고 그리고 어렸을 때 매질을 몇 번 했다고 어머니에게 달려들지 말라."

이 모든 것은 하나님의 사랑의 섭리 속에서 이루어진 것임을 알고 감사하자. 그래야 오늘의 축복이 내일로 이어져 갈 것이다. 예정론은 장로교의 고유한 교리가 아니라 성서의 내용이요, 기독교 신학의 핵심 교리다. 그것은 인간의 반역 그럼에도 하나님은 사랑하신다는 사랑이야기다.

2) 애국

지금까지 하나님이 이 땅의 민족을 이처럼 사랑하신다는 것을 생각했다. 오늘을 살아가고 있는 사람들은 먼저 하나님께 감사하는 마음으로 이 나라를 사랑하고 지켜가야 할 것이다. 그런데 오늘 우리는 나라를 사랑하되 올바른 나라사랑의 길을 가야 할 것이다. 대원군의 나라사랑의 길과 명성황후의 그것은 같은 애국이었지만 내용은 달랐다. 이승만, 김구, 김일성은 같은 나라사랑의 뜨거운 마음을 가졌지만 결과는 엄청나게 달랐다. 그래서 여기서는 성서가 가르쳐주는 애국의 길을 생각해 보고 고린도전서 13장 사랑장에 기초해서 크게 애국을 세 종류로 나누어 보고자 한다.

첫째, 천사의 말과 예언의 능력 그리고 산을 옮길 만큼 확신에 찬 애국 –

이 땅에 처음 들어온 공산주의자들의 말은 천사의 말보다 훨씬 더 아름답고 향내나는 말들이었다. 부자도 없고 가난한 사람도 없는 골고루 잘사는 나라, 유토피아를 만들어 준다는 이 말이야말로 가브리엘 천사의 음성보다 더 아름다운 말들이었다. 그래서 이 말에 안 넘어간 사람이 없을 만큼 매혹적이었다. 6·25가 없었다면 한반도는 적화통일이 되었을지도 모른다. 이같이 아름다운 말로서 나라사랑하는 사람들은 기가 막히는 화술을 가지고 유토피아가 곧 온다고 미래를 예언한다. 이 사람들의 신념도 대단하다. 공산주의 신봉자 간첩이 처형되기 전에 마지막으로 남긴 말은 '나는 나라사랑한 죄 밖에 없소'라고 하며 웃었다는 것이다. 이 애국에서 나온 확신이 민족 최대의 비극 6·25를 가져왔다. 신이 창조하신 가장 선한 에덴동산에서 가장 무서운 악이 나왔듯이 그리고 허황된 인간의 꿈과 확신이 얼마나 무서운 결과를 가져오는 지를 6·25를 통해서 전 인류에게 생생하게 보여주며 오늘 우리는 여기서 살고 있다. 이 모든 것은 잘못된 애국심 때문이다.

둘째, 자신의 소유와 몸까지도 불사르는 뜨거운 애국 –

안중근, 윤봉길, 이봉창과 같은 애국자는 여기에 속한다. 생명을 헌신짝같이 내어 던지며 애국하는 이분들에게 자기 재산이 있을 수 없다. 재산뿐 아니라 가족 전체가 풍비박산이 나고 만다. 김구 선생을 위시해서 상해 임시정부 요인들과 직접 독립군을 이끌고 일본군과 대항하여 싸우다가 목숨을 버린 분들은 가슴에 활활 타오르는 애국심을 가지고 몸을 불사른 애국자들이다.

셋째, 오래 참고(자기 인격을 다듬으며) 내일을 기다리는 애국 –

안창호, 조만식, 이승만, 송창근, 김성수, 김활란 같은 분들이 여기에 속한다. 이승만은 상해 임시정부 초대 대통령이 되었다. 지금의 주민센터와 비교도 되지 않는 열악한 그 청사 안에는 현대교육을 받은 분들이 아니라 뜨거운 애국심만 가지고 모인 분들이었다.

이승만은 미국으로 건너가 열심히 공부를 하였다. 그리고 거기서 세계를 바라보는 눈을 뜨게 되자 일본이 곧 망할 것으로 보고 망한 후에 조선이 나아갈 것을 오래 참으면서 준비했다.

도산 안창호는 학교를 세워 후진을 양성했고 나아가서는 더 넓은 세상, 미국으로 건너가 거기서 독립운동을 했다. 그리고 조만식, 김성수 같은 분도 학교와 신문사를 오가며 극심한 일제의 압박 속에서도 오래 참으면서 국민들의 눈을 뜨게 했다.

김활란은 분은 갖은 수모를 다 참고 견디면서 한국여성들을 개화시켰다. 이분들은 북쪽에서 불어오는 17살짜리 소녀의 꿈같이 허황되고 달콤한 바람에도 흔들리지 않고, 일제의 탄압을 '너 죽고 나 죽자' 는 식으로 대항하지 않고 오래 참으면서 기다리다가 오늘의 대한민국이 꽃피게 했다.

어느 길이 참 애국의 길인지 쉽게 심판해서는 안 된다. 그 아픈 시대를 살아 보지도 못한 후손들이 자기 조상에게 '과거청산' 이라는 칼을 함부로 휘두르는 것은 티 같은 죄를 없애려다 들보 같은 죄를 삼켜버리는 꼴이 되는 것이다. 성서 안에서 올바른 길을 찾아야 할 것이다.

3) 초대교회

바울 사도가 활동할 당시 고린도에는 자유민이 20만이었고 노예가 50만이었다. 당시 노예들은 참으로 비참한 삶을 살았다. 노예들은 옷을 벗겨 나무 상 위에 올려놓고 입을 벌려보기도 하고 말처럼 찔러보기도 하며 짐승들을 매각하듯 팔렸다. 심지어 도미티안 황제는 그의 목욕물을 너무 뜨겁게 데웠다고 자기 노예를 솥에다 넣고 삶아 죽였다.

이 같은 비참한 현실을 바라보면서도 바울은 인권운동을 하지 않았다. "사랑은 오래 참고…", 만약 사도가 노예들에게 혁명을 부추겼더라면 성공하지 못했을 뿐 아니라 그나마 목숨도 부지할 수가 없었을 것이다. 왜냐하면 주인들의 손에는 무기가 있었고 노예들에게는 그것이 없었기 때문이다. 바울은 주인의 가슴속에나 노예의 마음속에 복음의 씨앗을 뿌려놓고 오래 참고 참으면서 기다렸다. 그 후 1700여 년이 지난 후 링컨에 의해서 노예들은 자유를 얻게 되었고 이천여 년이 지나서는 노예의 후손이 세계 최강국의 대통령이 되었다.

4) 성서의 주제는 천국이다

그런데 조급한 사람들은 자기들이 이 땅위에 천국을 세우려고 몸부림친다. 그러나 예수님은 철저하게 천국은 저쪽으로부터 오는 것이니 사람들은 오래 참으며 기다려야 한다고 했다.

'회개하라 천국이 가까웠다', '나라이 임하옵시며', 칼 바르트는 믿음은 기다림이라고 정의했다. 오늘 공산주의자들은 자기들이 이 땅 위에 천국을 건설할 수 있다고 큰소리 치고 있고 정의구현사제들과 일부 정의파 목사들은 여기에 동조하며 설치고 있다. 그러나 어림없는 소리다. 초대교회 성도들은 "파루시아"를 외치며 그 나라를 기다렸다. 바울이 세운 이방교회는 기다렸다. 그런데 예루살렘교회는 참고 기다릴 줄 몰랐다. 조급하게 천국을 자기들이 세우려고 로마와 대항해 투쟁하다가 A.D. 100년에 예루살렘교회는 한 명도 남지 않고 완전히 역사에서 사라져 버리고 말았다. 자기들의 애국, 정의의 벽돌을 차곡차곡 쌓아 이 땅 위에 하나님의 나라의 바벨탑을 쌓아 올린 그 탑은 하나님이 철저하게 허물어 버리고 말 것이다. "우리가 어찌 할꼬?"

겸손히 자기 가슴을 치는 거기에 이 땅 위에 구원선인 참 교회의 뿌리가 내리기 시작한다는 것을 기억해야 한다.

2. 하나님이 하시는 일, 고난은 삶의 뿌리

성서는 생명의 책이요, 그러기에 성서 안에는 호흡이 있고 성장이 있다. 신명기 28장에는 하나님의 명령을 잘 지키면 남이 쳐다보는 높은 자리에 앉게 된다고 했고, 시편 37장에는 의인은 그 자손까지도 걸식하지 않는, 즉 잘살게 된다고 기록하고 있다.

그런데 현실은 그렇지 않고 오히려 반대인 경우가 더 많다. 그래서 하박국 같은 후기 예언자들에 와서는 "하나님 왜 이렇습니까?"라고 질문을 하게 된다. "하나님 형상대로 지음 받은 인간이 왜 고통을 받아야 하나?" 이 물음은 욥기의 저자 한 사람의 물음이 아니고 석가모니를 위시하여 전인류의 질문이기도 하다.

예수님이 제자들과 길을 가고 있을 때 한 맹인을 만났다. 제자들이 이때다, 하고 물었다. "선생님, 저 사람이 저렇게 고통을 당하는 것은 누구의 죄 때문입니까?" 이 제자들의 물음은 인간이 고통을 당하는 것은 죄 때문이라고 생각하고 있었기 때문이다(요 9:1~). 그런데 예수님의 대답은 전혀 그것이 아니었다. "그에게서 하나님이 하시는 일을 나타내고자 하심이다". 인간이 고통을 당하는 것은 죄에 대한 하나님의 벌이 아니라, 그 고통 속에도 하나님의 사랑의 뜻이 들어있다는 것이다.

예수 당시의 사람들은 하늘을 하나님이 계시는 선한 곳이라 생각했고, 이와 반대로 사람이 디디고 서 있는 땅 밑에는 마귀가 지배하고 있는 지옥이 있다고 생각했다. 그런데 예수님은 천국 보화는 밭(땅)에도 감추어져 있다고 말씀하셨다(마 13:44). 태초에 하나님은 혼돈, 공허, 흑암을 갖고 아름다운 세상을 창조하셨다(창 1:1). 땅속에는 소똥, 말똥도 섞여 있고 심지어는 시신 썩은 거름도 섞여 있다. 그러니 구린내가 날 수밖에 없다. 그래서 사람들은 땅은 더러운 것으로 생각했고 방에 들어갈 때는 발에 묻은 흙을 털고 깨끗이 씻고 들어간다. 그런데 이상한 것은 하나님은 사람들이 더럽다고 밟아버린 이 땅에서 아름다운 새싹들을 돋아나게 하신다.

예수님도 하늘에만 계시지 않으시고 이 땅, 그 중에서도 소똥, 말똥 냄새가 나는 마구간에서 탄생하셨다. 그리고 십자가의 고통을 당하시고 땅에 묻히셨다가 3일만에 부활꽃으로 다시 피어나셨다.

많은 사람들은 천당은 하늘에, 지옥은 땅 밑에 있다고 생각한다. 그런데 하나님은 이 땅속에 묻혀있는 뿌리에서 아름다운 꽃과 열매를 맺게 하신다. 예수님 당시 대부분의 사람들은 인간이 당하는 고통은 죄의 결과라고 생각하고 있었다. 그러나 예수님은 인간의 고(苦)는 그 속에 하나님의 큰 뜻이 담겨 있다고 말씀하셨다. 땅에 묻혀 있는 뿌리에서 꽃과 열매가 피어나듯이 사람들은 고난 속에서 아름다운 행복의 꽃과 열매가 맺게 해야 한다고 말씀하셨다.

나는 오늘 젊은 세대들이 외면하는 귀한 보화를 갖고 있다. 그것은 일제 말엽 대동아전쟁과 6·25의 동란을 겪으면서 맛본 고통, 이것이 나의 보화다. 이 고통을 기억하면서 오늘을 살아가니 한 순간 한 순간이 감사요, 아멘, 할렐루야. 대한민국이 오늘 올림픽에서 5위, 10대 경제대국 진입이란 기적의 꽃을 피우게 된 것도 일제 하의 설움과 6·25의 고통의 뿌리에서 솟아났다고 나는 믿는다.

오늘을 사는 젊은 세대는 이전 세대의 사람들만큼 고난을 맛보지 못했다. 그래서 마치 거름기 없는 백사장에서 자란 꽃과 같이 뿌리가 약하다. 그런데도 가늘게 내려 있는 뿌리마저 잘라버리려고 자기 뿌리를 독재자, 친일파로 몰아가고 한다.

기독교는 고난의(십자가) 종교이다. 크리스천은 십자가(고난)를 피해 도망갈 것이 아니라, 십자가의 고통을 깊게 응시하고 스스로 십자가를 지고 골고다로 올라가 거기 묻혀야 한다. 그러면 하나님이 거기서 부활의 꽃을 피워 주실 것이다.

고난은 잘라버려야 할 맹장 같은 것이 아니고 거기서 영양을 섭취해서 행복의 꽃을 피워야 할 귀한 뿌리이다.

3. 문자주의(Literalism)

불교에서 인간이 열반으로 들어가는 관문을 '각(覺)'이라고 가르친다면, 성서는 천국으로 가는 관문은 '거듭남(重生)'이라 한다. 성서는 우주의 원리를 가르쳐주려 하지 않고 하나님이 생명을 주셨다는 것, 그리고 어떻게 하면 잘살 수 있는가를 가르쳐주고 있다. 그러기에 오늘 우리는 성서를 생명의 책이라고 말한다. 생명은 반드시 성장한다. 다이아몬드나 금은 변하지 않는다. 그래서 사람들은 그것을 귀하게 여긴다.

유교의 사서삼경이나 불교의 팔만대장경 속에는 금싸라기 같은 영원불변의 진리가 가득 담겨져 있다. 그러나 성서를 펼쳐 들면 금이나 다이아몬드 같은 보화만 가득 차 있지 않고 때로는 얼굴을 붉히게 하는 기록들을 종종 볼 수가 있다. 왜냐하면 성서는 보물을 보관하고 있는 금고 같은 책이 아니라 한 포기의 백합화를 기르고 있는 구린내 나는 화분과 같은 책이기 때문이다. 화분에 담겨진 흙에서는 여러 구린내가 난다. 아기 예수는 말똥, 소똥 냄새가 나는 마구간에 태어나시어 누워계셨다.

성서 안으로 들어가 보자. 구약의 초기 사상은 공적사상(Merit)이 지배하고 있다. 율법을 잘 지키면 나 하나가 아니라 수천 대까지 복을 받고 하나님의 뜻을 거스르면 나 당대뿐 아니라 3, 4대까지 벌을 받게 된다는 것이다. 그런데 이 말씀은 영원불변하는 것이 아니라 후대에 와서는 도전을 받는다. "…다시는 아버지가 신 포도를 먹었으므로 아들들의 이가 시리다 하지 아니하겠고…"(렘 31:29). 하박국 선지자도 "아버지가 잘못한 것을 아들이 왜 벌을 받아야 하느냐"고 항의를 한다. 구약 율법 하에서 유대인들은 투철한 선민의식에 사로잡혀 이방인들을 사람 취급하지 않았다. 그들이 믿고 섬긴 여호와는 죄 없는 애굽 장자들을 죽였고 애굽 군대를 홍해 바다에다 수장시키셨다. 여리고성을 그리고 아말렉과 블레셋 백성들을 멸망시키기도 하셨다. 오직 이스라엘 백성들만 사랑하시는 신이었다.

그런데 예수님은 담대하게 외치셨다. "…이는 하나님이 그 해를 악인과 선인에게 비추시며 비를 의로운 자와 불의한 자에게 내려주심이라"(마 5:45). 예수님은 말씀만 이렇게 하신 것이 아니라 실제로 이스라엘인들이 사람 취급을 하지 않는 사마리아인, 세리, 창기를 벗으로 한 삶을 사셨다. 그리고 드디어 탕자의 비유를 통해서 구약의 신관은 뒤집힌다. 율법을 잘 지킨 맏아들은 구원의 잔치에서 스스로 밀려났고 죄 많은 탕자가 구원의 잔치에 주빈으로 앉게 된다.

이렇게 성서는 성장해온 생명의 말씀을 기록해 놓은 생명의 책이다. 이같이 살아 숨쉬는 생명의 말씀은 글(문자) 속에 가둬 둘 수는 없다. 그래서 요한복음 기자는 "예수께서 행하신 일이 이외에도 많으니 만일 낱낱이 기록된다면 이 세상이라도 이 기록된 책을 두기에 부족할 줄을 아노라"(요 21:26)로 복음서를 끝맺었다.

오늘 세상을 어지럽히는 종교인들은 정통파 유대인과 이슬람 원리주의자들이다. 여기 하나 더 보탠다면 기독교 정통주의자들이다. 이들은 하나

같이 코란과 성서의 글자에 얽매인 문자주의자들이다. 가장 잘 믿고 가장 거룩한 체하는 이들이야말로 살아 있는 생명의 말씀을 숨 쉴 수 없는 금고 속에 가두어 질식시키는 자들이다. 한때 한국 장로교를 분열시킨 자들도 이들이다.

기독교의 삼위일체 교리는 하나님은 살아 계시는 신이라는 것을 설명하려고 애쓴 교리요, 성령 역시 하나님은 어떤 건물이나 책속에 갇혀 계실 수 없는 신이시란 것을 알려주는 영이시란 교리이다.

예수님은 생명 없는 문자주의자들(바리새인 서기관)에 의해서 죽임을 당했다.

4. 이신득의(以信得義, Justification)〈롬 5:1〉

율법은 명령형으로 기술되어 있으나 복음은 그렇지 않다. 그래서 구약을 먼저 읽고 신약으로 들어가면 복음을 신의 명령으로 받아들이기 쉽다. 예를 들면 "심령이 가난한 자는 복이 있나니…"를 "심령이 가난해야 한다"로, "너희는 세상의 소금이니…"를 "너희는 세상에서 소금이 되어야 한다"로 받아들인다. 이 같은 눈으로 마태복음 19장 말씀을 읽으면 "어린이들을 용납하고 내게 오는 것을 금하지 말라. 천국이 이런 사람의 것이니라"(마19:14)의 말씀도 "어린 아이 같이 되어야 천국에 들어갈 수 있다"로 받아들인다. 이렇게 되면 40~50세가 된 사람이 이제 어린 아이같이 될 수가 없으니 그 사람은 아이인 '척' 하는 위선자가 되고 만다.

또한 마태복음 5장 28절의 "음욕을 품고 여자를 보는 자마다 이미 간음하였느니라"의 말씀도 '여인을 이성의 눈으로 바라보지 말라'는 말씀으로 해석해서 삐뚤어진 인격자가 되는 경우가 많다. "천국은 이런 사람(어린 아이)의 것이니라"라고 하신 말씀은 어린 아기처럼 남성 여성도 구별할 수 없는 상태, 즉 선악과를 따먹지 않은 상태가 되어야 천국 백성이 될 수 있다는 말이 아니다. 만약 그렇다면 천국에는 성 장애인과 지능 장애인만 들어갈 수 있다는 말이 된다.

많은 크리스천들은 어린 아이는 죄가 없기 때문에 이런 어린이 같은 깨끗한 사람만이 천국에 들어갈 수 있다고 생각지만 어린 아이는 죄가 없는 천사가 아니다. 어떤 의미에서는 성인보다 어린 아이가 죄가 더 많다.

종교적인 의미에서 죄란 자기중심적인(Egocentric) 자세다. 어린 아기는 무엇이든지 자기 손에 잡히는 대로 입에 넣는다. 그러다가 자라면서 "엄마 아빠, 이것 좀 잡수세요"라는 것을 배운다. 이런 의미로는 아이가 성인보다 더 죄가 많다. 실로 "의인은 없나니 하나도 없나니…"이다. 어린 아이는 죄가 없는 존재가 아니고 어린이는 스스로 살아갈 수 없는 존재다. 그래서 어린 아이는 절대적으로 부모에게 의존해야만 살 수 있는 존재이기 때문에 아이처럼 하나님의 나라를 받들라고 하셨다.

누가복음 18장 17절을 읽어보자. "…누구든지 하나님의 나라를 어린 아이와 같이 받아들이지 않는 자는 결단코 거기 들어가지 못하리라." 여기 '받아들이지'란 말을 눈여겨 봐야 한다. 내가 어린 아이 같이 순진해야 천국에 들어갈 수 있다는 말씀이 아니고 어린 아가가 엄마의 사랑을 받아들이듯이 하나님의 사랑을 받아들일 때만이 구원을 얻게 된다는 말이다. 믿음으로 구원을 얻는다는 말과 어린 아기 같아야 천국에 들어갈 수 있다는 말은 같은 말이다.

신학서적에서 이신득의(以信得義, 믿음으로써 의롭게 됨)의 뜻을 분명하게 깨닫지 못했다. 그런데 어느 날 걷지도 못하는 손자 놈이 쉬를 보고 자기 손으로 조물락거리고 있는 것을 보았다. 만일 그 놈이 스스로 걸어 다닐 나이에 그랬다면 그런 밉상이 없었을 것이다. 그런데 스스로 걷지도 못하는 놈이 앉아서 그러니 그럴 수 없이 귀여워 보였다. 우리 인간들의 삶은 다 똥싸 뭉개는 삶이다. 내가 아가가 되면 하나님은 이것도 예쁘게 보아주실 것이다.

5. 성서는 어떤 책인가?

오늘 한국 교회가 세계 교회를 향해 자랑하는 것이 많이 있지만 그중에서도 특별히 뜨거움과 성서 열독(熱讀)을 들 수 있다. 어떤 부흥사는 "유럽에서는 성령의 불이 사라진 지 오래되었고, 미국에서는 이제 갓 떠났는데 그 성령의 불이 오늘 한국에 다 모여 있다"라고 한다.

성서를 티벳 불교인들이 마니차[法輪, 만트라] 돌리듯 백 독(讀), 천 독하는 것이 얼마나 신앙생활에 도움이 되며 그 성서를 바르게 이해하지도 못한 채 가슴만 활활 태우고 있는 것이 올바른 신앙생활인지 한번 생각해 보고자 한다.

첫째로 성서는 계시의 책이다. 그러면 계시의 의미부터 생각해보자. 계시를 너무 신비하게 생각할 필요는 없다. 계시는 열 계(啓), 보일 시(示)이다. 열어서 보여 주는 것이 계시의 책이다. **성서는 하나님이 자연과 선지자들을 통해 자기 자신을 열어 보여 주시는데 이것을 보고 기록해 놓은 책이다.** 사람이 백일 동안 매운 마늘이나 쓴 쑥을 먹으면서 굴속에서 기도를 드려 깨닫거나, 10년 동안 장좌불와(長坐不臥)를 해서 터득한 열반의 세계를 그려 놓은 책이 아니다.

그러면 하나님이(사람이 노력해서 깨달은 것이 아닌) 먼저 계시하신 그 내용은 무엇인가? 한 마디로 요약하면 '사랑'이다. 이 사랑이란 말을 '구원'이란 말로 바꾸어도 된다. 하나님은 자연을 통해 그리고 선지자를 통해 이것을 보여 주시다가 급기야 독생자 예수를 통해서 이 '사랑'을 다 보여 주셨다. 특히 예수님의 행적과 말씀을 통해서 계시하시되 말구유와 십자가를 통해서 완전히 다 보여 주신 것이다. 많은 크리스천들은 예수님이 물 위를 걸으시고 죽은 자를 살리신 거기에 초점을 맞추어 감격하지만 그보다 더 하나님의 사랑의 본질을 보여 주신 것은 말구유와 십자가이다. 전자는 능력을 보여 주신 것이지만 후자는 그 보다 더한 사랑을 보여 주신 것이다. 그래서 요한계시록만이 아니고 복음서, 아니 성서 전체가 계시록이라 해도 좋을 것이다.

둘째로 성서는 생명의 책이다. 성서와 다른 종교의 경전의 차이점은 성서는 생명을 담고 있다는 데 있다. 성서는 우주의 원리를 기록해 놓은 책이 아니다. 물론 창세기에는 그런 의미를 담고 있는 것 같지만 그게 아니다. 영원한 생명이 담겨 있고 다시 태어나는 거듭난 생명으로 가는 길이 그 안에 그려져 있다.

그래서 성서를 읽을 때는 그 성서 속에서 생명의 숨소리를 들을 줄 알아야 한다. 호흡은 들이쉬고 내쉼의 반복이다. 성서 안에는 역설과 모순, 그리고 끝없이 사람들을 걸려 넘어지게 하는 걸림돌(Stumble Stone)이 들어 있다. 그리고 생명은 성장하기 마련이다. 구약과 신약, 신약 중에서도 복음서에서 사도의 서간을 읽을 때는 거기서 성장하는 생명의 숨소리를 들으면서 읽어야 한다. 논어, 맹자, 금강경, 법구경이나 육법전서처럼 천편일률적으로 읽다가는 반드시 걸려 넘어져 버리고 말게 될 것이다.

마지막으로 성서는 고백적인 언어로 기록된 책이다. 예수가 부활했다는 그 기록은 세상 모든 역사가들이 수긍할 수 있는 것이 아니다. 발트는 부활사건을 종말론적인 사건이라고 했다. 신앙적인 고백이다. "내 딸이 세계에서 제일 예쁘다"라는 말은 아버지가 아닌 타자들은 수긍할 수 없는 헛소리다. 그러나 그 아비에게 있어서는 지울 수 없는 정직한 고백이다. 다른 사람들은 비웃지만 그 아빠는 혼자 씩 웃으며 그 같은 확신을 가지고 행복하게 사랑하며 살아가는 것이다. 성서 기자들은 이 같은 하나님의 사랑이 예수 안에서 완전히 나타났음을 바라보고 목숨을 걸고 "주는 그리스도시오, 살아계신 하나님의 아들"이란 고백을 하며 살았고 이 고백을 기록해 놓았다. 이 책이 성서이다.

성서를 읽는 사람들은 성서 속에서 하나님의 사랑을 마음껏 들이마시고 그것을 이웃에게 내뿜는 영생의 숨을 쉬며 '아멘', '할렐루야'를 목이 터져라 부르짖는 크리스천의 삶을 살아가야 할 것이다.

6. 찬미하고 감람산으로 가자!〈막 14:22~26〉

"모든 육체는 풀이요 그의 모든 아름다움은 들의 꽃과 같으니 풀은 마르고 꽃이 시듦은 여호와의 기운이 그 위에 붊이니라"(사 40:6~7).

꽁꽁 얼어붙은 동토가 햇살을 받아 그 가슴에서 초록빛 새싹을 움티우는 것을 바라보면서 거기서 "하나님이 세상을 이처럼 사랑하사"를 생각해보지 않은 사람은 이미 사람되기를 포기한 사람이다. 검은 지구의 피부에서 빨강, 노랑, 하얀 꽃들이 피어나는 것을 바라보며, "이 고운 꽃들은 어디에서 왔을까?" 물어보지 않는 사람 역시 짐승 곁으로 한발 다가선 사람이라 할 수 있다.

그러나 새싹이 떡잎이 되고 꽃이 시들어 꽃잎이 뚝뚝 떨어질 때면 사람들은 딴 곳으로 얼굴을 돌려 버린다. 이사야 선지자는 이 시듦이야말로 하나님의 기운이 그 위에 불기 때문이라고 말하고 있다.

며칠 전 시골 고향에 다녀왔다. 사과나무에서 사과잎이 시들어 떨어져 가고 있는 바로 거기에 붉은 사과가 주렁주렁 열려 있고, 감나무에서 감잎이 다 떨어진 바로 그 자리에 주홍빛 감이 꽃처럼 주렁주렁 매달려 있는 것을 보고 왔다. 이것이 "시듦 뒤에 숨어 있는 여호와의 기운"이 아니고 무엇인가!

예수님의 일생도 그러했다. 처음은 봄에 새싹이 돋아날 때처럼 아주 미미했다(말구유). 그리고 공생애는 화려했다. 태양이 중천에 떠 있을 때 모란꽃, 장미꽃이 활짝 피어나듯 화려했다. 예수님 자신이 OK 하셨더라면 민선 임금까지 될 수 있을 정도였다(요 6:15). 그러나 예수님 입에서 십자가란 말이 나오면서 예수님의 인기는 급락했다. 예수님의 일생은 욥기 8장 7절에 나오는 축복과는 정반대였다.("네 시작은 미약하였으나, 네 나중은 심히 창대하리라")

예수님의 인기는 낙엽처럼 뚝뚝 떨어졌다. 예수꽃은 시들기 시작했고 제자들은 안절부절못했다. 바로 이때 예수님은 제자들을 모아놓고 이별주를 나누셨다. 이것이 최후의 만찬이다. 예수님은 떡과 잔을 나누신 다음 감람산으로 향하시면서 함께 찬미를 하셨다고 성서는 기록하고 있다. 스승과 제자들이 함께 합창을 했다는 기록은 여기 밖에 없다. 예수님의 인기가 하늘로 치솟을 때 할렐루야곡을 합창한 것이 아니라 인기가 땅에 떨어졌을 때, 얼마 후에는 십자가에 달릴 것을 바라보시면서 합창을 했다는 것, 오늘 우리는 여기에 우리의 눈의 초점을 맞추어야 한다.

부활의 씨앗은 십자가 속에 들어있다. 고난의 터널을 통과하지 않고 부활의 영광을 맛보려는 마음은 노름꾼의 마음이다. "악하고 음란한 세대가 이적을 구하나 요나의 표적 밖에는 보여줄 표적이 없느니라"(마 16:4) 여기 표적은 땅 속에 묻히어 썩는 데서 움터나오는 생명을 의미한다. 가을에 아름답게 열려 있는 감과 사과가 뿌리와 잎에 대해서 감사의 찬미를 부르고 있는 것이다. 잎은 지금 시들고 있지만 그 잎이 한여름의 태양빛을 받아 뿌리에서 뽑아 올린 그 영양을 저들에게 공급해 주었기 때문에 오늘 저처럼 먹음직한 사과와 감이 된 것이다.

복권에 당첨되었을 때 감사하는 것은 거리의 감사이다. 크리스천의 감사는 그와는 달라야 한다. 감람산으로 향하면서 부른 합창을 부르면서 사는 것이 크리스천의 삶이 되어야 한다. 86세의 제일교포 노인이 한 말인즉 "오늘 일본인들이 잘 살게 된 것은 국민 모두가 식사 때마다 하는 '이다다끼마스 – 감사합니다! 잘 먹겠습니다!' 때문이다"라고 했다. 그래서인지 모르나 오늘 그들은 전범자인 그들의 조상을 욕하지 않고 그들에게도 감사를 드린다. 그런데 오늘 우리는 어떠한가?

제주도 관광여행갈 때만이 아니라 감람산으로 향하면서도 함께 찬미하고 나아가자.

7. 주일 낮 예배 기도

하나님 아버지!
저 가축들처럼 땅만 내려다보며 살던 저희들을 불러주셔서 하늘을 쳐다보며 아버지의 음성을 들을 수 있게 해 주시니 진심으로 감사드립니다.
하나님 아버지!

아담과 하와는 하나님의 명령을 거역하는 죄를 지었습니다마는 "아담아, 네가 어디에 있느냐?"라고 찾아오시는 하나님의 음성을 들을 수 있었습니다. 그리고 가인도 동생 아벨을 죽였지만 그 후 "가인아, 네 아우 아벨이 어디 있느냐?"라고 책망하시는 하나님의 음성은 들을 수 있었습니다. 그런데 오늘 우리는 죄 속에서 먹고 마시고 살면서도 하나님의 음성조차 들을 줄 모릅니다. 이 시간 고요히 오늘 내 자신이 어떤 모습을 하고 있는지 그리고 내 이웃과의 관계가 어떤지 생각하며 회개할 수 있게 도와주옵소서.

아버지!

눈을 뜨고 돌아다닐 때는 자신도 모르게 제 잘났다고 떠들고 다녔습니다. 그러나 하나님께 경배하는 이 시간만이라도 나의 가슴을 치는 사마리아인의 기도를 드릴 수 있게 하여 주옵소서.

하나님!

우리의 생각이 얼마나 작은 지 모르겠습니다. 친구에게 맛있는 점심 대접을 받고서는 고마워할 줄 알면서도 하나님의 사랑은 하늘 같이 너무 크고 넓어 감사할 줄 모르며 그냥 덤덤하게 살아가고 있습니다. 예수님은 피리를 불어도 춤추지 않고 애곡해도 가슴을 치지 않은 죄가 심판날에 소돔과 고모라의 죄보다 더 견디기 어렵다고 하셨습니다. 햇빛, 공기, 물이 흐르는 소리에 크게 감사할 수 있게 하옵시며, 얼어붙은 대지의 표면을 뚫고 나오는 새싹과 죽은 듯 웅크리고 서 있던 나무에서 새순이 움터 나오는 소리를 듣고 감사할 수 있게 하옵소서.

지금까지의 나의 살아온 삶을 돌이켜보며 감사하고 오늘 나는 자신의 머리털을 스스로 한치라도 자라게 하지 못했는데도 지금 여기 살아 있다는 사실에 대해 목이 터져라 '할렐루야'를 외치게 하옵소서.

인삼, 녹용이 아니라 감사가 영육간의 지상 최대의 보약이 된다는 것을 기억하며 노년을 아래로부터 존경받고 위로부터는 사랑받으며 우아하게 늙어가게 하옵소서.

봄에 피는 목련, 라일락도 아름답고 여름에 피는 모란도 그럴 수 없이 아름답습니다. 그러나 가을에 알이 차서 툭 터진 밤송이의 아름다움은 봄, 여름의 아름다움과는 비교할 수 없이 더욱더 은은한 아름다움입니다. 부디부디 추하게 늙는 일이 우리에게 결단코 없도록 하늘의 천군 천사를 보내주셔서 지켜 주시옵소서.

오늘 노종을 통해 들려주시는 하나님의 말씀을 우리 모두가 감사하는 마음으로 받아들여 겉사람은 후패하나 속사람은 날로 새로워져 우리들의 인생, 가을이 더욱 더 아름다움을 풍길 수 있도록 도와주시옵소서.

주님은 오병이어(五餠二魚)의 기적을 행하신 다음 임금 대접을 받으실 때 감사 찬미를 부르신 것이 아니라, 최후의 만찬을 드신 다음 찬미하며 죽음의 감람산으로 향하셨습니다. 우리도 이 예수님의 발자취를 따라 찬미하며 요단강을 건널 수 있게 하여 주옵소서.

예수님의 이름으로 기도드립니다. 아멘.

8. 잘살아라

창세기 1장에 의하면 하나님이 자기 형상대로 사람을 창조하시고 그들에게 복을 주시며 하신 첫 말씀은 "생육하고 번성하여 땅에 충만하라"였다. 부모가 자녀를 결혼시켜 새집으로 내보내며 하는 말과 같은 말씀이다. 자녀를 둔 부모가 그 자녀를 기르는 목적은 그들이 장성한 사람이 되었을 때 잘살게 하기 위해서다. 부모는 한 손에는 채찍을 들고 다른 한편으로는 엄마의 치마폭으로 감싸며 그들이 건전하게 성장하도록 온갖 정성을 다 쏟아 붓는다. 옛날 무지한 부모는 자기들의 노후의 영화를 위해 젊었을 때 자녀들에게 투자를 한다는 생각으로 자녀를 기르는 경우도 있었지만 결코 그게 아니다.

하늘에 계시는 아버지도 그의 자녀인 사람들이 잘살게 하시려고 모든 것을 다 주신 것이다. 처음 에덴동산을 만드신 것이나 노아를 통해 방주를 만드신 것, 나아가서는 율법을 주시고 제사를 지내게 하신 모든 것은 온전히 하나님 자신을 위해서가 아니라 그의 자녀인 사람들이 잘살게 하기 위해서다. 하나님이 육식을 좋아하시기 때문에 아벨의 제사를 받으시고 가인의 제사를 물리치셨다고 생각하는 것은 큰 잘못이다.

제사의 목적도 그 제사를 드리는 사람 자신이 자신을 낮추어 죽일 때 참다운 삶이 주어진다는 것을 가르치는 데에 있다. 율법 역시 그 법을 잘 지키면 사람들이 잘 살 수 있기 때문에 주신 것이다. 교통법규는 대통령이나 국회의장을 위해 만든 것이 아니고 핸들을 잡고 있는 사람과 교통시설을 이용하는 사람들이 안전하게 이용할 수 있도록 만든 법이다.

하나님은 예언자들을 통해서 엄마가 사랑하는 3대 독자의 종아리를 때리듯이 택한 백성을 때리시기도 하고 제사장들을 통해 인간의 죄를 사하시기도 하신다. 이 모두는 하늘에 계신 아버지가 당신이 이처럼 사랑하시는 이 세상에 내어 보낸 당신의 자녀들이 잘살게 하기 위해서 베푸시는 사랑의 선물인 것이다. 그런데도 인간들은 이 사랑의 아버지의 뜻을 거역하며 잘살지 못하게 되었다. 그래서 아버지 하나님은 하나님의 아들을 직접 이 땅에 보내신 것이다.

요한복음 기자는 이 하나님의 아들을 보고 외쳤다. "하나님이 세상을 이처럼 사랑하사 독생자를 보내주셨으니 이는 그를 믿는 자마다 멸망하지 않고 영생을 얻게 하심이라". 그렇다, 예수님이 '하나님이 이처럼 사랑하시는 세상'에 오신 목적은 사람들이 잘살게 하기 위해서 즉 영생을 얻게 하기 위해서이다. 그러므로 예수 믿는 사람들은 잘살아야 하고 영원한 생명을 앞당겨 살아야 한다.

예수님이 산에 올라가 제자들과 군중들에게 설파하신 말씀은 잘 산다는 것(행복)의 내용과 방법이다. "가난한 자는 복이 있나니 …, 애통하는 자는 복이 있나니…", 복이 있는 사람이란 말은 잘사는 사람이란 말이다. 그리고 결론으로 하신 말씀은 "너희는 소금이다, 빛이다", 즉 소금처럼 맛 있고 빛처럼 멋있는 삶을 살아야 한다는 말씀이다.

주님은 "사람이 온 천하를 얻고도 제 목숨을 잃으면 무엇이 유익하리오"(마 16:26)라 하셨다. 이 세상에서 가장 귀한 이 생명을 갖고 하나님의 사랑 속에서 그 사랑을 만끽하며 세상에서 잘(행복하게) 사는 자만이 요단강 건너 저 세상에서도 영생복락을 누리며 살아가게 될 것이다.

"내가 확신하노니 사망이나 생명이나 천사들이나 권세자들이나 현재 일이나 장래 일이나 … 우리를 우리 주 그리스도 예수 안에 있는 하나님의 사랑에서 끊을 수 없으리라"(롬 8:38~39)

9. 제 2의 요한복음 3장 16절〈갈라디아서 5장 1절〉

"내가 어렸을 때는 말하는 것이 어린 아이와 같고, 깨닫는 것이 어린 아이와 같고, 생각하는 것이 어린 아이 같다가 장성한 사람이 되어서는 어린 아이의 일을 버렸노라"(고전 13:11). 예수님을 따라다니던 제자들에겐 예수님이 스승이셨지만, 사도 바울에겐 스승이 아니라 구주였다.

그런데도 바울은 놀랍게도 구주의 말씀을 뒤집었다. 예수님은 "하나님의 나라가 이런 자(아이)의 것이니라" 그리고 이어서 "…하나님의 나라를 어린 아이와 같이 받아들이지 않는 자는 결단코 거기 들어가지 못하리라…"(눅 18:16~17)라고 가르치셨다.

그런데 바울은 "나는 어린 아이의 일을 버렸노라"라고 담대히 선언한다. 또한 예수님은 "사람이 친구를 위하여 자기 목숨을 버리면 이보다 더 큰 사랑이 없나니…"(요 15:13)라고 말씀하셨는데, 바울은 "내 몸을 불사르게 내줄지라도 사랑이 없으면…"(고전 13:3)이라고 말했다. 그리고 예수님은 누가복음 18장 22절에서 부자 관원에게 "… 네게 있는 것을 다 팔아 가난한 자에게 나눠줘라…"라고 하셨는데 바울은 "내가 내게 있는 모든 것을 구제하고… 내게 아무 유익이 없느니라"(고전 13:3)라고 주장하고 있다. 즉 재산을 나누어 주고 몸을 불살라도 내가 다른 사람에 대해 오래 참지 못하고 시기, 자랑, 교만, 무례하면 아무 유익이 없다는 것이다.

여기서 오늘 우리가 기억해야 할 것은 예수님이 전한 복음의 씨앗은 영원불변의 우주의 원리가 아니고 끊임없이 성장하는 생명의 씨앗이었다는 것이다. 엄마는 갓 태어난 아기에게 젖꼭지를 물리고 기저귀를 채워준다. 기저귀는 엄마의 사랑의 첫 선물이다. 그러나 아기가 자라면서 이 귀한 사랑의 선물은 버려져야 한다. 다섯 살이 된 남아가 그때까지 기저귀를 차고 다녀야 한다면 엄마의 마음은 한없이 슬플 것이다. 엄마는 제 손으로 엄마의 사랑의 선물을 팽개치는 아들을 바라보며 흐뭇한 미소를 짓는다.

율법에 대해서도 마찬가지다. 예수님은 당시 사람들의 눈높이를 생각하며 부드럽게 말씀하셨다(마 5:17, 눅 16:16, 요 1:17 등등). 그러나 바울은 "그리스도 예수 안에서는 할례나 무할례나 효력이 없으되…"라고 했다. 여기서 할례는 율법을 의미한다. 더 나아가 빌립보 3장 8절에서 바울은 그리스도를 위해서는 그렇게도 귀히 여기던 것들을(율법 포함) 배설물로 여긴다고 했다. 이슬람교에서는 부인을 네 명까지 허락한다고 한다. 코란이 그렇게 기록하고 있기 때문이다. 이것은 마치 초등학교, 고등학교 다니는 남학생이 기저귀를 차고 학교에 가는 것과 마찬가지다. 한국에서 예수를 제일 잘 믿는다고 자처하는 사람들은 율법의 일점일획도 다 지킨다고 큰 소리 친다.

크리스천은 밭에서 보화를 발견한 사람이다. 이 사람은 자기 소유를 다 팔아 예수 보화를 산 사람이다. 다 팔아 즉, 모든 것을(율법까지) 버리고 이 보화를 산 사람이다. 기저귀를 채워주면서 어머니는 빨리 자라서 기저귀뿐 아니라 어머니의 품까지도 버리고 나가 자립하기를 바란다. 이렇게 보면 하나님이 "보시기에 좋았더라" 하시는 에덴을 떠나서 "이처럼 사랑하시는" 세상으로 나아가는 것도 하나님의 사랑의 섭리 속에 숨어 있었던 것이다. 신약성서 탕자의 비유가 분명히 이것을 설명하고 있다.

아버지의 품안에서만 뱅뱅 돌고 있던 맏아들이 아닌 아버지의 집을 떠나 세상으로 나가 창기와 더불어 아버지의 재산을 다 탕진한 그 아들이 구원의 잔치에 참여했다. – 율법이 아닌 회개를 통해서. 예수님은 아버지 하나님의 뜻을 정확히 아셨고 바울은 이 예수님의 뜻을 올바르게 우리에게 전해 주고 있다.

"그리스도께서 우리를 자유롭게 하려고 자유를 주셨으니 그러므로 굳건하게 서서 다시는 종의 멍에를 메지 말라"(갈 5:1). .

10. 십자가 : 천사와 악마의 분기점

뱀으로 상징된 마귀가 사람에게 속삭인 첫마디는 "너희 눈이 밝아져 하나님과 같이 되어…"(창 3:5)였다. 사람을 보고 하나님이 되라는 이 말은 사람의 제일 소망이 이루어진다는 말이다.

이 같은 사탄의 유혹은 예수에게도 있었다. "마귀가 또 그를 데리고 지극히 높은 산으로 가서 천하 만국과 그 영광을 보여 이르되 만일 내게 엎드려 경배하면 이 모든 것을 네게 주리라"(마 4:8~9). 이 유혹은 "세상 천하 만국과 그 영광"을 다 주겠다는 것이다.

이 유혹은 예수가 가이사랴 지방에 이르렀을 때 베드로의 입을 통해 또 다시 나타났다. 예수가 십자가를 져야 한다고 했을 때 베드로는 스승을 사랑하는 마음으로 "주여 그리 마옵소서"라고 만류했다. 죽지 말라는 말, 즉 하나님이 되라는 말이요 영광을 받으라는 말이다. 이때 아담과는 달리 예수는 "사탄아 내 뒤로 물러가라"(마 16:23) 라고 단호하게 거부하셨다.

그리고 마지막으로 제자들과 함께 "높은 산"에 올라가셔서 하늘의 신비를 체험할 때였다. 이 때에 베드로는 언제까지나 이 황홀경에 그대로 머물자고 제의한다. 이 때도 예수는 단호하게 거절했다. 이 역시 마귀의 유혹으로 받아들이셨다.

이상에서 마귀의 소리의 공통분모를 찾아보면 꿀보다 더 달고 꿀송이보다 더 달콤한 소리다.

이와 반대로 천사(하나님의 심부름꾼)의 말은 어떠한가! 하나님의 명령을 거역하고 무서워 떨고 있는 사람에게 "아담아 네가 어디 있느냐?" 물으시는 것이었다. 그리고 동생을 죽인 가인에게도 똑같이 "네가 어디 있느냐?" 라고 물으신다. 이 물음은 아픈 상처에다 소금을 뿌리는 것과 같은 것이다.

그리고 신약에 보면 처녀 마리아에게 천사 가브리엘은 잉태했음을 알린다. 이 말은 오늘 우리가 보면 기쁜 소식으로 여겨질지 모르나 그때에 상황으로 보면 결코 희소식이 아니다. 당시 율법으로는 처녀가 임신을 하게 되면 돌에 맞아 죽어야 했다. 그러므로 처녀에게 잉태소식은 죽으라는 소리였다.

그리고 마태복음 16장에 나오는 베드로가 예수께 십자가를 지지 말라고 간했을 때 천사는 십자가를 지라고 예수에게 속삭여주었다. 그리고 예수는 이 소리를 따라서 골고다 언덕으로 올라갔다.

바울 사도도 그랬다. 사도행전 21장에는 바울이 예루살렘으로 올라가려 할 때 제자들이 성령의 감동으로 올라가지 말기를 권했다(행 21:4). 그런데도 바울은 예루살렘으로 올라가 체포되어 로마로 이송되어 거기서 형장에 이슬로 사라졌다.

이것은 무엇을 말하는가? 설령 성령의 지시라고 하더라도 십자가가 빠져 있으면 단호하게 거절해야 한다는 것이다.

이상을 한마디로 요약하면 사탄의 소리는 "먹음직도 하고 보암직도 하고 지혜롭게 할만큼 탐스럽기도 한…" 꿀같이 달콤하다는 것이다. 포퓰리즘 같은 것이다. 여기에 반해 천사(하나님)의 말은 그 안에 십자가란 가시가 들어 있다.

인간의 생명은 애매모호(ambiguity)한 신비한 밭에서 숨쉬며(들이쉬고 내쉬는) 살아가고 있다. 그런데 현대교육에서 일부 교사들은 이 애매모호한 역설의 가시를 뽑고 보들보들한 이성의 살코기만 먹이려고 하고 있다. 어떤 정치인은 생활 속에 가시를 뽑아버리고 달콤한 말로서 대중들의 비위를 맞추기에 급급하다. 과학은 인간 삶 속에 박혀 있는 십자가를 뽑아버리기 위한 부단한 노력을 하는 학문이라고 정의해도 좋을 것이다.

이같은 오늘의 상황 속에서 종교의 역할은 무엇인가? 십자가를 빼 버리라는 마귀들이 들끓는 이 세상 한가운데 생명의 뿌리인 십자가를 꽂는 것이다. 그런데 한국교회 강단에서는 십자가가 빠져버린 지 오래다. 약삭빠른 성직자들은 한술 더 떠서 십자가를 뽑아버리고 '병 고친다, 부자 된다, 하면 된다' 등등의 달콤한 마귀의 소리를 외쳐서 세계 제일, 제이의 큰 교회가 된 것을 자랑하고 있다.

11. 하나님은 알파(A)와 오메가(Ω)

예수님의 제자들은 3년 동안 예수님을 따라다니며 가르침을 받았다. 그것도 오늘 학교 교육이나 과외수업 같은 것이 아니고 숙식을 같이 하며 전인적인 교육을 받았다. 그런데도 바보 같이 그들은 예수님의 뜻을 이해하지 못했다. 예수님이 부활 승천하신 후 제자들은 자신들이 죽기 전 다시 재림하신다고 생각했다. 그래서 글로서 예수님의 행적을 기록해 남겨 놓을 생각을 하지 않았다. 그런데 직접 예수님과 대면조차 하지 못했던 누가가 예수님의 말씀과 초대교회의 모습을 기록하여 후세에 전해주었는데 그것이 누가복음과 사도행전이다.

누가는 감정적인 종말 신앙에 휘말리지 않았다. 예수님이 곧 다시 오신다고 생각했던 예루살렘 교회는 집을 팔고 땅을 팔아 교회에 바치고 열광적으로 신앙생활을 하다가 교회와 가정에 파탄을 가져왔다. 그래서 바울 사도는 연약한 이방교회를 다니며 예루살렘 교회를 위해 구제헌금을 해달라고 간청했다. 그런데도 오늘 한국교회 강단에서는 초대교회로 돌아가자고 곧잘 외친다. 예수님이 곧 재림하신다는 외침은 이천 년 기독교 역사상 끊어지지 않고 들려왔다. 특히 타 종교에서도 **세상이 혼란할 때는 종말론이 나타나 혹세무민하는** 경우가 많이 있었다. 예수님도 모르신다고 하신 그 종말의 날이 몇 월 며칠이라고 떠드는 사람들이 있는데 일고의 가치도 없는 소리이다.

오늘 우리는 종말에 대해서 말하려면 먼저 대전제를 앞에 두어야 한다. 그것은 우리가 믿는 하나님은 알파(A)와 오메가(Ω)라는 것이다. 이것은 하나님이 천지만물을 창조하셨다는 신앙고백이요, 우주만물의 알파이시란 말이다. 그리고 하나님이 시작하셨으니 하나님이 반드시 끝도 맺어 주신다는 믿음이다.

오늘 세계적인 큰 교회 강단에서는 지옥이야기가 곧잘 흘러나온다. 마치 하나님이 천국 문 앞에 지키고 서 계셔서 예수 티켓이 있으면 천국으로, 그것이 없으면 유황불 붙은 지옥으로 보내신다고 외치고 있지만 결코 그것이 아니다. 하나님이 끝맺으신다면 그것은 비극이 아니라 영광의 사건이 될 것이다. 하나님은 태초의 흑암, 혼돈, 공허라는 악재를 가지고서도 아름다운 에덴동산을 창조하셨는데 하나님이 이미 창조하시고 아들을 주시기까지 이처럼 사랑하시는 이 세상을 원자탄과 수소탄으로 박살을 내실 수가 있겠는가?

그것은 하나님의 뜻이 아니라 인간의 죄 때문이라 말하기도 한다. 그러나 결코 아니다.

양계장에서 나오는 계란은 식용으로 그리고 계분은 가공해서 귀한 비료로 사용한다. 하나님은 인간의 반역, 인간의 죄까지도 대속의 피로 삭혀 거름이 되게 하시고 거기에서 아름다운 꽃이 피고 구원의 열매가 맺게 하신다. 이것으로 세상을 끝맺어주실 것이다.

하나님은 알파요, 오메가이시다.

"주 하나님이 이르시되 나는 알파와 오메가라. 이제도 있고 전에도 있었고 장차 올 자요, 전능한 자라 하시더라"(계 1:8).

12. 억지로 임금 삼으려는

3년 동안의 예수님의 공생애 중 제자들과의 갈등은 끊이지 않고 계속되었다. 그 갈등 중에도 단연 으뜸은 제자들이 임금 삼으려는 것(요 6:16)과 이것을 마다하시는 갈등이었다. 생전에는 임금 삼으려고 하다가 사후에는 완전히 절대화 하고야 만다. 실로 제자들이 고향, 가정, 직장을 버리고 예수를 따라 나선 저의가 바로 이것이다. 이 제자들의 욕망이 이루어지지 않자 이들은 예수님이 다시 오실 때는 하늘 군대를 거느리고 군림하실 것으로 믿었다. 이것은 자기 욕망의 그림자이다.

16살 소녀가 꼬마 인형을 끌어안고 잠을 자듯이 인간들은 나무나 돌, 아니면 금붙이로 금송아지를 만들어 끌어안아야만 잠이 잘 오는 모양이다. 예수님은 인형이나 금송아지가 되지 않으려고 딱 잘라서 자신을 인자(人子)라고 못을 박으셨다. 이스라엘 백성들이 지도자 모세가 시네산에 올라간 동안 금붙이를 모아 금송아지를 만들어 섬겼듯이 예수 부활 승천 후에 그를 따르던 무리들은 색다른 꼬마 인형을 만들기 시작했다. 말구유에 누워 계시는 아기 예수를 호화찬란한 성당으로 옮겨 모시는가 하면 또 다른 한편에서는 유대 율법 종교에 예수 어록과 사도들의 서신, 헬라 철학을 뒤섞어 경전을 만들고 그것을 경배하는 데까지 이르게 되었다. 이것이 잘못되었다는 것은 아니다.

다만 마틴 루터(M. Luther)의 말 "성서는 아기 예수가 누워 있는 말구유다" 처럼 성당과 성서는 아기 예수가 누워 있는 말구유가 되어야 하는데 오히려 성당과 성서 본인이 주인 행세를 하고 있는 것이다. 특히 프로테스탄트 일부 자칭 신학자들은 성서 66권을 하늘에서 뚝 떨어졌다는 모르몬교의 경전 같은 것으로 여겨 이상한 교리를 만들었다.

　어떤 부흥회 강사는 성서 66권을 도표로 만들어서 인류 역사의 과거, 현재, 미래가 그 도표 한 장에 다 들어 있듯이 설명을 하고 있다.

　성서를 절대화한 나머지 글자 한 자 한 자에 신비한 마력이 들어 있는 듯 해석을 해 마치 정감록을 믿는 사람들이 피란지를 찾아 이리저리 헤매듯 많은 크리스천들을 혼란에 빠지게 한다. 성서 66권은 불완전한 인간들의 손으로 기록된 책이고, 그 경전은 불완전한 인간들이 모여 음성을 높이며 서로 갑론을박을 하는 총회에서 채택된 책이다. '일점일획' 말이 안 된다. 예를 들어 세상 종말이 언제 오느냐의 문제만 해도 그렇다. 그것은 예수님도 모른다고 했다. 예수 믿는 사람들이 예수보다 앞서 갈 필요는 없다. 요한계시록은 정감록 비슷한 책이 아니다. 그 책이 기록된 장소와 시기는 실로 급박한 종말적인 상황에서 정상적인 화법으로 기록할 수 없는 상황에서 기록된 것이지 세계와 인류의 미래를 미리 점쳐 놓은 책이 아니다.

　예수님이 천군천사를 거느리고 하늘로부터 내려오실 날을 기다릴 것이 아니라 누구나 자기 앞에 확실하게 다가오고 있는 자기 종말(죽음)을 기다리며 그날을 맞을 준비만 하면 된다.

　성당, 성서, 그 건물과 책은 저 하늘의 별을 가리키는 손가락이지 그것들이 곧 별은 아니다. 성숙한 크리스천은 꼬마 인형, 금송아지, 건물과 책을 끌어안고 스스로 위로 받을 것이 아니라 그 손가락에 지나지 않는 성당과 성서를 통해 예수님을 만나야 한다. 무조건 예수를 높이기만 하면 장한 것이 아니다. 그리고 소똥, 말똥 냄새가 나는 말구유에 누워 계시는 예수님을 만나서 그 예수님이 보여주신 하나님 아버지의 사랑을 받아들이면 된다. 여기에 영생이 있다.

13. 영생의 숨소리

창세기 2장에는 하나님이 선악과를 따먹지 말라고 하신 말씀이 기록되어 있다. 이 말씀의 뜻은 "사람이 하나님이 되려고 해서는 안 된다"는 말씀이다. 그리고 11장에는 사람들이 바벨탑을 쌓아 하늘에 닿아보려고 할 때 하나님이 그것을 허물어 버리셨다는 말씀이 기록되어 있는데, 이 말씀도 같은 맥락에서 이해해야 한다.

그런데 신약성서 마태복음 5장 48절에서 예수님은 "그러므로 하늘에 계시는 너희 아버지의 온전하심과 같이 너희도 온전하라"라고 말씀하셨다. 이 상반되는 두 곳의 말씀은 오늘 우리는 어떻게 이해해야 하는가?

이뿐 아니라 신약성서 안에는 서로 모순되는 예수님의 말씀이 한 두 곳이 아니다.

예수님은 제자들을 부르실 때 "나를 따라오라"라고 말씀하셨다(마 4:19, 막 2:14, 눅 18:22). 그리고 나서 실제로는 따를 수 없는 조건을 말씀하셨다. 부자가 아니더라도 재산을 버리고서는 이 세상에서 살아갈 수가 없다. 예수님이 가르쳐 주신 산상수훈을 글자 그대로 다 지킬 수 있는 사람은 이 세상에는 없다. 그리고 예수님이 가신 골고다 언덕 위로 따라갈 수 있는 사람도 이 세상에는 한 명도 없다. 만약 있다면 이미 그 사람은 십자가에 달려 죽었어야 했기 때문이다. 그리고 예수님이 불러서 가라고 명하신 그 곳도 우리가 갈 수 있는 곳이 아니다. "내가 너희를 보냄이 어린 양을 이리 가운데로 보냄과 같도다"(눅 10:3). 어린 양이 이리떼 속에 들어가면 단 몇 분도 거기서 생명을 유지할 수가 없다. '예닮' 이라는 이름을 쓰는 교회가 있다. 그 교회 교인들은 예수를 닮으려고 전심전력을 하는 신도들이다. 그런데 조용히 생각해 보면 오늘 크리스천들은 예수를 닮을 수 없다. 진정으로 예수를 닮으려고 한다면 십자가에 달려 죽었어야만 한다.

그러면 오늘 우리는 예수를 따라가기를 포기해야 하고 예수 닮기를 단념해야하는가? 결코 그렇지 않다. 크리스천은 지극히 작은 소자에게 냉수 한 그릇을 대접해야 하고, 강도 만나 길가에 쓰러져 있는 가련한 사람들을 도와주어야 한다. 오늘의 말로 바꾸면 착취당하고 있는 자 곁에 다가가서 그들의 안전을 위해 함께 투쟁도 해야 하고, 또 나라와 국민의 안전과 남북통일을 위해 희생을 무릅쓰고 가서는 안 되는 곳도 쫓아갈 수도 있다. 뿐만 아니라 국민의 건강을 위하는 일, 자연보호를 위해 크리스천들이 팔을 걷고 투쟁해야 할 때는 해야 한다. 그래서 한 걸음 한 걸음 예수님을 따라가야 한다.

사람들은 예수를 닮을 수 없다. – 예수는 신이시다.
사람들은 예수를 닮아야 하고 닮을 수 있다. – 예수는 인간이다.

성서는 볏짚으로 새끼를 꼬듯이 생명의 줄을 계속 꼬아 가고 있다. 여기에서 하나님이 흙덩어리 사람 속에 생기를 불어넣으시는 모습을 보아야 한다(창 2:7). 예수를 닮으려고 몸부림치면서 다른 한편으로는 "나는 예수를 닮을 수 없는 죄인입니다" 라는 고백을 해야 한다. 이 둘 중 어느 한 줄이 끊어지면 생명의 줄도 끊어진고 만다. 선한 사마리아인(눅 10:25~)과 마르다(눅 10:38~)처럼 열심히 주를 위해 선한 일을 하면서 다른 한편으로는 마리아처럼 절대자 앞에 무릎 꿇는 예배가 있어야 한다.

성서의 극점은 십자가와 부활의 심호흡이란 것을 기억해야 한다. 이것이 영생의 숨소리이다.

14. 성서의 4대문 현판

옛날 외국인들이 서울을 찾아올 때는 반듯이 숭례문을 통해서만 입성할 수 있었을 것이다. 이들이 조선이란 나라와 국민을 알아보기 위해서는 국보 제1호인 숭례문 앞에 걸려 있는 "숭례문(崇禮門)"이란 현판을 유심히 음미해야만 한다. 이 세 글자는 조선 지도자들의 정치철학과 국민들의 의식구조를 이해하는 결정적인 열쇠가 된다.

성서 66권을 올바로 이해하는데도 마찬가지다. 그 책으로 들어가는 정문과 같은 맨 앞에 나오는 구절을 깊이 음미하는 것이 책 전체의 뜻을 파악하는 데에 가장 빠른 지름길이 될 것이다.

첫 번째 문의 현판 : 성령

"아담을 부르시며 그에게 이르시되 네가 어디 있느냐?" (창 3:6)

선악과를 따먹은 아담에게 하나님은 네가 어디에 있느냐고 물으셨다. 이 물음은 다름 아닌 "아담아, 왜 너는 선과 악을 네 마음대로 판단하는 창조주가 되려 했느냐?"의 물음이다. 인간은 창조주가 지으신 피조물이다. 이 근원적인 사실을 망각하는 데서 실락원의 비극이 일어났다. 믿음은 다름 아닌 인간이 자기 유한성을 받아들이는 것이다(폴 틸리히). "믿음으로 구원을 얻는다"는 말씀은 같은 뜻의 말씀이다. 천국으로 들어가려는 사람들은 그 가는 길에 첫 관문인 "네가 어디에 있느냐?"라는 현판이 붙어 있는 그 관문 앞에 서서 "나는 피조물입니다"라고 고백하는 회개의 예복으로 갈아입어야 한다.

두 번째 관문의 현판 : 율법

"너는 나 외에는 다른 신들을 네게 두지 말라"(출 20:3)

우상숭배 말라는 말씀이다. 그러면 우상숭배란 무엇인가? 또 다시 폴 틸리히의 말을 빌리면 상대적인 것을 절대화 하는 것이 우상숭배다.

첫 번째 말씀과 두 번째 말씀은 같은 뜻의 말씀이다. 두 번이나 반복해서 말씀하시는 것은 그만큼 중요하다는 뜻이다. 그런데 첫 번째 사람이 하나님의 명을 어겼듯이 두 번째 사람들도 끝없이 하나님의 이 명을 어기었다. 이스라엘인들은 창조주 하나님을 돌판에 새긴 글자 속에 가두었고 그 돌판을 또 다시 법궤라는 궤짝 속에 가두었다. 그리고 그 하나님은 자기를 사랑하는 자에겐 수천 대까지 복을 내려주고 미워하는 자는 3~4대까지 벌을 내려주시는 에고틱한 하나님으로 섬기기 시작했다.

세 번째 정문의 현판 : 기도

"하늘에 계신 우리 아버지여!"(마 6:8)

"… 하나님이 그 해를 악인과 선인에게 비추시며…"(마 5:45)

예수님이 가르쳐주신 "하늘에 계신 우리 아버지"는 "우상숭배 말라"는 말씀과 같은 뜻의 말씀이다. 나아가서 우상숭배 말라는 말씀을 보다 세밀하게 풀이한 말씀이다. 하늘에 계신 우리 아버지는 아말렉과 블레셋 사람들을 진멸하시는 하나님이 아니라 그들에게도 햇빛과 단비를 똑같이 내리시는 사랑의 아버지 같은 하나님이시란 것이다.

네 번째 정(正)문의 현판 : 축복

"심령이 가난한 자는 복이 있나니 천국이 그들의 것임이요"(마 5:3)

선악과를 따 먹은 사람이 핑계를 대지 않고 회개를 했더라면 실락원의 비극은 없었을 것이다. 그리고 그 귀한 율법을 자기합리화와 이웃을 정죄하는 자로 사용하지 않고 "나는 실로 죄인이로소이다"라고 회개하게 하는 채찍으로 받아들였다면 메시아를 죽이는 일은 없었을 것이다.

"하늘에 계신 우리 아버지"란 올바른 기도, 즉 하나님의 사랑의 햇빛 쪼이는 기도를 제대로 드리는 사람은 다름 아닌 마음이 가난한 자다. 이 사람은 이미 천국 시민권을 얻은 사람이다. 성서 4대문 현판문을 유심히 음미하면 그 문 안에 있는 천국의 의미가 환히 보인다.

15. '예수의 이름만으로' 그 앞에 있어야 할 것

한때 축자영감설(逐字靈感說, Verbal Inspiration)을 주장한 신학자와 성직자들이 있었다. 그러나 지금은 그런 생각을 하는 사람은 거의 없는 것 같다. 성서를 기록한, 특히 복음서를 기록한 기자들은 사진기를 갖고 사물을 찍듯이 그렇게 성서를 기록하지 않았다. 예수님의 삶과 말씀을 일점일획도 빠트리지 않고 기록한 것이 아니다.

큰 예술가가 초상화를 그릴 때는 그 사람의 얼굴의 표면만 그리지 않고 그 너머 신비한 인격과 전신까지도 화폭에 담는다. 그러기에 영정사진은 몇 만원이면 되지만 위대한 예술가의 작품은 엄청난 거금을 지불해야 한다. 사진기는 몇 백장도 똑같이 찍어낼 수 있지만 예술가의 작품은 똑같을 수가 없다. 작가에 따라서 차이는 있을 수 있지만 그것을 종합해보면 그 차이가 나는 데서 더 정확하게 주인공의 인품을 넘겨다 볼 수 있다. 그런데 여기 기억해야 할 것은 어느 한 사람의 것만, 어떤 단어 하나만을 가지고 전부인양 고집해서는 안 된다는 것이다.

성서 그 중에서도 복음서 속에서 오늘 우리가 살아 움직이시는 예수님을 만날 때도 마찬가지다. 요한복음 14장 6절 말씀을 보면 "예수께서 이르시되 내가 곧 길이요 진리요 생명이니 나로 말미암지 않고는 아버지께로 올 자가 없느니라"고 예수님 자신이 자기를 믿어야만 구원을 얻는다고 당당하게 말씀하신다.

그런데 누가복음 19장 1절 이하에 기록되어 있는 삭개오의 이야기는 분위기가 전혀 다르다. 예수님이 길을 가시다가 죄인 괴수 삭개오가 돌무화과 나무 위에 앉아 있는 것을 보시고 "삭개오야 속히 내려오라. 내가 오늘 네 집에 유하여야 하겠다"라고 말씀하신다.

이상의 본문 말씀을 그때 그대로 옮긴다면 예수님이 삭개오를 쳐다보시면서 "세관장 삭개오님, 빨리 내려오십시오. 실로 나는 오늘밤 유해야 할 곳이 없습니다. 나를 좀 도와 주십시오"였을 것이다. 세관장은 지방 유지다. 유지를 보고 '삭개오야' 라고 하시지는 않았을 것이다. 이 말씀을 하실 때에 예수님은 삭개오를 쳐다보시면서 말씀하셨다고 기록하고 있다. 여기에서는 분명히 요한복음 14장 6절 말씀과는 달리 죄인에게 설교를 하고 구원을 주려고만 하신 것이 아니고 반대로 나를 도와 달라고 말씀하셨다. 그리고 요한복음 8장에 의하면 예수님은 간음한 여인 앞에서 몸을 굽히시고 또 다시 굽히셨다.

많은 사람들이 '사랑은 주는 것' 이라고 단정을 해버린다. 그리고 그 굳은 확신에서 주려고만 한다. 그런데 주는 것 중에서도 가장 귀한 것 그것은 복음이기 때문에 전도가 최상의 선행이라 생각하여 전도, 선교에 열을 올린다. 이것이 일등 신자가 되는 길이라고 확신한다. 그리고 그 중에서도 "나로 말미암지 않고서는 아버지께로 올 자가 없느니라" 이 말씀에 열을 올린다.

"목사님. 세종대왕, 이순신 장군은 예수 안 믿었는데 구원 얻었습니까? 못 얻었습니까?" 목사님은 고개를 갸우뚱하다가 마지막에 가서는 물론 구원 못 얻었다라고 답을 한다. 이 답을 들은 교인들은 속으로 쾌감을 느낀다. "천당에 가면 세종대왕, 이순신 장군보다 내가 더 높은 자리에 앉는다." 세상에 많은 종교가 있지만 기독교만이 참 종교라는 우월감을 갖기 전에 생각해야 할 것이 있다. 예수님은 죄인 괴수 아래에서 그를 쳐다보시면서 "Help me!" 하셨다. 또한 죄 많은 여인 앞에 몸을 굽히셨다. 한걸음 더 나아가서 제자의 발을 씻기셨다.

오늘 우리는 예수님의 이 겸손이 〈예수의 이름만으로〉 라는 뜨거운 확신보다 앞에 와야 한다. 그리고 타 종교인과 안 믿는 사람들은 다 지옥 갔다는 확신은 좀 뒤로 미뤄보자.

16. 바벨탑 이야기

옛날 사람들은 천당은 하늘 위에 그리고 땅 밑에는 지옥이 있다고 생각했다. 창세기 11장 1절 이하에 사람들이 벽돌을 만들어 탑을 쌓아 그 꼭대기를 하늘에 닿게 하려고 했을 때 하나님은 그 탑을 헐어버리셨다는 기록이 있다. 하늘은 하나님이 계시는 선한 곳, 인간은 더러운 이 세상에 살고 있지만 하루하루 선의 벽돌을 정성껏 빚어서 그것을 공들여 쌓아 저 선한 하늘을 향해 올라가보자는 생각이 대부분의 성도들의 공통된 생각일 것이다.

"저 높은 곳을 향하여 날마다 나아갑니다. 내 뜻과 정성 모아서 날마다 기도합니다."

그런데 참으로 이상하고 놀라운 것은 이 아름답고 갸륵한 사람들이 쌓은 탑을 왜 하나님이 허물어버리셨을까? 좀 깊이 생각해 봐야겠다.

옛 우리말에 '마냥 착한 것은 악한 것보다 못하다. – 도선불여악(徒善不如惡)'란 말이 있다. 산소는 생명 자체라고 까지 말해도 될 만큼 모든 생명체에겐 가장 귀한 것이다. 그러나 이 귀한 산소를 들이 마시기만 해선 안된다. 마신 산소를 다시 뱉어버리지 않으면 그것은 곧 바로 죽음이 된다. 세계적인 베스트셀러 작가 파울로 코엘료는 말하기를 "선과 악, 이 둘 중에서 선이 먼저가 아니라 악이 먼저 와야 한다. 왜냐하면 악을 경험해 보지 못한 데서는 선도 알 수 없기 때문"이라고 했다.

사도 바울은 "그러나 죄가 더한 곳에 은혜가 더욱 넘쳤나니…"(롬 5:20)라고 했다. 창세기 제일 앞에 나오는 에덴동산 이야기도 바벨탑 이야기와 맥을 같이한다. 하나님이 창조하신 에덴동산은 선하기만 한 곳이다. 처음에 창조된 에덴동산엔 죄, 혹은 악은 전무했다. 바로 여기에서 가장 무서운 시험이 나왔다. 시험은 거기 빨려 들어가지 않을 수 없을 만큼 매혹적이고 선한 것에서 나온다. 동물인 인간에게 최우선적인 것은 먹는 문제다. 이것이 예수님이 맨 먼저 받으신 시험이다.

아담 앞에 나타난 뱀 그리고 예수님 앞에 나타난 마귀는 지옥에서 온 저승사자 같은 모습을 하지 않고 언제나 선의 맨 꼭대기에서 온 자 같은 모습을 하고 나타난다. 그리고 하나님이 우리 인간에게 주신 계명의 1장 1조는 "우상숭배 말라"는 것이다. 여기 우상은 선의 꼭대기, 즉 상대적인 것이 절대화된 거기에 있는 것이다. 인간들의 지극정성으로 만든 굳은 벽돌장으로는 천국에 다다를 수 없다고 바울은 외쳤다.

"홀연히 하늘로부터 급하고 강한 바람같은…" 성령이 강림하여 인간들이 쌓아 올린 탑이 허물어진 그 곳에 복음의 씨앗이 떨어질 때, 날아다니는 새들까지도 깃들일 수 있는 하늘나라 그림자가 깃들일 것이다.

오늘 한반도 북녘에는 세계에서 가장 높은 바벨탑이 서 있다. 사실인지 아닌지는 잘 모르지만 그 우상의 겉모습은 일제 하에서 나라의 독립을 위해 백두산 골짜기를 누비고 돌아다녔다는 애국 행적으로 도금이 되어 있다. 오늘 이 땅의 철부지들은 호기심을 갖고 쳐다보지만 그 탑은 우리가 헐어버리지 않아도 반드시 하나님이 헐어버리실 것이다. 우리는 부서진 벽돌조각들이 널려 있는 마가의 다락방으로 가야 한다. 거기서 움터 나오는 새 생명을 받아드릴 때 구원의 꽃은 활짝 피어날 것이다.

17. 꾸지람 속에서도

나는 소백산 밑에서 초등학교를 다녔다. 그러나 단 한번도 소백산 주봉인 비로봉을 본 적이 없다. 등잔 밑이 어두웠던 것이다. 초등학교를 졸업하고 12km 떨어져 있는 중학교에 들어가서야 비로소 소백산 비로봉을 처음 보았다.

나는 사녀일남의 오남매 가운데 외아들로 자랐다. 어머니가 특별히 사랑할 만도 했는데 그러시지 않았다. 내가 공부를 하지 않고 장난만 치고 놀러만 다닐 때는 집안에 천둥소리가 멈추지 않았다. "이놈아, 밥 먹지마라, 내일 아침밥 주나봐라", "공부 안 할려면 학교 가지마라, 내일 학교 보내나 봐라" 이렇게 으름장을 놓았지만 아침이 되면 밥도 더 많이 주고 책보자기도 챙겨주셨다. 그런데도 어머니가 살아계실 때는 정말 엄마의 사랑을 깨닫지 못했다. 엄마의 꾸지람과 잔소리가 그럴 수 없이 싫었다. 그러나 어머니가 돌아가시고 세월이 많이 흐른 다음에야 어머니의 사랑을 뜨겁게 깨닫게 되었다.

오늘 나는 내 삶 속에서 얻은 사랑과 경험을 가지고 성서를 바라본다. 쓰여진 글자 한자 한자의 뜻을 밝히고 캐는 것도 중요하지만(마치 소백산에 들어가 산삼, 더덕을 캐고 두릅을 따듯이) 그 산을 떠나서 멀리서 바라보는 것도 아주 중요하다고 생각한다.

에덴동산 한가운데 선악과를 두시고 "따 먹지마라"시며 오히려 호기심을 불러 일으켜 놓으시고 그것을 따 먹었다고 자손만대 벌을 주셨다고 하지만 아니다. 결코 아니다. 하나님이 아담과 하와에게 내리신 그 꾸지람 속에서도 뜨거운 하나님의 사랑을 깨달아야 한다. 하나님은 벌로 하와에게 해산의 고통을 아담에겐 노동의 수고와 죽음을 주셨다. 그런데 이 꾸지람 속에 더 큰 하나님의 사랑이 꽉 차 있음을 깨달아야 한다. 여인의 해산의 고통은 하나님의 사랑을 맛 보게 하는 것이요, 남자에게 내려진 노동과 죽음 역시 축복이다. 십자가의 고통 없이는 부활의 영광도 없다. 만약 인간이 일거리 없이 천년만년 거기에서 산다고 상상해 보라. 차라리 유황불이 활활 타오르는 지옥이 훨씬 더 나은 곳이라 할 것이다.

실낙원의 벌 역시 축복이다. 하나님이 처음 만드신 세상을 보시고는 "보시기에 좋았더라"라고 말씀하셨는데 오늘의 세상은 "이처럼, 즉 당신의 생명을 주시기까지 사랑하셨다"라고 성서는 증언하고 있다. 우리 어머니의 꾸중 속에 숨겨진 사랑은 혀끝의 사랑보다 일곱 배나 더 뜨겁다. 십자가는 하나님의 꾸중이요, 부활은 그 속에서 피어난 사랑의 꽃이다.

Ⅱ. 목사(牧師) 유감

1. 천국

신구약성서 66권의 내용을 한 마디로 요약할 수 있는 단어가 있다면 그것은 '천국'일 것이다.

그리고 예수님의 공생애 3년을 한 마디로 묶을 수 있는 말도 이것이다. '천국운동'.

예수님은 이러한 천국이란 말의 뜻을 마태복음 13장에서 자세히 밝히고 있다. 먼저 생각할 것은 예수님이 말씀하신 천국은 교회 밖의 사람들이 생각하고 있는 '천당'이란 말과 같지 않다는 것이다. 천당의 주인은 저승사자를 거느리고 천당지옥을 심판하는 염라대왕일지 모르나 천국의 주인은 사랑의 하나님이시다. 염라대왕은 죽음, 그 너머의 세계만 지배하는지 모르지만, 하나님은 그 너머의 세계만이 아니라 이 세상을 이처럼 사랑하시고 계신다. 예수님은 비유로 말씀하셨다.

"천국은 마치 사람이 자기 밭에 심은 겨자씨 한 알 같으니...."(마 13:31), "천국은 마치 가루 서말 속에 갖다 넣어 전부 부풀게 한 누룩과 같으니라"(마 13:33).

1) 천국은 지금 일상 속에 있다.

위의 말씀에 의하면 천국은 저 푸른 하늘 위에 있는 것도 아니요, 신선이 놀다가 갓 떠난 것 같은 깊은 산 속에 있는 것도 아니라, 농부는 밭에서, 주부는 부엌에서 만날 수 있는 너무나도 일상적이요, 아주 가까운 곳에 있다는 것이다. 마태복음 13장 44절에는 "천국은 마치 밭에 감추어진 보화와 같으니"라고 기록되어 있다. 그리고 누가복음 17장 21절에는 "…하나님의 나라는 너희 안에 있느니라"라고 기록되어 있다. 하늘을 쳐다보기만 하던 동방박사는 베들레헴 말구유에서, 세리는 세관에서, 사마리아 여인은 우물가에서, 간음하다가 현장에서 잡힌 여인은 그 간음 현장에서 하늘나라의 주인을 만날 수 있었다.

2) 천국은 눈에 보이지 않게 역사한다.

사람이 하나님을 보면 죽는다고 성서는 기록하고 있다. 땅에 묻힌 겨자씨가 움트는 것이나 가루 속에 들어간 누룩이 가루를 부풀게 하는 것은 눈에 보이지 않는다. 창세기를 기록한 성서 기자가 하나님이 천지만물을 창조하시는 것을 보고 창세기를 기록하지는 않았을 것이다.

겨자씨 한 알이 땅속에 떨어져 그 컴컴한 땅속에서 움이 트고 싹이 나 땅 밖으로 솟아오르는 것을 심안(心眼)으로 바라보았을 것이다. 그리고 혼돈(형체가 없는)하고 공허하며 흑암이 깊은 위에 있는 땅속, 여기에서 피어나는 아름다운 꽃을 바라보며 하나님의 창조 사랑을 기록해 놓았을 것이다. "믿음은… 보이지 않는 것들의 증거니…"(히11:1).

3) 천국은 화끈하게가 아니라 미미하고 미지근하게 임한다.

씨앗이 싹을 틔우기 위해 땅속에서 썩을 때는 미온이 일어난다. 누룩도 마찬가지다. 너무 차거나 너무 뜨거우면 생명은 죽고 만다. '빨리 빨리'와 '갑자기'는 생명을 앗아갈 수 있다. 급발진 급제동은 사람에게나 기계에게나 극히 해롭다.

생명은 미지근한 온도 속에서 미미하게 자라야만 한다. 전 재산을 바치고 온몸을 불사르는 것은 사랑도 아니요, 생명도 아니다. 바울 사도 당시 고린도에는 20만의 자유인과 50만의 노예가 있었다. 그것을 보고서도 바울은 혁명을 부추기지 않았다.(그래서 오늘 민중신학자들은 바울을 미워한다!) 겨자씨가 움트고 가루가 부풀기를 기다렸다.

인권, 자유의 깃발을 휘두르며 성급하게 분신자살한 자를 메시아로 추켜세우는 일은 천국운동이 아니다. 그런데 오늘 이 땅의 천국운동가들은 (진보, 보수할 것 없이) 거꾸로 이 운동을 벌이고 있다. 오늘 많은 크리스천들은 메시야가 하늘에서 천군 천사를 거느리고 화끈하게 떠내려 올 것을 기다리는가 하면 그 외 일부는 예수님을 임금 삼으려고 안달을 하고 있다. 요한계시록도 읽어야 하지만 그보다 먼저 예수님의 말씀에 귀를 기울여야 한다.

2. 목사(牧師) 유감

에덴동산 이야기를 요약하면 사람은 위로 올라가려 했고 하나님은 그 생각을 꺾으셨다는 것이다. 그리고 바벨탑의 이야기도 같은 내용이다. 예수님의 탄생 이야기도 마찬가지다. 당시 많은 사람들은 메시아를 구름을 타고 높은 하늘에서 떠내려 오실 것으로 생각하고 있을 때 예수님은 그와 정반대로 마구간에서 태어나셨다.

노자는 상선약수(上善若水)라고 했다. 상선은 선 중에서 제일 되는 선을 의미할 것이다. 그리고 이 상선(上善)을 성서적인 눈으로 보면 그것은 다름 아닌 하나님의 사랑이라고 할 수 있을 것이다. 하나님의 사랑은 끝없이 높은 데서 낮은 데로 흘러내리는 물과 같은 것이란 말은 옳은 말이다. 예수님은 하늘 높은 데서 더 이상 내려 갈 곳이 없는 마구간까지 떨어지셨다.

예수님의 공생애 역시 떨어지시는 삶이었다. 나는 예수님이 산에 오르사 금싸라기 같은 말씀을 선포하시는 모습보다 하나님의 아들이 죄인 중에 죄인인 돌에 맞아 죽어야 할 여인 앞에 "몸을 굽히사……"(요 8:6), 그리고 "다시 몸을 굽혀……"(요 8:7) 용서를 (정죄하지 아니 하니) 선포하시는 그 입체적인 모습에서 더 감화 감동을 받는다. 그리고 남편 다섯을 갈아치운 여인에게 "물을 달라"(요 4:7)하신 거기에서 상선약수의 하나님의 사랑을 바라본다.

오늘 한국 목사들처럼 툭하면 주려고 하는 모습과는 얼마나 대조적인가! 그리고 결정적인 것은 눅 19:1 이하에 삭개오의 이야기다. 죄인 괴수 삭개오는 높은 데 앉아 있다. 그리고 예수님은 그 밑에 서 계신다. 그리고 예수님은 그에게 "Help me" 하셨다. 상선 즉 하늘 사랑의 모습이다.

호칭에 대해서도 그렇다. 예수님은 자신을 가리켜 나는 메시아, 왕, 구주, 하나님의 아들이라고 큰소리 치시지 않았다. 우리 성서 요한복음 18:37에는 빌라도가 묻는 말에 "내가 왕이니라"라고 답하신 것으로 기록되어 있지만 영어 성서에는 "You say so."라고 기록되어 있다. 예수님은 언제나 자신을 인자(人子, son of man)라고 말씀하셨다. 사람들이 끊임없이 메시아, 하나님의 아들, 왕, 구주로 부르려 했고 왕으로 모시려 했을 때, 예수님은 언제나 "No!" 하셨다.

아담 이후 인간들은 끝없이 올라가려고 했다. 그런데 이 인간들의 욕망을 하나님은 채워주시지 않으시고 에덴에서 추방하셨고 바벨탑을 허무셨다. 이와 같은 성격의 사건이 신약의 십자가사건이다. 십자가(十)를 조금만 높이면 ×자가 된다. 십자가는 실락원, 허물어진 바벨탑과 같은 의미를 갖고 있다.

인간에 대한 인간의 선까지 포함해서 "노"하고 동시에 거기서 하나님의 "예스(부활)"를 보여주신 것이 십자가다. 그런데 오늘 우리의 모습은 어떤가? 오늘 목사란 사람들은 예수님의 뒤를 따르려는 사람들이 아닌가!

한국에서 예수 제일 잘 믿는다고 자처하는 교단이 290개로 갈라졌단다. 총회장이 290명이 계시고 신학교가 290개가 생겼다는 말도 된다. 세계인이 눈이 휘둥그래 바라보고 있는 한국교회의 부흥 열기가 너무 지나치다. 이 교회라는 배가 '세월호' 꼴이 될 수도 있다는 것을 한번쯤 생각해 봐야 한다.

3. 멋있는 아버지 〈눅 15:11~23〉

"구약시대에 이스라엘인들이 바라본 하나님은 멋있는 아버지가 아닌 것 같다. 아름다운 주택을 장만해 놓고 자녀를 결혼시켜 거기서 살게 하신다. 그리고 그 주택에 어울리는 멋진 정원을 만드시고 한 가운데엔 보암직도 하고 먹음직도 한 열매가 맺힌 과목을 한 그루 심었다. 그런 후 거기 사는 자녀에게 절대로 따 먹어서는 안 된다고 엄히 명하신다. 그런데 자녀는 그 열매를 따 먹고 말았다. 노하신 아버지는 그 자녀를 그 집에서 영원히 쫓아내신다."

오늘 한국 크리스천들도 여기 나오는 아버지 같은 하나님을 믿고 있지나 않는지 모르겠다.

그런데 예수님이 오셔서 보여주신 하나님은 아주 달랐다. 멋있는 아버지 같은 하나님이셨다. 아버지에겐 두 아들이 있었다. 맏아들은 아버지 말씀에 순종하며 아버지가 쳐 놓은 울타리 안에서 얌전히 잘 살고 있고 둘째는 그 울타리를 벗어나려고 한다.

아버지의 품을 떠나 세상으로 나가보겠다는 이 말은 무엇을 의미하는가? 저 세상에는 선악이 공존한다. 거기엔 카지노, 댄스홀, 러브호텔도 있다. 물론 성당과 교회도 있고 사원도 있다. 세상으로 나가겠다는 말은 선악과를 따 먹어 보겠다는 말이다. 여기 아버지는 이 말 같지 않은 말을 경청했다.

아무리 선한 뜻이 담겨 있는 말이라도 일방적인 명령은 상대방의 마음을 상하게 하는 수가 있다. 사랑은 주기에 앞서 듣는 것이다. 듣고 난 다음 여기 아버지는 그 많은 재산을 두 형제에게 성큼 나누어 주었다. 주식 투자를 한 것이 아니라 완전히 다 탕진될 것을 알면서도 그대로 쏟아부어 버린 것이다.

참사랑은 머리를 굴려 계산을 하며 주는 것이 아니라 낭비를 하는 것이다. 그리고 주면서 훈계, 설교, 기도가 뒤따르기 쉬운데 여기 아버지는 말 한마디 하지 않고 그대로 쏟아부으신 것이다. 여기 아버지는 사랑의 뿌리를 보여주신 멋있는 아버지이시다.

이때 아들의 심장에는 아버지의 사랑의 화살이 깊숙이 꽂이게 되었을 것이다. 후에 이 아들이 회개하게 되는데 이때의 회개는 자기가 한 것이 아니라 바로 이때 맞은 아버지의 사랑의 화살의 기운이 온 몸에 퍼져서 하게 된 것이다. 그리고 예수님이 보여주신 아버지 하나님은 선악과를 따

먹은 죄 보다 더 큰 죄를 범한 그 아들을 밤마다 문 열어 놓고 기다리시다가 돌아온 아들을 용서하고 맞아 주신다. "제일 좋은 옷을 내어다가 입히고 손에 가락지를 끼우고… 살찐 송아지를 끌어다가 잡으라…"(눅 15:22,23). 이스라엘인들이 믿는 하나님은 죄 지은 인간들을 내어 쫓으시고 "에덴동산 동쪽에 그룹들과 두루 도는 불칼을 두어 생명나무의 길을 지키게 하시니라"(창 3:24)고 기록되어 있다. 여기 탕자의 비유와 에덴동산의 이야기는 얼마나 대조적인가!

어떤 부흥사는 인간의 회개가 앞서고 하나님의 용서가 뒤따라온다고 가르치고 있지만 결코 아니다. 하나님의 용서는 이천여 년 전 골고다 언덕 위에서 이미 선포되었다. 이 용서를 받아들이는 것이 오늘 나의 회개이다. 이 비유에 나오는 아버지는 그 많은 재산을 낭비해서라도 거듭난 아들을 얻으려고 했다. 멋있는 아버지는 노름 밑천까지 대어주시는 아버지이다. 둘째가 아버지께 내 몫을 달라고 할 때에는 자연적인 아버지와 아들의 관계에서다. 그리고 이 자연적인 부자의 관계를 포기하고("아버지의 아들이라 일컬음을 감당하지 못하겠나이다"), 아버지의 참사랑(듣고, 낭비하고, 용서해주시는)의 햇살을 마음껏 쪼일 때 거듭난 자, 즉 천국 백성이 되는 것이다.

그러면 이스라엘인들이 믿는 하나님과 예수님이 보여 주신 하나님이 다른 하나님인가? 천만에, 다만 이스라엘인들이 바로 알지 못하던 것을 예수님이 바로 보여 주셨을 뿐이다. 오늘 우리는 하늘에 계신 멋진 아버지 하나님을 경배하게 된 것을 감사하며 살아가야 한다.   .

4. 리얼리스트 (Realist)

마태복음 17장 이하에 보면 예수님이 제자들을 데리고 높은 산에 오르셨다. 거기서 신비한 황홀경(Ecstasy)을 경험한다. 제자들은 언제까지나 거기 머물자고 하나 예수님은 그러시지 않으셨다. 산 아래 속세는 불에도 넘어지고 물에도 넘어지는 간질병 환자 뿐 아니라 나병, 혈류병 여인, 회칠한 무덤 같은 위선자, 죄 많은 인간을 신처럼 떠받드는 사람들과 배짱 있는 남자와 절개를 중시하는 여인이 죽도록 싸우는 죄 많은 사람들이 모여 사는 곳이다.

시편 1편의 기자는 악인의 꾀, 죄인의 길, 오만한 자와 자리를 같이 하지 말라고 했지만 예수님은 세리와 창녀를 가까이 하셨다. 오만한 자와 자리를 같이 하지 않는 자는 오만한 자보다 더 무서운 오만한 자인 것이다. 예수님은 변화산 위와는 비교도 되지 않는 하늘 영광을 버리시고 이 땅 그 중에서도 가장 더럽고 추한 말구유까지 사랑 때문에 내려오셨다.

하나님은 에덴동산만 사랑하시는 것이 아니라 죄 많은 인간들이 더럽혀 놓은 이 세상을 이처럼 사랑하신다. 그런데 사람들은 더러운 세상을 떠나 하늘로 올라가려고만 한다. 이제는 가사를 고쳤지만 얼마 전까지도 '괴롬과 죄만 있는 곳 나 어이 여기 살리까', '저 높은 곳을 향하여 날마다 나아갑니다'를 열심히 불렀다.

사도행전 27장에 보면 바울 사도가 죄수의 몸으로 타고 가던 배가 심한 풍랑을 만나 파선을 당했다. 죄수들이 깨어진 배를 버리고 하늘 같이 넓고 깊은 바다로 도망치려 할 때 바울은 외쳤다. "배 안에 머물라!" 지금 내가 타고 있는 배는 깨어져 가라앉을 지경에 이르렀지만 그 안에 있어야 널조각이라도 붙들고 헤엄칠 수 있지 않느냐는 것이다.

오늘 우리가 살고 있는 이 세상을 바라보라. 1950년 6월 25일 주일 새벽만이 아니다. 지금 우리가 타고 있는 대한민국이라는 배는 곧 뒤집힐 것만 같다. 1948년 대한민국이 태어날 때만 해도 그렇다. "풍랑이 극심한데 단독 정부를 왜 세우려고 하느냐"고 주장하는 애국자가 계셨고, 반대로 "곧 깨어질 것 같지만 대한민국이라는 배를 띄워야 한다"고 주장한 선견지자가 있었다. 오늘 우리는 이 분 때문에 이렇게 풍요하게 살고 있는 것이다.

교회도 마찬가지이다. 오늘 교회 성직자들의 행태는 참으로 눈을 뜨고 볼 수가 없다. 그리고 교인들도 마찬가지다. 참다운 목자가 아닌 재주꾼들에게만 구름처럼 모여든다. 그렇다고 이 깨어진 배를 떠나서는 안 된다. 어른과 아이의 차이는 어디에 있는가?

철부지 아이는 손에 잡히지 않는 무지개 꿈을 찾아 헤매기를 좋아한다. 이런 의미에서 가장 진보주의자라 자처하는 붉으스레한 생각을 가진 사람들은 철부지들이다. 어른은 땀 냄새가 나고 때로는 구린내도 피우는 가까이 있는 내 남편 내 아내를 지극히 사랑할 줄 아는 사람이다.

선장 예수님을 포함해서 13명의 사람들이 타고 가던 배도 로마의 박해라는 풍랑을 만나 산산이 부서졌다. 그러나 그 배의 한 조각 베드로라는 널빤지 위에 교회가 세워졌고, 이 널빤지를 붙들고 늘어질 때만이 구원을 받게 된다. 교회라는 배는 처음부터 깨어진 배였다. 잠음 많은 배, 그래도 그 안에 머물러야 한다.

크리스천이 된다는 것은 참다운 리얼리스트가 되는 것을 의미한다.

5. 리트리트(Retreat, 후퇴하다, 퇴각하다)〈요 6:15〉

"여자가 낳은 자 중에 요한보다 큰 자가 없도다"(눅 7:28).

세례 요한의 위대성은 어디에 있는가? 불의를 향해 목숨을 걸고 항거한 것은 분명 아닌 것 같다. 우리 역사 위에 정몽주, 성삼문 외에 근래에 와 서는 안중근, 윤봉길도 요한 못지않은 용기를 보여주었다. 요한의 위대성은 자기 입으로 "Yes"만 했다면 메시야로 인정받을 수 있었는데도 "No" 하며 그 자리를 자기 뒤에 오시는 분에게 넘겨준 데에 있다. **공격이 아니라 후퇴, 즉 뒤로 물러설 줄 아는 데에 그의 위대성이 있다.**

예수님이 구주가 되신 것도 공격이 아닌 후퇴에 있었다. 예수님이 요단 강에서 세례를 받고 올라오실 때 하나님으로부터 "내 사랑하는 아들이요, 내 기뻐하는 자"란 음성을 들었다. 듣자 말자 곧바로 수도 예루살렘으로 올라가시지 않으시고 사람으로서는 살아갈 수 없는 광야로 후퇴하셨다. 오늘의 한국 정치 목사들 같았으면 하늘 소리를 듣자마자 국회로 달려갔을 것이다.

그런데도 예수님은 그와 정반대의 땅, 불모지 광야로 후퇴하셨다.

그리고 예수님은 하늘 능력으로 오병이어의 기적을 행하셨다. 오늘의 말로 바꾸면 경제 민주화를 성공적으로 이룩하신 것이다. 예수님은 오병 이어로 그 어마어마한 주린 군중들의 배를 골고루 채워 주셨다. 그로 인해 인기가 하늘에 닿을 정도가 되었을 때 군중들은 예수님을 임금 삼으려 했다. 즉 대선에 출마하라고 야단들이었다. 예나 지금이나 군중들은 경제 문제만 그것도 골고루 나누어 주는 사람이 있으면 임금 삼으려고 한다. 지금 임금 자리에 앉아 있는 사람도 경제문제를 해결해 주리라는 군중들의 열광적인 기대로 거기 앉게 되었고 앞으로 거기 앉을 사람도 똑같은

68 빈 항아리의 투덜거림

기대 속에서 거기 앉게 될 것이다. 그러나 예수님은 "No"하셨다. 말로만이 아니라 행동으로 보여 주셨다.

"억지로 붙들어 임금으로 삼으려는 줄 아시고 혼자 산으로 떠나가시니라"(요 6:15). 뿐만 아니라 예수님은 빌립보 가이사랴 지방에 이르렀을 때 시몬 베드로로부터 "주는 그리스도시오, 살아 계신 하나님의 아들이시니이다"(마 16:16)라는 위대한 고백을 듣는다. 인류역사상 이 같이 위대한 고백을 받아본 본 인물은 예수님 한 분 뿐이다. 그런데 얼핏 보면 이 고백을 예수님은 그대로 받아들이신 것 같다. 그러나 이 바벨탑보다 더 높은 고백의 탑 꼭대기에 앉으시라고 간청하는 베드로를 사탄이라고 꾸짖으시며 물러가라고 호통을 치셨다.

예수님은 세상나라 임금 되라는 것이나 모든 인류의 구주로 영광 받으시라는 인간들의 간청을 뿌리치시고 홀로 십자가를 지시고 골고다 언덕으로 후퇴하셨다. 아담이 하나님이 되려고 한 것처럼 예수님 자신이 인류의 구주 자리에 앉으려고 했으면 예수는 결코 구주가 될 수 없었을 것이다. "사람의 모양으로 나타나사 자기를 낮추시고 죽기까지 복종하셨으니 곧 십자가에 죽으심이라. 이러므로 하나님이 그를 지극히 높여…"(빌 2:8~9)

옛날에 있던 새 잡는 고무줄 총이나 전쟁터에서 사람을 향해 쏘아대는 활은 반드시 힘껏 뒤로 당겼다가 놓아야 한다. 예수님과 그를 따르는 모든 크리스천들은 힘껏 뒤로 리트리트(Retreat)할 줄 알아야 이 세상을 하나님 앞에 무릎 꿇게 할 수 있는 능력을 나타낼 수 있다. (미8군 수양관을 리트리트센터라고 한다)

기도, 예배는 다름 아닌 하나님 앞에서의 리트리트이다.

6. 두루 파고 거름을 주리니 〈마 7:19, 눅 13:6~9〉

열매가 없는 과목을 주인은 찍어 버리려고 한다. 땅만 허비하니까. 관리인은 주인에게 한 해만 더 참고 기다려 달라고 간청한다. 그러면서 과수가 열매를 많이 맺게 하기 위해 두루 파고 거름을 주겠다는 것이다. 지난 일년 동안 나 자신 그리고 우리 교회, 우리 나라가 열매 없이 땅만 허비하고 있었던 것 같다. 그런데도 오늘 우리가 존재하고 있는 것은 순전히 하나님의 용서의 사랑 때문이다. 새해에는 열매를 맺는 한 해가 되어야겠다. 두루 파고 거름을 주는 한 해가 되어야 한다.

여기 두루 파고 거름을 준다는 것은 무엇을 의미하는가? 과수 뿌리 주위에 땅이 굳어 있으면 과목은 열매를 많이 맺을 수가 없다. 굳은 땅에는 물이 땅 밑으로 흡수되지 않기 때문에 물이 고일 수밖에 없다. 그러니 이 굳은 땅은 갈아엎어(두루 파고)야 한다. 두루 판다는 말은 회개를 의미한다. 열매 맺지 않은 사람들은 회개를 해야 한다는 말이다. 그리고 그 갈아엎은 땅에다가 거름을 주어야 한다. 여기서 거름은 화학비료가 아니고 자기 자신을 썩히는 퇴비를 말한다. 마가의 다락방에 모였던 사람들에게는 이것이 있었다. 그래서 "주께서 구원받는 사람을 날마다 더하게 하시니라"(행2:47)의 복을 받았다.

다음으로 생각할 문제는 열매를 많이 맺되 아름다운 열매를 맺어야 한다. 요사이 농부들은 양보다 질에 신경을 많이 쓴다. 아름다운 열매를 맺게 위해서는 돌배나무는 참배나무에 접을 붙여야 참배를 맺을 수 있고, 국광 사과나무에는 맛이 달고 큰 후지 사과나무 가지를 접붙여야 먹음직스러운 후지사과를 맺을 수 있다. 우리 속담에 "개 꼬리 삼년 묻어도 황모 되지 않는다."는 말이 있다. 바울 사도는 '의인은 없나니 하나도 없다.' 라고 했다. 예수라는 참포도 나무에 접붙임을 받아야 의인이 될 수 있다. 믿음으로만 의인이 될 수 있는데 여기 믿음은 예수에게 접붙임을 받은 것이다.

마지막으로 아름답고 맛있는 열매를 맺을 수 있는 길은 햇빛과 단비를 맞아야만 한다. 이노우에 신부의 말을 인용하면 '기도란 하나님의 사랑의 햇살 속에 햇볕 쪼이기'이다. 그리고 단비는 예수님의 말씀이다. 예수님은 사마리아 여인에게 "내가 주는 물을 마시는 자는 영원히 목마르지 아니하리니…"라고 말씀하셨다. 같은 과수원의 사과라도 햇빛을 받은 사과는 맛이 있지만 그늘에 달린 사과는 맛이 없다. 말씀과 기도의 단비와 햇볕을 쪼인 과실만이 아름답고 맛있는 과실이 될 수 있다.

굳은 땅을 갈아 엎는 것은 회개이므로 그것은 믿음이다. 그리고 거름은 금비가 아닌 자신을 썩히는 것이므로 사랑이다. 또한 햇볕 쪼이기는 기도요, 단비는 생수 같은 말씀이다.

여기엔 아름다운 과실이 맺힐 수밖에 없으므로 이것은 소망이다. 믿음, 사랑, 소망이 넘치는 2010년 한 해가 되게 해 달라고 기도하자.

7. 두 번 나다(重生)

창세기 1장 7절에 의하면 하나님이 흙으로 사람을 지으시고 그 코에 생기를 불어 넣으시어 사람이 태어나게 하셨다. 모든 크리스천은 하나같이 "우리 주 예수를 믿사오니 이는 성령으로 잉태하사 동정녀 마리아에게 나시고…"라고 고백한다.

성서는 흙 속에 하나님의 생기가 들어가서 사람(아담)이 되었고, 예수님은 성령에 의해 잉태되어 탄생하셨다고 기록하고 있다.

그러면 오늘 나는 어떻게 이 땅에 왔는가? 나도 하나님의 '생기'라 할 수 있는 성령의 간섭 없이 이 땅에 태어난 것은 아니다. 분명한 것은 나는 짐승들과는 다른 아주 신비한 인격을 지니고 이 땅에 태어났다. 이 '나'라는 신비체를 하나님의 형상이라고 할 수 있는데 이것 역시 하나님의 '생기'에 의해서 이 땅에 태어났다고 해도 좋을 것이다.

신약성서는 예수님의 아버지 요셉에 대해서는 거의 침묵하고 있다. 예수님은 요셉이 아닌 하나님을 어린 아기가 아버지를 부를 때 쓰는 말인 '아빠'라고 부르셨다. 그리고 예수님이 세상에서 3년 동안 하신 일은 나만이 아니라 너희들의 참 아버지도 하늘에 계시는 하나님이시란 것을 알려 주는 일이었다. 즉 모든 인간들은 똑같은 자리에서 하나님을 "하늘에 계신 우리 아빠"라고 부를 수 있다고 가르쳐 주셨다.

천국의 관문은 '거듭남'인데 거듭남이란 세상 아버지 외에 진짜 참 아버지가 한 분 더 하늘에 계시다는 것을 믿는 것이다. 거듭난 사람은 아버지가 두 분이란 것을 아는 사람이다.

불교는 '깨달음(覺)'을 아주 귀하게 여긴다. 유교에서는 '교육(學)'을 그럴 수 없이 중요하게 생각한다. 석가모니나 원효대사는 진리를 깨달은 인물이다. 그리고 맹자가 위대한 인물이 된 것이나, 이율곡이 훌륭하게 된 것은 어머니로부터 교육을 잘 받았기 때문이라 생각한다.

예수님의 공생애의 출발점은 하늘로부터 나는 소리 "이는 내 사랑하는 아들이요, 내 기뻐하는 자"란 음성을 들은데서 부터이다. 예수님은 육신으로는 요셉의 족보를 따라 세상에 태어났지만 실은 하나님의 가슴속에서 탄생하신 것이다.

그러므로 크리스천은 '각(覺)'도 아니요, '학(學)'도 아닌 '남(生)'을 그 출발점으로 하고 있다. 난다(Birth)는 것은 신비요, 거룩이다. 그러기에 인간의 두뇌로 그 원리를 깨달을 수 있는 것이 아니다. 다만 인간은 옷깃을 여미고 그 앞에서 떨며 그 탄생을 받아들여야 한다.

이 두려움(이루아)이 모든 종교의 뿌리요, 모든 인간들이 추구하는 지식의 근본이다. 실로 "여호와를 경외하는 것이 지식의 근본이다"(잠 1:7).

며칠 전 대한민국의 뛰어난 두뇌들이 모여 '나로호'를 탄생시켰다. 그것은 만세 전부터 하나님이 창조해 놓으신 그 원리를 인간들이 각(覺)하고 학(學)해서 탄생시킨 것이다. 그러나 한 생명, 그것도 하나님의 형상을 닮은 한 생명을 탄생시키는 것은 인간이 할 수 있는 것이 아니다. 사람들은 옷깃을 여미고 떨며 받아들이기만 해야 한다.

진흙 같은 육신의 엄마, 아빠 속에 하나님이 생기를 불어 넣어 내가 잉태하게 되어 이 세상에 왔다. 하나님의 영이 나의 지혜와 키가 자라게 해 주셨다. 내 결혼식 때 육신의 아버지가 예식장과 피로연을 준비해 주셨지만 신부가 신랑을 뜨겁게 사랑하게 하신 분은 하늘에 계시는 내 아버지시다. 그리고 오늘 내가 여기 존재하게 된 것은 보약을 먹고 내가 적당한 운동을 잘했기 때문이 아니라 송두리째 나의 참 아버지의 은혜이다.

초등학교 운동회 때 엄마 아빠가 군중 속에서 나를 지켜보고 계시다는 것을 생각하며 뛸 때 힘이 솟구친다. 오늘 여기에서 우리의 삶을 하늘 아버지가 지켜보고 계신다는 확신을 갖고 신바람 나게 사는 것이 크리스천의 삶이다.

8. 뒤집힌 가치관(구약에서 신약으로)

 내용상으로 구약의 하나님(첫째)이 신약에 와서는 하느님(하늘님)이 되었다. 표면적으로 보면 구약성서에서 만날 수 있는 신은 이기적인 신이다.

 "너는 나 외에는 다른 신들은 네게 두지 말라."

 이 하나님은 질투도 하시고 당신에게 잘하는 사람에게는 수천 대까지 복을 주시고 잘못하는 자에게는 3, 4대까지 벌을 내린다고 한다.

 그리고 사람을 사랑할 때에도 이스라엘 백성만을 위해서 수많은 애급인, 여리고, 아말렉, 블레셋 사람들을 희생시키신다. 그래서 이 구약의 신은 '하나님'이라고 불러야 할 것 같다.

 그러나 신약에서 예수님이 보여주신 신은 그런 신이 아니다. 그 신은 "해를 악인과 선인에게 비추시며 비를 의로운 자와 불의한 자에게 내려 주시는 분이다"(마 5:45). 뿐만 아니라 세상 모든 사람들이 죄인이라고 단정하는 세리를 의롭게 보시고 세상 사람들이 의롭다고 칭송하는 바리새인을 죄인으로 보신다(눅 18:11~14). 그리고 율법을 빠짐없이 다 지킨 맏아들보다 탕자가 된 둘째아들을 더욱 측은히 여기시는 아버지 같으신 신이 예수님이 보여주신 신이시다. 그러기에 인간의 생각으로는 상상할 수 없는, 즉 하늘과 같으신 신이 예수님이 보여주신 신이시기 때문에, 오늘 우리는 이 신을 '하느님'(하늘님)이라 부르는 것이 마땅하다.

 그러면 세계관은 어떠한가?

 구약의 신은 세상을 바라보시며 "좋았더라", "심히 좋았더라"라고 하셨다고 창세기 1장에 기록되어 있다. 그러나 신약성서는 "세상을 이처럼 사랑하사 독생자를 주셨으니…"라고 기록하고 있다. "좋았더라"와 "이처럼 사랑"의 차이는 하늘과 땅만큼의 차이가 있다.

그리고 구약이 보여 주는 세상은 아담 하와의 범죄로 인하여 그 자손들이 죄값을 치르는 곳이다. "땅은 너로 말미암아 저주를 받고… 땅이 네게 가시덤불과 엉겅퀴를 낼 것이요" 이 같은 땅 위에서 살아가는 인간은 남자는 노동의 고통, 여자는 해산의 고통이라는 벌을 받다가 결국은 죽음의 터널을 통해 땅으로 돌아가야 한다. 이런 곳이 세상이다.

그러나 신약에서 예수님이 보여주신 이 세상은 정반대의 축복의 땅이다. "참 아름다워라, 주님의 세계는. 저 솔로몬의 옷보다 더 고운 백합화, 주 찬송하는 듯 저 맑은 새소리, 내 아버지의 지으신 그 솜씨 깊도다." 이같이 아름다운 이 세상에서 살아가는 그 삶은 온 천하보다 더 귀하다고 예수님은 말씀하셨다.(마 16:26)

마지막으로 신구약의 인생관의 차이점을 생각해보자.

한마디로 요약하면 모세가 바라본 인간은 종이요, 예수님이 보여주신 인간은 지극한 사랑을 받는 아들이다.

구약의 율법의 문체는 명령형이나, 신약의 문체는 직설법(Indicative)이다. 구약에서는 "살인하지 말라"인데 신약에서는 "행복하여라… 천국이 저희 것임이요"이라고 한다. "너는 소금, 빛이 되어라"가 아니고 "소금, 빛이다"라고 신약성서는 기록하고 있다. 구린내만 피우는 '나' 그리고 메주덩어리 같은 '나'를 "소금이 되어라"가 아니고 "소금이다", "장미처럼 아름답고 예쁘게 보인다"라고 일방적으로 하느님이 그렇게 보아주신다는 말씀이다.

이 얼마나 감격스러운 말씀인가! 구약이 다윗왕국의 회복을 꿈꾸어 온 책이라면, 신약의 총 주제는 '하나님의 나라'이다. 하나님의 나라는 이 세상 밖 외딴 곳에 있는 것이 아니라 이 세상, 저 세상을 다 포용하는 하나님의 사랑의 품안을 의미한다.

구약이라는 디딤돌을 딛고 넘어가서 따스한 안방에 계시는 주님의 품안에서 감사 찬송 부르는 삶을 살아가는 것이 크리스천의 삶이다.

9. 땅에 묻혀 있는 주춧돌

예수님은 베드로를 '반석' 이라 부르시고 "그 반석 위에 교회를 세우신다"고 하셨다. 그래서 많은 크리스천들은 교회의 주춧돌은 베드로라 생각하고 있다. 그러나 베드로는 주춧돌의 눈에 보이는 윗부분이지 그 밑 땅속에 묻혀 있는 아랫부분이 아니다.

초대교회 주춧돌은 묻혀 있는 부분이 훨씬 더 크다. 초대 교회의 큰 기둥을 버티고 땅속에 묻혀 있는 또 다른 위대한 인물들을 생각해 보자.

1) 바나바

그의 본 이름은 요셉인데 사도들이 '위로의 아들' 이란 뜻이 있는 '바나바' 라고 불러 주었다. 베드로나 바울은 성미가 급하고 과격했다. 그런데 이 두 분이 초대교회의 주춧돌이 될 수 있는 것은 철저하게 그 밑에 바나바라는 위로의 사람이 있었기 때문이다. 사도행전 15장 38절 이하에 보면 바울과 바나바가 함께 여행을 할 때 마가를 데리고 가느냐, 아니냐의 문제로 심히 다투었다. 그리고 서로 갈라섰는데 바나바는 바울이 버린 어린 마가를 데리고 갔다.

만약 이때 바울처럼 마가를 버렸다면 오늘 우리는 공간복음서의 뿌리인 마가복음을 손에 쥘 수 없게 되었을 것이다. 교회를 무섭게 박해했던 바울이 교회에 들어오게 된 것, 그리고 그 후 사도가 된 것도 바나바가 바울의 보증인이 되었기 때문이다. 실로 그렇다. 모든 사람들의 눈에 뜨이게 화끈하게 일을 한 베드로나 바울은 바나바가 그 뒤에 숨어서 위로하고 감싸주지 않았더라면 초대 교회의 기둥은 부러졌을지도 모른다.

2) 누가

골로새서 4장 14절에 "사랑을 받는 의사 누가"라고 기록되어 있다. 아주 중요한 말씀이다. 오늘 목사, 장로, 평신도 할 것 없이 모든 크리스천들은 사랑을 할려고만 하지 자기가 사랑을 받는 사람이 되려고 하지를 않는다. 여기에 큰 문제가 있다. 예수님은 마태복음 6장 17절에서 "너희는 금식할 때에 머리에 기름을 바르고 얼굴을 씻으라"라고 말씀하셨다. 여기 금식할 때란 말씀은 신앙생활을 시작할 때란 말씀이다. 목사가 되고 장로가 되려고 할 때란 말씀이다. 장로가 되려고 하면 먼저 거금, 전자오르간 그리고 교회 부지를 교회에 바쳐야 하는 줄 안다. 이거 하지 말란 말이 아니라 이것도 해야 한다. 그러나 분명한 것은 이보다 먼저 해야 할 것은 '머리에 기름을 바르고 얼굴을 씻는 일', 그래서 전교인들로부터 사랑을 받는 인물이 되어야 한다.

산을 옮기는 믿음, 몸을 불사르는 충성 보다 오래 참으며 인격 다듬는 일을 먼저 해야 한다. 우리나라 역대 대통령들은 다 훌륭한 분들이고 큰 업적을 남겼다. 그러나 자기 인격 다듬기를 게을리 해서 그분들의 끝은 개구멍으로 쫓겨나는 신세가 되었다.

3) 에바브로디도

오늘 목회자와 신도들의 관계는 구약성서에서 찾아서는 안된다. 그들은 모두 예수를 죽인 자들이다. 오늘 교회는 빌립보서에 나오는 바울과 에바브로디도에서 모범 답안을 찾아야 한다. 사도 바울은 교인들에게 폐를 끼치지 않으려고 스스로 험한 일을 하면서 목회를 했다. 그리고 빌립보교회와 에바브라디도는 지극정성으로 감옥에 갇혀있는 사도를 위해 헌금을 했고 이 영치금을 전달하기 위해 에바브로디도는 빌립보에서 로마까지 가서 과로로 사경을 헤매기까지 했다. 오늘 한국교회는 바로 이 장면을 눈여겨보아야 살길을 찾을 수 있다.

모든 식물의 뿌리는 땅에 묻혀 있어야지 햇빛을 보면 안된다. 그리고 줄기는 이 묻혀 있는 뿌리에서 흡족히 양분을 섭취해야 열매를 맺을 수 있다. 그런데 오늘 한국 사회는 '과거 청산' 이란 깃발을 휘두르며 스스로 의로운 체하며 조상들의 무덤을 파헤친다. 뿌리 없는 나무는 곧 시들어 버릴 것이다.

모든 사도들은 땅에 묻혀 있는 뿌리, 주춧돌이 되어야 하고 그 뿌리를 존경하고 거기에서 영양을 섭취할 때 시냇가에 심은 나무처럼 시절을 쫓아 과실을 많이많이 맺을 것이다.

10. 네가 어디 있느냐?

TV 화면이 흐려서 '새것으로 갈아야겠다' 라고 생각하고 있었다. 그러다가 우연히 안경을 쓰고 보았더니 깨끗하게 보이는 것이 아니겠는가. 아내가 조용히 이야기할 것을 가지고 고함을 친다. 아침부터 고함치는 소리를 듣고 집을 나가면 하루 종일 기분이 언짢다. 그런데 알고 보니 나의 청력이 나도 모르는 사이에 나빠져서 그런 것이다. 나 자신의 잘못은 생각지 않고 공연히 아내와 TV탓만 한 나 자신이 부끄럽게 느껴졌다.

그 옛날 소크라테스가 "너 자신을 알라" 라고 외친 그 소리와 동양의 왕 양명의 "산 중에 있는 적은 물리치기 쉬워도, 내 안에 있는 도적은 물리치기 어렵다" 고 한 그 말이 새삼 생각이 난다.

성서로 들어가보자. 수많은 예언자들이 나타나서 사회정의를 부르짖는 소리를 들을 수 있다. 누구나 공감할 수 있는 이 소리가 세례 요한에게 와서 절정을 이룬다. 불의를 향해 목숨을 바쳐 항거한 그를 예수님은 '여인이 낳은 자 중 가장 위대한 자' 라고 부르셨다(마 11:11). 그리고 이어서 "그러나 천국에서는 극히 작은 자라도 그보다 크니라" 라고 말씀하셨다.

오늘 이 땅에는 여인이 낳은 자 중에 가장 큰 인물들이 너무나도 많다. 여리고로 내려가는 길 뿐만 아니라 인류가 가는 길에는 강도를 만나 쓰러져 신음하고 있는 불행한 자들이 너무나도 많다.

어떤 신학자는 이들을 '민중' 이라 했고 또 다른 예언자적인 눈을 가진 신학자는 '떠돌이' 라고 하기도 한다. 그런데 이 가련한 떠돌이들을 한없는 자부심을 가지고 바라보는 신학자들 중에서 많은 이들이 선한 사마리아인이 되겠다고 그리고 세례 요한이 되겠다고 일어서고 있다.

이 분들은 강도를 만나 쓰러져 있는 가련한 '떠돌이' 들을 불쌍히 여기고 그들을 구원해 주겠다는 데서 한걸음 더 나아가 "그들을 그렇게 만든 강도들을 잡겠다"고 나서고 있다. 그런데 이미 강도는 사라진 다음이라 쉽게 잡히지 않는다. 그래서 이들은 주위를 두리번거리며 가진 자들과 기성제도를 송두리째 강도로 몰아버리고 있고 바벨탑이라 공격하고 있다.

예수님은 선과 악을 사람이 함부로 구별할 수 없다고 하셨는데 이들은 그것을 함부로 구별한다. 그래서 '떠돌이' 들을 한없이 자비로운 눈으로 바라보는 '내' 편은 '선' , 그리고 그들을 괴롭히는 저쪽은 '악' 으로 단정하고 불타는 소명감을 가지고 투쟁한다.

실로 스탈린, 김일성도 이런 부류의 인물이다. 그러나 분명한 것은 선악
과와 바벨탑은 해골골짜기에서 돋아나지 않고 에덴동산처럼 선하고 아름
다운 곳에서 솟아났다. 그런 것들은 '떠돌이', '민중', '강도 만난 가련한
사람들'을 측은히 여기는 그 아름다운 마음밭에서 솟아나기 쉽다. 선한
마음의 사람은 저쪽을 바벨탑이라 공격하는 그 순간 자기 자신 속에는 더
큰 바벨탑이 솟아나고 있음을 보지 못한다.

주먹세계에서도 수장자리에 앉으면 그 밑의 떠돌이들을 먹여 살리기 위
해 전력투구를 한다. 재벌 총수들도 자기 혼자만 잘 살려고 저렇게 세계를
누비고 다니는 것은 아니다.

신학자가 바벨탑이라 공격한 이들은 그래도 보릿고개는 없애주었고 해
방 후 하루 임금이 쌀 반 되이던 것을 자가용을 몰고 출퇴근하게 만들어
주었다. 그런데 입만 열렸다 하면 이들 가진 자들을 저주하던 자칭 세례
요한의 제자들은 그동안 그 '떠돌이'들을 위해 한 것이 무엇인가?

정의의 예언자들이 사회정의를 외치기 아주 오래전에 직접 하나님이
사람을 찾아오시면서 하신 제일성은 "네가 어디 있느냐"였다. TV와 아내
를 원망하기 전에 내 눈과 내 귀가 잘못되어가고 있지나 않는지 조용히 생
각해 보자.

11. 누구의 죄로 인함이니까?

"예수께서 길을 가실 때에 날 때부터 맹인된 사람을 보신지라 제자들이
물어 이르되 랍비여 이 사람이 맹인으로 난 것이 누구의 죄로 인함이니이
까 자기니이까 그의 부모니이까"(요 9:1~2).

대부분의 이스라엘인들은 인간이 고통을 당하는 것은 하나님의 뜻을 거역한 죄로 인해 온다고 믿고 있다. 그리고 높은 위치에 오르게 되는 것은 하나님의 뜻에 순종했기 때문이고(신 28:13이하), 부자로 사는 것도 여호와의 법을 잘 지켰기 때문이라(시 37:25이하)고 믿고 있다. 그러다보니 자연히 가난하고 병들고 천하게 사는 것은 하나님의 뜻을 거역한 죄 때문이라 생각할 수밖에 없었다.

그런데 예수님이 오셔서 선포하시고 또한 그대로 사신 말씀은 그와 정반대였다. 예수님이 선포하신 제일성은 '회개'였다. 여기 회개는 지금까지 그들이 갖고 있던 생각과 믿음의 뿌리를 송두리째 뽑아 뒤엎으신 것이다. "이 사람이나 그 부모의 죄 때문이" 아니란 것이다. 그러면 무엇이냐. 그 답은 "하나님이 하시는 일을 나타내고자 하심이라" 였다.

다시 예수님의 말씀에 귀를 기울여보자. 가난은 죄 때문에 오는 것이 아니다. 심령으로 가난을 되씹어 보면 오히려 거기에 천국백성이 되는 길이 있다는 것을 알게 될 것이라는 말씀이다. 애통도 마찬가지다. 그 애통을 꼭꼭 씹어 생각해보면 그 속에서 "오직 성령이 말할 수 없는 탄식(애통)으로 우리를 위하여 친히 간구하시는"(롬 8:26) 소리가 들린다. 온유도 그렇다. 힘없고 나약한 것도 죄 때문이 아니다. 그 부드럽고 나약함은 아버지의 사랑을 받을 수 있는 기회가 된다는 말씀이다.

의(義), 정직(正直), 긍휼(矜恤), 청결(淸潔) 같은 덕목들은 높은 자리에 있는 사람이나 율법을 빠짐없이 잘 지킨 바리새인이나 서기관 같은 사람들이 가질 수 없는 덕목들이다. 화평 역시 마찬가지다.

예수님이 이 땅에 오신 목적은 하나님과 사람이 그리고 사람과 사람, 나아가서는 인간과 자연이 화목하게 하기 위해서다. 그런데 이 화목 역시 힘과 인간적인 의로서는 이를 수 없겠기에 예수님은 하늘의 천군천사를 거느리고 오시지 않으시고 가난하고 애통하고 온유한 말구유를 통해 이 땅에 오셨다.

예수님의 축복의 클라이막스는 "의를 위하여 박해를 받은 자는 복이 있나니 그들이 하나님의 아들이라 일컬음을 받을 것임이요"(마 5:10)이다. 구약에서의 고통은 죄의 결과로 오는 '벌'인데 반해서, 신약에서의 고통은 '축복'의 열매인 것이다. 여기 고통은 맹목적인 고통이 아니라 예수님과 함께 겪는 박해를 말한다. 예수 믿고 예수 따라가는 삶을 살다가 마지막 예수님이 당하신 고난에까지 동참한다는 것 얼마나 영광스러운 축복인가!

예수님의 아름다운 모습만 바라보고 따라가는 사람들이 이 땅에는 너무도 많다. 마치 종교를 삶의 액세서리로 생각하고 예수 믿는 크리스천들 말이다. 그런데 진짜 크리스천은 마지막 예수님의 고난에까지 동참하는 사람이다. 예수님의 마지막 말씀은 "엘리 엘리 라마 사박다니"였다. 사람으로부터 그리고 하나님으로부터도 버림받은 것 같은 처절한 절망의 울부짖음, 그 고통에 동참한다는 것은 축복 중에 최상의 축복이다.

그런데 여기 이 무서운 고통 속에서도 예수님이 끝까지 놓치지 않고 붙들고 계신 것은 '나의 하나님'이었다. 나의 하나님 손에 붙잡혀 울부짖는 여기에서 영원한 생명이 빛난다는 것을 믿자.

칼 바르트(K. Barth)는 "예수님의 일생 중 하나님과 가장 가까웠던 순간은 바로 십자가 상에서 운명하시던 그 순간이라."라고 했다.

12. 내 탓이요!〈1〉

구약성서에 나오는 어린 다윗이 거인 골리앗을 쳐서 쓰러지게 했다는 이야기는 구약성서 전체를 압축한 이야기라 해도 과언이 아니다. 이스라엘 민족은 어린 다윗 같고 이스라엘 민족을 둘러싸고 있는 이방국가는 골리앗 같은 거인들이지만 여호와가 함께 하시기 때문에 우리가 이긴다는 확신을 불어 넣어주는 책이 구약성서가 아닐까 한다.

여기 예수가 오셔서 한 알의 밀알(겨자씨)이 되어 땅에 묻히셨다. 그런데 묻힌 지 3일 만에 여기에서 새싹이 돋아났고 이것이 자라 무성한 잎이 자라나게 되었다. 오순절 성령강림사건이 일어났다. 잎은 하늘의 빛과 공중의 공기를 흡수해서 열매를 맺게 하는 역할을 한다. 오순절에 마가의 다락방에는 불의 혀처럼 갈라지는 빛과 급하고 강한 공기가 방안에 가득차게 되었다. 복음의 씨앗에서 자라난 잎은 공기와 태양빛을 받아 영양소를 만들어 열매를 맺게 한다. 하루에 삼천명이 회개하고 신자가 된 것은 그리 놀랄 일이 아니다.

이 놀라운 성령강림사건의 내용은 무엇인가? 하루에 삼천 명이 회개하고 크리스천이 되었다는 것은 잎이 무성하게 자랐다는 것이지만 이것이 성령강림의 내용은 아니다. 그 내용은 사도행전 2장 37절 말씀이다. "그들이 이 말을 듣고 마음에 찔려 베드로와 다른 사도들에게 물어 이르되 '형제들아, 우리가 어찌할꼬' 하거늘 …"

신학자 폴 틸리히(P. Tillich)에 의하면 성령의 역사란 「자신이 자신을 초월해서 자신을 때리는 것」이라고 한다. 이 기능은 소위 영적인 동물이라고 하는 사람에게만 있는데 성령의 역사도 그렇다는 것이다. 이 회개사건은 다윗이 골리앗을 쓰러트리고 나서 자신뿐만 아니라 전 이스라엘 백성에게 기쁨과 감사를 불러일으킨 그러한 역사(役事)가 아니고 자기가 자기를 죽이는(십자가)데서 솟아난 기쁨과 감사(부활)의 거듭남의 사건이다. 그래서 예수를 유대종교 지도자들과 빌라도가 죽였는데도 성령강림을 체험한 사람들은 그들에게 복수를 하려 하지 않고 오히려 "우리가 어찌 할꼬!"라며 자기가 자기 가슴을 쳤던 것이다.

이 같은 참 성령을 받은 바울은 당시 골리앗과 같은 로마를 향해 물맷돌을 던지지 않고 오히려 "권세에게 복종하라"(롬 13:1)고 권하면서 십자가의 복음의 씨앗만 뿌렸다.

한 알의 밀알은 땅에 떨어져 썩어야 많은 열매가 맺힌다. 밀알이 썩을 때는 미열(微熱)이 일어나고 거기서 새 생명이 움터 나온다. 거듭남은 자기 가슴을 두드리며 "내 탓이요, 내 탓이요" 부르짖는데서 솟아난 열매이다. 예수님은 세상악과 투쟁을 하시다가 십자가에 달리신 것이 아니라, 세상죄를 대신 짊어지시고 무덤에 묻히셨고 거기서 부활의 열매가 열린 것이다.

국회는 여당과 야당이 행정책임자들을 불러놓고 서로 '네 탓이요, 네 탓이요' 소리치는 곳이다. 그러나 교회나 사찰은 절대자 앞에서 조용히 자기 가슴을 치며 "우리가 어찌 할꼬"라며 울먹이는 곳이 되어야 한다. 그런데 오늘의 한국교회는 서로 골리앗 같은 거인이 되겠다고 안달하며 다른 한편에서는 천박한 지식을 가지고 이 세상 골리앗의 머리에서 나온 정책(쇠고기, 4대강, 해군기지 등)들을 향해 물맷돌을 던지기에 정신이 없다. 이건 아니다. 종교인은 모름지기 나를 땅에 묻어 놓고 오래 참고 참으며 제3일을 기다려야 한다.

13. 넘치는 하나님의 사랑

어렸을 때 부잣집 친구가 있었는데 이 친구가 아침에 하얀 쌀밥에 날계
란을 깨어 넣고 거기 일본 간장을 부어 비벼 먹었다고 자랑했다. 집에 와
서 어머니께 그렇게 한번 해달라고 졸랐다. 딸이 넷에다 아들은 나 하나
뿐인데도, 집에 닭도 기르면서, 그 애원을 들어 주지 않으셨다. 어린 마음
에 얼마나 화가 났는지, 속으로 나를 주워서 기른 것이 아닌가 하는 생각
까지 했다.

그런데 성인이 되어 돌아보니 우리 어머니는 신사임당 못지않은 훌륭
한 분이었다는 것을 깨닫게 되었다. 하나밖에 없는 아들에게 계란을 톡
깨어 밥을 비벼주고 싶은 마음이 왜 없었겠는가! 그러나 어머니는 눈물을
머금고 그 계란을 모아서 팔아 연필과 노트를 사서 공부를 시켜 주신 것
이다.

내가 12km를 걸어 중학교에 다닐 때 빨치산이 내려와 학교에 불을 질
렀다. 그래서 칠판도 없는 운동장에 앉아 A,B,C,D,를 배웠으니 공부가
될 리가 없었다. 생후 처음으로 나쁜 친구와 어울려 담배꽁초도 주워 피
워보고 상점에 들어가 물건도 훔쳤다. 어머니는 외동아들이 탈선하는 것
을 보고 교회 목사님과 상담을 하신 후 서울에 있는 명문 미션 스쿨로 전
학시켜 주셨다. 6·25 전이라 부잣집 아이들도 갈 수 없는 서울 유학을
가난뱅이 농부의 아들이 가게 된 것은 내가 얌전히 공부를 잘했기 때문이
아니라 순전히 성서에 나오는 탕자의 길을 걸었기 때문이다.

내가 서울 유학생이 된 것은 율법을 잘 지켰기 때문이 아니라 나쁜 짓
을 했기 때문인 것이다. 그 후 신학을 공부할 때도 그리고 성서 속으로 들
어가면서도 언제나 어머니가 보여주신 사랑의 창문을 통해서 하나님을

바라보게 되었다.

구약의 하나님! 에덴동산에서 사람이 선악과를 한번 따 먹었다고 자손만대 그의 후손들을 삼청교육대 같은 세상에 내보내어 고생을 시키다니… 절대로 그럴 수 없다고 늘 생각해 왔다. 율법을 잘 지키면 복을 내려주고 아니면 3, 4대까지 벌을 내려 준다는 말씀도 글자 그대로 믿지 않는다. 이런 생각으로 신약성서의 예수님의 말씀을 바라보았다. 하늘이 열리고 새로운 세계가 펼쳐지는 것을 보게 되었다. 그 중에서도 유독 탕자의 비유(누 15:11~15)에서 영원한 대답을 얻었다. 맏아들은 아버지의 집안에서 머물며 순종했는데 구원의 잔치에 참여하지 못했다.

결국 아버지 집을 떠난 둘째가 구원을 얻었다.

아담, 하와가 선악과를 따 먹지 않고 에덴에 머물고 있었더라면 어떻게 되었을까? 에덴 그 밖 세계의 괴롬과 죄가 가득한 이 세상에서 뒹굴던 둘째가 구원을 얻었다. 오늘 우리가 가는 길은 에덴으로의 회귀가 아니라 이 세상 밭에도 묻혀 있고, 부엌빵 굽는 곳이나, 바다에도 숨겨져 있는 천국을 발견하고 그 백성이 되는 것이다.

성서의 언어를 학자들은 '고백적 언어'라고 한다. 구약 기자들이 바라보고 기록한 구약은 내가 아주 어렸을 때 원망의 눈빛으로 바라본 어머니 같았다면, 신약성서의 기자들이 예수님을 통해 바라본 하나님은 죄 지은 아들을 더 좋은 환경으로 보내주신 우리 엄마 같은 하나님이시다. 우리는 유대교인이 아니라 예수 믿는 사람들이다.

Ⅲ. 그래도 희망은 있다

1. 산을 옮길 수 있는 겨자씨교회 〈행 2장〉

1) 산과 겨자씨

"…만일 너희에게 믿음이 겨자씨 한알 만큼만 있어도 이 산을 명하여 여기서 저기로 옮겨지라 하면 옮겨질 것이요…"(마 17:20).

산(비생명)과 겨자씨(생명)의 싸움은 싸움이 아니다. 생명이 이미 이겨 놓고 하는 싸움이다. 예수님은 당시 세계를 지배하고 있는 로마를 산에 그리고 당신이 벌이고 있는 천국운동을 겨자씨에다 비유하여 말씀하신 것이 분명하다.

2) 예수님이 펼치신 천국운동의 제일성은 '회개' 였다

예수님의 공생애의 제일성은 "회개하라 천국이 가까웠다"(막 1:15)였다. 예수님이 '회개'를 외쳤을 때 아마 에덴동산사건을 생각하고 계셨을 지도 모른다.

사람들은 아담이 에덴에서 쫓겨난 이유가 선악과를 따 먹었기 때문이라고 쉽게 생각한다. 아니다, 회개를 하지 않았기 때문이다. 만약 아담이 선악과를 일곱 번씩 70번을 따 먹었다 해도 회개만 했더라면 용서를 받앉을 것이다. 그래서 예수님이 천국운동을 시작하시면서 맨 먼저 선포하신 말씀이 회개였다.

3) 예수님의 천국운동을 세부적으로 나누어 생각해보자

'교육'이 제일 앞에 나온다. "산에 올라가 앉으사 입을 열어 가르쳐 가라사대"란 우리에게 얼마나 정다운 문구인가! 그러나 3년 동안 제자들과 숙식을 같이 하시면서 가르쳤지만 제자들은 천국의 의미를 이해하지 못했다. 의료사업도 성공하지 못했다. 많은 병자들의 병을 고쳐주셨고 죽은 사람을 살려주시기까지 하셨다. 그러나 고침을 받은 사람들에게서까지 배신을 당하셨다. 경제 문제도 해결해 주셨다. 오병이어의 기적을 행하셔서 주린 군중의 배를 채워주셨지만 이들은 예수님의 천국운동의 본뜻을 이해하지 못한 채 엉뚱하게 예수님을 세상 임금으로 삼으려고 했다.

에덴동산에서 하나님이 사람에게 배신을 당하셨듯이, 예수님도 철저하게 인간들에게 배신을 당하셨다. 십자가에 달리신 것이다. 그래서 예수님은 십자가 위에서 배신한 모든 인류를 대신하여 철저하게 회개를 하셨다. "엘리 엘리 라마 사박다니!" 겨자씨 한 알이 땅에 떨어져 썩어 새싹을 탄생시키듯이, 그리고 원자가 부서지고 깨어져 저 무서운 원자탄이 폭발하듯이, 예수가 깨어지고 자신을 부숴트려 원자탄보다 더 강한 사랑의 불을 뿜어낸 것이 십자가사건이다.

4) 마가의 다락방

십자가 사랑의 원자탄을 맞은 사람들이 오순절에 마가의 다락방에 모였다. 오순절에 성령이 강림한 이유는 오순절은 유대인들이 밤을 새워가며 성경공부를 하는 절기이기 때문이다. 성경의 골자를 한마디로 요약하면 '하나님의 사랑 이야기'다. 밤새워 하나님의 사랑 이야기를 듣고 있을 때 성령이 강림했다는 것이다. 예수님의 십자가에서 터진 사랑의 불꽃과 성서의 하나님 사랑 이야기가 합쳐져서 무서운 스파크가 일어난 것이 "급하고 강한 바람같은… 불의 혀 같이 갈라지는" 성령강림사건이었다.

5) 성령강림의 내용

첫째로 방언이 터져 나왔다. 방언은 이상야릇한 소리가 아니라 하나님의 사랑을 알려주는 소리다. 십자가가 바로 사랑의 클라이맥스다! 이것이 설교다. 방언은 사람과 사람이 사랑을 나누게 하는 러브 랭귀지이다. 바대인과 메대인과 엘람인과 메소보다미아인이 사랑의 입이 열려 서로 사랑을 나눌 수 있게 한 언어가 방언이다.

6) 그 결과는 "형제들아 우리가 어찌할꼬?"(행 2:37)

내가 깨어져 산산이 부숴져서 "하나님을 찬미하며 또 온 백성에게 칭송을 받으니 주께서 구원받는 사람을 날마다 더하게 하시니라"(행 2:47)는 은사가 일어났다. 그리고 드디어 예수 겨자씨가 로마를 삼켜버렸다. 그리고 2천 년 후에는 신대륙으로 날아가 흑인 노예의 후예가 대통령이 되는 기적을 일으키기도 했다.

2. 주의 죽으심을 오실 때까지 전하라

마가복음 16장 1절에 나오는 세 여인은 참으로 어리석은 여인들이었다. 무덤은 이 세상적인 모든 것이 끝나는 종점 같은 곳이다. 당시에 무덤은 동굴이었고 그 동굴 안에 시신을 묻고 큰 바위로 그 문을 막았다. 세여인의 힘으로는 그 바위를 옮길 수 없었다. 안식일 후 첫날 매우 일찍이 그 동굴을 찾아가 보았자 예수님의 시신에 매우 값비싼 향품을 바를 수가 없었다. 설령 시신에다 발랐다고 하더라도 그것은 쓸데없는 일이었다. 그런데도 이들은 개의치 않고 무덤으로 달렸다. 그것은 예수님을 향한 사랑 때문이었다.

150킬로미터로 달리던 차가 급브레이크를 밟을 때 그 차는 적어도 몇 미터는 '찍' 하는 소리를 내면서 미끄러져 가서 선다. 사랑도 마찬가지다. 예수님을 향한 사랑이 이 세 여인을 어리석게 만들었다. 그 사랑이 이 여인들을 무덤 속으로 '찍' 하는 소리를 내면서 들어가게 했다. 이 여인들은 거기서 부활 소식을 들었고 그 내용은 부활하신 예수님이 그 여인들과 첫사랑을 나누었던 갈릴리로 가셨다는 것이다. 이 어리석은 세 여인은 갈릴리 호숫가로 달려가 부활하신 예수님을 만났다.

오늘 우리들은 어떤 자세로 부활주일을 맞아야 하나?

'세상 끝날 예수님이 하늘에서 천군천사를 거느리고 오실 때 예수티켓을 갖고 죽은 사람들은 무덤 속에서 나와 예수님을 맞이한다'고 생각해도 좋다. 그러나 그보다는 세 여인처럼 예수님을 모시고 오늘의 갈릴리인 교회에 모여 사랑을 나누어야 한다. 그리고 하늘에서 둥둥 떠내려 오실 예수님을 기다리기 보다는 이 땅 위에 있는 예수님의 무덤을 찾아가야 한다.

오늘 여기에 있는 예수님의 무덤은 십자가다. 크리스천은 부활이 아니라 '주의 죽으심' (고전 11:26)을 오실 때까지 전해야 한다. 세 여인은 부활신앙을 갖고 할렐루야를 외치며 거리로 나간 것이 아니라 사랑에 눈이 멀어서 미친 사람처럼 예수님의 시신에다 향품을 바르려고 무덤으로 달려갔다가 부활 소식을 들었다.

오늘 부활주일을 맞은 사람들은 부활이 아닌 '예수님의 죽으심'을 깊이 깊이 생각해봐야 한다. 무덤 깊숙이 들어가면 거기서 예수님의 십자가 위에서의 비참한 죽음을 바라보게 되고 거기에서 예수님의 사랑, 아니 하나님의 사랑을 맛보게 된다. 우리 인간이 바로 이 사랑을 깨닫고 감사의 눈물을 흘리면 부활 소식은 저쪽 즉 천사가 전해준다. 오늘 한국교회는 잘못되어도 한참 잘못되었다. 부활이 앞에 나와서는 안 된다. 부활은 십자가 다음에 나와야 한다. 이 순서가 뒤바뀌면 그것은 죽음이다.

오늘 한국교회는 십자가가 없는 부활의 꽃만 만발했다. 세계를 놀라게 하는 것은 바로 이것이다. 뿌리가 땅 속에 있고 꽃이 이 땅 위에서 피어야지 꽃이 땅 속에 묻히면 그것은 죽음이다. 한 알의 밀알이 땅 속에서 죽으면 많은 열매를 맺는다고 말씀하시면서 예수님은 친히 무덤 속에 묻히셨다. 여기서 새싹이 돋아났다.

부활의 새싹은 무덤 속에 있다. 2천 년 전으로 돌아갈 필요가 없다. 오늘도 땅속에서 죽는 수많은 생명의 씨앗들이 있기에 이 땅은 봄을 맞아 화려한 꽃잔치가 벌어지고 있다.

현대인들은 도박, 알코올, 마약 아니면 스포츠를 찾는다. 이것들이 인간 뇌 속 깊이 자리하고 있는 죽음의 공포를 잊게 해 주기 때문이다. 더 큰 문제는 크리스천들마저 황홀한 환상 속에서 유령 같은 예수님을 찾아 헤매고 있다는 것이다. 그렇게 해서는 안된다. 조용히 이른 새벽에 예수님이 누워 계시는 무덤을 찾고 거기서 예수님의 십자가 사랑을 맛 봐야 한다. 그러면 부활 소식은 저쪽에서 들려오게 될 것이다. "믿음, 소망, 사랑 그 중에 제일은 사랑이라"(고전13:13).

3. 머리에 기름을 바른 집사 ⟨마 6:17⟩

캐나다 세듀윅이라는 마을에 들린 적이 있다. 저녁에 60여 명의 교인들이 모여 동양에서 온 손님을 환영하는 파티가 열렸는데 흰 블라우스에 빨간 나비 넥타이를 한 여자 노인들이 열심히 음식을 나르고 있었다. 젊은 여자들은 가만히 앉아 있는데 하얀 복장의 노인들이 저렇게 심부름을 하느냐고 물었더니 교회 목사님이 다음과 같은 대답을 했다.

"파티가 열리기 전에 젊은 여신도들과 나이 많은 여신도들이 다투었는데 노인 여신도들이 젊은이들을 보고 너희들은 젊었으니 앞으로도 봉사할 기회가 많지 않느냐, 우리는 그렇지 않으니 너희들이 양보하라고 열을 올려서 젊은 여신도들이 양보했다"는 것이다.

교회의 직분은 다 그렇지만 특히 집사라는 직분은 그 이름 자체가 봉사이다. 집사 중에도 안수집사는 머리에 손을 얹어 안수기도를 받은 집사이다. 여기 손을 얹었다는 것은 머리에 기름 부음을 받았다는 뜻이다. 마태복음 6장 17절에 "너는 금식할 때 머리에 기름을 바르고 얼굴을 씻으라"고 기록되어 있다. 여기 "금식할 때"라는 말은 꼭 금식기도 만을 가르키는 것이 아니라 신앙생활을 통틀어 가르키는 말이라 할 수 있다. 봉사도 여기에 포함된다. 그러므로 안수집사로서 봉사생활을 할 때 제일 먼저 할 것은 머리에 기름을 바르고 얼굴을 씻어야 한다는 말이다. 예수님도 공생애를 시작하시면서 먼저 요단강에서 얼굴을 씻고 머리에 하나님의 사랑의 기름을 바르셨다.(세례)

1) 첫째로 Make Up부터 해야 한다

피로 얼룩진 환자들을 돌보는 간호사들을 보라, 하얀 가운을 입고 천사 같은 모습을 하고 있지 않은가. 캐나다의 노인 집사들도 천사 같은 모습을 하고 음식접시를 나르고 있었다. 외모만 아니라 남을 돕기 전에 자기 인격부터 다듬을 줄 아는 집사가 안수집사이다. 자신부터 아름답게 가꾸어야 한다. 아름다움이란 「영혼을 맑게 하는 향기」라 했던가. 봉사자(집사)에게서는 이 향기가 반드시 풍겨나야 한다.

2) 기름은 조미료도 되고 윤활유도 된다

흔히들 교회를 말씀, 친교, 봉사로 정의한다. 그런데 옛날과는 달리 오늘날에는 큰 봉사를 국가가 도맡아 시행하고 있다. 몇백 리 땅굴을 파서 전동차를 달리게 하고 나이든 나를 공짜로 태워 이곳까지 데려다 준다. 이 같은 큰 봉사는 오늘 교회가 할 수 없는 봉사이다.

오늘의 사람들은 사회에서 이 같은 큰 봉사를 하느라 무척 지쳐 있다. 이들이 수고하고 무거운 짐을 지고 교회를 찾아 나왔을 때 안수집사들은 Make Up을 한 예쁜 얼굴로 생긋생긋 웃으며 그들의 삶을 맛나게 해줘야 한다. 그리고 교회도 죄 많은 사람들이 모인 곳이라 잡음이 일어나지 않을 수가 없다. 목사와 장로가, 제직회와 청년회가 삐걱거리는 소리를 낼 때 안수집사는 그 사이에 들어가 초대교회 바나바처럼 부드럽게 잘 돌아가게 해주는 윤활유의 역할을 해야 한다.

3) 기름은 자기 몸을 태워 빛과 열이 나게 한다

집사가 죽도록 충성을 했다고 자기 자신을 자꾸만 드러내려고 하면 충성하지 않은 것 보다 못하다. 자기를 '제로'로 만들 줄 아는 집사가 머리에 기름을 바른 안수집사이다. 누가복음 10장 38절 이하에 나오는 마르다와 마리아의 이야기에 의하면, 마르다는 실로 젖 먹을 때 힘까지 다 쏟아서 예수님을 대접했다. 그러나 끝에 가서는 예수님께 이래라 저래라 하는 무서운 교만으로 끝나고 말았다. 그러나 동생 마리아는 예수님의 발치에 앉아 그의 말씀에 귀를 기울렸다. 바로 이 마리아 같은 집사가 안수집사이다.

20세기 베스트셀러 작가 파울로 코엘료는 다음과 같이 말했다.

"그 누군가에게 선을 베풀고 그를 돕고 보호한다면 그것은 사랑의 행위가 아니다. 그런 행위는 그 사람을 사물로 만들어 놓고 자기 자신이 지혜롭고 자비로운 사람으로 착각하는 행위이다. 사랑한다는 것은 그 사람과의 영적교류이며, 그에게서 신의 불꽃을 발견하는 것이다."

4. 오늘 '만우 목사님', '만수 목사님'을 그리는 것은

나는 1954년에 빌라도의 법정 같이 보수 정통을 자랑하는 경북 안동을 중심한 경안노회에서 한국신학교에 입학했다. 입학을 포기하고 남산신학교(지금 총신, 장신을 합친 신학교)에 가면 안동에 있는 선교사들(북장로교)이 입학금과 학비를 다 주겠다는 유혹을 뿌리치고 한신에 입학한 것은 한경직 목사님 때문이었다.

한경직 목사님은 6·25 전에 내가 다닌 중학교 이사장으로서 내가 가장 존경하는 목사님이신데 그때는 조선신학교(한신)에 강의를 하고 계셨다. 내가 한신에 입학하자 경안노회는 호떡집에 불이 난 것 같이 야단이었다. 이미 남산신학교를 다니고 있는 선배들과 여러 목사님들이 하나같이 "조선신학교는 '신(新) 신학자'들이 강의하는 이단 학교"라는 것이다. 그러면서 그들의 말인 즉, 그 학교에는 김재준 목사님과 김정준 목사님이 계시는데 김재준목사님은 이단이지만 김정준 목사님은 우리와 같은 정통 보수신학자란 것이다. 나중에 알았지만 그분들이 만수 김정준 목사님을 이처럼 긍정적으로 평가하는 것은 김 목사님이 경주와 자인에서 목회를 하신 적이 있는데 그때 만수 목사님을 알았던 것 같다.

그 후 신학교에 입학하고 기숙사에서 생활할 때 남산 신학생인 그 선배들이 한신 캠퍼스 안에 있는 성남교회에 예배를 보러 와 만난 적이 있다. 그때 그분들이 김재준 목사님은 싫어하지만, 만수 김정준 목사님은 극히 존경한다는 것이다.

학부 4년 동안 빠지지 않고 채플에서 김재준 목사님의 설교를 들었다. 그러나 어린 나이에 그 어른의 설교를 한 마디도 알아들을 수가 없었다. 그러니 진짜 이단인지 아닌지 분간할 수는 없고 무조건 설교를 못 알아들으면서도 우러러 쳐다만 봤다. 이것은 졸업할 때까지 계속되었고 무조건 장공 김재준 목사님은 위대한 신학자 목회자로 존경하며 4년을 보냈다.

그때 기숙사 안에는 만우 송창근 목사님이 인민군에게 납치되어 이북으로 끌려 가신 지가 얼마 되지 않을 때라 만우의 냄새가 그대로 남아 있었다. 학생들은 모여 앉으면 송창근 목사님의 영웅담으로 시간가는 줄을 몰랐다.

나는 분명 학부 4년 동안 장공의 설교와 강의를 들었지만 이해를 못해 지금 머리에 남아 있는 것은 거의 없다. 그러나 직접 뵈옵지도 못한 송창근 목사님이 남겨주신 미담들이 오늘까지 내 삶을 이끌어가고 있다.

그때는 미처 깨닫지 못했지만 만수 김정준 목사님이 만우 목사님의 가슴의 불을 끄지 않고 이어가고 있다는 것을 늦게 알게 되었다. 1학년 때 설교 강의도 못 알아듣고 그저 맹목적인 존경심만 갖고 교실과 기숙사를 오갈 때 만수 목사님이 새벽기도회에 출석할 것을 강조하시는 것이다.

그리고 새벽기도회에 반드시 노트 한 권씩 갖고 오라는 것이다. 조용히 기도 중에 들려오는 영음을 듣고 그것을 그 노트에 기록해서 내라는 것이다. 말씀하실 때 그 어른의 가슴에는 불이 활활 타오르고 있는 것이 보여졌다. 직접 나는 읽어 보지 못했지만 김 목사님은 『관 속에서 나온 사나이』란 책을 쓰셨는데 목사님은 단순한 학자가 아니라 관 속에서 나온 뜨거운 신앙체험을 갖고 계신 분이라고 친구들의 입에서 입으로 전해졌다. 이상의 이야기들은 지금으로부터 반 세기 전의 이야기들이다.

지금 와서 뒤를 돌아보며 학창시절을 생각해보니 오늘 내 생각은 그때와는 엄청나게 변해있어서 내가 나를 보고 놀라기까지 한다. 그때는 못 알아듣던 장공의 설교와 강의를 듣고 무조건 존경했는데 지금은 달리 생각한다. 폴 틸리히는 초대교회 마가의 다락방에서 터진 방언은 못 알아듣는 이상한 소리가 아니라 서로 의사소통이 되지 않던 바데인과 메대인이 서로 알아듣고 사랑으로 연결하게 하는 사랑의 언어란 것이다. 이 사랑의 언어인 방언이 사랑의 공동체인 교회를 탄생시켰다는 것이다.

설교자는 자기 지식을 자랑하기 위해 어려운 문자를 써서 청중이 못 알아듣게 해서는 안된다. 유치원 어린이 앞에서 칸트의 순수이성비판 강의를 하는 것은 스승의 자격이 전혀 없는 사람이다. 알고 보니 못 알아듣는 설교를 하신 장공은 젊을 때 교회 생활을 한 경험이 없는 분이다.

재학 중에 나는 내가 무식해서 못알아 듣는다고 나를 탓했지만 설교자는 무식한 학생을 대상으로 했을 때는 '산토끼 토끼야 어디로 가느냐,' 그런 노래를 가르쳐 줘야 한다. 그 당시 장공 스승이 시골에서 온 무식한 학생들에게 문서비판설, 모세오경은 모세가 쓰지 않았다는 강의를 할 필요는 없었다. 공연히 쓸데없는 이야기를 해서 교단 안에 소란이 일어나게 할 필요는 없었다.

본 훼퍼는 부모만이 갖는 비밀을 자녀에게 그대로 정직하게 다 보여주는 것은 무서운 악이라고 했다. 지금 나는 뒤를 돌아보며 예장만 나쁘다고 욕하지 않는다. 우리 자신을 돌아보며 "내 탓이요, 내 탓이요" 가슴을 칠 필요도 있다고 생각한다. 바로 이것이 성령의 역사요 교회의 뿌리다. 신학생 시절 4년을 돌아보며 들은 장공의 채플 설교나 강의는 머리에 지금까지 남아 있는 것이 없지만 오늘 나의 신학, 나의 신앙, 나의 의식구조를 지금까지 사로잡은 것은 조선신학교 교가다.

조물주 지으신 아름다운 동산에　　선교의 불길을 일으켜보자.
신령한 은혜의 깊은 골 찾고　　　　학문의 높은 봉 달아올라서
교회를 섬기는 한 뜻만 위해　　　　만대의 뻗어나라 조선신학교

이 교가의 작사자가 바로 만수 김정준 목사님이시다. '신령한 은혜의 깊은 골', '학문의 높은 봉', 이것은 만수의 스승 만우의 가슴이다. 한신의 설립자 만우의 가슴은 언제나 뜨거웠다. 영문 신학박사 학위논문 제 1호이신 송창근 목사님의 학문과 은혜의 단비를 뿌려주신 그 비를 맞고 늦가을까지 알이 꽉 차서 충실하게 익은 무거운 이삭이 만수 김정준 목사님이시다. 오늘 우리는 이 이삭을 잘 보존해 내년 봄을 기다려야 한다.

우리 교단이 출범 당시에는 성결교단이 우리 보다 작았다. 그런데 지금 우리 교단은 성결교단에서 갈라져 나간 작은 교단보다 아래에 와 있다.

한국 국군 안에 군목제도를 설립한 일등공신이 우리 교단 김형도 목사님이시다. 초대 군종감이시기도 한 이분이 만우의 열렬한 팬이요, 만수의 친구다. 설립 당시에 기장교단이 제일 군목 수가 많았다. 육군에서만 기장 소속 군목 80여 명이 활동하고 있었는데 지금은 7명밖에 없다.

오늘 우리 교단 신앙고백서 안에 깔려 있는 '미쇼 데이(Missio Dei) 신

학' 은 세계교회가 버린 지 오래된 신학이다.

오늘 우리는 제주도 해군기지 건설에 신경 쓸 시간이 없다. 신령한 은혜에 깊은 골과 학문의 높은 봉을 오가면서 늦가을까지 알을 채워 그 씨앗을 조물주 대신 이 금수강산에다 뿌려놓고 하나님이 싹 틔우고 열매 맺게 해 주실 것을 믿고 기다려야 한다. 한신과 기장교단은 만우, 만수의 냇가에 심겨진 나무이기에 시절을 좇아 열매가 많이많이 맺힐 것을 굳게 믿어야 한다.

5. 여기에 기장(基長)과 한신(韓神)이 살 길이 있다.

1954년에 한신에 입학했을 때 전경연 박사님에 대해 학생들 간에 퍼져 있는 이야기는 이런 것들이었다.

"대한민국에서 유일한 신학박사로서 서울대학에 출강을 하시고 『사상계』에 글이 실리시는 대단한 분"이시라는 것이다. 그리고 참으로 춥고 배고픈 기숙사 생활 중 아들 돌이라고 하시면서 기숙사생들에게 맛있는 음식을 대접해주셨다는 것과 학생들이 파자마를 입고 기숙사 뜰을 거닐다가 꾸중을 들은 것도 인상적이었다. 그리고 시험 답안지를 돌려받았을 때 내가 Calbin이라고 쓴 것을 Calvin으로 고쳐주신 자상하신 분이란 것, 이것이 오늘까지 내 머리 속에 남아 있는 전 박사님의 그림자다. 또한 수업 중에 하신 말씀으로 일생 깊이 간직하고 있는 말씀은 "여러분은 장로교 목사란 것에 대한 긍지를 가지시요"이다. 이 말씀은 오늘까지 목회와 신학공부를 할 때 버팀목이 되었다.

졸업 후 군목이 되어 소령 계급장을 달고 목사님 사택을 찾았을 때다.

목사님은 나를 마당에 세워둔 채 "왜 왔오?" 하시기에 "늦게나마 대학원 공부를 해볼까 해서 왔습니다"라고 하니까 "가시오. 대학원은 아무나 하는 것이 아니오"하시는 것이다. 내가 학부 4년 동안 공부는 하지 않고 장난만 쳤기 때문이다. 내가 화난 말투로 "대학원에선 어떤 공부를 합니까? 바르트의 로마서, 틸리히의 조직신학 3권, 부르너의 주저 등등 다 읽었습니다"라고 했더니 "그럼 시험을 쳐 보시오" 하시면서 허락을 하신다. 그래서 시험 당일 가서 맨 첫 시간인 영신학 시간에 운이 좋아서 모르는 단어가 거의 없어 얼른 답안지를 내고 나갔다가, 둘째 시간에 들어오니까 "여 목사는 합격이 됐으니까 가시오" 하시는 것이다.

대학원 2년 동안 나는 거기서 옥석을 분별할 수 있는 눈을 키웠다. 입학 전 나는 어떤 신학교 교수님을 광적으로 좋아했고 그분을 따랐다. 오죽했으면 대구기독교연합회 회장이란 직책을 이용해서 목사도 아닌 그분을 대구시 연합 부활주일 새벽집회 강사로 강단에 세웠다.(욕을 많이 얻어먹었다). 그런 내가 대학원에 입학해서 테이블에 앉아 얼굴을 마주해 보고서야 그것이 아니란 것을 알게 되었다. 전경연 박사님은 내가 준비해온 것을 발표할 때 마치 초등학생이 선생님의 말을 받아쓰듯이 진지하게 받아쓰기까지 하시는데 반해, 그 인기 있는 교수님은 자기는 분명 읽어보지 않은 것인데도 마음에 맞지 않는다고 둘러대면서 "오스카 쿨만이라면 나는 구역질이 나"하는 것이다.

잠깐 이야기를 딴 곳으로 돌려보고자 한다. 경북노회에 교인들과 동료 목사들에게 인기가 없는 성○○ 목사님이 계셨다. 장신대 총장을 지내신 이종성 박사님(전 목사님 동경신학 후배)과 대담을 하는 기회가 있었는데 이 총장님이 성○○ 목사님의 안부를 묻는 것이다. 그러면서 하는 말씀인즉, 성 목사님이 자기와 클라스메이트라 하시면서 졸업사은회 때 이야기를 들려준다. 그 사은회 석상에서 존경받는 담임교수님이 하신 말씀인즉, "제군 모두는 목회자가 되려면 성○○ 군 같은 인격자가 먼저 되어야 하네"라고 했다고 한다.

나는 속으로 생각했다. '대한민국에서 목회의 성공자가 되려면 성 목사님 같은 정직, 실력, 성실만 갖고서는 안 된다는 것, 잔재주를 부릴 줄 알아야 한다'는 것이다. 성 목사님은 제주도 벽촌에서 목회를 하시다가 거기서 은퇴를 하셨다. 학계도 마찬가지다. 나는 목회실습 나온 학생들에게 진담 반 농담 반으로 하는 말이 있다. "여러분, 목회성공 교회성장에 초점을 맞추려면 성실히 신학공부만 해서는 안 돼. 그보다는 여자 교인을 잘 다루는 테크닉을 배워야 해."

일찍이 공자님은 '임금은 임금다워야 하고 신하는 신하다워야 하고 아버지는 아버지다워야 하고 자식은 자식다워야 한다'고 했다. 그러나 오늘 우리 사회에서는 이것이 안 통한다. 오늘 우리 교단, 우리 학교는 어떤가? 실력 정직을 갖고 학생들을 가르치면 학생들이 따라오지 않는다. 교수, 목사가 38선 이북을 한번 다녀오는지, 예배 시 강단에서 육두문자를 써서 청중을 웃음바다로 만들어야만 인기를 얻을 수 있다.

실로 전경연 목사님에게는 이것이 없다. 전혀 없다. 머리가 둔한 나는 젊어서는 흙 속에 묻혀 있는 보석을 보석인 줄 몰랐다. 그래서 아마추어 신학자들을 따라 나도 목사로서 정치적인 큰 감투를 쓰고 우쭐해 하기도 했다. 아이들에게서 팔순 잔치를 얻어먹고 나니 물안개 낀 요단강 언덕이 분명하게 보이기 시작한다. 이쪽 강 언덕에 서서 오늘 내가 후회하는 것은 오직 하나 조금 더 일찍이 목사님을 가까이서 모시지 못한 것, 지금 나는 후회하며 요단강에 발을 들여놓고 있다. 이 같은 후회 속에서도 적은 위로를 받는 것은 늦게나마 목사님을 존경하고 사랑하게 된 것이다.

잊혀지지 않은 일화 한 토막을 소개한다.

목사님 처형, 처제들이 생일을 맞은 목사님 댁을 방문했다. 그 당시에는 참으로 귀한 것으로 여겨진 선풍기를 사서 방문을 했다고 한다. 목사님이 정색을 하고 하시는 말씀이 "나는 선풍기가 필요 없어요. 가져가세요. 전기료가 많이 나와요"이었다는 것을 목사님 제수씨에게서 들었다. 그리고 후배 학생들에게서 들은 이야기인데, 기숙사에서 불이 나서 학생들이 양동이로 물을 떠와 불을 끄려고 할 때 목사님이 "물을 아껴요" 하시더란 말을 듣고 함께 웃었다.

목사님은 그 흔한 자가용을 타시지 않고 택시도 아닌 버스를 타고 다니시면서 그렇게 모은 돈을 상가 이층교회에서 목회하는 아들에게 주시지 않으시고 신학대학 장학금으로 그리고 대청교회 대지 구입비로 선뜻 내어놓으셨다. 가짜들이 판을 치는 이 시대에 목사님은 유일하게 학문과 경건을 조화롭게 실천하신 교수 목사님이시다.

또 하나 머리에 떠오르는 일화가 있다. 우리 교단 신학연구소 기획위원회가 총회 사무실에 열렸다. 거기서 이사장이 장공(김재준) 신학을 말할 때 내가 즉석에서 "이사장, 장공 신학이 있소? 나는 장공은 신학자가 아닌 줄 아오" 했더니, 그때 위원 모두가 눈이 둥그레지는데 곁에 계시던 전경연 목사님이 "여 목사 말이 맞아요. 장공은 신학자가 아니라 캄캄하던 시절에 '우리 자유합시다' 라고 외친 분입니다"라고 했다. 그래서 싸늘했던 분위기가 가라앉았다.

나는 누가 뭐래도 대한민국에서 신학자다운 참 신학자, 스승다운 참 스승, 학교와 교회를 자기 출세를 위해 이용하지 않고 몸 바쳐 사랑하신 유일무이한 목사님은 전경연 목사님이시라고 확신한다. "장로교 목사란 긍지를 가지시오!" 장로교는 개신교의 한 교파가 아니다. 장로교는 프로테스탄트의 뿌리다.

그리고 한국장로교의 뿌리는 전경연, 박봉랑 두 교수님이시다. 늦게나마 서울 강남에서, 그리고 대구 YMCA 강단에서 전 목사님을 강사로 모시고 집회를 열었다. 전 목사님이 좋아하시는 "복음적인 기독교"의 강연을 들었다. 혼자서 주선한 두 집회가 전 목사님께 바치는 작은 감사와 존경의 표현이 될 줄을 그때는 몰랐었다.

목사님이 하나님 나라로 떠나가시기 얼마 전에 목사님 댁을 방문했다. 이런저런 대화를 나누던 중 오스카 쿨만의 책 『The Christology of the N.T.』에 대해 이야기를 나누었다. 갑자기 목사님이 "여 목사, 그 책 갖고 있소?" 하시는 것이다. "예"라고 답했더니 "그 책, 나 좀 빌려주시오" 하셨다. 돌아가시기 20여 일 전이었다. 마지막으로 내 머리 속에 쇠도장이 꾹 찍히는 것을 느꼈다. 과연 이 어른이야말로 학자 중에 참 학자시다. 목사님도 5·16 후 잠깐 동안 정치활동을 하시기도 하셨다. 그러나 이 길은 당신이 가실 길이 아니란 것을 깨달으신 다음 발길을 돌리셨다. 자나깨나 이스라엘의 독립만 외치던 예수님의 제자들이 스승을 죽음으로 몰고 가지 않았는가!

목사님은 분수를 지키셨다. 신앙은 똥고집이 아니라 자기 유한성을 받아들이는 것이란 것을 아셨다. '만약 목사님에게 정치성과 잔재주가 조금만 있었더라면 추모 모임이 이처럼 초라하지는 않았을 텐데…' 혼자 중얼거리며 펜을 놓는다.

뜨거운 존경과 감사의 마음을 하늘나라로 띄워 보냅니다.

6. 산 소 망

성서가 증언하는 소망은 이 세상이 말하는 희망 비슷한 것은 아니다. 세상 사람들이 가지고 있는 희망은 대개 20평 아파트가 40평으로, 40평 아파트가 60평으로 바뀌는 그런 것이다. 그리고 소위가 근무를 잘해서 고과표를 잘 받아 소령, 대령, 스타로 승진하는 그런 것이다. 그런데 그 끝은 어떠한가. 그 끝은 비참하다. 별을 네 개 단다는 것은 별이 송두리째 날아가 버릴 그런 날이 가까웠다는 말이고, 호화주택에 살고, 고급 외제차를 타고 다닌다는 것은 화장이냐, 매장이냐를 심각하게 생각하게 되는 날이 오고 있다는 말이다.

성서가 증언하는 소망은 세상의 이 같은 소망과는 정반대다. 이미 말한대로 세상 희망은 나에게서 그리고 땅에서부터 위로위로 올라가는, 마치 돌 하나하나를 공들여 쌓는 탑과 같은 것인데 반해서, 성서의 소망은 하늘로부터 내려오는 것을 기다리는 것이다. 신약성서에서 소망이란 말이 처음 등장하게 된 것은 예수님 부활 이후부터이다. 부활은 사람들이 공 들여서 일으킨 사건이 아니고 송두리째 하나님으로부터 내려진 사건이다.

신학자 칼 바르트(Karl Barth)는 부활사건은 역사적인 사건이 아니고 어디까지나 종말론적인 사건이라 했다. 그래서 성서의 소망은 하나님으로부터 내려지는 것을 인간은 기다려야 하는 것이다. 이 같은 기독교 소망을 인간들이 어떤 자세로 기다려야 하는지를 성경은 마태복음 25장 1절 이하에서 신랑 신부의 비유로 밝히고 있다. 여기 신랑은 예수님이고 신부는 기다려야 하는 사람들을 의미한다. 이 사람들이 신랑 예수님을 기다릴 때는 반드시 기름을 준비해 놓고 기다려야 한다는 것이다.

그러면 여기서 말하는 기름은 무엇을 의미하는가?

첫째로 성서가 말하는 기름은 화장품의 성격을 의미한다. 마태복음 7장 17절에는 "너희는 금식할 때에 머리에 기름을 바르고 얼굴을 씻으라"라고 기록되어 있다. 이 말은 육신과 마음, 즉 영육 간에 화장(Make Up)을 하라는 말씀이다. 소망 중에 사는 크리스천(금식할 때)에게 있어서 최우선은 화장이란 것이다. 하나님이 아담(사람)을 찾아오실 때 제일 먼저 하신 말씀은 "아담아, 네가 어디에 있느냐"였다. 이 말씀은 국가와 민족을 위해 그리고 교회를 위해 죽도록 충성하기 전에 거울을 보고 자기 인격부터 다듬으란 말씀이다.

다음으로 신부가 준비해야 할 기름은 윤활유이다. 하나님이 두 번째로 사람을 찾아오실 때 하신 말씀은 "가인아, 네 아우 아벨이 어디 있느냐?"였다. 즉 나와 이웃과의 관계가 어떠한지 알아보라는 말씀이다. 예수님은 공생애를 시작하실 때 물로 술을 만들어 잔치에 모인 사람들을 대접하셨다. 그리고 세상을 떠나실 때는 술파티(성찬식)를 하셨다. 왜일까? 나와 너 사이가 미끌미끌하게 부드럽게 잘 돌아가게 하기 위해서다. 산 소망을 기다리는 사람들은 인간관계에 사랑의 기름을 치며 기다려야 한다는 말씀이다.

마지막으로 성서에서 기름은 병을 치료하는 약으로 사용된다. 예수님은 '너는 내 사랑하는 아들'이란 하나님의 음성을 듣고 그때 머리에 부어진 사랑의 기름을 가지고 일생 환자들의 병을 고쳐주었다(눅 10:34).

오늘 현대인은 너, 나 할 것 없이 강도 만난 사람처럼 상처투성이가 되어 세상을 살아가고 있다. 그렇기 때문에 산 소망을 기다리는 사람들은 이웃의 아픈 상처에 '너는 내 사랑하는 아들'이라고 하신 하나님의 사랑의 기름을 부어 주며 신랑을 기다려야 한다.

산 소망의 사람은 먼저 자기 인격을 다듬고 이웃과 뜨거운 사랑을 나누는 사람, 그리고 이 둘을 합쳐 상처 입은 사람들에게 하나님의 사랑을 부어주는 기름을 준비한 신부와 같은 사람이 되어야 한다. .

7. 성령강림 그리고 그 열매 : 교회의 원형

성령은 오순절에 임했다. 그렇다면 오순절은 어떤 절기인가? 그 큰 뜻은 생략하고 단 한 가지만 생각해 본다. 유대인들은 오순절이 되면 여러 사람이 한 곳에 모여 밤을 새워가며 성서공부를 했다. 여기의 성서는 모세 오경이고 모세 오경의 내용은 여호와 하나님이 그들의 조상들을 얼마나 사랑하셨는가에 대한 이야기이다. 오늘 우리 민족에게는 조상들이 지키던 절기들이 차츰 사라져 가고 있다. 예를 들면 단오 같은 명절은 큰 명절인데 이제는 있는지 없는지 모르게 되었다. 그런데 예수님은 절기를 잘 지키셨다. 오순절 절기를 지키는 그곳에 성령이 강림하셨다.

그리고 그 다음으로 생각할 것은 성령은 모인 곳에 임했다. 교회란 말의 헬라어는 '에크레시아'인데 이 말은 회(會), 회중을 의미한다. 교회는 유교의 향교나 불교의 법당과는 근본적으로 뜻을 달리한다. 사람이 모인 곳에는 잡음이 일어나기 마련이다. 그래서 모인 곳(교회)을 떠나 깊은 산속으로 들어가서 명상과 금식, 철야기도를 할 때에 성령이 임하는 것으로 생각하는 사람이 있으나 이것은 아주 잘못된 생각이다.

성령은 모인 곳에 임하는 영이다. 그리고 여기에 모여 성령 강림의 체험을 한 사람들은 모두가 하나같이 예수님의 십자가 사랑의 화살을 맞고 몰려든 사람들이다. 성령은 이렇게 예수님의 십자가 사랑을 맛본 사람들이 절기를 지키러 모여서 성서를 공부하는 그곳에 강림하셨다.

여기 또 하나 기억해야 할 것은 이들은 안방도 아니요, 사랑방도 아닌 다락방에 모였다. 위에 있는 방(Upper Room) 말이다. 교회는 회사, 학교, 국회의사당, 정부청사보다 한 차원 높은 곳에 있어야 한다. 그리고 그곳에는 베드로의 설교가 있었다. 바로 이곳에 성령이 강림하신 것이다.

그러면 성령 강림을 체험한 사람들은 변화되었는가?

첫째로 올바른 기도의 문이 열렸다. 기도는 누구나 다 할 수 있는 줄 알지만 바울 사도는 "우리는 마땅히 기도할 바를 알지 못하나 오직 성령이 말할 수 없는 탄식으로… 우리를 위하여 친히 간구하시느니라"(롬 8:26)라고 말했다. 오순절에 모인 그 곳에서 '우리가 어찌 할꼬?' 하는 탄식의 기도가 터져 나왔다. 그리고 그 다음에는 방언이 터져 나왔다. 방언은 이상한 언어가 아니다. 사랑의 언어다. 바벨탑(교만)으로 인해 대화가 끊어졌던 인간들이 서로 사랑으로 얽혀 사랑의 공동체가 만들어지기 시작했다. 이것이 교회다. 이 교회에 모인 사람들은 "하나님을 찬미하며 또 온 백성에게 칭송을 받으니 주께서 구원 받은 사람을 날마다 더하게 하시느니라"(행 2:47)의 강복을 받게 된 것이다.

8. 에덴보다 더 위에 있는 방

1) 에덴동산

모든 식물이 흙에서 돋아났듯 사람도 흙에서 태어났다. 하나님에 의해서 창조된 사람이 하나님이 이미 창조해 놓으신 에덴동산에서 살게 되었다. 이때 우매한 인간은 감사도 잊은 채 먼저 동산에 주인이 되려고 했다.

선악을 구별할 수 있는 능력을 가져야 가능하다고 생각한 인간은 마귀의 유혹을 받아 선악과를 따먹고 말았다. 피조물인 인간이 창조주가 되려고 한 것은 말도 되지 않는 소리다. 그 후 창조주 하나님의 추궁을 받았을 때 하나님 앞에 무릎을 꿇고 회개를 했어야 했는데도 사람은 그러지 않았다. 핑계와 원망으로 버티다가 드디어 에덴에서 쫓겨나게 되었다.

그 후도 인간들은 정신을 차리지 못하고 시기와 질투(가인과 아벨) 그리고 에덴에서 저질렀던 그 죄를 되풀이했다. 바벨탑의 이야기가 그 이야기다.

2) 오늘 인간 사회의 압축판 국회

국회를 에덴동산 이야기와 견주어서 생각해보자. 오늘을 사는 일부 청년들의 꿈은 국회의원이 되는 것이다. 처음부터 정치인이 되겠다는 꿈을 가진 젊은이가 뛰고 또 뛰어서 골인하는 것은 이해가 되는데 대법관, 대학총장, 변호사 할 것 없이 그 자리에서 좀 성공을 했다 하면 국회의원에 출마한다. 하물며 메시야(성서에 의하면)와 같은 직업인 의사도 인기가 좀 올라가면 그리로 들어가려고 안달이다.

현대인들에게 에덴동산과 같은 국회로 들어가면 제일 먼저 법 뿐 아니라 세상사를 통틀어 알아야 한다고 생각하기에 열심히 공부를 한다. 열심히 선악과를 따 먹는다. 다음에는 상대방을 헐뜯고 공격하기 시작한다. 마치 아담과 하와 사이에서 일어났던 것과 같은 변명 핑계로 일관한다.

정적을 향해서는 막말뿐 아니라 명패를 던지기도 하고 최루탄까지 터뜨린다. 이렇게 해서 인기를 얻어 그 후 바벨탑 꼭대기에 앉게 된 사람도 있다. 이것이 오늘 에덴에서 쫓겨난 인간들이 사는 모습니다.

3) 마가의 다락방(Upper room)

이 땅 위에 에덴동산을 뒤집어 놓은 곳이 나타났다. 마가의 다락방에 모인 사람들은 세상살이에 실패한 오갈 데 없는 절망한 무리들이다. 오순절에 거기 모였다. 유대인들에게 있어서 오순절은 유월절과 더불어 하나님의 구속 사랑과 창조 사랑을 함께 기억하며 감사하는 절기다. 그러기에 그들은 거기 모여 무엇을 알아서(선악을 구별해서) 출세를 해 보려고 한 사람들이 아니었다. 모세가 홍해 앞에서 이스라엘 백성에게 외친 그 소리를 들었다.

"너희는 두려워말고 가만히 서서 여호와께서 오늘 너희를 위하여 행하시는 구원을 보라"(출14:13). 그들은 국회의원들과는 달리 하늘에서 내려오는 성령 강림의 체험을 했다. 그 입에서 터져 나오는 소리는 "형제들아 우리가 어찌 할꼬"였다(행 2:37).

4) 오늘 한국교회

에덴과 세상을 지배하는 것은 이성이다.(선악과) 그러나 교회는 성령이 역사하는 곳이다. 성령은 어떤 영인가? 내가 나를 초월해서 나를 때릴 수 있는 것은 인간만이 갖고 있는 영성이다. 하나님의 영인 성령의 역사 역시 남을 원망하고 비판 공격하는 데서 돌이켜 자기가 자기를 때리는 것이다.

그런데 오늘 한국에 있는 세계에서 가장 큰 교회들은 "하면 된다", "꿈을 크게 가져라"를 외쳐서 성장한 교회들이다. 그런데 분명 이 소리는 마귀의 소리다(마 4장). 이 땅에서 예수 제일 잘 믿는다고 자처하는 교단이 290개로 갈린 이유는, 자기가 제일 높은 자리에 앉아야 한다고 총회장에 출마했다가 떨어지면 지지자들을 거느리고 나가서 기어코 총회장 자리에 앉아 교단이 하나 생겨나게 된다.

이것 역시 마귀의 장난이다. 더욱 놀라운 것은 여기에도 돈이 판을 친다는 것이다.

많은 국민들로부터 존경받는 큰스님은 "나는 많은 사람을 속였다" 라고 참회하며 열반에 들었고 가톨릭의 국민신부님은 "나는 바보다"라 고백하며 선종하셨다. 성령이 아니라 이성만이라도 있다면 오늘 프로테스탄트 지도자들은 고개라도 떨구고 있어야 할 것이다. 교회는 타 교단을 향해 그리고 세상을 향해 공격하는 곳이 아니다.

불행하게도 어떤 교단 신앙고백서에는 "교회는 사회 불의를 향해 투쟁하는 아방가르드"라고 정의하고 있다. 전도, 해외선교, 복지보다 앞서야하는 것은 교회 안에 "우리가 어찌 할꼬!" 가슴 치는 운동이 먼저 일어나야 한다.

예수티켓이 없는 세종대왕, 이순신장군이 천당갔느냐, 못갔느냐고 묻기 전에 조용히 무릎을 꿇고 "아버지, 내가 하늘과 아버지께 죄를 지었사오니"(눅15:18) 하며 가슴을 쳐보자.

9. 예언자들

"… 천국은 마치 사람이 자기 밭에 심은 겨자씨 한 알 같으니 이는 모든 씨보다 작은 것이로되 자란 후에는 풀보다 커서 나무가 되매 공중의 새들이 와서 그 가지에 깃들이느니라"(마 13:31)

성서에 나오는 예언자들과 한국인들이 생각하는 점쟁이는 하늘과 땅만큼 거리가 있다. 점(占)은 팔괘(八卦) 육효(六爻) 오행(五行) 따위로 길흉화복을 미리 판단하는 것이다. 이것은 비과학적이다. 그런데 성서 안에 나오는 예언은 전혀 점과는 다른 성격의 것이다. 이슬람교도들은 자기들의 교주를 예언자라고 생각했다. 그 당시 유대인들도 예수님을 예언자로 생각하기도 했지만 초대교회 성도들은 거의 예수님을 예언자로 생각하지 않고 구주로 고백했다.

그러나 분명 예수님은 구주이시며 예언자이시기도 하시다. 왜냐하면 예수님이 겨자씨 비유를 말씀하실 때의 그 모습은 분명 예언자의 모습이다. 겨자씨 한 알을 땅에 심으면서 그는 이 작은 씨알이 자라서 나무가 되고 그 나뭇가지에 새들이 앉아 쉬고 노래하는 모습을 미리 바라보셨다. 그리고 예언을 하신 것이다. 이 예언은 점과는 달리 아주 과학적인 말씀이다. 예수님의 이 예언 속에는 뜨거운 믿음이 꽉 차 있고 그 속에는 사랑도 가득 차 있다.

여기 믿음은 "예수 티켓을 가지면 천당 가고 안가지면 유황불이 타오르고 있는 지옥에 간다" 같은 굳은 확신이 아니라, 하나님이 그 작은 씨앗에서 싹이 나고 나무로 자라게 해 주신다는 하나님의 손길을 받아드리는 것, 즉 믿는 것이다. 이것이 믿음이다.

다음으로 여기에는 이 겨자 씨앗에 거름을 주고 주위의 잡초를 뽑아 주는 농부의 사랑의 손길이 반드시 있어야 한다는 확신 속에 농부의 땀 흘림을 생각하는 사랑이 깃들어 있다. 이 같은 사랑과 믿음의 터 위에서 새들이 깃들이고 있는 나무를 미리 바라보고 그것을 알리는 것이 예수님의 예언이다. 당장 코 밑에 있는 작고 작은 겨자씨를 바라보고 "여기 겨자씨가 있다!"라고 소리치는 것은 예언자가 할 일이 아니다.

이런 의미에서 오늘 이 땅에는 참 예언자를 찾아보기가 힘들다. 일제 강점 시 일본제국을 향해 목숨까지 버려가며 항거한 애국자들에게 오늘 우리는 뜨거운 감사를 드려야 한다. 그러면서도 일제하에서 모진 학대와

굴욕을 참아가며 겨자씨를 심은, 오늘의 철부지들이 친일파로 매도하는 애국자들 – 안창호, 조만식, 송창근, 김성수, 김활란 같은 분도 기억할 줄 알아야 한다.

5·16 후에 이 땅에는 어두운 독재의 먹구름이 몰려왔다. 수많은 양심적인 애국자들이 심한 고통을 당했다. 오죽했으면 분신자살까지 했겠는가. 그런데 다시 한번 생각해보면 "독재를 보고 독재가 나쁘다", "유신을 보고 목숨 걸고 항거 하는 것", 이것은 겨자씨를 보고 "이것 참으로 작다" 하는 소리일지도 모른다. 참 예언자는 태풍이 몰아칠 때 "태풍이다!"라고 누구나 다 아는 것을 소리치는 것보다, 그 너머 그것이 지나가고 난 다음 온 세상을 밝게 비추어줄 태양이 솟아오를 것을 미리 말해주는 것이 참 예언자의 소임이다.

참 예언자는 하잘 것 없는 작은 겨자씨가 구린내 나는 캄캄한 땅 속에서 썩고 있는 것만 바라보고 '비참함'을 고함칠 것이 아니라, 큰 나무가 되어 거기 새들이 깃들고 있을 내일을 바라보고 그 모습을 앞당겨 외칠 줄 알아야 한다.

6·25, 4·19, 5·16 등의 그 컴컴함을 보고 독재에 항거한 민주투사만 치켜세울 것이 아니라, 그 모진 고통 속에서도 묵묵히 세계 최빈국 중 하나이던 나라를 세계 10대 경제대국으로 끌어올리기 위해 잠 안 자고 애쓴 분들에게도 박수를 보낼 줄 아는 성숙한 젊은이들과 국민들이 되었으면 한다.

특히 성직자들은 이 같은 성숙한 예언자가 되어야 한다.

10. 그래도 희망은 있다.

"너는 베드로라 내가 이 반석 위에 내 교회를 세우리니…"(마 16:18)

베드로는 투표에 의해서 교회의 머릿돌이 된 것은 아니다. 그리고 바울이 사도가 된 것도 공동의회에서 투표로 뽑힌 것이 아니다.(갈 1:1) 그런데 무슨 일인지 오늘날 장로교 교회는 담임목사를 백화점에서 물건 고르듯 하고 있다. 마찬가지로 오늘의 자칭 사도들은 하늘을 떠돌다 먹을 것을 발견하면 구름처럼 몰려드는 독수리떼 같은 처신을 하고 있지 않은가? 오늘 이 땅에 마틴 루터(M. Luther)가 나타났다면 어떻게 생각할까.

투표로 뽑힌 오늘의 사도들의 처신을 한번 생각해 보자. 이들은 요한복음 일장 일절을 생각하며 예배당 건물 안으로 들어선다. 프로테스탄트 교회는 말씀이 중심임을 강조한다. 이들은 하나님의 말씀과 자기의 말을 구별할 능력도 없다. 하나님의 말씀은 인간의 혀끝으로는 전달조차 할 수 없다는 것조차 모른다. 그래서 어느 종교든 사원에는 상징물(그림, 조각)이 있기 마련인데 투표로 당선된 이분들은 그것들이 우상이라고 모두 제거해 버리는가 하면 심지어 어떤 정통을 부르짖는 교단에서는 십자가까지 강단에서 떼어버린다. 그리고 나서 천박한 자기 지식으로 성경을 두려움 없이 해석한다. 이것이 바로 하나님의 말씀이라고.

이제는 찬송, 성경을 가지고 예배당에 갈 필요가 없게 되었다. 기계가 대신해 준다. 예배드리는 순간 끊임없이 번쩍번쩍 돌아가는 장면이 하나님을 향하는 내 마음을 다 빼앗아 가 버린다. 이런 교회들이 모여 시찰회를 만들고 노회를 조직한다. 그 조직의 장, 그것이 무슨 감투인 줄 안다.

투표로 당회장이 되고 투표로 노회장이 된 그분들이 모여 총회장을 뽑는 그 장면을 루터가 본다면 어떤 생각을 할까? '내가 종교개혁을 참으로 잘 했구나'라고 생각하지는 않을 것이다. 루터는 프로테스탄트라는 종파가 생겨날 것을 상상도 못했다.

이 한국교회 안에는 세계적인 교회 성장의 대가가 있다. 이 분의 목회 철학 중 하나는 "꿩 잡는 게 매다"이다. 이 분과 루터가 만나서 대화를 한다면 그 장면을 한번 깊이 상상해 볼 필요가 있다.

봄에 뭇 생명은 땅에서 솟아난다. 그러나 하늘에서 따뜻한 햇빛이 비춰지지 않는다면 결단코 생명은 움틀 수가 없다. 생명의 근원은 하늘이다. 태양이 없다면 지구는 얼음덩어리로 우주를 뜻 없이 떠돌고 있을 것이다. 오늘 하늘로부터 비치는 빛이 사라져 얼음덩어리가 되어가고 있는 한국 프로테스탄트 교회들, 진정 어디에도 희망은 없는가? 아니다. 있다.

예수님이 십자가에 달리시어 운명하시기 전 부르짖으신 절망 "엘리 엘리 라마 사박다니?"(하나님, 하나님 어찌 나를 버리시나이까?) 하시던 그 순간이 하나님과 가장 가까운 순간이시던 것처럼(K.발트리 주장).

오늘 한국교회의 이 절망적인 순간이 하나님의 구원의 손길이 다가오는 기회가 될 수도 있다. 한국교회가 야곱의 부러진 환도뼈, 그리고 눈물로 얼룩진 다윗의 침상이 되기만 한다면 말이다.

11. 대속주(代贖主) 예수

종종 '예닮교회'라는 간판을 볼 수 있는데 '예수를 닮으려는 교회'라는 뜻을 담았다. 특별히 이런 이름의 교회만이 아니라 교회에 나오는 모든 크리스천들은 누구나 하나 같이 예수를 닮으려는 마음을 가지고 있을 것이다.

그리고 교회마다 예수 중심의 교회, 예수만 바라보자고 열을 올린다. 그런데 이분들에게 "당신들이 바라보고 닮으려고 하는 예수님은 어떤 분인가?"라고 물으면 각양각색의 답이 나올 것이다.

그런데도 각자는 자기가 가장 정확하게 예수를 안다고 생각한다. 그러면 예수는 어떤 분인지 생각해 보자.

1) 랍비

예수가 12명의 제자를 거느렸다는 것을 보면 선생님이셨다는 것이 분명하다. 예수님은 가르치는데서 공생애를 시작했다. "예수님께서 무리를 보시고 산에 올라가 앉으시니 제자들이 나아온지라 입을 열어 가르쳐 이르시되"가 곧 그것이다. 예수님은 금싸라기 같은 교훈의 말씀으로 제자들과 군중들을 가르쳤다. 그러나 그 말씀을 알아듣고 이해한 사람들은 많지 않은 것 같다.

예수 당시의 사람들만 그런 것이 아니라 오늘날도 그러하다. 일반 평신도들은 그렇다하더라도 신학을 공부한 지도자들까지도 산상수훈(山上垂訓)을 뒤로 밀쳐놓고 십계명(十誡命)을 가지고 목회를 하는 것을 보면 예수님의 말씀을 잘 이해하지 못한 것 같다.

뿐만 아니라 예수님이 가르치신 말씀의 골자는 '천국'인데 오늘 한국교회 부흥사들과 목회자들은 예수님의 말씀 마태복음 13장에 기록되어 있는 천국 비유는 제쳐놓고 요한계시록만 애독하고 있다. 그리고 종말의 날이 언제 올지는 "천사들도 아들도 모르고 아버지만 아시느니라"(막 13:32)라고 하셨는데 제자들은 자기들이 죽기 전에 종말이 온다고 생각했으니 분명 스승으로서 예수님은 성공하시지 못했다.

2) 목자

예수님은 스스로 "나는 선한 목자라"(요 10:11)고 하셨다. 예닮이란 말은 예수를 닮는다는 말이다. 즉 예수를 따라간다는 말이다. 그러면 크리스천들은 누구나 예수를 따라갈 수 있는가? 쉽게 "예"라고 답할 수 없을 것이다. 예수님의 제자들은 고향, 가족, 친척, 직장을 버리고 예수 목자를 따라 나섰다. 그런데 끝까지 따라가지 못하고 끝에 가서는 뿔뿔이 흩어져 도망가고 말았다.

오늘 우리도 산상수훈의 말씀을 그대로 따라 지킬 수 없다. 누가복음 18장 22절에 의하면 "… 네게 있는 것을 다 팔아 가난한 자들에게 나누어 주라 … 그리고 와서 나를 따르라 …"라고 말씀하셨는데 오늘 이 말씀을 그대로 지킬 수 있는 사람은 거의 없다.

목자로서의 예수님은 사람들이 따라갈 수 없는 외길을 홀로 쓸쓸히 걸어가셨다. 예수님을 스승으로 그리고 목자로 모시고 끝까지 따라가던 사람들도 골고다 언덕 밑에 가서는 다 도망가고 말았다. 십자가는 조금만 눕히면 알파벳 X자가 된다. 예수님의 일생은 한 알의 밀알의 일생이다. 이 밀알이 땅에 떨어져 X가 되었다. 여기에서 하나님이 부활의 꽃이 피어나게 하셨다.

유복녀(遺腹女)를 훌륭히 기른 그 엄마의 유일한 소원은 딸은 자기 같은 과부가 되지 않는 것이다.

"세상 인생살이에서 여자가 겪어야할 역경과 고난, 슬픔은 내가 다 짊어지고 가겠다. 그리고 땅속에서 썩어 거름이 되겠다. 그러니 부디 너는 그 거름을 먹고 자라서 솔로몬의 영화와도 비길 수 없는 아름다운 백합꽃이 되거라", 이것이 엄마의 마지막 소원이다. 예수님의 팔복의 마지막 결론은 "핍박을 받고 박해를 받아도 기뻐하고 즐거워 하라"였다.

그리고 곧바로 "너희는 세상의 소금, 세상의 빛이라"고 하셨다. "나는 너희들의 주홍 같이 붉은 죄를 다 짊어지고 땅에 묻혀 썩어 거름이 되겠다. 왜냐하면 그것을 먹고 자란 너희 인간들 모두가 맛있고 멋있게 살게 하기 위해서다."

교회는 쉽게 예수를 닮고 따라간다고 결단을 하는 곳이 아니다. 할 수 없는 죄인임을 고백하는 곳이 교회이며, 나아가서 대속의 은혜를 감사하고 찬송하며 맛있고 멋있게 사는 것이 크리스천이다.

Ⅳ. 거듭난 삶(크리스천의 길)

1. 천국을 건설하려는 자들

성서의 주제는 천국이다. 그런데 이 주제를 오늘의 한국 크리스천 특히 프로테스탄트 성직자들이 얼마나 바르게 이해하고 있는지 모르겠다.

오늘날 한국교회 강당에서는 요한계시록에 기록된 글자를 풀이하면서 함부로 천국을 설명하고 있다. 어떤 이들은 본문의 뜻과는 전혀 엉뚱하게 누가복음 16장에 나오는 부자와 거지, 나사로의 이야기를 가지고 천당 이야기를 늘어놓으며 천국의 참뜻을 흐리게 하기도 한다. 예수님은 마태복음 13장에서 천국을 비유로 말씀해 주셨다. 그 중에 겨자씨 비유와 누룩 비유가 중심에 있다. 이 두 비유에서 천국의 의미를 찾아보자.

겨자씨는 땅 속에 묻힌다. 누룩도 가루 속에 스며든다. 겨자씨가 움트는 것과 누룩이 가루를 부풀게 하는 것은 둘 다 점진적이요, 온도는 미지근하다. 갑자기 '쾅' 하고 뜨겁게 터지는 곳에선 생명은 다 죽어버리고 만다.

예수님이 일으킨 천국운동도 이와 같은 것이다. 세례 요한이나 예수님의 제일성은(막 1:19) "하나님의 나라가 가까이 왔다"였다. "너희들이 하나님의 나라를 건설하라"가 아니라 그 나라는 저쪽으로부터 오고 있다는 것이다.

그리고 예수님이 가르쳐 주신 주기도문은 신구약성서의 요약문인데 거기에도 앞에 '나라이 임하옵시며'가 있다.

그 나라는 인간이 세울 수 있는 나라가 아니라 세워주기를 기다려야 하는 나라다. 불교와 기독교가 갈라지는 지점이 바로 여기에 있다. 불교는 인간의 노력이 열반을 얻을 수 있다고 가르친다. 반면 예수님은 하나님의 나라는 인간이 건설할 수 있는 나라가 아니고, 인간은 그 나라를 기다려야 한다는 것이다. 그래서 칼 바르트는 신앙은 기다림이라고 정의했다. 어찌 믿음뿐이겠는가.

예수님이 공생애를 시작하실 때부터 제자들의 생각과 예수님의 생각은 달랐다. 예수님은 이 땅 위에 하나님의 나라를 세우시려는 생각은 없었다. 그러나 제자들은 자나 깨나 이스라엘 나라의 회복에만 관심을 갖고 예수를 따랐다. 제자들은 이 정치적인 야망을 예수님의 부활 후, 그리고 예루살렘 교회 안에서까지 버리지 못하고 로마와 대항해 투쟁하다가 A.D. 100년에 예루살렘 교회와 함께 망하고 말았다.

그러나 예수님은 그들과는 달리 어린아이의 머리에 손을 얹어 기도해 주셨고 예수님을 무당처럼 생각하고 매달려 병 고쳐 달라고 애원하는 환자들을 외면하시지 않으셨다. 급기야 부활 후에 제자들의 간청(나라를 세우자는)도 뿌리치시고 바닷가에 모닥불을 피워놓고 겨자씨, 누룩 사랑을 나누어 주셨다.

오늘날 한국교회 안에서도 똑 같은 현상이 벌어지고 있다. 예수님 당시 간음한 여인을 돌로 쳐 죽이고 의로운 나라를 세우겠다고 손에 돌을 들고 설치던 바리새인과 서기관 같은 정의로운 사제들처럼 생명, 정의, 평화의 깃발을 들고 "때 묻은 정권은 퇴진하라"면서 거리로 나서는 목사들이 있다. 이들은 자기들이 천국을 건설할 수 있다고 착각하는 자들이다. 하나님은 사람들이 정성스럽게 쌓아 올린 그 탑 위에 계시지 않는다.

2. 설교와 선교의 뿌리

선교와 설교를 같은 선상에 놓고 생각해 보고자 한다. 예수께서 사마리아에 있는 수가라는 동네에 이르러 야곱의 우물가에서 사마리아 여자를 만났다. 예수님은 이 여인에게 "물을 좀 달라" 하셨다(요 4:3~42). 이 여인은 전에 남편이 다섯이나 있었던 여인이다. 2천여 년 전 그 시대에 다섯 남자에게 버림을 받은 여자(그 시대에는 여자가 남자를 택하고 버릴 권한이 없었음)라면 실로 쓸모없는 여인이었을 것이다.

이 가련한 여인에게 '도와주려' 하시지 않고 도움을 청하셨다. 이 말은 예수님은 이 가련한 여인을 당신 자신보다 더 높은 자리에 두셨다는 말이다. 그런 다음 진리를 설파(설교) 하셨는데(4:21~) 그것도 대화 형식으로 말씀을 하셨다. 설교와 선교는 상대방을 내려다보면서 해서는 안 된다는 것을 여기서 알 수가 있다.

그리고 요한복음 8장 1절 이하에서는 음행 중에 잡혀온 한 여인의 이야기가 나온다. 여기 보면 돌에 맞아 죽을 운명에 처한 이 여인 앞에 예수님은 두 번씩이나 「몸을 굽히」셨다. 또 다른 장면을 찾아보자. 누가복음 19장 1절 이하에는 세리장 삭개오의 이야기가 나온다.

당시의 세리는 참으로 죄인 중에 죄인이다. 동족 이스라엘 민족의 피를 빨아먹고 사는 흡혈귀와 같은 존재가 세리이다. 예수가 여리고로 지나가실 때 삭개오는 돌무화과 나무 위에 올라가 지나가시는 예수를 내려다보고 있었고, 예수는 그 밑에서 삭개오를 쳐다보셨다.

오늘 우리말 성경은 예수님이 "삭개오야 속히 내려오너라"라고 말씀하신 것으로 기록하고 있지만 실제로는 하대말을 절대로 쓰시지 않았을 것이다. "오늘 밤 나는 쉴만한 곳이 없소, 오늘 하룻밤 당신 집에서 쉬어가게 해주시오", 즉 "Help me"라고 말씀하셨을 것이다. 상대방을 나보다 더 높은 자리에 앉혀 주고 "나를 좀 도와주시오"하셨을 것이다. 여기에서 감격이 터져 나왔다.

일반인들 사이에서 "너 나에게 설교하니?"라고 말할 때는 인격적으로 매우 모욕을 당했을 때 내뱉는 말이다. 아무리 귀한 말씀이라도 상대를 내려다보고 하는 말은 반발만 살 뿐이다. 오늘 일부 설교자들은 예배실 정면 중앙에 강대상을 놓고 거기 서서 마치 자기가 토해내는 설교가 하나님의 말씀인양 허세를 부린다. 그것은 잘못이다. 예배실 정면에는 십자가가 놓여 있고 설교자는 양 옆으로 비켜서서 "저 십자가를 바라보"고 증언해야 한다. 바울 사도는 우상이 들끓는 아덴에서 전도할 때 단도직입적으로 우상을 부수어 버리라고 외치지 않고 "아덴 사람들아, 너희를 보니 범사에 종교심이 많도다"라고 말했다. 만약 한국에 처음 발을 들여 놓은 기독교 선교사들의 제일성이 바울 사도 같았더라면 오늘과 같은 종교적인 갈등이 일어나지 않았을 것이다.

세계적인 베스트셀러 작가 파울로 코엘료(P. Coelho)는 "그 누군가를 돕고 보호한다면 그것은 사랑의 행위가 아니다. 그런 행위는 그 사람을 사물로 만들어 놓고 자기 자신을 지혜롭고 자비로운 사람으로 착각하는 행위이다. 참으로 사랑한다는 것은 그 사람과의 영적인 교류이며 그 사람에게서 신의 불꽃을 발견하는 것이다"라고 하였다.

전 재산을 나누어 주고 몸을 불사르는 뜨거운 소명감을 갖기 전에 먼저 그리스도의 마음부터 품어야 한다. 설교와 선교의 뿌리는 그리스도의 마음이다.

"… 오히려 자기를 비워 종의 형체를 가지사…"(빌 2:7).

3. 구약만으로 설교할 수 있나?

구약성서를 펼치면 처음 모세 5경이 나오고 그 내용의 골자는 출애굽은 하나님의 사랑의 선물이고 이 하나님의 강복을 지켜나가려면 하나님의 법을 잘 지켜야 하는 것이다.

"네가 네 하나님 여호와의 말씀을 순종하면 이 모든 복이 네게 임하며 네게 미치리라"(신 28:2). 사람이 잘하면 복을 주시고 잘못하면 벌을 받는다는 것을 공적사상(merit)이라고 한다. 사람의 공적이 앞에 나오고 하나님이 뒤따라오는 이런 윤리를 칸트는 가장 천박한 윤리라고 했다.

요한복음 9장에 날 때부터 소경된 사람을 앞에 두고 제자들이 예수님께 물었다. 이 사람이 소경으로 난 것은 누구의 죄 때문인가? 여기 대해서 예수님의 대답은 누구누구의 죄 때문에 벌로 소경이 된 것이 아니란 것이다. 구약에서 흐르고 있는 생각의 물줄기를 가로막으셨다.

시편 37편 25절을 보면 "의인(율법을 잘 지키는 자)은 그 자신과 자손이 걸식하는 것을 보지 못했다"고 기록되어 있는데 예수님은 정반대로 "가난한 자가 복이 있다"고 말씀하셨다.

다음으로 구약에는 가인과 아벨의 때부터 하나님께 제사를 지냈다. 그런데 처음부터 가인과 아벨은 제물문제로 싸워 살인까지 범했고, 그 후에는 장소문제로 유대인들과 사마리아인이 다투었다. 그러다가 솔로몬에 의해서 호화찬란한 성전이 지어졌으나 그로 인해 남북으로 갈라지는 비극이 일어나고 말았다. 그리고 예수님 시대에 와서는 이 성전이 장사하는 집(요 2:16)이 되고 말았다. 구약의 율법과 제사 종교의 흐름은 신약시대에 와서 합세해서 예수님을 죽이고 말았다.

세 번째는 예언자적인 줄기가 있었다. B.C. 10세기경에 지중해 동쪽에 붙어 있는 작은 땅 팔레스타인 한 모퉁이에서 예언자적인 물줄기가 터져 나왔다. 처음에 이들은 샤머니즘의 샤먼과 비슷했다. 미친 사람처럼 흥분해서 자기 몸을 칼로 찔러 피를 철철 흘리며 춤을 추기도 했다. 그래서 당시에 사람들은 이 나비(예언자)들을 멸시했고 천대했다.

그런데 이때에 사무엘이 나타나서 거기 하나님의 말씀을 불어넣어 아모스 호세야 이사야 같은 위대한 참 예언자들이 나타나게 되었다. 이 예언운동은 인류 역사상 그 유례를 찾아볼 수 없는 찬란한 예언운동이었다. 그런데 신약성서에 들어오면서 그 맥을 이은 세례 요한이 나타나서 메시아로 인정받을 만큼 큰 인기를 얻었다. 그러나 예수님이 이 요한을 가리켜 "… 여자가 낳은 자 중에 세례 요한보다 큰 이가 일어남이 없도다. 그러나 천국에서는 극히 작은 자라도 저보다 크니라"(마12:11)라고 말씀하셨다. 예언운동 그러나 천국운동과는 비길 수는 없다는 말씀이다. 구약에는 예수님을 가리키는 손가락은 있지만 예수는 없다.

구약은 예수님께로 가는 디딤돌일 뿐이다. 예수를 만나러 가는 사람이 디딤돌을 끌어안고 "I love you." 해서는 안된다. 예수님은 율법주의자 제사장 예언자들을 향해 "회개하라 천국이 가까웠다"고 외치셨다. 설교는 이 예수님의 외침에 동참하는 것이요 동시에 골고다 언덕 위에 세워진 대속의 십자가를 증거하는 것이다. 설교는 사람을 향해 "No"를 그럼에도 불구하고 하나님의 "Yes"를 선포하는 것이다. 율법 잠언 예언서 시편이 아무리 귀한 말씀이라고 하더라도 그리스도가 없는 그것만으로는 기독교의 강단의 설교는 될 수가 없다.

4. 속으로 '나는 아브라함의 자손' 하지 말라!

기독교 방송에서 어떤 유명한 목사님의 설교 중 "성도 여러분, 예수 안 믿는 사람들도 어려운 이웃을 돕는데 우리 믿는 사람들이 어려운 이웃을 보고 못 본 체해서야 되겠습니까?"를 들었다. 설교자의 머릿속에는 '예수 믿는 사람=착한 사람, 안 믿는 사람=나쁜 사람' 이라는 전제가 박혀있다. 예수님은 누가복음 10장에서 당시 종교인(제사장 레위인)은 나쁜 사람, 비종교인 사마리아인은 선한 사람이라고 말씀하셨다.

오늘 한국 성직자들과 크리스천 가운데는 앞의 설교자처럼 '나는 선한 사람, 예수 안 믿는 저쪽사람은 나쁜 사람' 이라는 전제를 가진 사람들이 적지 않다. 그리고 신부님들 가운데는 위, 아랫 사람들을 제쳐놓고 내가 정의로운 사회를 만들겠다고 눈에 불을 켜고 설쳐대는 사제들이 적지 않다. 목사님들 가운데도 생명, 평화, 정의라는 세 글자를 써 주면서 제자들과 신도들에게 '나는 이런 사람' 이라고 암시를 하는 분도 있다.

이와 비슷한 생각을 한 미국대통령도 있다. 지미 카터가 바로 이 같은 사람이다. 실제로 카터는 착한 사람이었고, 외국 대통령을 만났을 때 전도를 할 만큼 착한 크리스천이기도 했다. 그런데 미국의 유명한 전기 작가 네이슨 밀러에 의하면 미국 역대 대통령 중 가장 악한 대통령은 바로 이 착한 사람, 지미 카터란 것이다.

왜냐하면 자기 자신이 선한 사람이란 의식이 강한 만큼 다른 사람을 믿지 않았다는 것이다. 그래서 참모를 잘 거느리지 못했기 때문에 악한 대통령이 될 수밖에 없었다고 한다.

오늘 한국 크리스천들은 지미 카터가 간 그 길을 뒤따르고 있지 않는지 곰곰이 생각해 봐야 할 것이다. 실제로 정의, 평화, 생명 사랑은 교회 안에만 있는 것이 아니라 그 울타리 밖이 더 풍성할지도 모른다.

1) 어떤 신학자가 '생명 사랑'을 외치고 있다. 어떻게 하는 것이 생명 사랑인가?

연구실에 앉아서 생명 말씀인 성경을 열심히 읽는 것이 생명 사랑인가. 못 배운 어매가 배적삼이 다 젖도록 뜨거운 태양 아래서 콩밭을 매는 것, 그것은 가족이란 생명체를 목숨 걸고 사랑하기 때문이다.

길바닥에 드러누워 고속도로 건설을 반대한 정치인만 생명 사랑하는 것이 아니고 독재자란 무서운 욕을 먹으면서 길을 뚫으려고 한 그분도 실은 나라 경제를 살려 보릿고개를 없애려는, 즉 뜨거운 생명 사랑에서 나온 열정이다.

2) '정의 사랑'도 마찬가지다. 화이트칼라에 거룩한 가운을 입고 정의를 외치며 거리를 누비고 다니는 사람들만이 정의를 사랑하는 것이 아니다. 선량한 시민들의 불편을 덜어주려 불법시위를 막고, 불철주야 골목을 누비며 불의한 자들을 잡아 가두려고 쫓아다니는 경찰은 정의를 사랑하는 사람이 아닌가? 이들 경찰들이야말로 진짜 정의를 이루려는 분들이다.

3) '평화 사랑'도 마찬가지다. 아름답게 꾸며 놓은 교회, 성당 뜰을 거닐면서 꽃향기를 맡으며 명상에 잠기는 성직자들만이 평화를 사랑하는 사

람들이 아니다. 이들보다 더 평화를 사랑하는 사람들은 휴전선 철조망을 앞에 두고 밤잠을 자지 않고 보초를 서는 병사들이다. 비록 그들의 손에는 사람을 죽일 수 있는 총이 들려있지만 참으로 평화를 사랑하는 사람들이다.

예수님이 이 땅에 오신 목적은 이 땅위에 참 평화를 이루시기 위해서다. 불당에는 미소만 짓는 부처님이 앉아 계시지만 성당에는 예수님이 달려 있는 십자가가 걸려 있다. 참 평화는 미소만 갖고서는 이루어질 수 없고 자기를 죽이는 십자가만이 참 평화를 이룰 수 있기 때문이다. 참다운 생명, 평화, 정의도 감상적인 거짓 것을 가지고 담 너머 진짜들을 향해 공격하는 이 거짓쟁이들이 자기 자신부터 십자가에 달아 죽일 때 생명, 평화, 정의는 땅에서도 이루어지게 될 것이다.

5. 숨 쉬는 신앙

예수께서 안식일에 한 맹인의 눈을 뜨게 했다. 당시 율법을 통달한 바리새인들이 안식일 법을 범했다고 예수를 죄인이라고 단정했다. '아는 것이 힘' 이라는 말이 있지만 '아는 것이 병' 이라는 속어도 있다. 인류의 처음 사람 아담은 묻기 전에 먼저 알려고 하다가 에덴에서 쫓겨나게 되었다. 만약 아담이 알려고 하기 전에 물으려고 했더라면 그 상황은 정반대가 되었을 것이다.

"하나님, 이 아름다운 동산 한가운데 왜 선악과를 두셨습니까?"라고 물었더라면 하나님은 자세히 설명해 주셨을 것이고 그랬더라면 "할렐루야"가 절로 터져 나왔을 것이다.

학생시절 성서를 읽다가 모르는 것이 있어 담임 목사를 찾아가 물었다.

목사님의 대답은 "덮어놓고 믿어야 한다"는 것이었다. 믿음의 반대는 의심이라 하면서 무조건 티벳 불교도들이 마니차를 돌리듯이 성서를 많이 많이 읽으라는 것이다. 세계에서 오늘 한국 프로테스탄트 신도들만큼 성서를 많이 알고 있는 신도들은 없을 것이다. 이분들은 성서를 문자적으로 이해해서 세계의 종말을 예언하기도 하고 다른 사람을 심판하기도 한다. 성서 안에서 살아 움직이시는 예수(성령)가 글자 속에 갇히게 되고 이것이 수학공식 같이 되어 완전히 내 머리로 이해가 되어 내 속에 자리 잡게 된다. 여기에는 회의가 들어올 수 있는 여유가 조금도 없다.

'1+1=2', 이것을 누가 의심하겠는가? 이것이 믿음이라고 착각하고 있는 것이 오늘 이 땅의 크리스천들의 실상이라 할 수 있다. 그러나 분명한 것은 믿음은 어떤 공식(율법) 같은 것을 받아들이는 것이 아니고 'I'와 'You'의 인격적인 관계 속에서 얻어지는 열매인 것이다.

성서는 선악을 구별하는 육법전서 같은 것이 아니라 생수와 생명의 양식을 공급해 주는 즉, 살과 피를 공급해 주는 식탁 같은 것이다. 맹인으로 있다가 눈을 뜬 사람은 예수가 죄인인지 아닌지는 나는 모른다고 했다. 오늘 한국 크리스천들은 아는 것이 너무 많다. 물음이 없다. 선악과를 먼저 따먹었다. 그리고 남을 지옥 간다고 섣불리 심판한다.

폴 틸리히(Paul Tillich)는 신의 존재를 묻는 사람은 이미 신의 존재를 절반은 알고 있는 사람이라고 했다. 스마트폰의 원리를 묻는 사람은 이미 스마트폰에 대해서 어느 정도 알고 있는 사람이다.

"꽃밭에 앉아서 꽃잎을 보네. 고운 빛은 어디에서 왔을까?"

여기 "어디에서 왔을까?" 이 물음은 종교의 발아점이다. 오늘 물음이 없는 크리스천들의 마음속에는 신이 들어올 수 있는 여유가 없다. 맹인으로 있다가 눈을 뜬 사람은 "모른다"고만 하지 않았다. "그가 죄인인지는 모르지만 한 가지 분명하게 아는 것은 장님으로 있던 내가 그로 인해 눈을 뜨게 되었다는 것, 이것만은 분명히 알고 있다"고 증언했다.

바로 이것이다. 내 머릿속에 들어가서 완전히 이해되는 그런 지식이 아니고 내 감겨 있던 눈이 열려져 하나님의 사랑을 눈부시게 바라볼 수 있게 되었다는 것, 이것만은 목숨을 걸고 분명히 증언할 수 있다는 것, 이것이 믿음이다. 내 머리로 깨닫기에는 그분이 너무 크신 분이다. 그래서 나는 모른다. 그러나 분명한 것은 그분이 나의 전 존재를 변화시켜 주신 것만은 분명히 알고 있다. "모른다, 그러나 안다". 이것이 숨 쉬는 신앙이다.

"열 길 물 속은 알아도 한 길 사람 속은 모른다." 이 속담이 오늘 한국의 강단보다 나을지도 모르겠다. 불교 종정 성철 스님은 "내가 누구인가"라는 한 화두(話頭)를 가지고 일생 씨름을 했다. 소크라테스가 "너 자신을 알라"고 한 말은 너 자신에 대해 좀 물어보라는 말이요, 공자의 사상을 요약한 말이 '시야예(是也禮)'인데 이 또한 물으란 뜻이다.

예수님이 아담의 실수(다 알려고 한)를 반복하지 않은 것은 "나는 모른다"고 한 것에 있다(마 25:36). 그가 가르치신 지상 최대의 축복 관문은 가난, 애통, 온유인데 이것들은 묻는 자세를 의미한다.

6. 그의 나라(십자가)를 앞에 물으라

토끼와 거북이가 길을 가고 있었다. 그 길 위에 바나나 나무가 뿌리 채 뽑혀 버려져 있었다. 둘은 서로 자기 것이라고 싸우다가 약삭빠른 토끼가 "우리 싸우지 말고 나누어 갖자" 하니 거북이도 동의를 한다. 그래서 토끼가 열매가 있는 윗 부분을 갖고 먼저 도망을 간다. 거북이는 울며 겨자

먹기로 뿌리가 있는 아랫쪽을 주워다가 집에 갖고 와서 뜰에 심고 거름 주고 물을 주며 가꾸었다. 토끼는 순간적인, 그러나 거북이는 오고 오는 많은 해 동안 맛있는 바나나를 따먹었다는 어린이 우화가 있다. 오늘을 살아가는 현대인은 이 둘 중에 어느 편에 속해 있는지 한 번 생각 해 봄직하다.

첫째, 예수님은 "너희는 먼저 그의 나라와 의를 구하라 그리하면 이 모든 것을 너희에게 더하시리라"(마6:33)라고 말씀하셨다.

이 말씀은 당장 맛있는 열매가 아니라 뿌리를 먼저 구(求)하라는 말씀이다. 여기 그의 나라는 하나님의 나라다. 하나님의 나라는 생명과 행복의 뿌리다. 예수님이 마태복음 13장에서 가르쳐 주신 천국은 겨자씨가 그리고 누룩이 흙 속과 가루 속에 묻히며 자기를 썩혀 새 생명이 움트게 하는 존재다. 천국은 농부에게는 밭에서, 주부에게는 부엌에서 눈에 보이지 않게 또한 미미하고 미지근하게 역사한다는 것이다.

한 알의 밀알이 땅에 떨어져 자신을 썩히므로서 새 생명을 움트게 하듯이 천국도 그런 역할을 한다는 것이다. 바로 이 천국을 먼저 구하라고 말씀하셨다. 즉, 꽃과 열매가 아니고 씨앗이 땅에 묻혀 뿌리를 내리는 이 천국이 먼저 와야 된다고 말씀하셨다. 이 순서가 뒤집히면 바로 거기에는 죽음이 있을 뿐이다. '먼저' 그의 나라와 의를 구하라는 말씀은 토끼가 아닌 거북이가 되라는 말씀이다. 그리하면 이 모든 것을 더해 주신다고 약속하셨다.

둘째, 예수님은 당신의 이름으로 구하면 무엇이든지 다 이루어 주신다고 요한복음 14장 13절에서 말씀하셨다. 오늘 한국의 많은 크리스천들은 마치 기도를 도깨비 방망이처럼 생각하고 있다. "돈 나오너라" 하고 땅을 치면 돈이 나오고 "떡 나오너라" 하고 땅을 치면 떡 나오게 하는 옛날 이야기에 나오는 도깨비 방망이 같은 것이 기도라고 생각하고 있다. 단지 여기에는 나의 간절함의 농도에 따라서 응답을 받을 수도 있고 못 받을 수도 있다는 것이다.

그래서 20일 철야 금식기도를 하면 못 이룰 것이 없다고 생각한다. 오늘 이 땅에서 38선이 사라지지 않는 것도 한국교인들의 기도의 간절함이 부족해서라고 생각한다. 그런데 이런 성격의 기도는 하나님의 자비하심에 뿌리를 둔 것도 아니고 나의 지극정성이 주도권을 잡고 있는 기도다. 이것은 결코 참 기도가 아니다.

요한복음 14장의 말씀은 '예수님의 이름으로', 즉 예수님의 뜻에 합당하게 드리는 기도는 반드시 다 이루어진다는 말씀이다. 예수님의 뜻 즉, 하나님의 나라를 '먼저' 앞세운 기도는 이 모든 것이 더해지는 응답이 있다는 말씀이다.

셋째, 부활보다 십자가가 앞에 나와야 한다. 오늘 이 땅에 있는 세계적인 큰 교회의 성장 비결은 "예수 잘 믿으면 부자 된다"는 선전 때문인 것 같다. 처음 한국에 복음을 전해준 선교사들은 미국인들이고 그 나라는 잘 사는 나라인 것이 분명하다. 그런데 표면만 보지 말고 그 안을 볼 줄 알아야 한다. 오늘 미국이 잘 사는 나라가 된 것은 유럽에서 처음 신대륙으로 건너온 프로테스탄트들의 피땀으로 얼룩진 십자가가 앞에 있었기 때문이다.

그런데 오늘 한국교회 강단에서는 십자가가 빠져버린 지 오래이며 오늘 이 땅의 정치인들 입에서도 하나같이 '복지', '무상' 이야기만 나오고 있다. 전임자가 열매보다 먼저 뿌리부터 심자고 할 때는 극렬하게 반대만 하던 그들이 아닌가!

오늘 이 땅에는 토끼 같은 잔재주꾼들만 우글거리고 있다. 세상은 으레 그렇다 하더라도 교회가 이 꼴이 되어가고 있으니 한숨만 나온다. 더 늦기 전에 토끼가 버린 뿌리를 주워서 뜰 안에 심어 놓고 거름 주고 물 주는 거북이가 되어보자.

7. 참 복의 뿌리 : 기도

예수님의 제자들은 예수님께 기도를 가르쳐 달라고 했다. "가르쳐 달라", 이것은 기도의 관문이요, 만복의 근원이다. 부흥사들은 한국교회가 세계에 자랑할 수 있는 것은 기도의 불꽃이 활활 타오르고 있는 것이라고 한다.

그러나 한국 크리스천들은 제자들처럼 "기도를 가르쳐 주소서" 하는 사람이 없고 덮어놓고 하는 기도이기에 그것은 자랑할 만한 것이 못 된다.

1) 기도는 간구다. 달라고 하는 것이다. 가난이 복의 관문이다

물에 빠진 베드로가 예수님께 손을 내밀어 살려달라고 애원하듯이 또한 이 세상에 갓 태어난 아기가 젖꼭지를 찾아 엄마의 가슴을 더듬듯이 '당신 없이는 살 수가 없는 존재입니다' 절규를 하는 것이 기도다. 옛날 시골에 가면 자기 곳간에 보화를 가득 쌓아놓고 어슬렁어슬렁 일 안하고 놀러 다니는 부자를 '복 많은 사람' 이라 했다. 이와 반대로 먹을 것이 없어서 부잣집 대문을 두들기며 도와달라고 하는 사람은 '참으로 복 없는 사람' 이라 했다. 그런데 예수님은 반대로 후자가 참으로 복을 받은 사람이라고 하셨다.

왜냐하면 참 복은 무엇을 많이 소유하는 데에 있는 것이 아니라 사람이 사람답게 되는 데에 있기 때문이다. 처음 사람 아담이 실패한 것은 자기는 피조물임을 잊고 선악과를 따먹으므로 거기 주인이 되려고 한 데에 있다. "가난한 자가 복이 있다". 여기 가난은 복의 근원이요, 동시에 하나님과의 대화할 수 있는 통로다.

2) 기도는 참회다. 회개는 복의 정문이다

하나님은 달라고 하는 가난한 마음을 가진 아기에게 젖과 빵을 주시지만 그 이상의 것도 주신다. 그것은 다름 아닌 성령의 선물이다. 한국교회의 성장의 비결은 예수 잘 믿고, 기도 많이 하고, 십일조 잘 바치면 부자된다는 거짓 선지자들의 메시지에 있다. 그러나 성령의 역사는 "오직 성령이 말할 수 없는 탄식으로 우리를 위하여 친히 간구하시니라"(롬 8:26)인 것이다. 세상에 갓 태어난 아기는 '앙~' 하고 울기만 한다. 애통하면 엄마가 다 알아서 해주신다. 진흙으로 빚어진 사람에게 하나님은 생기를 그 코에 불어넣어주셨다. '앙~' 하는 울음은 성령의 역사다. 그리고 이 성령의 탄식 속에는 영원한 위로의 복이 깃들어 있다.

3) 기도는 감사다. 감사는 복 받은 집의 안방 아랫목이다

굳어 있는 나의 마음밭이 성령의 강림으로 갈아엎어져(애통) 부드럽고 기름진 옥토가 될 때 거기서 의의 싹이 나고 감사의 꽃이 피게 될 것이다. 이 세상에서 이보다 더한 복이 어디 있겠는가? 참 복의 뿌리는 소유의 넉넉함에 있는 것이 아니라 질 좋은 존재가 되는 데에 있다. 예수님은 "좋은 나무마다 아름다운 열매를 맺고…"라고 말씀하셨다.

4) 기도의 열매는 사랑이다. 긍휼은 행복한 가정에서 비쳐 나오는 광채

이다.

긍휼히 여기는 자는 긍휼히 여김을 받는다. 여기 긍휼이란 말은 사랑이란 말이다. 기도의 열매는 참 복이다. 참 복의 열매는 사랑을 주고받는 사람이다. 오늘 한국교회 강단에서는 복 하면 신명기 28장13절 "머리가 되고 꼬리가 되지 않는 복"을 생각하고, 시편 37편 부자가 되는 복만 생각한다. 그래서 나는 예수교, 장로교, 기독교, 성결교란 간판을 떼버리고 모세 장로교, 모세 감리교로 간판을 갈아버리라고 혼자 소리쳐 본다. 우리 선조들은 설날을 맞이하면 "복을 받으라"는 인사를 서로 나누면서 동시에 조상에게 제사를 지냈다. 복과 기도를 동일시했다는 것을 오늘의 사람들은 경의를 드려야 한다.

그런데도 무지한 선교사들에 의해서 제사를 우상시한 것은 참으로 불행한 일이다. 2014년 설날을 맞으면서 오늘 우리는 조용히 두 손 모아 기도하면서 하나님이 내려주시는 참 복을 받아야겠다.

8. 오호라! 나는 곤고(困苦)한 사람이로다

목사가 되면서 마음속에 "설교만 잘하는 목사가 아니라 예수님의 삶을 닮은 삶을 살아가야지"라고 다짐했다. 그래서 십자가는 너무 어렵고, 쉬운 것부터 닮아 보자고 마음먹었다. 마태복음 5장 3절을 좌우명으로 삼고 일생 거기에 맞는 삶을 살아보려고 몸부림쳤다.

"돌 갖고 떡을 만들라"라는, 즉 경제적인 마귀의 유혹은 그런대로 물리칠 수 있었다. 돈 문제뿐만 아니라 그 외에 세상적인 욕심도 부리지 않고 살았다. 심지어 신학대학 이사와 기독교서회 이사로 공천을 받았는데도 다른 사람을 위해 내 이름을 빼버렸다.

그리고 성전에서 뛰어내리는 기적 즉 테크닉을 가지고 교회 성장을 시켜보라는 유혹도, 그럴 능력도 없지만, 단 한 번도 시도조차 해보지 않았다. 첫번째 두번째 유혹은 그런대로 잘 넘길 수 있었다. 그런데 노년에 마귀가 높은 산으로 나를 데리고 올라가는 것이다. "너 잘했어. 너는 이 시대에 예언자요 세례요한이야". 이 비행기 태우는 유혹에는 나도 모르는 사이에 온몸과 인격이 송두리째 빠져 지금 거기에서 허우적거리고 있다.

세상의 다른 목사들 특히 신문에 오르내리면서 교회와 성직과 이름을 더럽히고 있는 동역자들에게 속으로 돌팔매질을 하고 있다. 일찍이 비슷한 경험을 했던 적이 또 있다. 칼 바르트의 로마서를 읽고 나니 세상이 달리 보이기 시작한다. 너무 은혜를 받고 나니 나도 모르는 사이에 그 책을 읽지 않은 동역자는 목사로 보이지 않고 나만이 세계 제일의 목회자가 된 것 같은 착각을 하게 되었다.

에덴동산 가장 선한 곳에서 가장 무서운 마귀의 시험이 있었고, 예수님도 요단강에서 하나님의 불림을 받은 가장 거룩한 순간 그 다음에 곧바로 마귀에게 이끌리어 시험을 받으셨다. 나도 그런 체험을 했다.

어렸을 때 어머니에게서 들은 이야기가 있다. 제사를 지내려고 제물을 다락에 올려놓았는데 도둑고양이가 거기 올라가서 그것을 뜯어 먹고 있었다. 그런데 그 고양이의 꼬리가 다락방으로 늘어져 있어서 외삼촌이 그 꼬리를 잡고 힘차게 땅에다 내리쳤는데 그 고양이가 외삼촌의 종아리를 발톱으로 긁어버리더란 것이다. 그것이 얼마나 심했든지 종아리 살이 파여 뼈가 드러나게 되어 죽을 고생을 했다는 것이다. 제물 조기 한 마리를 빼앗기지 않으려다가 조기 백 마리 값을 병원에 갔다주게 된 것이다.

나는 하루살이 같은 죄를 짓지 않으려다가 교만이라는 낙타의 죄를 짓고 있다. 더러운 귀신 하나를 내어 쫓고 난 다음 일곱 귀신이 내 속에 들어와 소란을 피우고 있다(눅 11:24~26).

나는 지금 아침 저녁으로 로마서 7장 24절을 읊고 있다.

"오호라 나는 곤고한 사람이로다. 이 사망의 몸에서 누가 나를 건져내랴. 우리 주 예수 그리스도로 말미암아 하나님께 감사하리로다…".

9. 표적(기적)을 구하나

예수님은 마태복음 12장 39절에서 "… 악하고 음란한 세대가 표적을 구하나"라고 말씀하셨다. 그리고 사도 바울은 "유대인은 표적을 구하고…"(고전 1:22)라고 말했다. 두 곳에서 모두 표적이란 단어는 부정적인 의미로 쓰여지고 있다. 복음서를 읽어 가노라면 예수님은 표적을 보여 달라는 우매한 군중들의 요구를 들어주시기도 하시고 거절하시기도 하는 것을 볼 수 있다.

예수님은 당시에 많은 사람이 하늘의 구름을 타고 오실 메시야를 기다리고 있을 때 그와 정반대로 말구유에서 탄생하셨다. 그리고 악하고 음란한 세대의 사람들이 십자가에서 뛰어내리는 기적을 행해 보라고 요구할 때 예수님은 "…나의 하나님 어찌하여 나를 버리셨나이까?"라고 울부짖으며 운명하셨다. 분명 여기에는 기적을 일으키시려 하시지 않으셨다. 그러면 이것이 전부인가? 아니다. 예수님이 잉태하실 때는 동정녀의 몸에 잉태되셨고, 십자가 다음에는 기적 중에 기적인 부활 승천의 기적을 보여 주셨다. 뿐만 아니라 복음서 한 가운데에는 놀라울 정도로 예수님이 행하신 기적 이야기가 가득 차 있다. 어찌된 것인가?

독자는 복음서를 읽을 때 그것을 감싸고 있는 포장지만 보지 말고 그 핵심(Kernel)을 찾아야 한다. 예수님이 공생애에 첫발을 들여 놓으실 때 마귀에게 시험을 받으셨다(마태복음 4장). 시험을 받으셨다는 것은 그것에 가장 관심이 많으셨다는 말이다. 마귀는 성전 꼭대기에서 뛰어 내리라고 했다. 그것도 성서를 인용해서 말이다(마 4:5~7). 성전 꼭대기, 즉 종교인의 최대의 관심은 기적을 보려는 것이다. 오늘 한국교회가 세계인을 놀라게 할 만큼 성장한 그 밑에는 기적문제를 잘 이용한 성직자들의 재능 때문인 것 같다. 예수님은 단호하게 이 시험을 물리치셨는데 말이다.

물이 위에서 아래로 흘러내리는 것은 창조주가 태초에 창조해 놓으신 창조의 질서이다. 사람들은 이 질서가 뒤집혀지는 것을 기적이라고 하다. 예수님은 죽기까지 하나님의 명령에 순종하셨다.

철없는 아가가 아빠를 보고 날아가는 비행기를 사 달라고 조를 때 아빠는 장난감 비행기를 사주신다. 기적 이야기는 장난감 비행기와 같다.

십자가는 허황된 인간의 욕망에 대해서 "아니다"라고 하는 표요, 부활은 기적이 아니라 밀알이 죽어서 많은 열매를 맺는 하늘나라 사랑의 질서의 승리를 의미한다.

10. 모세교냐 예수교냐(구약만으로 설교가 될 수 없다)

금번 대한민국을 울음바다로 만든 세월호의 실질적인 선주 유씨의 머리속에 새겨져 있는 성구는 "머리가 되고 꼬리가 되지 아니하리라"이다.

신명기 28장 13절에 있는 이 말씀은 이 땅에 있는 세월호보다 더 큰 아니 세계 제일, 제이 교회 선장들의 십팔번 성구다. 여기 하나 더 보탠 것이 시편 37편 25절 말씀이다.

"내가 어려서부터 늙기까지 의인이 버림을 당하거나 그의 자손이 걸식함을 보지 못하였도다".

율법을 잘 지키면 머리가 되고 부자가 된다는 이 성구를 갖고 천막교회를 세계 제일의 교회로 성장시킨 목사님도 오늘 유씨처럼 법정을 왔다 갔다 한다.

이상의 말씀을 뒤집어 생각해 보자. 이 땅에서 꼬리의 생활을 하는 사람과 가난하게 사는 사람들은 하나님께 불순종하는 죄를 많이 지은 사람들이다. 불행한 사람들에게 종교가 가하는 이 고통은 참으로 견디기 어렵다. 예수님의 제자들이 날 때부터 맹인된 사람을 앞에 두고 예수께 물었다. 저 사람이 저렇게 고통을 당하는 것은 누구의 죄 때문입니까? 그의 부모, 자기, 여기 대해서 예수님은 단호히 "No" 하셨다.

예수님이 제자들의 발을 씻기셨다는 것은 율법과 구약 전체를 뒤엎는 실로 혁명적인 사건이다. 스스로 꼬리가 되신 것이다. 축복의 제1장 제1조를 "가난한 자가 복이 있다" 라고 하셨는데, 이 말씀도 구약적인 신앙을 송두리째 뒤엎어버리는 선언이다. 사도 바울은 이 같은 예수님의 말씀과 행하시는 모습을 바라보고 외쳤다. "그리스도께서 우리를 자유롭게 하려고 자유를 주셨으니 그러므로 굳건하게 서서 다시는 종의 멍에를 매지 말라"(갈 5:1).

하나님의 법이 있고 이 법을 잘 지키면 부자도 되고 벼슬도 하게 하지만 잘 안 지키면 그 사람은 병도 들게 되고 가난하고 천하게 산다는 이런 생각을 '공적사상(merit)' 이라고도 하고 '업적주의' 라고도 한다. 사람의 행위가 앞에 오고 하나님의 은혜와 사랑이 뒤 따른다는 이런 생각을 예수님은 거부하셨다. 예수님이 말씀하신 탕자의 비유를 보라. 하나님의 은혜와 사랑이 사람의 공적보다 앞선다는 이야기다.

제사장, 바리새인, 서기관들이 왜 예수님을 죽였나? 그들 나름대로는 하나님께 충성하려고 했다. 인간들의 선의 벽돌장으로 쌓아 올린 탑을 하나님이 허물어 버리셨다. 이것을 사람들에게 알려주기 위해서 구약이 기독교의 경전 속에 들어왔다. 마틴 루터는 "성서는 아기 예수가 누워있는 마구간이다." 라고 했다. 성서 안에는 특히 예수님의 족보 속에는 며느리가 시아버지에게서 씨를 받은 이야기도 나온다.

실로 소똥 말똥 냄새가 나는 것이 사실이다. 이 속에서 예수를 찾고 만나서 증거하는 것이 오늘 설교자의 사명이다.

그런데 이게 웬일인가? 오늘 이 땅에 명설교가란 소리를 드는 목사들은 구약만으로 (신약 없이) 텍스트를 삼아 설교를 하는 사람들이 많이 있다. 이럴 바에는 논어나 법구경을 본문으로 택해 강단에서 설교하는 것이 나을지도 모르겠다. 성서 속에서 아기 예수를 만나고 그 예수가 십자가에 달리시는 데까지 따라가다가 마지막 십자가에서 죽으시고 3일만에 살아나시는 그 모습을 증거하는 것이 기독교의 설교다.

십자가 빠진 설교는 설교가 아니다. 십자가의 가시가 없는 설교가 아무리 인기가 있고 교회를 성장시킨다 해도 그것은 결코 설교라고 할 수는 없다. 아무리 구약성서 안에 금싸라기 같은 금언과 교훈이 있다 하더라도 그것은 신약으로 넘어가는 디딤돌이다. 디딤돌을 디디고 올라서서 예수님이 계시는 안방으로 성큼 올라가야 구원이 있다.

디딤돌을 끌어 안고 "I love you!" 해서는 안 된다.

11. 거듭난 삶(크리스천의 길)

예수님이 가르쳐주신 기도문은 신구약성서를 요약한 기도문이라 할 수 있다. 이 기도문을 통해 크리스천으로 산다는 것은 어떻게 사는 것인지 생각해 보자.

1) 거듭남

예수님은 "거듭나야 하나님 나라를 볼 수 있다"(요 3:3)라고 하셨는데 여기 〈거듭남〉의 의미부터 알아보자면, '난다' 는 것은 아버지의 아들이 되는 것이다. 거듭남은 두 번 난다는 말이기에 아버지가 둘이란 말이다. 한 아버지 밑에서만 자라던 사람이 예수님을 통해 또 다른 아버지를 알게 되어 두 아버지를 섬기며 사는 것이 거듭난 삶이요, 크리스천의 삶이다. 예수님은 하나님을 아버지라고 부르라 하셨다. 육신의 아버지는 땅에서 살고 있고, 하나님 아버지는 하늘 위에 계셔서 나를 이 땅에 보내주시고, 길러주시고, 그 언젠가는 데려 가시기도 한다는 것이다. 이 세상의 아버지는 모두 다 의붓 아버지이다. 이 의붓 아버지는 자기 자녀의 머리털을 1mm도 자라게 할 수 없다.

2) 여기 '하늘에 계시는 우리 아버지' 뜻을 더 상세하게 생각해보자

하늘은 사람들의 머리로는 헤아릴 수 없는 것을 의미한다. '하늘에 계신' 아버지란 우리 인간이 이렇다, 저렇다라고 말할 수 없는 분이란 뜻이다. 유대인들은 자기들이 섬기는 신을 여호와 했는데 그 뜻은 '스스로 계신' 이란 뜻이다.

동양의 노자는 '도가도비상도〔道可道非常道〕'라 했는데 같은 뜻이다.

이 하나님을 예수님은 아버지 같은 분이시라 말씀해 주셨다. 아버지란 존재는 그 자녀를 위해 생명까지 줄 수 있는 존재이다. 하나님은 인간이 이렇다, 저렇다 말할 수 없지만 오직 하나 그분은 사람들을 위해 당신 자신(독생자)까지 아끼지 않고 주신 분이란 것인데 이 사랑을 받아들이는 것이 믿음이고, 이 믿음을 가진 사람이 거듭난 사람이다.

3) 주기도문 두 번째 내용은 '나라이 임하옵시며'이다

종종 크리스천들까지도 자기들이 잘 믿거나 선한 일을 열심히 하면 이 땅 위에 하나님의 나라를 건설할 수 있다고 생각한다. (공산주의자) 사람이 이 땅 위에 천국을 건설할 수 있다고 생각하고 열심히 쌓아올린 바벨탑은 하나님이 허물어 버리셨다. 농부가 열심히 김매고 거름을 줘야하지만 하늘에서 햇빛이 내려오지 않으면 식물은 자랄 수 없거니와 열매는 절대로 열리지 않는다. 믿음은 기다림이요, 받아드림이다. 사람이 앞에 서서 하나님을 이리저리로 끌고 가려고 하는 것은 반역행위이다. 오늘 대부분의 크리스천들까지도 이런 태도를 취하고 있지 않는가.

4) '일용할 양식을 주옵시고'

세계 종교 가운데 그 종교의 주(main) 기도문 중에 물질을 달라는 기도가 들어 있는 종교는 기독교 밖에 없다. 예수님이 공생애를 출발하실 때 제일 먼저 받으신 시험이 이 물질 문제였다는 것은 예수님 관심의 제일 앞에 있는 것이 바로 이 물질문제였다는 것을 의미한다. 크리스천은 "돈을 돌같이 여겨라"는 최영 장군 같은 태도를 가져서는 안된다. 크리스천은 돈을 벌기 위해 전력투구를 해야 한다. 다만 그 앞에는 그의 나라를 구하고 지나친 욕심을 자제하면서(일용할 양식) 말이다.

5) "죄의 용서와 악에서 구하여 주옵소서"

20세기 예언서라 할 수 있는 본 훼퍼의 『Ethics-에딕스』에는 "선이란 사는 것, 산다는 것은 죄 짓는다는 말, 그러나 살아야 용서받을 수 있는 시간을 얻을 수 있지 않겠는가"라는 내용이 있다. '양반은 물에 빠져도 개헤엄은 치지 않는다' 는 것처럼 송죽 같은 절개만 지키다가 목숨을 잃는 것은 크리스천이 가는 길이 아니다. 하나님의 지상명령은 "소금처럼 맛있게, 빛처럼 멋있게" 살라는 것이다(마 5:13~). 용서, 타협, 후회는 민주주의의 기초가 되기도 하는 것이다. 이노우에 신부는 "기도란 하나님의 사랑의 햇살 속에 햇빛쪼이기"라고 했다.

크리스천의 거듭난 삶이란 하나님의 사랑의 햇살 속에 서로 얽혀, 기뻐 뛰며 주를 찬양하는 삶이란 것을 알아야한다.

V. 영 성(Spirituality)

1. 누가 겨울을 오게 했나?

의사들은 만병통치약은 없을 뿐만 아니라 있을 수도 없다고 말한다. 한국인들은 산삼이 마치 만병통치약인 것처럼 생각하지만 그것도 아니다. 비슷한 약이 있다면 모든 병의 통증을 약간 없애주는 약은 있다. 마약류가 그런 역할을 하지만 이 약은 부작용을 가져올 수 있기 때문에 함부로 투약하지 않는다.

그런데 신앙생활에는 만병통치약이 있는 것처럼 선전하는 설교자들이 많이 있다. 그것은 다름 아닌 기도이다. 기도는 만병통치약일 뿐 아니라 아이들 동화에 나오는 도깨비 방망이처럼 선전되고 있다. 성장하는 교회 목회자의 메시지 초점은 "부르짖으면 무엇이든지 다 이루어진다"이다. 신앙생활의 뿌리는 기도이지만 오늘 한국교회에서는 이 기도가 남용되고 있다. 구원은 하나님의 선물이 아니라 나의 부르짖음의 농도에 달려있다는 것이다. '간절히, 간절히' 울부짖으면 마지못해 하나님의 마음이 움직이기 시작하는 것처럼 생각한다.

이런 생각은 우리 민족이 좋아하는 '지성이면 감천'이란 말과 맥을 같이 한다. 구원의 역사에서 하나님이 주도권을 잡으시는 것이 아니라 '내'

가 주도권을 잡고 있다. 이 같은 분위기에서 마태복음 17장 20절을 받아들인다. "너희가 만일 믿음이 겨자씨 한 알 만큼만 있으면 이 산을 명하여 여기서 저기로 옮겨지라 하면 옮겨질 것이요…" 나의 부르짖음이 산을 옮길 수 있다는 착각을 하게 된다. 이 같은 풍토에서 오늘까지 한국교회가 크게 성장했는지도 모르겠다.

우리의 생각을 멈추고 예수님의 말씀에 귀 기우려보자. 예수님은 너의 기도로 산을 옮기려 할 것이 아니라 거기서 자라고 있는 나무와 꽃을 바라보고 그 속에서 지저귀는 새소리를 들어보라고 하셨다. (마 6장) "눈은 몸의 등불이니…" 믿음은 보는 것이다. 보되 바로 보는 것이요, 생각을 통해 그 너머까지 보는 것이 믿음이다. 마가복음 10장 50절 이하에 보면 맹인 바디메오가 예수께 보기를 원한다고 했을 때 예수님은 "네 믿음이 너를 구원하였느니라"(57절)라고 말씀하셨다. 믿음은 하는 것(To do)이라기 보다 보는 것(To see)이다.

지난 여름은 유난히 더웠다. 하나님은 이것을 보다 못해 더위를 거두시고 찬바람을 불어 넣어 지구덩어리를 식혀 주셨다. 겨울은 인간들이 "간절히 부르짖어" 오게 된 것이 아니다. 그런데 여름에서 곧바로 찬 겨울을 보내주시면 감기라도 들릴까봐 그 사이에 가을을 두신 것이다. 인간들이 제 아무리 간절히 부르짖어 보았자 백합화의 키를 1mm도 자라게 할 수 없다. 믿음은 바로 여기에 있다. 즉 인간의 유한성을 깨닫는 바로 그 지점에서 눈을 떠 하늘을 우러러 바라보게 되는 여기에 믿음의 싹이 움튼다. 출애굽기 14장 13절을 읽어보자. "모세가 백성에게 이르되 너희는 두려워하지 말고 가만히 서서 여호와께서 오늘 너희를 위하여 행하시는 구원을 보라." 홍해를 가른 것은 이스라엘 백성들의 울부짖음이 아니다.

오늘 이 땅의 홍해는 38선이다. 이 민족이 덜 부르짖어서 아직 그대로 있는 것은 아니다. 마약이 남용되어서는 안 된다. 지구를 통째로 냉동시킬 냉동기를 만들 궁리를 할 것이 아니라 좀 더 조용히 기다려 보자. 믿음은 기다림이다. 여름은 갔고 가을도 갔다. 겨울이 성큼 다가왔다. 얼마 안 있어 인간들은 너무 춥다고 야단법석을 떨 것이다. 그러면 하나님은 또다시 봄, 여름을 보내주실 것이다.

"구하기 전에 너희에게 있어야 할 것을 하나님 너희 아버지께서 아시느니라"(마 6:8).

2. 성령 충만한 지도자

사람들은 인간을 영(靈)적인 동물이라고 말한다. 도대체 영적이란 말의 뜻은 무엇인가? 여기서 영적이라 함은 초월적인 기능을 말한다. 즉 '자아가 그 자아를 넘어서 자기를 비판할 수 있는 능력'을 말한다. 이것은 동물 중 인간만이 가지고 있는 신비한 능력이다. '나' 안에 있는 또 다른 '나'가 자기를 바라보고 비판하는 영성, 여기에서 한 걸음 더 나아가서 전혀 다른 세계에서 나를 바라보게 하는 영이 있다. 이 영을 성서는 성령이라고 가르쳐 주고 있다.

멧돼지는 그냥 앞만 보고 달린다. 이 세상에는 이 같은 동물적인 사람이 있다. 그리고 이보다 한 단계 올라선 사람은 자기가 자기 자신을 되돌아보면서 사는 사람이 있다. 이 두 번째 사람도 언제나 인간적인 테두리 안에서 자기를 바라본다. 그러나 이 사람을 영적인 사람이라 할 수 있다. 세 번째, 성령의 사람은 인간과 우주의 자연적인 세계를 넘어서 하늘을 바라보고 거기서 '하늘에 계신 하나님'을 우리 아버지로 고백하고 그 눈으로 자기 자신을 바라보는 사람이다.

일반적인 영적인 사람은 동물적인 사람보다는 한 단계 올라 선 사람이지만 어디까지나 인간의 한계를 벗어나지 못한다. 자기가 자기를 바라보았을 때에는 이 세상에서 제일 마음에 드는 사람은 자기이다. 부모나 자녀까지도 자기 생각과 뜻이 다르다. 얼굴이 제각각인 것처럼 말이다. 내가 영의 거울을 통해 나를 바라보았을 때 그럴 수 없이 내 마음에 쏙 드는 존재이다.

그러니 도지사, 교육감, 시장, 군수도 내 마음에 쏙 드는 사람은 나 밖에 없다. 저 사람은 안 된다는 것이다. 나밖에 적임자가 없다고 소리치는 그 확성기 소리에 고막이 터질 지경이다. 이런 사람들에게 똥고집과 신앙을 구별할 수 없는 종교지도자들은 "믿습니다, 믿습니다", "하면 된다, 하면 된다"의 부채질을 하고 있다. 그러나 참 영, 즉 성령을 받은 사람은 하늘에 계신 하나님의 눈빛에다 '나'를 비추어 볼 줄 아는 사람이다. 이때의 '나'는 한 없이 작고 초라한 존재로 보여질 수밖에 없다.

"어리석은 자여, 오늘 밤에 네 영혼을…"(눅 12:20), 이런 하늘의 음성을 들을 수 있는 자가 성령을 받은 자이다.

회사를 성공적으로 이끌고 반석을 부수어 맑은 물이 흐르게 한 모세 못지않은 위대한 일을 했다 해도 하나님의 눈으로 볼 때에는 애들 소꿉장난 같은 일이다. 이로 인해 안하무인격이 되어서는 안 된다. 산을 옮기는 재주, 국가와 민족을 위해 몸을 불사르고 전 재산을 헌납하는 희생 봉사가 있다 해도 교만 자랑이 그 속에 들어 있으면 아무것도 아니란 사실을 알려주신 영이 성령이다. 미국 대통령은 당선되자마자 정적을 끌어안았다. 그 관용, 저 겸손. 그러나 이 땅에서는 그 반대의 현상이 일어나고 있지 않은가?

온 세상이 떠나갈 듯이 각자가 자기가 제일이라고 떠들고 있는 사람들 틈에서 크리스천 지도자들은 성령 충만한 겸손을 보여야 할 것이다.

3. 세미한 소리(Whispering Voice)

"… 여호와 앞에 크고 강한 바람이 산을 가르고 바위를 부수나 바람 가운데에 여호와께서 계시지 아니하며 바람 후에 지진이 있으나 지진 가운데도 여호와는 계시지 아니하며, 또 지진 후에 불이 있으나 불 가운데도 여호와께서 계시지 아니하더니 불 후에 세미한 소리가 있는지라, 엘리야가 듣고…"(열왕기상 19:11~13).

엘리야는 강한 바람, 지진, 불 가운데에서는 여호와의 음성을 듣지 못하다가 세미한 소리 속에서 여호와의 음성을 들었다. 예수님의 일생도 그러했다. 예수님은 우렁찬 함성 소리가 아닌 들릴까 말까 하는 세미한 소리 속에서 들여오는 하나님의 음성을 듣고 그 음성을 따라가는 삶을 살았다. 예수님은 요단강 가에서 공생애를 시작하셨다. 그 당시 요단강 가에는 우렁찬 세례 요한의 외침이 있었다. 그러나 예수님은 그 우렁찬 소리가 아닌 하늘로부터 들리는 "너는 내 사랑하는 아들이라"라는 세미한 소리를 듣고 일생 그 세미하게 들리는 그 소리를 따라가는 삶을 살으셨다.

예수님은 광야로 나가 40일 금식하신 후에 마귀에게 시험을 받으셨다. 시장하실 때 시험하는 자가 돌로 빵을 만들어 먹으라고 했다. 이 소리는 어떤 시험하는 자의 한 소리가 아니라 천둥소리보다 더 큰 당시 헐벗고 굶주린 군중들의 고함소리였다. 요사이 말로 바꾸면 민중의 함성이었다. 예수님은 이 같은 큰 함성 속에는 여호와가 계시지 않음을 알고 그 함성

외에 들릴까 말까 하는 세미하게 들리는 '하나님의 말씀으로'. 라는 소리에 귀를 기우리셨다.

다음으로 "성전 꼭대기에서 뛰어 내리라"는 크고 웅장한 소리를 들었다. 기적을 행하여 보라는 소리 역시 전 종교인들이 함께 외치는 번개 치는 소리 같이 크고 우렁찬 소리다. 오늘 한국 큰 교회 종교인들의 소망이 이것이 아닌가! 그러나 예수님은 "이것은 하나님을 시험하는 소리"라고 속삭여 주는 세미한 소리를 듣고 이 시험을 물리치셨다.

그리고 세 번째로 들린 큰 소리는 구질구질하게 밑에서 왔다 갔다 하지 말고 높은 곳에 올라가서 권력을 잡아 그것으로 이 세상을 골고루 잘 사는 유토피아로 만들어 보라는 소리였다. 그러나 예수님은 그 큰소리가 아닌 "주 하나님께 경배하고 다만 그를 섬기라", 들릴까 말까하게 들려오는 세미한 소리에만 귀를 기우리셨다.

물론 예수님은 물 위를 걷기도 하시고(마 14:26), 죽은 자를 살리기도 (요 11:43) 하셨다. 오병이어의 기적(요 6장)을 행하기도 하셨다. 그러나 이런 일로 인해 예수님의 주위에서도 큰 소리가 들리기 시작했다. 우렁찬 민중의 함성이 터져 나왔다. "그러므로 예수께서 그들이 와서 자기를 억지로 붙들어 임금으로 삼으려는 줄 아시고 다시 혼자 산으로 떠나가시니라"(요 6:15) 이때 예수님의 인기는 오늘 이 땅에서 좋은 말만 골라서 하며 룸살롱에도 안 가고 얼굴을 내밀었다, 감추었다 하는 한국 젊은이들의 아이돌(Idol)과는 비할 수도 없는 인기를 지니고 있었다. 예수님은 이 민중의 함성에는 귀를 막으시고 하늘의 세미한 음성을 들으시려고 '홀로 산으로 떠나가신 것' 이다.

예수님이 맞으신 최후는 소크라테스 같진 않았다. 소크라테스는 육신을 감옥이라 생각했기 때문에 웃으면서 출옥(죽음)을 하였다. 그러나 예수님은 이 세상을 이처럼 사랑하셨기에 하나님께 살려달라고 애원하셨다.(마 26:39) 살아야 한다는 천둥소리 같은 큰 본능의 소리를 뒤로 하고 "아버지의 원대로 하옵소서"라는 세미하게 들리는 그 소리에 순종하셨다. 그리고 십자가 상에서도 "어찌하여 나를 버리셨나이까?"하는 번개 치는 소리보다 더 큰 밑에서 솟아나는 소리가 들렸지만, 이 소리도 "너는 내 사랑하는 아들"이라는 세례 받을 때 세미하게 들려오던 그 소리로 물리칠 수가 있었다.

My God! 부활의 아침이 동터 온 것이다.

4. 영성(Spirituality) 〈누가복음 18:11~14〉

크다, 작다, 길다, 짧다, 등등 이런 말들은 참으로 애매한 말이다. 어떤 물체를 크다, 작다고 말하려면 그 곁에 다른 물체를 갖다놓고 비교를 할 때만이 그 말의 뜻이 분명해진다.

8 · 15, 6 · 25를 체험한 세대는 모진 가난을 경험했다. 그래서 그때의 경험이 사라지지 않고 오늘을 저울질하게 된다. 나는 초등학교 때 학교 가는 길에 매일 이층집을 쳐다보며 "여름 무더운 밤 저 이층 마루에서 한 번 자 봤으면…"라는 생각을 하면서 걸어갔다. 지금의 나는 아파트 9층에 살고 있다. 옛날 생각하면 잠이 절로 온다. 아침에 외출하려고 신을 신을 때면 어린 시절 짚신을 신고 발이 아파서 눈물을 흘리던 때가 생각나 혼자 씩 웃게 된다.

나는 마태복음 5장 3절을 좌우명으로 삼고 일생 그렇게 살려고 발버둥 쳐왔다. "심령이 가난한 자는 복이 있나니 천국이 그들의 것임이요", 이 말씀을 나 나름대로 해석해서 씩 웃으며 일생 살아왔다. 가난을 행복의 뿌리라고 생각했다. 물질세계에서만이 아니다. 심령의 세계에서도 가난이 뿌리의 역할을 한다. 영적인 세계에서 가난은 회개이다. 이스라엘 민족의 두 조상 야곱과 다윗은 회개라는 커다란 뿌리를 가지고 있었다.

그러면 회개란 무엇인가? 자아가 자아를 넘어서(초월) 자아를 때리는 것이다. 수많은 동물 중에서 인간만이 이것을 할 수 있다. 그래서 인간의 이 기능을 '하나님의 형상'이라 해도 좋을 것이다. 인간의 이 초월성을 신학자 폴 틸리히(P. Tillich)는 '영성'이라 했다. 세례 요한은 목숨을 걸고 불의와 투쟁을 했다. 그러나 초대교회 신도들은 "우리가 어찌 할꼬?"를 외치며 자기의 가슴을 쳤다. 전자보다 후자들이 더 위대한 자들인 것이다.

성전에서 바리새인은 자기보다 못한 죄인 세리를 내려다보며 감사기도를 드렸다. 그러나 세리는 자기 가슴을 치는 참다운 영성의 기도를 드렸다. 전자가 아니고 후자가 의롭다 하심을 받았다(눅 18:11). 성령의 기도는 "말할 수 없는 탄식으로 우리를 위하여 친히 간구하시는"(롬 8:26) 기도다.

오늘 이 땅에는 기도가 없어서가 아니라 기도가 너무 많아서 문제다. 세계에서 제일 큰 교회는 제2, 제3 즉 자기보다 못한 교회를 바라보며 감사기도를 드린다. 부흥사들은 구라파, 미국의 교회는 텅텅 비었는데 한국교회는 차고 넘침을 자랑하며 감사기도를 드린다. 오늘 한국교회의 비극은 바리새인처럼 남(他)을 바라보며 감사기도를 드리는 데에 있다.

특히 유교, 불교를 우상 종교라고 맹공을 퍼부으면서 자기는 참 신(神)을 섬김을 감사기도 드린다. 내용을 들여다보면 실은 자기가 더 큰 우상을 섬기고 있는데도 말이다.

남을 디디고 올라섰을 때 갖는 쾌감은 곧 시들고 말 것이다. 그러나 내 속에 있는 가난과 애통(영성)의 거름을 먹고 자라고 거기에서 피어난 꽃은 영원한 하늘나라 향기를 뿜어낼 것이다. "우리는 구원받은 자들에게나 망하는 자들에게나 하나님 앞에서 그리스도의 향기니…"(고후 2:15).

5. 하나님을 볼 수 있는 청결

"마음이 청결한 자는 복이 있나니 그들이 하나님을 볼 것임이요"(마 5:8). 여기 청결한 자는 어떤 사람을 말하는 것일까? 대부분의 사람들은 선악을 구별할 수 없을 뿐 아니라 이성에 대한 감각도 전혀 없는 어린아이와 같은 자를 생각한다. 그래서 "음욕을 품고 여자를 보는 자는 이미 간음 하였느니라"란 예수님의 말씀을 함께 생각하며 성인이 되어 마음속에서 움트는 성욕을 억제하기 위해 무던히 애를 쓰기도 한다.

실제로 예수시대에도 여인을 안 보려고 눈을 지그시 감고 다니다가 이마를 깨뜨려 피를 흘리는 바리새인들이 있었는데 이들은 대중에게 존경을 받았다. 성서에서뿐 아니라 동양의 많은 종교인 가운데서도 신을 만나거나 보기 위해서 이 같은 방법으로 마음을 깨끗하게 하려는 도인들이 있었다. 그런데 예수님은 달리 말씀하신다. 율법으로 마음을 깨끗이 청소하고 난 다음 당당하게 하나님 앞에 서서 기도하는 바리새인이 아니라 세상적으로 죄를 많이 지은 더러운 마음으로 성전에 나와 자기 가슴을 치며 "나는 죄인이로소이다"라고 고백하는 세리를 더 의로운 사람이라고 하셨다.(눅 18:11-14)

그리고 누가복음 11장 24절 이하에 더러운 귀신을 쫓아내고 청소되고 수리된 집에는 전보다 일곱 배나 더 더러운 귀신이 들어왔다고 기록되어 있다. 조선 말엽에 안동 김씨의 행패는 실로 말로 표현할 수가 없었다. 이 더러운 귀신을 대원군이 일어나 몰아냈다. 서원을 철폐하고 부정부패의 더러운 귀신을 쓸어내는가 싶었는데 곧바로 그 자리엔 일제의 마수가 뻗쳐 들어오는 것이 아닌가!

또한 대동아전쟁에서 일본이 패하고 일제의 더러운 귀신이 물러가니 거기엔 일제 귀신보다 농도가 일곱 배나 짙은 붉은 귀신이 들어왔다. 인류의 역사는 이렇게 귀신놀이의 역사인 것 같다.

근간에 이 땅에서 일어난 것만 보아도 그렇다. 군사독재 귀신을 몰아내겠다고 일어선 성직자들이 내건 이름은 정의구현이다. 즉 불의(더러운)를 몰아내고 이 땅을 깨끗한 정의로운 사회로 만들겠다는 것이다. 그런데 오늘 그들의 행태는 독재보다 더 못한 짓만 골라서 하고 있다. 그래도 독재 귀신은 보릿고개는 없애주었지만 이들은 근근이 유지하고 있는 평화마저 깨뜨리고 일제와 독재 귀신보다 일곱 배나 더 더러운 붉은 귀신들의 비위만 맞추는 짓만 하고 있다.

사람의 힘으로는 이 귀신을 쫓아내지 못한다. 자기가 쫓아낼 수 있다고 일어서는 바로 그 교만때문에 일곱 배나 더 더러운 귀신이 되고 만다는 것을 알아야 한다. 그러면 어떻게 해야 하는가?

누가복음 18장에 나오는 세리에게서 배워야 한다. 세리는 자기와 마주하고 있는 귀신을 몰아내려 하지 않았다. 그는 자기 속에 있는 귀신부터 몰아내려 했다. 자기 가슴을 치는 것, 이것은 귀신의 소행이 아니라 하늘로부터 내린 성령의 역사다. 초대교회 마가의 다락방에 모였던 문도들은 조용히 자기 자신의 가슴을 쳤다. "형제들아 우리가 어찌 할꼬!"

하나님을 볼 수 있는 사람은, 탕자의 비유에 나오는 맏아들처럼 아버지의 명을 한마디도 거역하지 않고 다 지킨 맏아들이 아니라, 깨어진 마음을 갖고 아버지 앞에 엎드린 둘째다.

인간에게서 솟아난 정의감마저 깨트린 성령의 역사로서만 하나님을 볼 수 있다.

6. 행복의 뿌리

"애통하는 자는 복이 있나니 그들이 위로를 받을 것임이요" (마 5:4)

이웃과 사귀는 동안 나는 하루종일 알게 모르게 내가 잘났다는 것을 과시한다. 여기서 한 걸음 더 나아가 다른 사람들을 비판하고 공격하는 것도 실은 내가 그 사람보다 낫다는 것을 과시하기 위해서이다. 이러다가 어두움이 찾아오면 어딘지 모르게 누가 나를 잡으러 오는 것 같은 불안한 심정으로 이불 속으로 들어간다. 그때 무릎을 꿇고 하나님 앞에 앉으면 "내가 죄인입니다" 라는 고백이 절로 나오게 된다.

이 고백 다음에는 마음이 그럴 수 없이 평안하고 기쁘고 감사가 절로 나온다. "내 기도하는 그 시간 그때가 가장 즐겁다."

야곱도 그랬다. 인생의 한나절에는 아버지, 형, 외삼촌을 속였다. 스스로 똑똑한 체 휘파람을 불며 지내다가 인생의 밤이 다가온 순간 그는 환도뼈가 부러질 정도로 자신과의 싸움을 했다. 이때 "나는 약탈자입니다" 란 고백이 절로 터져 나온 순간 그는 '이스라엘' 로 변화가 된다. '애통 다음의 위로' 가 온 것이다. 다윗도 그랬다. 그는 살인과 간음을 범했다. 그 후 밤이 되어 '나단 선지' 라는 달이 떠오를 때 그는 무릎을 꿇는다. 침상이 뜰 정도로 애통해 했다. 그후 그는 메시야의 조상이 되었다 예수님은 어떠했는가. 요단강에서 세례를 받으셨다는 것은 자신이 무슨 죄가 있어서가 아니지만 그의 피 속에는 며느리가 시아버지에게서 씨를 받은 여인, 그리고 자기 남편을 죽인 그 원수와 함께 산 여인의 더러운 피가 흐르고 있었다. 이 죄를 씻는 의식이 회개요, 세례가 아니겠는가. 그래서 세례를 받고 물에서 올라오실 때 예수님은 하나님으로부터 "I Love You."라는 음성을 들었다. 여기도 '애통 다음의 위로'가 있은 것이다.

예수님이 마지막 운명하실 때도 그러했다. "나의 하나님, 나의 하나님 어찌하여 나를 버리시나이까?"라고 애통해 했다.

칼 바르트(K. Barth)는 "예수님의 일생 중 바로 이 절망의 애통이 터져 나오는 순간이 하나님과 가장 가까운 순간"이라 했다. 바울 사도는 성령의 역사는 '말할 수 없는 탄식'이라 했고 이 탄식은 다름 아닌 참다운 위로다. 20세기 석학 버트란드 러셀(B. Russell)은 기독교가 죄의식을 강조함으로써 "사람들을 불행하게 한다"고 했는데 참으로 잘못된 생각이다.

죄의식, 즉 애통이야말로 참 행복의 뿌리다. 인간이 노년을 참으로 행복하게 보낼 수 있는 유일한 길은 하나님 앞에서 "나는 실로 죄인이로소이다."라는 고백을 하며 늙어가는 데 있다.

아내의 젖은 손을 어루만지며 "당신 나한테 시집와서 고생 많이 했지"라며 눈물을 글썽이며 울먹이는 그 신랑을 가진 여인은 행복한 여인이다. 여인뿐 아니라 울먹이는 그 남편 자신도 참으로 행복한 신랑이다. 자녀들을 바라보며 "나는 저들의 머리털을 1mm도 자라게 하지 못한 참으로 무능한(죄인) 애비, 에미입니다." 이렇게 애통하는 그 부모나 자녀는 참으로 행복한 사람들이다.

참 감사는 밖으로부터 오지 않고 안에서 '내'가 깨어지는데서 온다. "내 잔이 넘치나이다."라고 소리칠 수 있는 자는 내 잔이 작아야만 이 같은 감사가 터져 나온다. 내 잔이 크면 언제나 불평만 터져나올 수밖에 없다. 하나님과 함께 늙어간다는 것은 애통(죄인이로소이다)의 뿌리에서 솟아난 위로, 즉 언제나 감사하며 요단강에 들어서는 것을 의미한다.

세상 불의와 싸운답시고 좌충우돌하는 스스로 의로운 성직자의 자세가 아니고, 애통 다음에 하나님으로부터 받는 용서를 이웃에게 나누어 주며 살아가는 녹슬지 않는 위로의 삶을 살아가게 해달라고 함께 하나님께 기도하자.

7. 하나님의 손 안에(예정론)

화로를 가운데 두고 둘러 앉은 시골교회 장로 집사님들의 이야기는 밤 깊은 줄 모르고 계속된다. 의례히 등장하는 화두는 예정론이다. 전지전능하신 하나님이 사람이 따 먹을 줄 다 아셨을 터인데 그런데도 왜 에덴 한 가운데에 선악과를 두셨겠는가?

정확한 대답이 나올 리가 없다.

신학교 1학년 때 감리교 신학대학 교수를 초빙해서 강의를 들은 적이 있다. 그 내용은 자유롭게 장로교 예정론을 비판하는 것이었다. "하나님이 누구는 지옥에 가고, 누구는 천국에 가도록 예정해 놓으셨다는 것은 말도 안 되는 소리"라고 농담반 진담반으로 비판하는 말을 듣고 고개를 끄덕인 적이 있다. 그런데 이제 와서 생각하니 모두가 웃기는 소리다.

예정론, 그것은 비단 장로교 한 교단의 교리가 아니다. 성서의 핵심 내용이요, 기독교 신앙을 압축한 신앙고백이다. 그런데 이 교리를 해설해 놓은 신학서적보다 쉽게 이해할 수 있는 우리 민족이 가지고 있는 속담 하나가 있다.

"아무리 손오공이 재주를 부려도 그는 부처님 손바닥 위에 있다."

폴 틸리히(P. Tillich)는 "믿음은 자기의 유한성을 받아들이는 것이다."라고 말했다. 오늘 세계에서 첫째, 둘째 가는 큰 교회의 성장 비결에는 "긍정적인 생각을 가져라", "하면 된다"라고 외치고 생각하게 한 것이 적지 않게 작용했다고 생각한다. 오늘 대한민국에서 가장 크게 성공한(세속적으로) 인물도 이 같은 확신 속에서 성공한 것 같다. 그러나 세속적으로나 교회적으로 그 같은 신념 혹은 철학을 가지고 성공한 분들은 적어도 성서 깊은 곳에서 들려오는 소리에는 귀를 막더라도 위의 속담의 뜻이라도 한번 새겨볼 필요가 있다.

임진왜란 7년의 명재상 유성룡이 선조에게 이순신을 천거하는 이유로 그는 전장에서 백의종군을 했던 고통의 쓴 경험이 있기 때문이다. 하나님이 사람을 불러 쓰실 때는 반드시 고통의 쓴 맛을 본 사람을 골라 쓰셨다. 구약에 등장하는 인물은 하나같이 그런 인물이었다.

파울로 코엘료(P. Coelho)는 "죄와 선, 두 가지 중에서 우선하는 것은 선이 아니라 죄다."라고 말했다. 인간의 선이 아니라 회개가 천국의 관문이라는 것이다. 예수님은 "그 날과 그 때를 모른다"고 말씀하셨다.

예정론은 인간이 미래를 모른다는 겸손한 고백이요, 동시에 그것은 하나님의 사랑의 섭리 속에 싸여있다는 믿음이기도 하다.

그리고 바위보다 더 단단한 철근콘크리트를 깨트려 그 밑에 맑은 물이 흐르게 한 현대판 모세의 기적을 일으켰다 하더라도 그것은 소꿉장난 같은 것이요, 개미가 자기 집을 다듬는 것 같은 것에 지나지 않는다.

예정론은 자신의 작음을 인정하고 내게 능력 주시는 그 분의 손바닥 밖에서는 아무것도 할 수 없는 티끌 같은 존재라는 것을 고백하는 것이다.

8. 흑암(黑暗)에서 광명(光明)으로

"네가 네 하나님 여호와의 말씀을 청종하면… 여호와께서 너를 머리가 되고 꼬리가 되지 않게 하시며 …"(신 28:2~).

"내가 어려서부터 늙기까지 의인이 버림을 당하거나 그의 자손이 걸식함을 보지 못하였도다"(시 37:25).

이상의 말씀을 요약하면 하나님의 말씀에 순종하면 높은 자리에 앉게도 되고 부자도 된다는 말씀이다. 이 말씀을 뒤집으면 가난한 자와 비천한 자는 자기 조상이나 자기 자신 중에서 누군가가 하나님의 뜻을 범했기 때문에 하나님으로부터 벌을 받은 것이라고 생각하게 된다.

당시 가난한 자와 비천한 자, 지체부자유자들은 육신적인 고통도 견디기 어려웠지만 정신적인 고통을 더 견디기 어려웠다. 권력자들과 부자들에게 짓밟히는 아픔은 그런대로 견딜 수 있었지만 종교인들이 하나님 말씀을 가지고 저주하는 그 고통은 참으로 견디기 어려웠다. 구약시대나 예수님 당시에도 그랬거니와 현대에 와서도 이 같은 종교의 행태는 변하지 않았다.

신학자 틸리히(P. Tillich)는 공산주의자(프로레타리아)들은 성격상으로는 프로테스탄트와 가장 가까울 수 있었는데 프로테스탄트가 소외된 자들을 성서(율법)를 가지고 저주했기 때문에 그들은 종교를 아편이라 공격하며 등을 돌리게 되었다고 했다.

오늘 한국교회가 세계인이 놀랄 만큼 성장한 그 뒤에는 십자가의 거름이 주어졌기 때문이라기보다 "예수 잘 믿으면 부자 된다"는 철학 때문이기도 하다.

마태복음 4장 16절에 의하면 예수님이 이 땅에 오신 목적은 "흑암에 앉은 백성이 큰 빛을 보았고 사망의 땅과 그늘에 앉은 자들에게 빛이 비춰었도다". 여기에 있다는 것이다. 태초에 하나님이 아름다운 세상을 흑암(그 밑엔 혼돈, 공허) 속에서 뽑아내셨다. 그 후에 인간의 타락으로 인해 더럽혀진 이 세상을 하나님은 그대로 버려두시지만 않으시고 낙엽이 거름이 되듯 썩은 흑더미 속에서 다시 새 세상을 뽑아내시고 계신다.

십자가는 흑암이다. 그리고 그 흑암 속에서 부활의 새싹을 뽑아내셨다. 지난 겨울은 유난히 추웠다. 그러나 오는 봄을 막지는 못한다. 봄이 오면 검은 땅속에 숨어 있던 생명들이 앞 다투어 솟아오를 것이다. 사랑의 하나님은 태초에 그 흑암 속에서 세상을 창조하시고, 그 땅의 생명들이 타락하여 죽고 썩어 다시 흑암의 땅이 될 때 거기서 또다시 생명체를 뽑아내고 계신다. 금년에도 반드시 이 창조의 역사는 계속 될 것이다.

덧없이 반복되는 피고 지는 거기에 유별난 하늘 씨앗이 골고다 언덕 위에 떨어져 썩어 또다시 흑암의 세계로 침몰되고 말았다. 그러나 제3일 만에 다시 부활의 꽃으로 피어났다. 구약의 예언자들과 시편 기자들은 높은 자리에 앉은 자들과 부자들에게 비춰어지는 하나님의 사랑의 빛만 찬양했지만 예수님은 구약의 그들이 보지 못한 땅 속 어둠 속에서 행하시는 역사를 바라보시고 스스로 하나님의 그 창조 역사에 동참하셨다. 본문을 구약성서로만 준비한 설교는 설교가 아니다.

"그러나 우리나 혹 하늘로부터 온 천사라도 우리가 너희에게 전한 복음 외에 다른 복음을 전하면 저주를 받을지어다"(갈 1:8).

제2부

선(善) 속에서 솟아난 악(惡)

Ⅰ. 네 몸 같이〔易地思之〕

Ⅱ. 맹수들의 지혜

Ⅲ. 나라와 역사를 먼저 생각하며

Ⅳ. 마음의 눈〔心眼〕으로 보라

I. 네 몸 같이[易地思之]

1. 뱀과 비둘기와의 대화

"보라, 내가 너희를 보냄이 양을 이리 가운데로 보냄과 같도다. 그러므로 너희는 뱀 같이 지혜롭고 비둘기 같이 순결하라"(마 10:16).

비둘기는 새 중에서도 순결, 평화 즉 선(善)을 상징하는 새다. 그리고 뱀은 땅 위에 기어 다닌 동물 중에서 사람들에게 가장 미움을 받는 동물이다. 전자는 험도 티도 없는 맑고 깨끗한 하늘을 마음껏 날아다니는 동물인데 반해 뱀은 두 다리나 네 다리로 걸어 다니는 것이 아니라 전신을 땅에 붙이고 가시넝쿨이나 돌무더기 속을 남몰래 기어 다니는 동물이다. 그래서 전자를 선으로 후자를 악으로 상징하기도 하고 비둘기는 이상, 뱀은 현실주의자를 의미하기도 한다.

그런데 참으로 이상한 것은 예수님은 동양의 성인들처럼 "선한 자들이여, 악한 자를 가까이 하지 말라"라고 가르치지 않으시고 뱀 같은 지혜에다 비둘기 같은 순결을 보태라고 말씀하셨다. 그리고 예수님 자신은 비둘기 같이 선하고 아름다운 하늘 같은 여호와의 율법을 주야로 묵상하는 서기관이나 바리새인들과 어울리지 않으시고 넝쿨과 돌무더기 같은 아니, 인간쓰레기더미 같은 세리와 창녀들과 어울리시었다. 왜 그러셨을까?

당시 이스라엘 민족 중 비둘기족들은 맑고 깨끗한 저 높고 넓은 하늘을 날기를 좋아하고 있었다. 그들은 땅에 있는 환자, 가난한 자, 버림받은 자들은 거들떠보지도 않은 채 이스라엘 독립 그리고 저 높은 하늘나라 법을 암송하고 있었다. 이를 이루기 위해 메시야의 재림을 기다리면서 그 메시야는 하늘의 천군천사를 거느리고 구름을 타고 오시리라 믿고 있었고, 말구유를 통해 오시리라고는 꿈에도 생각을 못했다.

그런데 참 메시야는 가시넝쿨 밑보다 못한 마구간을 통해 이 땅에 오셨다. 예수님의 제자들이 고향, 가정, 직장을 버리고 예수님을 따라 나선 것도 실은 비둘기 같은 아름답고 선한 꿈을 이루기 위해서다. 그들은 이 꿈을 이루기 위해 예수님을 따라 나섰는데 그 스승은 어린아이의 머리에 손을 얹어 주시고 죄의 쇠사슬에 얽매어 신음하고 있는 세리, 창녀 한 사람 한 사람의 사슬을 풀어 주는 시시한 일을 하시고 다니는 것이 아닌가. 이스라엘의 독립, 그것만 성취된다면 이 모든 문제는 절로 다 해결되고 말 것인데 말이다.

오늘 우리의 현실을 바라보자. 오늘 이 땅은 선한 소명감으로 불타는 사람들로 만원을 이루고 있다. 정치인들만이 아니다. 남북통일을 위해 뛰는 사람, 가난한 근로자들을 위해 발 벗고 나선 성직자, 인권운동가들은 하나같이 선한 소명감의 불길에 휩싸여 있는 자들이다. 고속도로를 만든 사람만이 아니라 길바닥에 드러누워 반대한 사람도 비둘기 같은 애국심을 가진 사람들이다. 예수님은 이들을 향해 오늘도 말씀하신다.

하늘에서 둥둥 떠다니는 선, 그것은 구름 같은 것이다. 남북통일 그것은 구름 선(善)을 가지고 해결할 수 없을 만큼 가시넝쿨처럼 얽히고 설켜 있다. 동서화합은 장관 몇 자리 준다고 해결되지 않고 진보와 보수도, 복지도 마찬가지로 개미굴이나 쥐구멍 같이 그 안은 미로로 얽혀 있다.

"모세가 놋뱀을 만들어 장대 위에 다니 뱀에게 물린 자가 놋뱀을 쳐다본즉 모두 살더라"(민 21:9).

"모세가 광야에서 뱀을 든 것 같이 인자도 들려야 하리니, 이는 그를 믿는 자마다 영생을 얻게 하려 하심이라"(요 3:14~15).

뱀을 악으로 단정하고 돌로 치려고만 하지 말고 예수님이 간음한 여인 앞에 몸을 굽히셨듯이 뱀에게서도 지혜를 배우려는 겸손한 마음을 가지고 살아가야 할 것이다.

2. 나누어 갖는 감사 〈눅 17:11~19〉

크리스천은 어떻게 살아야 하나?

그 대답은 한마디로 말해 감사이다. 감사에도 여러 종류의 감사가 있는데 그 감사는 덮어놓고의 감사가 아니다. 오늘을 살아가는 우리는 감사 중에서 최선의 감사를 골라서 해야 한다.

10명의 나환자를 예수님이 건강한 사람으로 만들어 주셨다. 그런데 10명 중 한 명만 예수님께 감사의 인사를 드렸고 9명은 인사도 잊은 채 제각기 가버렸다. 왜 그랬을까?

1) 은혜가 너무 크면 감사를 잊는다

만약에 예수님이 나환자의 병을 고쳐주지 않으시고 지금 돈으로 오 만원짜리 한 장씩을 나누어 주셨더라면 "감사합니다! 감사합니다!" 했을 것이다.

예수님 당시 나병 환자의 비참함이란 필설로는 다 표현할 수 없다. 나병환자를 건강한 사람으로 만들어 주셨다는 것은 죽은 사람을 살려주셨다는 말과 같은 말이다. 사람은 시계가 돌아가는 똑딱거리는 소리를 들을 줄 알면서 지구가 돌아가는 소리는 너무 커서 못 듣고 살아간다.

생전 처음 얻어먹어 본 자장면 맛은 죽을 때까지 기억하면서 태산 같은 부모님의 은혜는 기억하지 못한 채 살아가고 있다. 취직시켜준 은사의 은혜는 기억을 하면서 햇빛, 공기, 물, 오곡백과를 거져 주신 하나님의 사랑을 기억하며 살아가는 사람은 극히 소수밖에 없다.

2) 열 명 모두를 다 고쳐주셨기 때문에 감사를 잊고 갔다

목사님들이 관광버스 몇 대로 전방부대 방문을 간 적이 있다. 그 관광 코스 중 어떤 전방교회를 방문했다. 몇 년 전 태풍이 와서 마을 전부가 다 물 속에 잠겼는데 그 교회만 덩그렇게 언덕 위에 남아 있게 되었다고 했다. 목사님들이 모두 차에서 내려 그 교회 안에 들어가 "할렐루야"를 외쳤다. 마을은 다 망했는데 교회 교인들은 망하지 않고 구원을 받았다는 것이다. 이런 정신으로 많은 크리스천들은 세상 끝에서 예수 티켓이 없는 사람들이 지옥으로 떠내려갈 때 자기는 안 떠내려갈 것을 생각하며 쾌감을 느끼고 감사를 한다.

친구 5명이 시험을 쳤다. 4명이 떨어지고 나 하나만 합격했을 때 감사의 농도가 더 짙어지게 마련이다. 크리스천의 감사가 이 같은 감사가 되기 쉽다.

3) 감사의 흥분 때문에 감사의 대상을 잊어버렸다

죽었던 자가 다시 살아났을 때의 흥분은 천지가 개벽하는 것 같았을 것이다. 그 황홀경에 빠져 감사의 대상을 잊어버리고 말았다. 어떤 회갑잔치에 갔을 때 자녀들이 벌인 잔치에 친구들이 모여 술 파티가 벌어졌다. 흥분이 절정에 다다르니 위아래가 없어지고 선후가 뒤바뀌는 흥분상태가 되었다. 그때 막상 그 잔치의 주인공은 한쪽 구석으로 밀려나 눈물을 흘리고 있었다. 오늘 현대인의 모습이 이 꼴이 아닌가.

4) 최상의 감사

슈바이처 박사는 어릴 때 친구와 씨름 같은 경기를 했다. 슈바이쳐 박사가 이겼을 때 진 친구는 "너는 아버지가 목사여서 잘 먹고 잘 살아서 이겼다. 그런데 나는 가난해서 못먹고 못살아서 졌다"라고 했다. 나 같으면 기분 좋아했을 텐데 슈바이쳐 박사는 그와는 반대로 자기가 부자라는 것, 자기가 잘 먹고 잘 입고 호화롭게 산다는 것에 대해 무거운 죄책감을 갖게 되었고, 이 같은 생각 후에 아프리카로 건너가 불행한 흑인들을 위해 거기 묻힐 때까지 그들의 종의 삶을 살게 되었다.

나의 감사가 너의 아픔 속에 녹아 버리는 감사가 크리스천의 감사이다.

오곡백과를 공짜로 얻어 손에 들고 감사만 해서는 안된다. 이것을 주신 분이 누구이며, 그분의 뜻이 어디 있는지 생각하고 그분께 영광과 감사를 돌려야 한다.

춥고 배고픈 시절에 엄마는 잔치에 초대 받아 진수성찬을 앞에 놓았을 때 새끼들을 생각해 먹을 수가 없다. 남몰래 호박잎을 뜯어 떡과 고기를 싸서 옷소매에 감춘다. 이것이 하늘에 계시는 우리 아버지의 마음이다.

3. 귀신들린 사람〈막 5:1~8〉

1) 귀신들린 사람이 사는 곳은 공동묘지다

"더러운 귀신들린 사람이 무덤 사이에서 나와…"(막5:2) 나는 지금 나이를 먹을 만큼 먹었다. 내가 지금까지 살아온 지난 날 나를 지도하고 도와주던 분들은 거의 다 세상을 떠나셨다. 어찌 이 분들 뿐이랴. 나를 낳아주시고 기르시고 오늘 내가 여기 있게 해주신 부모님들 뿐 아니라 나보다 먼저 이 땅에 오셨던 분들은 거의 다 세상을 떠나가셨다. 6·25 사변 당시 피란갔다 돌아오는 큰 길가에 시신들이 즐비하게 누워 있었는데 그 때뿐만 아니라 지금도 심안(心眼)으로 바라보면 내 주위에는 무덤으로 꽉 차 있다. 오늘 나도 무덤 사이에서 살고 있다.

2) 고랑과 쇠사슬을 끊을 정도로 그는 힘이 센 사람이다

자기가 하나님이 되어 보려 하다가 에덴에서 쫓겨날 때 귀신도 함께 따라 나온 것 같다. 귀신의 특징은 힘이 센 데 있다. 에덴에서 나온 뒤 바벨탑을 쌓아서 하늘에 닿아보려 했다. 오늘 우리가 이집트나 중국을 여행해 보면 고대인들은 어마어마한 힘을 갖고 있었다는 것을 알 수 있다.

피라미드와 만리장성을 보면 그것을 만든 사람은 실로 초인적(귀신)인 힘을 갖고 있었다는 것을 알 수 있다. 피라미드는 아직 철이 발견되기 전 시대에 만들어졌다. 쇠망치와 정이 없는 시대, 기중기도 없는 때에 그것이 만들어졌다는 것은 실로 귀신의 힘으로 만들어졌다고 하지 않을 수 없다. 그리고 오늘 현대인들이 인공위성을 쏘아 달나라에 가는 것을 보라. 실로 귀신들린 사람들이라 하지 않을 수 없다.

3) 돌로 자기 몸을 해치고 있었다

개나 돼지도 자기를 해치는 상대를 공격하고 해치지 자기가 자기 몸을 해치지는 않는다. 자기가 자기 몸을 해치는 것은 인간만이다. 그것도 못 먹고 못살아서 자살을 하는 것이 아니라 대한민국에서 제일 예쁜 탈렌트가, 그리고 제일 높은 자리에 앉았던 사람이 높은 바위에서 떨어져 죽는 것은 실로 귀신이 들려서 그러는 것이 아니라고 할 수 없을 것이다. 종교의 본질은 하나님 사랑, 사람 사랑일 것이다. 그런데 어떤 종교는 자살폭탄 테러를 자행하고 있으며 성전(지하드)을 신앙생활의 최고의 가치로 여기기도 한다. 그리고 일부 크리스천들 중에는 자살을 한 사람을 메시야로 떠받들기도 한다. 이 모든 것은 귀신의 작전이다. 멧돼지는 우매해서 덫에 걸려 죽어가지만 지성을 자랑하는 인간들 중에도 뻔히 죽는 줄 알면서도 '돈'이란 덫에 걸려 죽어가고 있는데 참으로 안타깝다.

4) "더러운 귀신아 그 사람에게서 나오라"

예수님이 귀신들린 사람에게서 귀신을 쫓아내주셨다. 그러면 귀신에게서 해방된 사람은 어떤 사람인가?

첫째로 귀신들린 사람은 무덤, 즉 죽음만 바라보며 사는 사람인데 구원받은 사람은 고개를 제켜 하늘을 바라볼 수 있는 사람이다. 예수님은 공생애를 시작하시면서 제일 먼저 요단강에서 세례를 받으신 후 하늘을 우러러 바라보았다. 귀신에게서 해방된 사람은 땅에 있는 무덤이 아닌 하늘에서 들려오는 하나님의 사랑 소리를 듣는 사람이다. **하늘을 바라볼 수 있는 사람은 자기의 작음을 깨닫는 사람이다.**

'하면 된다'가 아니라 우주 안에서 '나'란 존재는 티끌 같은 존재란 것을 깨닫게 한다.

다음으로 하늘을 우러러 바라보는 사람은 거기서 하나님의 사랑 소리를 듣게 된다.

그래서 자기 몸은 자기 것이 아니라 하나님이 주시고 사랑하시는 몸이란 것을 깨달아 자기 몸을 해치지 않고 사랑할 줄 알게 된다. 이 사람은 하늘에서 하나님이 밤마다 문 열어 놓고 잃어버렸던 탕자인 나를 기다리시고 계시는 것을 바라보며 희망찬 발걸음을 옮기는 사람이다.

4. 네 몸 같이 [易地思之] 〈마태복음 22장 39절〉

담임목사 취임식이나 제직 임직식 때 설교자의 메시지 내용은 '십자가의 희생', '죽도록 충성' 등등이다. 그런데 이런 내용을 가만히 듣고 있노라면 건너갈 수 없는 강 건너 언덕에서 타오르고 있는 불구경 하듯 멀리서 바라만 볼 수밖에 없는 내용들이다. 하나님 사랑, 나라사랑, 이웃사랑 등등도 마찬가지다. 듣기는 그럴 수 없이 좋지만 실천하려고 하면 막연하기만 하다.

그러나 예수님의 행적과 말씀은 전혀 그렇지 않았다. 예수님은 당시의 군중들과 제자들이 간청했던 '이스라엘의 회복' 같은 요구에는 귀를 기우리시지 않으시고 환자의 고통, 자기의 어린 아들의 머리에 손을 얹어달라는 엄마의 소박한 간청 같은 것에 대해서는 외면하시지 않으셨다. 교훈의 말씀을 가르쳐 주실 때도 막연하게 '이웃사랑' 이라고 말씀하시지 않으시고 이웃사랑의 구체적인 방법까지 말씀해 주셨다. 그리고 그 구체적인 방법으로 이웃을 '네 몸 같이' 사랑하라고 하셨다(마 22:37~).

여기 '네 몸 같이' 는 이웃을 사랑하기 전에 내 몸은 온 천하보다 소중한 존재라는 것을 알고 그것을 발판으로 해서 이웃을 나와 같은 자리에 두고 사랑해야 한다는 말씀이다.

모세는 십계명을 전후반부로 나누어 하나님의 사랑과 이웃사랑의 방법을 가르쳐 주었지만, 유대인들은 이 계명을 통해 당시 유대인들의 참 이웃인 예수를 죽였고 하나님의 뜻을 거역하는 죄를 짓고 말았다. 그러나 예수님은 육법전서나 새로 산 가전제품에 붙어 있는 안내문 같은 것을 통한 이웃사랑의 룰을 가르쳐 주시려 하지 않았다.

또한 '네 몸 같이' 란 이웃과 너를 토막 내어 생각하지 말라는 말씀이다. 이웃이 목말라 할 때는 네 자신이 목 말라본 그 경험을 되새기며 이웃을 대하라는 것이다. 이웃이 병들었을 때는 너는 그런 병이 들어 본적이 없더라도 오늘 내가 저런 병에 들었다면 내 마음이 어떠할까라고 생각하라는 것이다. 강도 만나 길 가에 쓰러져 있는 가련한 자를 도와줄 때도 내가 먹다가 남은 포도주를 상처에 부어주고 내가 바르려고 가지고 있던 기름을 상처에 발라 주는 것으로 다 되었다고 생각해서는 안된다. 자신을 그 비참한 현장에 눕혀보라는 것이다. 파올로 코엘료의 말처럼 "사랑한다는 것은 그 사람과의 영적인 교류이며…." 즉, 내가 불행한 그 사람의 자리로 내려가는 것이다.

예수님이 말구유까지 내려오신 까닭이 여기에 있다. 인간들의 이기심은 이웃을 사랑할 때도 거기에 작용한다. 유행가의 가사 가운데도 "내 방식대로 사랑한 까닭에 왠지 돌아오는 길이 무척 힘들었오"라는 내용이 있지 않은가. 사랑도 내 방식대로가 아니라 네 방식을 따라야 한다는 말이다.

이 땅 우리 할아버지 할머니들이 귀하게 간직해온 말씀 가운데 '역지사지(易地思之)' 란 말이 있다. 사전의 뜻은 서로의 처지를 바꾸어 생각한다는 것인데, 이 말씀이야말로 기독교 윤리를 그 속에 다 담고 있는 귀한 말씀이다.

젊은이들은 늙은이 속으로, 늙은이들은 젊은이 세계로 들어가서 생각을 해보자. 근로자들은 사주, 사주들은 근로자, 나는 네가 되고 You는 I가 되어 그 사이에 Love라는 접착제를 발라보라는 말씀이다. 십자가에 자신을 달기 전에 먼저 '네 몸 같이'의 사랑의 발판 위에 조심스럽게 첫발을 내디디어 보자. 오작교가 견우와 직녀를 만나게 하는 다리라면 '네 몸 같이'는 하늘과 땅이 그리고 나와 네가 서로 만나게 하는 교량이다.

5. 넘치는 잔〈시편 23〉

생맥주 잔에 소주를 따르면 잔이 차지 않는다. 그러나 소주잔에 먹을 만큼의 생맥주를 따르면 잔이 차고 넘친다. 잔이 넘치게 하는 데는 거기 따르는 액체의 양이 아니라 잔의 크기에 달려 있다.

다윗이 하나님이 차려주신 상 앞에 앉아 "내 잔이 넘치나이다."라고 소리친 것은 하나님의 크신 은혜를 생각했을 것이지만 그 보다 죄 많은 자기 자신을 먼저 생각했을 것이다. 목동, 간음, 살인자라는 고백이 앞섰을 것이다. "잔이 넘치나이다." 이 고백은 다윗 개인의 고백인 동시에 이스라엘 민족의 고백이기도 하다.

이스라엘 민족의 신앙고백인 시편은 "내게 주신 모든 은혜를 내가 여호와께 무엇으로 보답할까. 내가 구원의 잔을 들고 여호와의 이름을 부르며…"(시 116:12~13) 그런데 이 고백은 철저하게 "나와 우리 조상은 종놈이었다."는 데서 나온 것이다.

1776년에 공포된 미합중국 독립선언문 한가운데는 '인간은 피조물', 즉 인간은 '작은 잔'이라는 고백이 들어 있다. 바로 여기에서 생큐(Thank You) 문화가 꽃필 수 있었다. 그런데 우리 민족은 '사람이 하늘이다(人乃天)', 그리고 '홍익인간(弘益人間)'만을 외쳤다. 그 결과는 왕비를 스스로 지키지 못하고 외국 군인도 아닌 불량배에게 시해를 당하시게 하는 지경에 이르게 되었다.

가정에서나 군대, 어떤 모임에서도 감사 대신 욕이 판을 치고 있다. 우리나라 어린이 교육은 큰 꿈을 가지라고 가르치고 있다. "너 커서 무엇이 되겠니?"라고 물으면 '대장', '대통령' 등의 대답이 나온다. 그런데 일본 사람들은 '오모이야리' (상대방 입장 헤아리기), '기쿠바리' (배려하기), '메이와쿠오 가케루나' (남에게 폐끼치지 않기)를 어려서부터 귀가 따갑게 들려준다. 이상의 말들은 나보다 남을 위하라는 성서의 말씀과 같은 뜻이다. '나는 작은 잔, 너는 큰 잔'이라는 것이다.

이미 나는 어버이가 되었다. 어버이가 된 내가 노년을 아름답고 행복하게 보낼 수 있는 비법을 생각했다. 그것은 나라는 잔을 작게 만드는 것이다. 나는 어버이날이면 으레 자손들이 부르는 "어버이 은혜는 하늘보다 높고, 바다 보다 깊다"는 노래를 절대로 못 부르게 한다.

대신 "아니다, 너희들이 이 아비에게 베푼 은혜가 하늘, 바다보다 더 크다. 너희들이 건강하게 살아 있다는 이 사실, 그것이 이 아빠를 한 없이 행복하게 해 줄 것이다. 기저귀 갈아주고, 먹여주고, 입혀주고, 공부시키고, 시집 장가 보내 준 것은 사실이다. 그러나 그런 것들은 나를 힘들게 한 것이 아니고 나의 젊은 날들을 행복감으로 넘쳐나게 한 것들이야"라고 말한다.

"저 공중의 새들은 새끼의 배설물을 먹기도 하고 입으로 물어 저 멀리 날라다 버리기도 하는데 나는 한 번도 그러지를 못했다. 나는 저 새들만도 못한 아비다. 내 잔은 맥주잔이 아니라 소주잔보다 더 작은 잔이야. 너희들이 나에게 부어주는 그 은혜가 내 잔을 넘치게 했으니, 너 때문 나 때문은 이제 그만하자. 조금 더 깊이 생각하면 너와 나는 송두리째 하늘에 계신 아버지가 베푸신 은혜 때문에 여기 앉아 있게 된 거야. 우리 함께 하나님이 차려 놓으신 상에 둘러 앉아 하늘을 향해 구원의 잔을 높이 들고 할렐루야, 아멘을 힘차게 외치자꾸나"라고 한다.

기도는 참회(작은 잔)요, 감사다. 내가 작아질 때 하나님과 너는 감사의 대상이 된다.

6. 내 탓이요!〈2〉

아기가 태어나자마자 "응아" 하고 우는 것은 "나는 스스로 살아갈 수 없는 자입니다"라고 고백하는 소리이다. 기저귀도 갈아 주어야 하고 젖도 먹여주어야 하고 잠도 재워주어야 하지 나 스스로는 아무것도 할 수 없는 자라고 말이다.

이것이 기도요, 믿음의 움틈이요, 종교의 출발점이다.

이러던 아기가 성장해서 유학을 떠나게 된다. 비행장에서 배웅나간 목사님이 그를 위해 기도를 드린다. "하나님, 하나님이 친히 목자가 되셔서 하늘을 나를 때나 학업에 열중할 때 친히 보호하시고 인도해 주십시오." 흔히들 드리는 이런 기도는 잘못된 기도이다. 다음과 같이 수정해야 한다. "하나님은 애급 같은 캄캄한 엄마의 태에서 홍해를 건너는 것보다 더 놀라운 기적을 베푸셔서 무사히 태어나게 하시고 광야를 거쳐 오늘 유학을 떠날 수 있도록 인도해 주셨습니다. 이미 목자가 되셔서 저를 인도해 주셨는데 앞으로도 인도해 주시지 않을 리가 없습니다. 앞에 서서 인도하시고 계시는 목자의 뒤를 제가 졸졸 잘 따라가게 해 주십시오."

주일 낮 예배 시 장로님의 기도 중에는 "지난 일주일 동안 하나님을 생각하지 않고 세상을 사랑했습니다. 용서해 주십시오."라는 대목이 곧잘 들어간다. "하나님이 세상을 이처럼 사랑하사", 하나님이 이처럼 사랑하시는 세상을 사랑하지 않는 것이 잘못이지 사랑한 것이 어찌 죄가 되겠는가? 김연아가 빙판 위 공중에서 뱅뱅 돌고 있을 때는 엄마, 아빠를 생각하지 않고 도는 데만 열중해야 한다. 유학생은 고향, 부모형제를 잊어버리고 공부에만 열중해야 한다. 하나님이 오늘 나를 이 세상에 보내 주셨는데 나는 이 세상을 사랑하고 지금 여기에서 뒷일은 송두리째 아빠에게 맡겨버린 채 최선을 다하기만 하면 되는 것이다. 이것이 아빠의 뜻이다.

우리는 곧잘 "하나님 나를 인도해 주시고 복을 내려 주시고 사랑해 주십시오."라는 기도를 드린다. 아주 잘못된 기도이다. 이미 사랑하고 계시는 아빠에게 "아빠, 나를 사랑해 주십시오" 한다면 그 아빠는 여태까지 사랑하지 않은 아빠가 되고 만다.

올바른 기도는 아빠에게 이렇게 해 주시오, 저렇게 해 주시오 할 것이 아니라 이미 사랑하시고 계시는 아빠께 감사하여야 하고 그리고 잘못된 것은 '내 탓이요', '내 탓이요' 하며 가슴을 치는 기도가 되어야 할 것이다.

7. 종교의 뿌리(이루아)

"… 모세가 하나님 뵈옵기를 두려워하며 얼굴을 가리매 …"(출 3:6).
"… 화로다, 나여 망하게 되었도다 … … 만군의 여호와이신 왕을 뵈었음이로다"(이사야 6:5).

십계명의 뿌리라 할 수 있는 제1계명에서 3계명을 요약하면 "네 하나님 여호와의 이름을 망령되게 부르지 말라" 즉 하나님을 두려워하라는 말씀일 것이다. 그리고 예수님이 가르쳐주신 주기도문의 제1장 제1조는 "하나님의 이름을 거룩히"인데, 이 역시 하나님을 어렵게 생각하고 두려워하라는 말씀이다. 그래서 잠언서 기자는 "여호와를 경외하는 것이 지식의 근본"이라 했다. 여기의 지식은 학교에서 선생이 학생들에게 암기시키는 그런 지식이 아니다. 인생사 전체를 가르키는 것을 의미한다.

세상 지식에는 두 종류가 있다. 그 하나는 '그것(It)'이라고 부를 수 있는 것을 아는 지식과 다른 하나는 당신(You)이라고 부를 수 있는 인격체에 관한 지식이다. '그것'에 관한 것을 얻는 데는 내가 주체(主體)가 되고 그것은 객체(客體)가 되어 그것을 쪼개고 따지고 분석해서 얻을 수 있다. (여기 '그것' 속에도 하나님의 신비한 손길이 숨어 있기에 겸허한 자세를 가져야 하지만) 그러나 '너'라는 인격체는 이 같은 방법으로는 안 된다. 인격체는 신비한 존재이기 때문에 거기서 지식을 얻으려면 먼저 상대를 높이고 그 앞에 나를 부숴뜨려 고개를 숙일 때 그 상대는 나에게 다가와서 자신도 열어주고 알려준다. 그렇게 해서 나와 너의 인격적인 관계가 이루어진다. 즉 여기에 사랑의 불길이 붙기 시작하는 것이다.

천하장사가 작은 술집 아가씨를 다룰 때는 어린이가 장난감 다루듯이 하다가도 거기에서 사랑이 싹트기 시작하면 천하장사의 손끝은 떨리기 시작할 것이다. 여기 떨림이 없는 사랑은 순수한 사랑이 아니다. 유행가 가사에도 "그대 앞에만 서면 나는 왜 작아지는가"라고 하지 않는가. 사랑이 싹틀 때는 상대방이 어려워지고 두려워지기 시작한다는 말이다.

인간과 인간의 관계에서도 그럴진대 아브라함의 하나님, 이삭의 하나님 그리고 야곱의 하나님이신 살아계신 인격적인 하나님과 그의 피조물이며 죄인인 '나'와의 관계에서 두려움, 떨림이 없을 수 있겠는가. 두려움이 없는 사랑은 거리의 사랑이다. 그래서 예수님은 "너는 금식할 때에 머리에 기름을 바르고 얼굴을 씻으라"(마 6:17)고 하셨다. 금식, 기도는 하나님 앞으로 나아가는 것인데 두렵고 떨리는 마음으로 메이크 업(Make Up)하고 떨리는 마음으로 나아가라는 말씀이다. 그리고 같은 마태복음 7장 7절에서는 "문을 두드리라"라고 말씀 하셨는데 여기 두드리라는 말씀, 노크(Knock)는 예의를 지켜라, 두려워하라는 말씀이다.

옛날 우리 할아버지 할머니는 봄에 고목에서 새싹이 돋아나오는 것을 바라보며 두려워했다. 금줄을 쳐놓고 함부로 접하지 않고 두손 모아 고개를 숙였다. 한 산부인과 노 여의사는 "젊을 때는 아무 생각 없이 아이를 넙죽넙죽 받았는데 나이가 든 다음 한 생명이 태어나는 과정을 지켜보니 신묘막측하신 하나님의 섭리 앞에 손이 떨려 함부로 아이를 받을 수 없더라"라는 고백을 한다.

절에 들어가려고 하면 제일 먼저 사천왕상 앞을 지나가야 한다. 가톨릭 성당에 발을 들여 놓으면 두려운 마음에 고개가 저절로 숙여진다. 그런데 오늘 한국교회에서는 이 두려움이라는 종교의 뿌리가 사라져 버렸고 거기에는 인간의 혀끝으로는 표현할 수 없는 궁극적인 말씀 대신 인간의 비위만 맞추는 말(Voice)만 울려 퍼지고 있다.

우상숭배에 대한 몰이해가 이렇게 만들었다. 아이를 목욕시킨 함지의 물을 버린다는 것이 아이까지 내버리는 꼴이 되고 말았다.

8. 마름과 시듦 속에 새싹은 움튼다

"풀은 마르고 꽃은 시드나 우리 하나님의 말씀은 영원히 서리라 하라"(사 40:7). 여기 성서 기자는 세상과 인생의 허무함을 노래한 것 같은데 같은 장 6절에 보면 "풀은 마르고 꽃이 시듦은 여호와의 기운이 그 위에 붊이라"라고 기록하고 있다. 대중가요 가수가 '부평 같은 이내 신세 혼자도 기막혀서 창문 열고 바라보니 하늘은 저쪽'이라고 노래하는 것과는 대조적이다. 시듦도 여호와의 기운 때문이란다. 여기 성서 기자가 기록한 여호와의 기운은 무엇을 의미할까?

천지만물을 창조하신 기운일 것이고 진흙더미 속에 불어 넣어 사람이 되게 하신 그 생기일 것이다. 이 기운의 속성은 사랑이다. 이 기운은 담 밑의 어여쁜 채송화가 하늘의 태양을 향해 생긋 웃으며 피어나게 하는 기운이다. 이 기운이 꽃잎을 피어나게 할 뿐 아니라 시들게도 한다는 성서 말씀은 참으로 기이한 말씀이다.

대다수의 사람들은 그래도 꽃잎이 피어날 때는 하늘을 가까이 한다. 그러나 꽃잎이 시들어 흉하게 될 때는 하늘은 저쪽이라고 노래한다. 그런데 요한계시록 1장 17절에 "내가 볼 때에 그의 발 앞에 엎드러져 죽은 자 같이 되매 그가 오른 손을 내게 얹고 이르시되 두려워하지 말라 나는 처음이요 마지막이니…"라고 죽은 자 같이 된 자를 일으키신다고 기록하고 있다. 그러기에 믿음의 사람들은 하나님이 피게도 하시고 시들게도 하신다고 믿는다. 하나님이 하시는 시듦은 반듯이 그 안에 깊은 뜻이 있을 것이다. 풀이 마르고 꽃이 시드는 것을 보고 서글퍼 할 것이 아니라 분명 그것도 하나님이 하시는 것이기에 그 떨어짐, 그 시듦 속 그 안을 들여다보아야 한다. 거기에는 반듯이 새로운 씨앗이 영그러져 가고 있을 것이다.

십자가는 반듯이 부활로 연결이 된다. 오늘 세상이 어지러우니 거짓 선지자들이 나타나서 사람들을 미혹한다. 신문에 거금을 들여 종말 광고를 내고 목사들은 강단 위에서 지옥불을 갖고 성도들을 떨게 한다. 아니다. 사랑으로 세상을 창조하신 그 하나님이 계시기에 세상 종말도 사랑으로 끝맺으실 것을 믿어야 한다. 그러므로 슬기로운 처녀들은 방탄복과 방독면을 준비하고 종말을 기다릴 것이 아니라 향내가 나고 아름다운 빛을 내는 기름을 준비하고 그날을 기다려야 할 것이다.

농부는 씨앗을 뿌려놓고 잠을 설쳐 가며 거기에 신경을 쏟아 붓는다. 곡식이 푸르게 자랄 때에는 부지런히 김매고 거름을 준다. 땅은 정직하다. 부지런한 농부와 게으른 농부는 논 밭에서 자라는 그 곡식을 보면 당장 알 수 있다. 그러나 이제 누렇게 변하기 시작할 때는 김도 매지 않고 거름도 주지 않는다. 곡식이 익어갈 때(시듦)에 가장 중요한 것은 온도와 햇빛이다. 너무 빨리 이슬이 오면 곡식의 알은 여물지 않는다. 따뜻한 햇빛을 마음껏 쪼여야 알이 익어갈 수 있고 햇빛을 흡족히 받은 사과라야 맛있는 사과가 될 수 있다.

모든 식물이 저 하늘 높이 떠 있는 태양빛을 받아야 여물 수 있듯이 사람도 꼭 마찬가지다. 사람의 노년(시듦)도 마찬가지다. 건강이 좋다 해서 설치기만 해서는 안된다. 노년엔 쉬어야 한다. 그저 쉬는 것이 아니라 하늘에 계신 하나님 아버지가 내리시는 기운을 흡족히 받으면서 쉬면 다음 봄에 새싹이 움터 나올 수 있는 튼튼한 알곡을 하나님의 기운이 여물게 해주신다.

참다운 기도는 하늘에서 천둥 번개 같은 기적을 일으키게 하기 위해 철야 금식기도를 하는 것이 아니고 조용히 하나님의 사랑의 햇살을 마음껏 쪼이는 것이란 것을 알아야 한다.

9. 부활의 뿌리와 열매

화분에서 핀 꽃보다 꽃꽂이 꽃이 더 화려하고 아름답게 보인다. 그러나 그것은 시간이 흐르면 보기 흉하게 시들어질 뿐 아니라 시들어진 그 자리에는 새로운 씨앗이 여물지도 못한다. 그러나 뿌리가 있는 화분의 꽃은 시들어도 그 자리에 새로운 씨앗이 여물어간다. 현대 문명은 뿌리 없는 꽃꽂이 꽃처럼 화려하지만 곧 시들어버릴 운명을 지니고 있다.

교회는 부활의 꽃이라 할 수 있다. 그런데 이 꽃은 하늘에서 뚝 떨어진 꽃이 아니다. 나사렛 목수의 아들 예수가 골고다 언덕 위에 땀과 피 그리고 생명을 십자가 형틀 위에서 제물로 바친 그 뿌리에서 돋아난 꽃이 교회인 것이다. 그런데 오늘 한국교회는 부활꽃만(백합) 좋아라고 반길 줄 알지 그 밑 컴컴한 땅속에 묻혀 있는 십자가 뿌리에서 영양을 섭취하려고 하지 않는다.

예수님 당시 베드로도 그랬다. 베드로는 "주는 그리스도시오, 살아계신 하나님의 아들이시니이다" 라고 고백했다. 이 고백은 부활 예수를 구주로 영접한다는 고백이다. 그런데 이 고백 속에는 십자가가 빠져 있다. 예수님은 그 고백 안에 십자가라는 뿌리가 있어야 한다고 말씀하시니 베드로는 오늘 현대인처럼 "아니요"라고 했다. 이때에 예수님은 당장 베드로를 '사탄'(마16:23)이라고 꾸짖으셨다. 사탄은 다름 아닌 십자가 없는 부활을 의미한다.

기장 회보에 동서고전 철학자 도올 김용옥 선생의 글이 실려 있었다. "한국교회에는 십자가가 없어요. 십자가를 지고 죽어야 부활도 있는데 십자가를 지지 않고 부활만을 원한다는 것이죠. …. 부귀가 그토록 중요한가요?" 그전에도 여러 번 교단을 대표하는 신학자들의 글이 실렸는데 하나같이 사회악과 투쟁해야 한다는 말만 했지 십자가 이야기는 하지 않았다. 스스로 의로운 체하면서 말이다.

바울 사도는 예수님이 최후의 성만찬을 드신 다음 제자들에게 부활이 아닌 주의 '죽으심'을 다시 오실 때까지 전하라고 말씀하셨다고 기록하고 있다(고전 11:26). 부활의 열매는 갈릴리 호숫가에 피워 놓은 모닥불이다. 부활하신 예수님이 하신 일은 당시 군중들이 그렇게도 소원했던 이스라엘 회복도 아니요, 경제 정치 문제도 아니었다. 갈릴리 호숫가에 숯불을 피워 놓으시고 "와서 조반을 먹으라"였다.

오늘 한국교회는 돈이 판을 치고 있다. 돌을 가지고 빵(경제)을 만든다고 큰소리친다.(축복) 오늘 한국에 있는 세계 제일의 교회의 슬로건은 "나는 성전 꼭대기에서 뛰어내릴 수 있다"이다. 그리고 오늘 한국기독교총연합회라는 높은 산꼭대기에서는 프로테스탄트 지도자들의 감투싸움이 요란하게 펼쳐지고 있다.

이 모든 시험은 십자가 없는 꽃들이 마귀의 손 안에서 시들어가고 있는 현상이다. 그러나 모닥불 주위에 둘러앉은 거기에는 예수님의 말씀이 있고 빵과 생선을 굽는 예수님의 봉사가 있고 그리고 배신자 제자들을 용서해 주시는 참 사랑이 있었다.

카를 바르트(K. Barth)는 "부활은 Historical Event가 아니고 Eschatological Event"라 했다. 종말론적 사건이란 말은 세상적인 것(욕망)이 송두리째 부숴지고(십자가) 바로 부숴진 그 지점에서 가냘프게 움터 나오는 새 생명의 새싹(모닥불교회) 같은 것을 의미한다.

10. 불평등 속에 숨어 있는 하나님의 사랑

오래 전에 캐나다 중부지방을 여행했던 적이 있다. 차로 한 시간을 달려도 언덕 하나 없고 두 시간을 달려도 개울 하나 없었다. 그저 끝없는 밀밭만 펼쳐져 있었다. 내가 여기에 살면 미칠 것만 같았다. 그런데 거기 사람들이 안 미치는 것은 농민 대부분이 캠핑카가 있어 농사 다 지어 놓은 다음에는 그 캠핑카를 몰고 럭키산맥을 넘어 태평양으로 가서 쉬다가 온다는 것이다.

우리나라는 산과 강이 많은 나라이다. 이 좁은 땅은 그야말로 울퉁불퉁한 땅이다. 참으로 살기 좋은 나라이다. 특히 봄산(春山)에는 진달래, 개나리가 피어 울긋불긋 꽃대궐이 자리한 참으로 아름답고 멋이 있는 축복받은 나라이다. 그런데 이 아름다운 금수강산에 살고 있는 백성들은 행복한 줄 모르고 시기, 질투, 증오로 서로 으르렁거리고 있다. 가진 자와 갖지 못한 자, 즉 산과 강이 싸움을 하는 것 같은 싸움을 하고 있다.

마태복음 25장 14절 이하를 읽어보자. "또 어떤 사람이 타국에 갈 때 그 종들을 불러 자기 소유를 맡김과 같으니 각각 그 재능대로 한 사람에게는 금 다섯 달란트를, 한 사람에게는 두 달란트, 한 사람에게는 한 달란트를 주고 떠났더니…". 여기 '어떤 사람' 을 하나님이라 생각한다면 하나님은 불공평하신 분으로 여겨질 수 있다. 이상의 본문을 표면으로만 읽으면 "누구에게는 많이, 누구에게는 적게 주시느냐?"라고 생각할 수도 있다.

오늘 이 땅에는 세상과 하나님을 원망하며 어둡게 살아가는 사람들이 많이 있다. 대부분 적게 가진 사람들이다. 그런데 본문을 자세히 읽어보면 주인은 종들에게 자기 소유를 그대로 준 것이 아니고 맡긴 것이다.

이것은 빚이다. 빚은 적을수록 좋다, 이렇게 보면 달란트를 맡긴 주인은 한 달란트를 맡긴 그 종을 가장 사랑한 것이 된다. 그리고 '그 재능대로' 맡겼다는 여기에서 주인이 종을 세심하게 사랑하고 있다는 것을 알 수 있다.

스무 살 먹은 종, 15살 종과 10살짜리 종이었다고 생각해 보자. 주인은 각자의 능력에 따라서 맡긴 것이다. 여기 주인은 대충대충 똑같이 맡긴 것이 아니다. 다섯 달란트, 두 달란트 맡은 종들은 주인의 세심한 이 같은 사랑을 알았다. 그래서 보상에 대한 약속을 하지 않았는데도 믿고 열심히 일했다. 그러나 한 달란트 맡은 종은 주인의 사랑의 마음을 알지 못했다. 그 표면만 보고 우리 주인은 불공평하고 편애하는 사람이라고 단정했다. 그래서 한 달란트를 땅에 묻어버리고 말았다. 이 종은 주인을 믿지 못한 것 때문에 악하고 게으른 종이 되고 말았다.

오늘의 사람들, 특히 진보라 자처하는 사람들은 자나 깨나 골고루, 즉 평등을 외친다. 산을 허물어 강을 메워 세상을 편편하게 만들려고 애를 쓰고 있다. 높음도 없고 낮음도 없는, 그리고 무상급식, 무상교육, 무상진료 등으로 부자도 없고 가난한 사람도 없는 골고루 잘사는 세상을 만들겠다고 땀을 뻘뻘 흘리고 있다.

예수님은 가난한 자가 부자가 될 수 있는 방법을 가르쳐 주시지 않았다. 강을 메워 산이 되게 하시지 않고 오히려 산이 강을 내려다보며 부러워하며 칭송하도록 "가난한 자여, 너의 그 가난 속에 하나님의 자비함이 넘치도록 가득 채워져 있다."라고 외치셨다.

금수강산(錦繡江山) 여기에 하나님의 사랑의 섭리가 채워져 있다. 참 아름다움(구원)은 바로 여기에 있다.

11. 사람을 믿지 말라

억지소리 좀 해보자. 남북이 갈라져서 반 세기가 넘도록 살아 왔다. 만약 갈라지지 않고 통일된 나라에서 이 민족이 오래 살아 왔더라면 어떻게 되었을까?

나는 6·25 전 이 땅에서 살아오면서 비참한 일을 너무나도 많이 보아왔다. 낮에는 태극기가 날리고, 밤에는 빨치산이 내려와 파출소에 불을 지르고 인공기를 달아놓은 그런 지역에서 살았다. 그래서 가끔은 38선이 그어지고 따로따로 갈라져서 사는 지금의 세상이 더 낫지 않은지 하는 생각도, 분단도 하나님의 섭리 속에 있는 것이 아닌가 하는 생각도 한다.

나는 하나님도 하실 수 없는 것이 하나 있다고 생각한다. 인간의 욕심은 하나님도 다 채울 수 없다는 것이다. "말 타면 종 앞세우고 싶다"는 말이 그 말이다. 해방 후에 농촌 일꾼들의 하루 임금은 쌀 반되였다. 지금은 근로자도 자가용을 몰고 일하러 다닌다. 그런데 불평은 더 많아졌다. 앞으로 근로환경이 좋아지면 이 불평이 없어진다는 소리는 참으로 순진한 어린이의 잠꼬대 같은 소리이다.

환경이 에덴동산 같이 되면 자기가 하나님이 되겠다고 더 설칠 것이다. 아니 오늘의 세상이 바로 그 꼴이다. 오늘의 비극은 못 먹고 못 입어서가 아니라 근원적인 인간의 욕망에서 우러난 시기, 질투 때문이다. 오늘 이 세상을 어지럽히는 사람들은 부정부패, 살인강도들만이 아니다. 부정부패보다 더 앞서는 죄악의 뿌리가 있다. 그것은 인간이 하나님의 자리에 앉아 보려는 욕망이다. 휴전선 이북이 바로 그 예이다.

가난한 사람, 지체부자유자, 소외자들의 이름을 팔아 자기 욕망을 채우려는 정치꾼들이 더 무서운 사람들이다. 예수님 당시 세리와 창녀들이 예수님을 죽이지 않고, 스스로 의롭다고 자처하는 서기관과 바리새인들이 예수님을 죽였다. 예수님이 오병이어의 기적을 행하셨을 때 군중들이 예수님을 왕으로 모시려고 한 것은 예수님을 위해서가 아니라 자기 욕망을 채우려는 것이었다. 하나님도 하실 수 없는 인간의 욕망을 자기가 채워주겠다고 혜성처럼 나타난 그런 자들은 실로 이 시대의 거짓 선지자들이며, 예수님을 죽이는 자들이다.

예수님이 가신 길은 그런 길이 아니다. 인간 욕망의 뿌리를 잘라버리려 하신 것이다. 회개를 외치셨고 가난한 자(욕망의 뿌리를 잘라버린)가 천국 백성이 될 수 있다고 하셨다. 높은 곳에 앉아 있는 권력자, 재력가를 쳐다보며 시기 질투하며 괴로워할 것이 아니라 자기 속에서 자라고 있는 악의 뿌리를 자르라고 하셨다.

인간의 애국심, 통일의 열망, 정의, 평화, 평등 등등은 절대로 믿을 것이 못된다. 오늘 이 땅에는 부정부패가 만연되어 있다. 그러나 이보다 더 무서운 것은 그것들을 척결하고 통일과 평화를 자기가 가져다준다고 일어선 족속들이다. 그들이 더 무서운 존재들이다. 인간이 에덴에서 쫓겨난 것, 바벨탑이 허물어지고 인간이 동서남북으로 갈기갈기 갈라지게 된 것은 부정부패만이 아니라 하늘에 닿아보려는 욕망 때문이다.

이미 하늘에 닿아 있는 사람 우상을 섬기는 휴전선 이북의 비참함을 보라. 때 묻지 않은 17세 소녀 같은 정치꾼이 정치를 하면 당장 유토피아가 이 땅위에 건설되는 것은 아니다. 그리고 통일, 통일하는데 통일이 당장 된다고 해서 꿈꾸던 그 세계가 오는 것도 아니다.

"우리가 우리에게 죄 지은 자를 사하여 준 것 같이 우리의 죄를 사하여 주시옵고 …". 나도 죄인, 너도 죄인, 사람은 못 믿을 존재이기에 "오래 참으면서" 하늘 은총을 기다려 보자.

12. 생각하게 하는 봄날들

지난 겨울은 몹시 추웠다. 그 추위를 잘 견디고 꽃샘추위를 앞세우고 뒤 따라 오는 봄빛은 반갑기 그지없다. 창세기 1장 1절은 태초에 하나님이 혼돈과 공허와 흑암 속에서 아름다운 세상을 창조하셨다고 기록하고 있다.

오늘 나는 하나님의 창조의 신비를 바로 지금 여기에서 맛보고 있다. 겨울은 혼돈하고 공허하며 그 위에 흑암이 짙게 깔려 있는 계절이다. 바로 거기에서 오늘도 하나님은 봄빛을 통해 아름다운 세상을 창조하시고 계시는 것이 눈에 보인다.

1) 눈 녹은 땅

땅은 실로 혼돈하다. 별의별 광물질이 섞여 있고 별의별 생명체의 썩은 것이 섞여 있다. 그곳은 꽃도 없고 나비도 없으며, 꽃을 피우고 벌이 날아 찾아 들게 하는 햇빛도 없다. 거기는 공허와 흑암만이 가득 차 있다. 바로 이런 땅에서 생명체가 움터 나오는 것은 다름 아닌 봄처녀가 가져온 따스한 햇빛과 봄비 때문이다. 자연계에서만이 아니고 인간 역사도 마찬가지다. 이스라엘 민족의 뿌리는 죄 많은 야곱이요, 메시아의 조상 역시 죄인 중의 죄인으로 살인과 간음을 함께 범한 죄인 다윗이다.

이렇게 구린내 나는 땅, 그리고 그 위에서 살고 있는 죄 많은 인간들은 실로 눈보라가 몰아치는 시베리아 벌판 같은 세상에서 겨우살이를 하고 있다. 바로 이때에 하나님은 땅 위에는 햇빛, 인간 역사 속에는 예수님을 보내주셨다. 예수님은 봄빛으로 이 땅에 오셨고, 이 세상 사람들은 봄빛을 쪼이며 살게 되었다.

2) 믿음은 자라는 것을 보는 것이다

땅 속에서 돋아난 초록색 식물은 잎 속의 엽록소로 햇빛을 받아들이고 뿌리로는 땅 속에 있는 물과 영양분을 빨아들여 숨을 쉬면서 산소를 내뿜고 이산화탄소를 들이마신다.

이 생명의 신비를 바라보는 것이 믿음이다.

믿음은 결코 컴컴한 굴 속에서 100일 기도를 드리는데서 싹트는 것이 아니고, 하나님이 생명을 움티우고 자라게 하시는 것을 바라보는데서 돋아난다. 출애굽기 14장 13절을 읽어보라.

예수라는 구원의 꽃도 스스로 의인이라 자처하는 제사장 레위인, 서기관 바리새인들이 독점하고 있는 성전터에서 돋아나지 않고 소똥 말똥 냄새가 코를 찌르는 말구유에서 돋아났다. 그리고 세리와 창녀와 지체부자유자들 틈에서 자라다가 급기야 해골골이란 흉측한 언덕 위에서 꽃피고 열매를 맺었다. 이것을 바라보는 것이 믿음이다.

3) 믿음은 생각하여 보는 것이다

믿음은 보는 것으로되 그냥 보는 것이 아니고 생각하여 보는 것이다. 먼저는 하늘을 보아야 한다. "하나님이 그 해를 악인과 선인에게 비추시며…". 그리고 마태복음 5장 48절에 있는 "너희 아버지의 온전하심과 같이 너희도 온전하라"는 말씀을 주석가들은 여기 '온전'을 '관대하라'로 해석한다. 모든 인류의 아버지는 관대하신 분이시다.

다음으로 생각할 것은 나 자신의 작음을 보라는 말씀이다. 백합화뿐만 아니라 나는 나 자신의 머리털을 1mm도 자라게 할 수 없는 생명체란 것을 저 백합화를 바라보며 생각해 보는 것이 믿음이다.

4) 시듦도 여호와의 기운

이사야 40장 7절 "풀은 마르고 꽃이 시듦은 여호와의 기운이 그 위에 붊이라". 여기 여호와의 기운은 사랑이다. 여호와의 기운은 시들어 떨어진 꽃잎도 썩혀 새 생명의 영양소가 되게 하신다. 꽃이 시들 때 그 안을 바라보면 반듯이 거기에는 열매가 영글어가는 것이 보인다.

이 사람은 겨울 동토에서 새싹을 뽑아내시는 그 하나님이 마지막 시듦도 하나님의 사랑의 기운으로 맺어주신다는 것을 믿고 생각하고 감사하며 봄날을 살아간다.

13. 선(善) 속에서 솟아난 악(惡)〈막 14:17~21〉

예수님은 왜 가룻 유다를 제자로 삼으셨나?

인사가 만사이다. 한국의 성공한 모기업의 창업주는 인사문제를 제일 중요하게 생각했다. 그래서 직원을 채용할 때에는 열 일을 제쳐두고 직접 면접을 했다고 한다. 그것도 관상가를 옆에 두고 자문을 받아가며 말이다.

그런데 예수님은 12명의 제자를 택하실 때 미리 가룻 유다의 배신을 보지 못하셨는가! 여기 대답이 있다. 배신하지 않을 사람을 뽑으려고 한다면 단 한 명의 제자도 택할 수 없었을 것이다. 하나님이 오늘 나를 부르신 것도 내가 배신할 것을 미리 아시면서 택하신 것이다.

가룻 유다는 왜 스승을 배신했나?

유다가 12제자 중에 돈 관리인으로 뽑힌 것을 보면 제자 중에서 가장 정직하고 성실한 사람이었던 것 같다. 그리고 가룻 유다라는 이름을 보면 그는 뜨거운 애국심을 가진 사람이다. 유다는 이스라엘 민족의 조상의 이름이요, 가룟이란 말에서 우리나라 애국자로는 안중근, 윤봉길, 김구 같은 분과 비교가 되는 성격의 애국자였다는 것을 알 수가 있다.

그러던 사람이 어떻게 해서 돈 몇 푼에 스승을 팔아넘길 수 있었는가. 극과 극은 통하는 법이다. 꿈이 크면 실망도 크게 된다. 이스라엘의 독립(애국심)이란 큰 꿈을 실현하려고 몸부림칠 때 스승은 그 꿈을 이루어 주려고 하지 않은 것이다. 실망이 클 수밖에 없었을 것이다.

나인홀드 니버(Reinhold Niebuhr)는 그의 『기독교 윤리』 서설에서 "하나님이 창조하신 가장 선한 에덴동산에서 가장 무서운 악이 돋아났다."고 했다. 그리고 "공산주의는 이 땅 위에 유토피아를 건설하겠다는 가장 선한 꿈을 가졌기 때문에 가장 악하다"라고도 했다. 6·25는 이 선한 꿈 때문에 일어난 비극이다. 이 땅에서 일어나는 모든 분쟁은 서로가 자기 생각은 옳으며 선하다고 확신하는데서 일어난다. 가룟 유다의 배신은 바로 뜨거운 애국심 그 큰 꿈에서 솟아났다.

마지막으로 가룟 유다의 결정적인 잘못은 회개하지 않는 데에 있다. 하나님의 명을 어긴 아담이 뜨거운 회개만 했더라도 용서함을 받았을 것이다. 성서에 나오는 위대한 인물들은 그 위대함이 그의 영웅적인 행적에 있는 것이 아니다. 야곱, 다윗, 베드로는 유다보다 월등한 인물들이 아니었다. 회개 때문에 위대한 인물로 모든 인류에게 존경을 받고 있는 것이다. 만약 가룟 유다가 회개만 했더라면 분명 베드로, 바울 못지않은 하늘나라 위대한 일꾼이 되었을 것이다. 유일한 천국의 관문은 회개이다.

왜 가룟 유다는 회개를 하지 않았는가?

아마 세리와 죄인 같았으면 회개했을 것이다. 썩은 초가집 지붕 위에 잡초가 자라고 있는 것을 볼 수가 있다. 그러나 진주알을 뿌려 놓은 것 같은 바닷가 모래밭에서는 풀 한 포기 돋아나지 않는다. 해방 후 대한민국에서 가장 큰 죄인은 친일과 친공이었다. 친일, 친공을 한 가장 큰 죄인은 나라의 경제와 근대화의 뿌리를 내리게 했지만 항일의 자칭 영웅은 거지왕국을 건설했다. 성서는 일찍이 소돔과 고모라의 죄악보다 에덴동산과 바벨탑의 죄가 얼마나 무서운가를 보여주고 있다. 악에서 돋아난 악은 뉘우칠 가능성이 있지만 선에서 솟아난 악은 그럴 가능성이 희박하다. 자살할 수밖에 없다.

교회는 '우리가 어찌할꼬!' 라면서 가슴을 치며 회개하는데서 태어났다. 역시 회개가 천국의 관문이라는 것을 다시 한 번 생각하자.

14. 사랑은 영원하다〈롬 8장, 고전 13장 13절〉

"이르되 모든 육체는 풀이요, 그의 아름다움은 들꽃과 같으니 풀은 마르고 꽃은 시드나 우리 하나님의 말씀은 영원히 서리라…" (사 40:6~7)

사람이 이 땅에 태어날 때는 모두가 똑같이 환영을 받는다. 백일, 돌 때는 가족, 친척, 동네 사람들까지 함께 모여 큰 잔치를 벌이며 기쁨을 나눈다. 그러다가 때가 되어 세상을 떠나게 될 때에는 올 때와는 정반대로 얼마 전에 생일축하 노래를 불러주던 가족과 친지들의 입에서 터져 나오는 애곡(哀哭) 소리를 들으면서 한 줌의 재로 사라지고 만다.

웃다가 울다가, 울다가 웃다가 하는 것, 이것이 인생인 것 같다. 하루는 밤과 낮을 합친 것이다. 인생도 삶과 죽음을 합친 것이다. 삶이란 죽음과 동의어이다. 저기 서 있는 전봇대나 산에 있는 바위는 죽음이 없기 때문에 생명체라 말하지 않는다. 그러나 길 가에 자라는 잡초도 죽음이 있기 때문에 그를 생명체라 부른다. 태어남이란 말은 죽음이란 말과 동의어이다.

기독교는 신묘막측한 우주의 원리를 가르치는 종교가 아니고 생명, 즉 영생을 약속하는 생명의 종교이다.

십자가는 사람을 죽이는 형틀이지만 바로 이 십자가가 부활, 영생을 의미하는 상징물이기도 하다. 십자가(죽음)와 부활(생명)은 동전의 앞면과 뒷면과 같은 것이다. 그리고 밤과 낮이 합쳐져 하루가 되듯이 출생과 사망은 정반대가 아니라 그 극과 극이 합쳐져서 한 인격이 된다.

흔히들 죽음은 죄의 값으로 이 땅에 오게 되었다고 생각한다. 성서를 수박 겉 핥는 식으로 읽으면 그렇게 이해할 수 있지만 안으로 들여다보면 그것이 아니란 것을 알 수 있다. 만약 이 세상에서 죽음의 유한함이 없다면 생명도 큰 의미가 없을 것이다. 천년만년 살게 된다면 하나님이 "보시기에 좋았더라" 하시던 이 세상은 지옥이 되고 말 것이다. 하나님이 사람을 만드시고 "생육하고 번성하라"고 축복하신 그 축복 속에는 죽음까지도 포함되어 있다. '태어남'만이 축복이 아니라 적당한 때 '떠나가는 것'도 같은 축복 속에 들어 있다.

세상 사람들은 풀 한 포기가 봄의 대지의 표면을 뚫고 거기서 솟아오를 때는 거기서 하나님의 사랑의 온기를 느끼고 감사를 한다. 그러다가 늦가을 바람이 불어와 풀은 마르고 꽃이 시들 때는 함께 한숨지으며 인생무상을 느낀다. 그러나 믿음의 사람들은 절대로 그러지 않는다. 이사야 선지자는 담대히 외치고 있다. "풀은 마르고 꽃이 시듦은 여호와의 기운이 그 위에 붊이라". 봄에 풀이 돋아남도 여호와의 기운 때문인 것과 같이 그 꽃이 떨어지는 것도 여호와의 기운이 그 위에 불고 있기 때문인 것이다.

시드는 꽃만 보지 말라. 시드는 그 꽃이 떨어져버린 자국을 보면 그 꽃보다 열 배나 더 아름답고 신비한 생명의 씨앗이 거기서 영글고 있는 것이 보여진다. 하나님을 믿는 사람이란 꽃이 시듦을 보고 한숨짓지 않고 그 너머에 더 큰 하나님의 사랑의 기운이 작용해서 영글어 가고 있는 씨앗을 바라보고 "아멘, 할렐루야!"를 부르짖는 자들이다.

오늘 본문의 하나님 말씀 '영원하다'는 말씀은, 다름 아니라 하나님의 사랑은 영원하다는 말씀이다. 하나님의 사랑 안에서는 생일과 기일은 똑같이 영원한 생명이 태어나는 생일날인 것이다.

II. 맹수들의 지혜(智慧)

1. 성숙한 효도(孝道)

아버지는 같은 아버지이지만 그 아버지를 보는 아들 딸의 눈은 자라면서 많은 변화를 가져온다. 두세 살 때 아버지를 보는 눈과 초등학생 때가 다르고, 청년기와 장년기에 아버지를 보고 생각하는 것은 엄청나게 다르다. 그리고 무엇보다 자기 자신이 아버지가 되었을 때 비로소 아버지의 참 마음을 바로 이해하게 된다.

성서도 마찬가지다. 그 중에서도 모세가 여호와 하나님을 바라본 것과 예수님이 바로 그 하나님을 보고 이해한 것은 엄청나게 차이가 있다. 모세는 아주 어린 아들이 아버지를 보고 생각하는 것 같은 그런 생각으로 하나님을 바라보고 생각했다. 아버지는 초등학교 1학년이 100점 맞은 시험지를 가져오면 한 없이 칭찬하신다. 그리고 공부를 하지 않고 놀러만 다닌다든지 거짓말을 했거나 욕을 했을 때는 따끔하게 매를 대시기도 한다. 모세가 본 하나님은 상도 주시고, 매도 주시는 아버지이시다. "나를 사랑하고 내 계명을 지키는 자에게는 천 대까지 은혜를 베풀리라" "나를 미워하는 자는 죄를 갚되… 3, 4대까지 이르게 하거니와"(마 2: 46~50).

또한 이스라엘 백성을 구원하기 위해서는 애급의 장자와 군대를 죽이시기도 하시고, 여리고 아말렉 블레셋 백성들을 진멸하시기도 하신다.

그러나 예수님이 바라본 하나님은 그렇지 않으셨다. "… 이는 하나님이 그 해를 악인과 선인에게 비추시며 비를 의로운 자와 불의한 자에게 내려 주심이라"(마 5:45). 즉 하나님 아버지는 공부 잘하는 놈, 예쁘게 생긴 놈만 귀여워하시지 않으시고 잘난 놈, 못난 놈 가리지 않으시고 골고루 사랑하신다는 것이다.

모세에 비해서 예수님의 눈은 얼마나 성숙한 눈인가. 그리고 한걸음 더 나아가서 모세의 눈과는 정반대의 눈으로 아버지를 바라본다. 하나님 아버지는 공부 잘하고 말 잘 듣는 놈만 사랑하시는 것이 아니라 반대로 아버지의 뜻을 거역하고 아버지의 집을 뛰쳐나와 창기와 더불어 아버지의 재산을 다 낭비해 버린 둘째 아들을 착실한 맏아들을 제처 놓고 더 뜨겁게 사랑하시는 아버지로 증언하고 있다(눅 15:11~32). 얼마나 성숙한 눈인가. 그리고 더 나아가서 예수님은 이 아버지의 마음을 가지고 소외된 사람(세리, 창녀)들을 사랑하시고 그들에게 구원을 약속해 주셨다.

부모는 자기 자녀를 위해서는 생명까지도 쾌히 내어놓을 수 있다. 예수님이 바로 이 하나님의 아빠 사랑을 보여주신 것이 십자가의 죽으심이다. 이상의 아버지의 뜻을 요약하면 하나님은 자기 자신을 위해서가 아니라 우리 인간들이 행복하게 잘 살게 하기 위해서 율법도 주시고 아들까지 주셨다는 것이다. 그러므로 성숙한 효자는 아버지의 뜻을 바로 알고 받들어 행복하게 살아가는 사람이다. 그러한 아버지 하나님의 사랑을 정확히 보고 알고 행동으로 보여 주신 여기에 예수님의 성숙한 효도가 있다.

오늘 우리가 세상적, 특히 유교적인 눈으로 예수님을 바라보면 결코 효자는 아니다. 왜냐하면 과부어머니를 홀로 집에 두고 가출한 것, 그리고 불원천리 하고 예수 아들을 찾아오신 어머니 마리아 앞에서 "누가 내 어머니이며 동생들이냐"(마 12:48) 하신 것이다. 그리고 아들이 어머니보다 먼저 죽은 것, 이런 것들을 보면 효자이기는 커녕 만고의 불효자이다.

그런데도 예수님을 오늘 우리가 효자라고 할 수 있는 것은 예수님은 당신 어머니의 소원을 이루어 주셨기 때문이다. 어머니 마리아의 꿈에도 소원은 "예수, 너는 나에게 효도하려 하지 말고 너의 아버지이신 하나님 아버지의 효자가 되어야 한다" 바로 이것이었고, 이 소원을 아들 예수는 이루어 주셨다. 그렇기에 예수님은 아버지 하나님의 효자요, 동시에 세상 어머니 마리아의 참 효자가 되시기도 한 것이다. 모세를 뒤따라가면 가나안 땅에도 못 들어간다. 예수님을 따라가 성숙한 효자가 되어 천국잔치에 함께 참여하자.

2. 선(善)의 장사꾼들

공기와 물은 생명 그 자체라고 해도 좋을 것이다. 그러나 이 귀한 것도 넘쳐나면 이 세상에서 가장 무서운 태풍이 되어 사람의 생명과 재산을 휩쓸어 버린다. 우리 몸에는 여러 기관이 있지만 이 기관 중에도 가장 귀한 것은 감추어야 한다. 감추지 않고 그냥 드러내 버리면 동물과 인간의 한계가 없어진다. 참으로 이상한 것은 욕 중에도 가장 귀한 이 신체 기관을 입으로 표현하면 무서운 욕이 된다.

마찬가지로 세상에는 여러 종류의 선(善)이 있는데 이것들이 노출되고 남발되면 이것 역시 무서운 재앙을 가져온다. 자, 한 번 생각해 보자.

1) 사랑

사랑은 선 중에도 왕(王) 선이다. 이것 역시 남발되면 인류의 행복이 파괴되고 무서운 화를 입게 된다. 오늘의 현실을 보라. 이 러브가 들어가지 않으면 노래 장사가 되지 않는다. '사랑을 팔고 사는 꽃바람 속에' 러브 호텔이 방방곡곡에 들어서고 성폭력이 어린 생명과 인격을 망가뜨리고 있는 뉴스가 신문지면을 채우고 있다. 사랑 장사꾼들의 홍수이다.

2) 정의

이 땅에는 정의 장사꾼들의 태풍이 고요한 평화의 가정과 사회를 송두리째 망가뜨리고 있다. 착취당하고 있는 근로자들을 도운다는 선한 명분을 갖고 일어선 똑똑한 사람들은 그 선한 명분을 자기가 국회의원이 되는 발판으로 삼아 출세하고 최고 지도자까지 되지 않는가. 지금 변호사 뿐 아니라 많은 종교인들이 정의 장사를 잘해서 먹고 살고 있다.

3) 민주

민주는 아름다운 다이야몬드 보다 더 귀하고 선한 상품이다. 이 귀한 것도 때와 장소를 가려서 부르짖어야 한다. 5살짜리 아들을 앞에 놓고 '민주', '민주' 만 고함질러서는 안된다. 그런데 이 땅에는 이후에 IMF까지 터트렸지만 실제로 '민주' 라는 상표 하나 가지고 대통령까지 된 인물이 있었다.

4) 통일

통일이란 단어도 꽤 아름다운 상표 가치가 있는 선한 상품이다. 이 상품을 잘 팔아서 세계적인 상을 탄 선한 사람도 있었다. 그런데 이 상품은 예수님의 제자들이 이스라엘의 독립(오늘 말로 통일) 상품을 가지고 스승을 배신한 것 보다는 좀 나은 편이다.

5) 복지

오늘 이 땅을 휩쓸고 있는 선한 상품은 복지다. 어른도 아이도, 여도 야도 모두 야단들이다. 그런데 훌륭한 부모는 자녀의 복지를 생각하기 전에 근검절약의 힘든 과정을 가르쳐야 한다. 무조건 좋은 것이다 해서 복지 상품만 팔아 놓으면 그렇게 자란 아이는 커서 그 재산을 다 날려버리고 거지가 되고 만다.

이 같은 선 장사꾼들만 우글거리고 있는 오늘 이 땅에 꼭 필요한 인물은 따끔하게 꾸중을 할 줄 아는 지도자다. 석가모니, 공자, 소크라테스 보다 예수님을 더 사랑하고 그분에게 내가 미친 것은 예수님은 때로는 채찍을(요 2:15) 드시기도 했고, 무서운 욕(마 7)도 하셨기 때문이다. 선한 사랑 덩어리이신 예수님이 채찍을 드신 것은 장사꾼을 성전에서 내쫓기 위해서다. 장사꾼들 특히 성전에서 장사하는 그 사람들에게 채찍을 드셨다는 것에 유의를 해야 한다. 성전, 즉 선한 곳 그것을 가지고 장사하지 말라는 무서운 경고다.

"너는 구제할 때는 오른 손이 하는 것을 왼손이 모르게 하라"(마 6:8).

농사와 마찬가지로 장사도 그 자체가 선하지 않은 것은 아니다(맹모와 다른 생각이다).

그러나 선을 가지고 자기 이속을 채우는 장사꾼이 되어서는 안된다는 말씀이다. 특히 장사꾼 성직자들은 반드시 성전에서 몰아내야 한다.

3. 사랑의 알맹이 〈고린도전서 13장〉

하나님의 사랑은 하늘과 같다. 그래서 사람이 그 사랑을 깨닫거나 받아들이기가 너무 어렵다.

예수님은 이 크신 하나님의 사랑을 잘게 쪼개서 사람이 이해할 수 있게 해 주셨다. 굵은 나무는 도끼로 쪼개야 군불을 피울 수가 있고, 머리통만 한 호박이나 무는 엄마가 부엌칼로 잘게 썰어야 국을 끓일 수 있다. 예수님은 이 일을 하셨고 그 다음으로 바울 사도는 그 보다 더 잘게 썰어서 사람들이 하나님의 그 큰 사랑을 깨닫게 해 주었다. 그것이 고린도전서 13장 사랑장이 아닌가 하는 생각을 해본다.

그러면 하나님의 그 큰 사랑의 알맹이는 무엇인가? 먼저 생각해야 할 것은 예수님이 보여 주신 사랑은 몸의 사랑이란 것이다. 사람의 머릿속에서 아지랑이 같이 피어오르던 사랑이 예수님이 말구유에서 태어나시므로 만질 수 있고 볼 수 있는 몸의 사랑이 되었다. 이 사랑이 이웃사랑이다. 몸을 입지 않은 그래서 하늘에서 또는 인간의 머릿속에서만 떠돌고 있는 사랑은 도깨비 사랑이다.

오늘날 많은 젊은이들이 달콤한 이데올로기를 좋아하고 사랑하고 있는데 이것은 기독교 사랑이 아니다. 기독교 사랑은 이 몸을 가지고 아주 가까이 있는 또 다른 몸을 가진 사람을 사랑하는 사랑이다. '내 몸 같이'의 사랑이다. 그런데 이 사랑은 처녀 총각들이 꿈꾸는 감상적이고 낭만적인 사랑은 아니다. 도스도엡스키는 "멀리 있는 사람은 사랑하기 쉬워도 가까이 있는 사람은 사랑하기 어렵다. 왜냐하면 멀리 있는 사람은 그의 단점이 보이지 않지만 가까이 있는 사람은 그의 단점이 다 보이기 때문이다."라고 했다.

그러므로 참 사랑의 알맹이는 용서다. 용서한다는 말을 바울 사도는 '오래 참고'라고 했다. 니버(Neinhold Niebuhr)는 '용서는 기독교 윤리의 면류관'이라 했다. 그리고 사랑의 알맹이는 작은 데에 있다. 모든 과일의 알맹이(씨앗)는 작고 껍질은 크다. 사랑도 마찬가지다. 사랑의 껍질을 보라. 바울은 천사의 말, 산을 옮기는 믿음, 몸을 불사르는 그리고 전 재산을 내어주는 요란한 그것은 사랑의 알맹이가 아니라고 했다. 이런 것들은 다른 사람에게 크게 보이는 사랑의 껍질에 지나지 않는다고 했다. 사랑의 알맹이는 온유하고, 시기와 자랑을 않으며 무례를 범치 않는 시시하고 작은 데에 있다.

마지막으로 사랑의 알맹이는 '지금, 여기'에 있다. 믿음은 지나간 과거에 뿌리를 두고 있다. 소망은 아직 오지 않은 미래에 있다. 그러나 사랑은 지금, 그리고 여기에서 땀을 흘리는 것이다. 미래는 무지개 같이 아름답지만 지금, 여기는 괴로움과 죄가 있다.

부부와 자녀는 이 세상에서 가장 가까운 사이지만 지금, 여기에서 살아가는 동안에는 가지 많은 나무에 바람 잘 날 없듯이 서로가 아픔을 안고 잠 못 드는 때도 적지 않다. 그러나 바로 아직 잡히지 않는 소망 쪽으로 도망을 가서는 안 되고 과거로 돌아가서 무덤을 파헤쳐서도 안된다. 오늘 대선 주자들은 지금, 여기에서 어려움을 겪고 있는 국민들에게 과거로 아니면 미래로 도피시켜 표를 얻으려고 하지만 과거청산, 미래 비젼 이것이 사랑의 알맹이는 아니다. 사랑의 알맹이는 지금 여기에서 몸에서 땀이 나도록 최선을 다하는 데에 있다.

오늘의 사람들은 수박 겉 핥듯이 사랑의 껍질만 핥고 있다. 오늘 교회와 크리스천들의 사명은 이 큰 사랑을 툭 깨트려 그 알맹이를 맛보게 하는데 있다.

4. 생각하여 보라 〈마 6:28〉

예수님이 제자들과 거기 모인 군중들을 향해 "들의 백합화가 어떻게 자라는가 생각하여 보라"라고 말씀 하실 때 에덴동산을 생각하셨을지도 모른다. 아무런 생각 없이 선악과를 바라본 하와 할머니는 먼저 먹음직해서 따 먹어버리고 말았다. 실락원의 비극이 여기서 왔다. 그리고 창세기 25장 27절 이하에 보면 에서가 동생이 팥죽을 쑤는 것을 보고 아무 생각 없이 장자의 명분을 그 팥죽 한 그릇에 팔아 버리고만 이야기가 나온다. 생각 없이 선악과를 따 먹음으로 인류의 비극이 시작되었고, 아무 생각 없이 팥죽을 먹음으로 야곱과 에서의 갈등이 시작되었고, 그 싸움은 오늘까지도 계속되고 있다.

마귀는 먹는 것으로 인간을 유혹한다. 역대 대통령의 친인척과 주위 사람들이 생각 없이 받아먹다가 줄줄이 감옥에 가는 것을 보라.

예수님이 공생애를 시작하실 때 맨 먼저 마귀가 유혹한 것도 먹는 시험이다. 마귀는 예수님에게 나타나서 "이 돌들로 떡이 되게 하라"라고 유혹했다. 예수님이 맨 먼저 먹는 문제인 빵 문제로 시험을 받으셨다는 말은 예수님이 지상에서 가장 관심을 기울인 것은 떡 문제, 물질 문제인 것을 말하고 있다. 내가 미스 김에게 시험을 받았다는 말은 자나 깨나 미스 김이 내 머리에 떠오르고 있다는 말이다. 이 시험을 예수님은 하와와 에서와는 달리 단호히 물리치셨다.

"사람이 떡으로만 살 것이 아니요 하나님의 … 말씀으로…"(마 4:4).

여기서 '말씀'을 좀 무리가 있지만 '생각'이라고 한번 해 보자. 요한복음 기자는 말씀을 '로고스'라고 했는데 이 로고스는 이데아, 즉 육신과 대조되는 생각이란 뜻으로 해석해도 될 것 같다. 여기 말씀은 하나님과 연결이 된 말씀이다. 그러기에 이 말씀을 받아들이는 것이 믿음이다. 이 믿음의 눈, 영안이라 할 수 있고 심안이라 할 수 있는 이 눈을 갖고 "저 들의 백합화를 바라보라"는 말씀이 생각하여 보라는 말씀이다. 이 말씀은 에덴동산에서 살던 아담(사람)에게 하신 말씀이요, 동시에 오늘 우리에게 하신 말씀이기도 한 것이다.

이제 예수님의 말씀을 듣고 백합화를 바라보자.

1) 인간의 유한성을 바라보아야 한다

꽃을 보면서 "그 키를 한자라도 더할 수 있겠느냐?", 나는 스스로의 머리털을 1mm도 자라게 할 수 없는 유한한 존재란 것을 깨달으란 말씀이다.

2) 믿음을 얻는다

눈으로 볼 수 있는 것은 꽃이요, 그리고 영안 즉 생각으로 볼 수 있는 것은 뿌리다. 뿌리는 흑암, 혼돈, 공허에 묻혀 있다. 오늘 여기에서도 '생각'으로 보면 하나님이 태초에 땅이 혼돈하고 공허하며 흑암 속에서 에덴을 창조하신 것이 보여진다. 이것을 보는 것이 믿음이다.

3) 여기에서 소망도 얻을 수 있다

꽃의 시듦 속에서도 그 안에서 영글어가는 열매를 바라보는 것, 이것이 소망이요 부활이다. 이사야는 이사야 40장 7절에서 "꽃이 시듦은 여호와의 기운이 그 위에 붊이라"했다. 꽃을 피게 하신 분이 시들게도 하신다는 것, 그런데 그 시듦(십자가)이 바로 부활이란 말씀이다.

나는 일생 허인천국이란 좌우명을 갖고 그대로 살았다. 비우면 채워지고 낮추면 높아지고 죽이면 살게 되고 죄인 중의 죄인이라 고백하면 의인이 된다는 이 역설, 이 역설을 호흡(생명)이라 해도 좋고 변증법이라 해도 좋다.

하여튼 성서나 세상만사를 생각하며 보면 하나님의 이 숨소리를 볼 수가 있다.

5. 뜻 깊은 명절, 추석〈눅 2:41~42, 행 2:1~2〉

1) 명절

공자, 맹자님은 공부를 많이 했고 석가모니는 도를 닦은 성자이다. 그러나 성서에 의하면 예수님은 어려서 유대인들의 최대 명절인 유월절 절기를 지키려 예루살렘에 올라갔다는 기록 밖에는 없다. 유월절은 야훼가 애급에서 종살이 하던 이스라엘 민족을 구원해 주신 것을 기념하고 감사하는 절기이다. 나는 모태에 있을 때부터 신앙생활을 하며 오늘까지 살아왔는데, 어릴 때부터 성인이 되어 교회를 떠날 때까지 본 교회 목사님의 설교를 기억하는 것은 거의 없다.

내 일생 삶의 뿌리는 기독교의 최대 명절인 크리스마스 때 교회에서 맛본 예수님의 사랑이다. 머리를 산도적 같이 더벅머리로 다닐 때 어머니는 엿장수 가위 같은 가위로 머리를 깎아 주셨다. 소 뜯어 먹은 것 같은 머리를 하고 학교에 가면 아이들이 놀려댔고 주먹으로 꿀밤을 주었다. 그러나 그 머리를 하고 교회에 갔더니 크리스마스 성극할 때 나를 동방박사가 되게 했고 그 머리 위엔 사각모자를 씌워 주었다. 예수님의 사랑을 피부로 깨닫게 해 주었다.

하나님의 사랑, 사랑은 책 속에 있는 것도 아니요, 명상이나 고행 속에서 얻을 수 있는 것이 아니다. 사랑은 품에 안기는 것이요, 님을 내 가슴에 품는데서 맛볼 수 있다. 여기에 내 신앙의 뿌리가 있다.

2) 추석은 한국의 추수감사절이다

요사이 젊은 사람들은 정말 모를 것이다. 일제 말엽 어린 시절, 벼가 다 익을 때까지 기다리다가는 모두 굶어 죽게 되었을 때 덜 익은 벼이삭을 낫이 아닌 손으로 뜯어다가 솥에 넣고 불을 땐다. 벼알을 깨물면 뿌연 우유 같은 액체가 나오는데 그것을 응고시키기 위해 솥에 찌는 것이다. 이 찐쌀로 밥을 해 먹을 때 그 맛과 기분, 땅에서 솟아난 오곡백과가 하나님이 주셨다는 것, 그리고 거기서 솟아난 뜨거운 감사를 맛보는 것이 한국의 추석이다.

인간은 쌀 한 톨, 밤 한 톨을 못 만든다. 오곡백과를 포함해 송두리째 하나님이 주신 것이다. 지구가 돌아가는 소리가 너무 커서 인간들은 못 듣고 살아가듯이 오곡백과를 공짜로 얻는 은혜가 너무 커서 감사를 모르고 살던 인간들이 이 크나큰 하나님의 은혜를 깨닫고 감사하는 날이 추석 명절이다.

3) 추석은 잃었던 아들을 되찾는 아버지의 집에서 벌어진 잔칫날이다

고향을 떠나 타향에서 피곤한 삶을 살던 사람들이 고향, 아빠, 엄마의 사랑을 맛보는 날이 추석이 아닌가. 나는 이 맛을 누구보다 뜨겁게 체험했다. 1950년 6월 27일 한강대교가 폭파되는 소리를 뒤로 하고 서울을 떠나 기차, 화물차를 타기도 하고 걷기도 하며 조치원역 마당에서 돌을 세 개 주워놓고 그 위에 냄비를 올려 밥을 해 먹는 등, 정말 죽을 고생을 하며 고향으로 내려갔다. 일남오녀의 외동아들인 나의 생사를 모르시던 엄마, 아빠가 거지차림으로 들어오는 나를 맞이하시던 때 본 부모님의 모습을 나는 평생 잊지 않고 기억하고 있다. 그 눈으로 탕자의 비유를 읽고 그 눈으로 하늘에 계신 아버지를 바라본다.

4) 추석은 죽음을 생각하고 그 너머를 앞당겨보는 절기다

성묘하는 명절이다. 인간이 이 땅에 사는 동안 맛볼 수 있는 최대의 기쁨을 맛보는 명절이 추수감사절이다. 그런데 서양인들은 칠면조를 잡아 먹고 남녀가 어울려 춤을 출 때, 우리 조상들은 조용히 조상의 무덤을 찾아갔다는 것, 나는 여기에 우리 명절의 위대함이 있다고 생각한다. 오늘을 사는 현대인들의 비극은 죽음을 생각할 줄 모른다는 것, 아니 고의로 잊어버리려 하는 데 있다.

모든 인간이 추구하는 쾌락은 죽음을 잊어버리려는 몸부림이다. 전 지도자들의 부정부패, 그 냄새가 코를 찌르고 있고, 밑에 있는 사람들이 나라와 회사는 망하든 말든 한 푼이라도 더 받겠다고 아우성을 치던 사람들이 무덤 앞에 서서 '나도 죽는다'는 생각을 해 본다면 하던 짓을 멈추게 될 것이다.

교회는 예수님의 몸인 떡과 피인 잔을 먹고 마시면서 주의 죽으심을 오실 때까지 전하는 곳이다(고전 11:26). 강단 앞에 걸려 있는 십자가는 죽음을 상징한다. 예수님의 무덤을 찾았던 세 여인은 바로 그 무덤 즉, 죽음 속에서 예수님의 부활 소식을 들었다.

추석에 무덤을 찾아 죽음을 깊이 응시하자. 그리고 그 무덤의 터널을 통해 저 하늘 아버지가 양팔을 벌리시고 버선발로 쫓아 나와 거지가 된 나를 맞아 주실 그 영원한 집을 바라보자.

6. 이 봄에 개똥밭을 기경하자!

"개똥밭에 굴러도 이승이 저승보다 낫다" 우리 할머니, 할아버지들이 하시던 이 속어 속에 깊은 진리가 담겨있다. 지난 19세기 서구사상계를 휩쓸던 실존주의(Existentialism)도 그 내용은 이와 비슷한 게 아닌가 싶다. 서구 2천여 년 사상사는 "실존이 앞서느냐, 본질(Essence)이 앞서느냐"가 엎치락뒤치락 하는 역사라 해도 좋을 것이다.

나무꾼이 목욕하는 선녀의 옷을 감추고 선녀를 아내로 삼아 살다가 인내심이 부족하여 놓쳐버렸다는 이야기를 모르는 사람은 거의 없을 것이다. 우리 조상들은 오랜 세월 동안 잃어버린 선녀를 찾아 헤매는 역사를 살아온 것 같다. 땅에 사는 나무꾼이 개똥밭에서 나물 캐는 아가씨를 만나 오순도순 살 생각은 하지 않고 다시 내려오지 않을 선녀를 찾아 헤매다가 장가도 못 가보고 죽고 말게 되는 삶을 살아온 것 같다.

캐나다 국기 한가운데는 단풍잎 같은 나뭇잎이 그려져 있다. 그것은 그들의 조상들이 처음 북미로 건너와 아사 직전에 그 나무에서 시럽을 빼먹고 살아난 것을 기억하기 위해서다. 그런데 태극기에는 개똥밭과는 너무나 거리가 먼 우주의 원리인 태극이 그려져 있다. 조선 말엽에는 "이(理)냐, 기(氣)냐"를 갖고 논쟁을 하는 동안 밭갈기를 외면했다. 그때 만약 다산(茶山) 정약용(丁若鏞)같은 실학자를 내치지 않았더라면 그렇게 허무하게 망하지는 않았을 것이다.

교회도 마찬가지였다. 지금은 가사를 고쳤지만 이전에는 "괴롬과 죄만 있는 곳, 나 어이 여기 살릴까"라고 부르면서 개똥 소똥 뒹구는 이 세상을 떠나 선녀가 날아간 그곳으로 뒤따라가려고만 했다. 지금은 많이 변했지만 아직도 대부분의 크리스천은 저 높은 곳을 바라보고 사모하는 것이 신양생활인 줄로 알고 있다.

그러면 오늘 우리는 어디로 가야 하는가? 분명한 것은 예수님에게서 해답을 찾아야 한다. 예수님은 하늘에서 땅으로 내려오셨다. 그리고 내려오신 그곳은 정치, 경제, 문화, 종교의 중심지인 예루살렘에서 탄생하신 것이 아니라 그와 정반대되는 곳, 즉 베들레헴 소똥 말똥이 뒹구는 개똥밭에서 탄생하셨다. 그리고 시아버지에게서 씨를 받은 여인, 간음 중에서도 큰 간음을 한 더러운 여인의 피를 받아 이 땅에 오셨다.

인류의 구주는 이렇게 바리세인 제사장 같은 양반들이 거들떠보지도 않는 구린내 나는 개똥밭에서 돋아난 냉이, 쑥 같은 생명체이다. 구주는 베들레헴 개똥밭에서 돋아났고 부활은 베들레헴보다 더 더럽고 비참한 골고다 개똥밭에서 솟아났다. 하늘에서 뚝 떨어지지 않았다.

근래에도 이 땅에는 구린내 나는 땅을 파헤쳐 거기 숨어 있는 때 묻은 뿌리를 찾아 잘라내려고 하는 철부지들이 열을 올리고 있다. 몇 년 전만해도 땅을 기경하려는 것을 막으려고 길거리에 누워 데모를 한 자칭 정의의 사나이들이 있지 않았는가.

불교에서는 연꽃을 통해 그 큰 진리를 표현하려고 한다. 기독교에서는 십자가를 통해 부활을 나타내려고 한다. 불교의 연꽃은 개똥밭보다 더 구린내가 나는 시궁창에서 피어난다. 그리고 기독교는 그것과는 비교도 되지 않는 십자가의 비극에 뿌리를 내려 거기서 피어난 것이 부활꽃이라고 주장한다.

허공을 바라보며 선녀만 기다리지 말고 굳은 땅을 갈아엎어 거기 개똥을 묻고 새 생명이 태어나게 하자.

7. 야구인생

야구 경기에서 투수가 던지는 공이 스트라이크인지 볼인지를 정확하게 판단하기 위해서 포수 앞에 기계로 스트라이크 존(Strike Zone)을 설치했더니 야구가 재미있게 진행되지 않았다는 이야기가 있다. 별의별 사람들이 함께 모여 살아가고 있는 이 사회엔 반드시 법이 있어야 한다.

김구 선생은 경찰서를 많이 세우는 것보다 교회를 많이 세우면 나라가 잘 된다는 뜻의 발언을 했지만 이 말은 너무나도 순진한 생각에서 나온 말이다. 세상 나라는 법 위에 세워진 나라이다. 그러나 이 법이 일점일획도 틀림없이 기계적으로 정확하게 지켜지기만 하면 행복한 사회가 되는 것은 아니다.

신앙생활도 마찬가지이다. 경전의 글자 한자한자를 빠짐없이 다 지키려 했던 바리세인이나 당시 율법학자들이 예수님을 죽였고, 오늘날도 그같은 이슬람교 원리주의자들이 세상을 어지럽히고 있다. 한국 장로교를 분열 시킨 자도 그런 이들이었다.

야구에서는 감독이 타자를 바라볼 때 3할만 치면 예쁘게 보아준다. 아직 5할대 타자는 나오지 않은 것 같다. 투수가 던지는 공 중에 일곱 개는 놓치고 세 개만 치면 예쁘게 보아준다는 말이다. 세상을 살아가는데 있어서도 일곱 번은 미운 짓을 하고 세 번만 예쁜 짓을 해도 그 사람을 칭찬해 주고 예쁘게 보아 주어야 한다. 그런데 사람들은 세 번 안타를 친 그 '셋'을 보지 않고 안타를 치지 못한 그 '일곱' 만을 바라보고 비난하고 미워한다. 그리고 나의 장점에다가 상대방의 단점을 견주어 보고 혼자 쾌감을 느끼곤 한다.

어떻게 하다 보면 퍼펙트 게임이 일 년에 한두 번 나올 수 있는 것이지

매 게임마다 퍼펙트 게임이 나오기를 감독이 투수에게 바라지는 않는다. 그리고 잘 맞은 공이 수비수에게 잡혀 버리고 빗맞은 타구가 안타가 되는 경우가 있다. 이 세상을 살아가는데도 엉뚱한 일이 너무나도 자주 일어나고 있다. 아버지가 잘하면 수천 대 자손들은 복을 받고 아버지가 잘못하면 3, 4대까지 벌을 받는다고 성서는 기록하고 있지만 세상은 꼭 그렇게만 흘러가지 않는다. 그러기에 야구가 재미있듯이 세상살이도 재미있게 볼 수가 있다.

그리고 투수나 타자 할 것 없이 에러가 없을 수 없다. 십할 대 타자와 퍼펙트 게임만 하는 투수가 그라운드에 서 있는 야구장에는 관중이 들어오지 않을 것이다. 야구장에 관중이 가는 이유 중에 하나는 홈런을 볼 때 느끼는 쾌감일 것이다. 그런데도 홈런이 가끔 나와야지 계속 나와도 흥미는 없어질 것이다. 알루미늄방망이를 안 쓰고 나무방망이만 쓰는 이유도 여기에 있다.

이 세상살이도 마찬가지이다. 결혼, 회갑 같은 날만 계속되어도 세상살이가 재미가 없다. 슬픈 일, 괴로워 잠 못 자는 밤도 섞여 있어야 세상살이가 재미있을 수 있다. 어떤 가수가 부른 유행가 가사처럼 눈물에 젖은 빵도 먹어 보아야 한다. 그리고 야구가 흥미로운 경기가 되는 것은 도루가 용인되기 때문이다. 육상선수가 도루를 했다가는 당장 실격을 당하고 말 것이다.

우리 하나님은 완전무결한 신(神)이 되려고 한 아담 하와를 에덴에서 내쫓으시고 인간이 하늘까지 닿아보려고 한 바벨탑을 허물어 버리셨다.

그리고 에러를 많이 범한 야곱, 다윗, 베드로, 바울을 택하셔서 이스라엘의 조상과 교회의 머릿돌로 삼으셨다.

8. 약속

성서는 하나님의 약속의 책이다. 그래서 옛 약속(구약)과 새 약속(신약)을 합쳐서 성서라고 한다. 그리고 모든 크리스천은 "하나님은 당신이 친히 인간과 맺으신 그 약속을 반드시 지키신다"고 믿고 있다. 그런데 성서 안으로 들어가서 하나님이 약속하신 그 약속과 오늘의 현실을 지켜보면 실망할 때가 너무나도 많다.

우선 출애굽기 20장 5절 이하를 읽어보라. "… 나 네 하나님 여호와는 질투하는 하나님인즉 나를 미워하는 자의 죄를 갚되 아버지로부터 아들에게로 삼사 대까지 이르게 하거니와 나를 사랑하고 내 계명을 지키는 자에게는 천대까지 은혜를 베푸느니라" 그런데 오늘의 현실은 이와는 정반대로 흘러가고 있지 않은가!

구약성서 안에서도 하박국 같은 후기 예언자들은 "하나님 왜 이렇습니까?" 라고 절규하고 있다. 분명 가라지가 알곡보다 더 무성하게 자라고 있는 것이 오늘의 현실이기 때문이다. 그러다가 예수님에게 와서는 하나님의 축복의 약속은 완전히 뒤바뀐다.

누가복음 15장에 나오는 탕자의 비유에 의하면 아버지(하나님)의 명을 어김없이 다 지킨 맏아들이 구원의 잔치에서 밀려났고 아버지의 뜻을 거역하여 3, 4대까지 벌을 받아야 할 둘째아들이 구원의 잔치에 참여했다. 서기관과 바리새인들은 하나님의 약속을 문자적으로 받아들였고 예수님은 그 글자 속에 숨어 있는 내용을 바라보고 말씀하신 것이다. 공부하지 않고 놀러만 다니는 아들에게 엄마는 야단을 친다. "너 공부 안하고 놀러만 다니면 내일 학교에 안 보낸다" 못난 아들도 어머니의 꾸중을 그대로 믿지 않고 내일 학교에 보내주신다고 믿는다.

내가 서 있는 자리에서 주위를 살펴보면 두 종류의 사물이 있다. 그 하나는 '그것(It)'이라고 부를 수 있는 것이고 다른 하나는 인격을 지닌 '너(당신)'라고 부를 수 있는 것이다. 그런데 하나님이 '그것'이라고 부를 수 있는 것과 맺은 약속은 일점일획도 틀림없이 다 지키신다. 세상 과학자들은 이 약속을 믿고 비행기를 만들어 공중에 띄운다.

그러나 인격을 지닌 '당신'이라고 부르는 사람은 언제 변덕을 부릴지 모르기 때문에 언제나 긴장해야 하고 교정하고 꾸짖기도 하고 칭찬도 해야 한다. 하나님께서는 물은 영하가 되면 고체가 되고 뜨거우면 기체가 되고 1도에서 100도 사이에서는 액체가 되게 한 그 약속은 100% 지키신다. 그러나 변덕스러운 인간과 글자(율법, 말씀)로 맺은 약속은 인간들이 깨뜨리기 때문에, 그런데도 불구하고 하나님의 사랑 때문에, 글자의 약속을 깨뜨려 가시면서 밤마다 문 열어 놓고 기다리신다.

명절 때 기차표를 사기 위해 긴 줄로 서서 표를 산다. 이때 새치기를 하는 것은 불의요, 죄악이다. 그러나 병원에 가는 급한 환자나 노인에게는 새치기를 시키는 것이 더 큰 정의다. 오늘 세계를 공포 분위기로 몰아가고 있는 사람들은 이슬람교의 원리주의자와 정통 유대교도 그리고 스스로 예수 제일 잘 믿는다고 자처하는 기독교 문자주의자들이다.

하나님의 옛 약속이나 새 약속은 반드시 이루어진다. 그 약속의 내용은 구원(사랑)이다. 이 약속을 이루시기 위해서는 때로는 포장지를 확 찢기까지도 하신다는 것을 기억해야 한다.

9. 맹수들의 지혜(智慧)

텔레비전에서 맹수들이 싸우는 것을 여러 번 보았다. 날카로운 발톱과 무시무시한 이빨로 상대방을 위협하는 그들의 모습은 보는 사람들로 하여금 손에 땀을 쥐게 한다. 그런데 그 안을 가만히 들여다보면 그 무시무시한 무기는 상대에게 겁을 주기 위한 것이지 생명을 노린 것이 아니다. 서로 힘겨루기만 하다가 힘이 약한 놈이 도망가면 이긴 놈은 끝까지 쫓아가서 죽여버리지 않는다.

지구 표면은 인간을 포함해서 동식물의 싸움터라 할 수 있다. 그런데 이 싸움은 서로가 살기 위한 싸움, 즉 생존경쟁이다. 예수님은 제자들을 보내시면서 이르시기를 "너희를 박해하면 도망가라(피하라)"(마 10:28) 하셨다.

나는 대동아전쟁 당시 초등학교를 다녔다. 그 때 일본인들은 초등학생들에게까지 군사교육을 시켰다. 그 교육의 내용은 강성일변도, 즉 철저한 임전무퇴였다. 도망을 간다는 것은 인간 최대의 비굴이다. 사열을 할 때 걷는 모습은 사람이 아니라 기계였다. 한발을 앞으로 내밀 때는 무릎이 90도가 되고 거기서 또 90도 각도로 종아리가 꺾어지며 그 발을 땅에 내디딜 때는 땅이 꺼질 만큼 힘차게 내디디어야 했다.

오늘 북한 인민공화국 군대가 사열하는 모습이 바로 일본 제국주의 군대와 같다. 전체주의 국가의 특성은 강성일변도이다.

그런데 1945년 8월 15일 이후 미군들을 처음 보게 되었고 그들의 행군하는 모습을 보았다. 일본군에 비하면 미군은 마치 시골 농부가 장 보러 갈 때의 걸음걸이였다. 그리고 6 · 25 때 처음으로 맥아더 장군의 후퇴작전을 보았다. 전쟁터에서도 병사들을 죽여서 싸움에 승리만 하면 되는 것이 아니라 도망을 가서라도 병사들을 살리는 것에 목적이 있었다. 극한적인 상황에선 한 발 물러서는 것이 좋다.

'결사적', '죽도록', '절대로' 자기 선에 도취된 사람들이 자주 쓰는 용어이다. 삭발을 하고 붉은 띠를 머리에 두르고 신나 통을 옆에 가져다 놓고 라이터를 손에 들고 부르짖는 소리다. 정의를 부르짖는 성직자들도 동조한다. 그러나 이 땅에는 목숨과 맞바꿀만한 절대적인 선은 없다.

"우상숭배란 상대적인 것을 절대화하는 것"(P. Tillich)이라 했다. 이 세상에서 가장 무서운 것은 이것이다. 이들과는 대화가 되지 않는다. 후퇴, 양보를 바라서도 안 된다. 뉴욕 무역센터를 폭파시킨 자들도 이들이요, 천안함을 폭파시킨 자들도 이들이다.

불행하게도 오늘 우리는 맹수만도 못한 사람들과 마주하고 있다.

'동족인데'라는 '순진한 생각은 절대 금물이다'.

III. 나라와 역사를 먼저 생각하며

1. 6 · 25 - 십자가와 부활 -

1950년 6월 27일 흑석동 중앙대 앞 자취방을 나와 노량진에서 전차를 타고 학교가 있는 신설동으로 가고 있었다. 민간 트럭이 위장한 채 군인들을 태우고 의정부 쪽으로 달려가고 있는 것이 보이는가 하면, 학교 정문을 들어서니 어딘지 모르게 분위기가 어수선했다. 공부를 하는 둥 마는 둥 오전 수업을 마치니 오후에는 강의가 없으니 돌아가라고 했다. 오후 2시경 내가 탄 전차가 한강 인도교 한가운데 이르렀을 때 완전무장한 헌병들이 전차를 세우고 강을 건너지 못하게 막았다. 전차 운전기사가 차에서 내려 헌병에게 사정사정하니 약 20분 가량 다투다가 차를 보내 주었다. 내가 탄 전차가 한강을 건넌 마지막 전차였다.

1) 조선일보 2013년 6월 18일자에 의하면 오늘 한국 고등학생의 69%가 6 · 25를 대한민국이 북으로 처들어간 북침으로 믿고 있다.

오늘 일본인들은 세계적인 범죄를 저지른 자기들의 선조를 전 세계인의 이맛살을 찌푸리게 하면서까지 변호하고 경의를 표한다. 그런데 대한민국 젊은이들은 어찌하여 6 · 25가 북한 공산군에 의한 남침인 것은 명

명백백한 사실인데도 거꾸로 뒤집어 자기 조상들을 욕하고 적을 두둔하고 있는지 기가 막힐 지경이다. 왜 이 지경이 되었을까?

2) 그러면 먼저 6 · 25는 어떤 변란인지 생각해 보자

깊은 내용은 건드리지 않고 내 눈으로 본 것을 말해보자면 이렇다. 오늘 한반도에서 살고 있는 배달민족의 꿈에도 소원은 통일이고, 부자도 없고 가난한 사람도 없는 골고루 잘사는 나라가 되기를 모두가 소원하고 있지만, 그때(1950년 6월 25일) 북한의 철부지 청년장교가 소련이라는 거대한 국가를 등에 업고 이 민족의 꿈에도 소원을 이루어주겠다고 38선 이북에서 탱크를 앞세우고 대한민국으로 쳐내려온 사건이 6 · 25이다.

바로 이 철부지가 저지른 불장난은 인류 역사상 가장 처참한 동족상잔의 비극을 가져왔다. 여기서 알 수 있는 가장 큰 교훈은 "사람은 하나님이 창조해 놓은 에덴을 파괴할 수는 있어도 이 땅 위에 유토피아를 건설할 수 없다"는 사실이다. 하나님 없는 인간의 최선은 곧바로 최악이 될 수 있다.

3) 환상을 버려라

마태복음 17장 1절에서 8절의 말씀을 읽어보자. 예수님이 변화산 위에서 얼굴이 해 같이 변했다. 이 황홀한 광경을 보고 제자들은 언제까지나 이곳에 머물자고 제의를 했지만 하늘의 음성은 너희 좋은 대로 하지 말고 "너희는 그의 말을 들으라"는 것이다. 예나 지금이나 철부지들은 환상(꿈) 속에서 살기를 원한다.

38선 이북에서는 김일성을 태양이라고 떠받든다. 그 태양빛 속에서 들려오는 소리는 "통일, 유토피아를 만들어 주겠다"는 소리다. 이 소리에

현혹된 자는 일부 고등학생, 전교조 뿐 아니라 정치인 심지어는 정의파 성직자, 판사, 검사까지도 솔깃해 하고 있다. 아니다, 겉으로 요란하게 번쩍번쩍 빛나는 그 환상은 깨어지고 말 것이다. 그 겉을 깨뜨리고 그 속에서 세미하게 들려오는 소리에 귀를 기우려야 한다. 이것이 기도이다. 그 세미한 소리는 "산(황홀한) 위에서 산 아래로 내려가라"는 소리다. 그 산 아래는 간질병으로 고생하며 불에도 넘어지고 물에도 넘어지는 불쌍한 사람들이 우글거리고 있다.

　4) "도를 닦는 것도 중요하지만 현실을 바로 보는 것은 더욱 중요하다."

　세계적인 춤꾼 홍신자 씨의 말이다. 무지개는 아름답지만 손에 잡히지는 않는다. 인간의 생각은 일 초에도 태양까지 몇 번을 갔다 올 수 있지만 우리 몸은 한 치 앞도 내다보지 못한다. 변화산 위의 황홀에 취해 거기 머무는 것은 결코 예수님의 뜻이 아니다. 예수님은 바로 내가 지금 서 있는 이곳에서 가장 가까운 "이웃을 사랑하라"고 하셨다. 화려한 네온불빛 아래 짙은 향기를 피우며 거니는 아름다운 아가씨를 쳐다만 보지 말고 바로 내 곁에서 나와 가족들을 위해 땀 흘리고 있는 땀 냄새와 구린내 나는 사람, 이웃부터 사랑해야 한다.

　6 · 25는 땅 위에 살고 있는 인간들이 만들어 놓은 우상 태양이 일으킨 인류 최대의 비극이다. 이 비극의 잿더미 위에 선 이 나라를 세계 경제대국 10위권에 들게 했고 올림픽 5위란 기적을 일으킨 우리 지도자부터 존경할 줄 알아야 한다(물론 그분들에게도 많은 허물이 있지만). 모택동은 말년에 문화혁명을 일으켜 천인공노할 죄악을 저질렀지만 중국 사람들은 변함없이 그를 존경하고 있다. 이스라엘 백성은 아버지와 형 그리고 외삼촌을 속인 야곱을 오늘까지도 자기들의 조상으로 자랑하고 있지 않은가!

5) 하나님께만 영광을

어제나 오늘이나 인간들은 하나님께 반역한다. 그러나 그 반역의 십자가가 서 있는 현장 바로 거기에서 하나님은 부활의 아침이 동터오르게 하신다. 지혜로우신 하나님께 예수 그리스도로 말미암아 영광이 세세 무궁토록 있을지어다. 아멘"(롬 16:27).

2. 13년 군생활 중 기억에 남는 것들

군목은 희생보다 먼저 지혜가 있어야 한다.(지혜는 귀기울여 듣는 마음이다)

1958년 11월에 육군 6사단 2연대에 배치되었다. 스물네 살에 임시 중위 계급장을 달고 전방부대에 부임하여 연대장에게 신고를 할 때 가슴이 두근거리고 다리가 떨렸다.

보병학교를 거치지 않은 목사님들은 하룻강아지 범 무서운 줄 모르고 지휘관을 아무렇게나 대했다고 하는데 나는 그렇지 못했다. 보병학교에 일 주일 먼저 입교한 선배들에게 호되게 기합을 받은 경험이 있기 때문이다. 그래서 연대장 만나기를 꺼리면서 죽자고 충성만 했다. 출근하자마자 지프차는 생각도 못하고 대대, 중대에 보급을 싣고 가는 트럭에 올라타고 전방에 갔다. 강원도 금화 오성산 앞에 배치되어 있는 최전방 참호를 발로 일일이 찾아다니며 고생하고 있는 병사들을 열심히 방문하여 격려하고 위로를 했다. 그런데 죽어라 땀을 흘리면서도 전혀 보람을 느끼지 못했다.

당시 육사 11기생들이 주로 중대장이었는데 그들을 찾아 만나면 그들은 고마워하기는 고사하고 군대 3~4년 후배인 군목을 내려다보며 얕잡아보는 것 같았다. 죽어라 열심히 일을 했으면서도 일일이 지휘관에게 보고하러 들어가려니 무섭기도 하고 요령도 몰랐다. 날이 갈수록 군종업무에 회의를 느꼈다. 다만 군 교회 목회에는 열과 성을 다했다.

전방생활 중 수요집회 한번 소홀히 한 적이 없었다. 그러던 중 생각을 달리하기 시작했다. 전방생활 중 공부나 열심히 하자고 마음을 먹었다. 공부를 한다고 절대로 군종업무에 지장이 되지는 않았다. 열심히 공부를 하는 것은 성직자의 가장 기본적인 임무라고 생각하며 당시 세계 신학계를 주름잡고 있는 신학계의 거성들의 주요 저서들을 닥치는 대로 구입해서 읽었다.

그러던 중 원치 않았는데도 5·16혁명 이후 강제로 후방으로 발령이나 훈련소, 헌병학교, 장거리 통신단 등등을 전근 다니면서 열심히 근무했다. 그러다가 3년이 지나 다시 전방에 가게 되었다. 1군 사령부에 가니 1군 군종 참모가 "여 목사, 저번에는 사창리에서 고생 많이 했는데 이제는 고참이 되었으니까 좋은 데 보내줄게 말해봐" 했다. 내가 "사창리로 또 보내주세요" 했더니 참모님이 입을 딱 벌렸다. 그리하여 사창리에 있는 27사단 78연대에 부임했다. 여기에서 나는 내 일생 중 가장 존경하는 스승을 만나게 되었다. 그 스승은 5·16 당시 중앙정보부 기획조정관을 거친 육사 8기생인 강신탁 연대장이다.

나는 군목 초년의 경험을 살려 새로운 군목활동을 해보기로 했다. 물론 군목은 사병 한 사람 한 사람을 돌보며 애로사항을 들어줘야 하지만 그보다 못지않은 것은 지휘관을 통해서 전 장병들에게 영향을 미치는 것도 더 중요한 일이라 생각했다. 아침에 출근해서 브리핑이 끝난 후 일반 참모들이 결제를 마칠 때를 기다렸다. 그리고 연대장이 혼자 있을 때를 기다렸다가 시간이 되면 그 방을 찾아 대면하고 앉아 대화를 했다. 그분에게서 엄청난 지식을 얻었다. 중앙정보부 기획조정관의 눈앞에 앉은 나의 세상 지식은 실로 조족지혈이었다.

그래서 오늘 나는 종교인들이 우물 안 개구리 같은 안목으로 사회적인 문제를 함부로 논하는 것을 못마땅하게 생각하게 되었다. 나는 그 당시 칼 바르트, 폴 틸리히, 본 훼퍼 가리지 않고 신학계 거목들의 주저들을 구할 수 있는 한 열심히 구해서 읽었다. 그 중에서도 특히 미국 역대 대통령들에게 절대적인 영향력을 끼친 라인홀드 니버의 책을 구입해서 읽었다.

그러던 중에 나는 연대장 숙소를 가끔 방문했다. 그때 사모님은 국립대 법대 출신의 인텔리였다. 내가 사모님을 방문할 때마다 사모님은 내게 묻는 것이다. "목사님, 낮에 부대에서 연대장님과 무슨 대화를 하십니까? 연대장님이 퇴근하여 워커끈을 풀면서 하시는 말씀이 '오늘도 목사한테서 많이 배웠는데…' 하시던데요." 나는 사모님의 물음에 "그저 시시한 이야기들이지요"라고 대답했다. 개인적으로 지휘관과 가까워지는 것이 군목업무에 얼마나 중요하다는 것을 군 입대 후 5, 6년이 지나서야 깨달았다. 성서의 누가복음과 사도행전을 기록한 누가는 누가복음을 그 당시 오늘의 지휘관과 같은 자리에 있는 데오빌로 각하에게 보여주기 위해 기록했다.

한번은 연대장실을 찾아 조용히 건의를 했다. "연대장님, 이 세상 여러 민족 가운데 세계 인류에게 가장 많은 공헌을 한 민족이 어느 민족인지 아십니까?" 연대장님은 "글쎄요" 했다. 나는 이어서 말을 계속했다.

"이스라엘 민족입니다. 그런데 세상 사람들은 그들이 많은 공헌을 한 것은 어느 정도 아는데 그들이 그렇게도 많은 일을 한 그 배후에서 그들이 얼마나 철저하게 쉬었다는 것은 잘 모릅니다. 그들은 안식일 전에 켜 놓은 가스렌지의 불을 안식일이 되면 *끄지도* 않을 정도로 철저하게 쉬었습니다. 우리는 아침에서 저녁을 하루라고 하는데 성서는 저녁에서 아침을 하루라고 합니다. 이것은 일이 먼저가 아니고 쉼(저녁)이 먼저라고 생각하는 것입니다. 연대장님, 그런데 우리 병사들은 노동도 없고 휴식도 없습니다. 이래서는 능률이 안 오릅니다. 우리 연대는 이스라엘 민족같이 휴식을 앞세워서 철저하게 놀 때는 놀려봅시다. 그리고 일할 때는 지독하게 일하도록 해 보십시다."

이 소리를 듣더니만 연대장님의 눈에서 빛이 나기 시작했다. 내 말을 경청하던 연대장님은 "오케이!" 소리를 치더니 그대로 실천으로 옮겼다. 전방 155마일에 배치되어 있는 연대 중 토요일 오후에서 주일 오후까지 하룻 동안 철저하게 휴식을 취한 부대는 우리 부대 밖에 없었다고 나는 확신한다.

우리 연대 안에는 무의탁 사병이 14명이 있었다. 크리스마스 때나 추석 같은 명절 때가 되면 이들을 불러 모아 푸짐한 파티를 열어준다. 연대장, 대대장들이 이들에게 술을 따라주고 정훈병은 사진을 찍어 상부로 보낸다. 그런데 이 잔치는 높은 사람들의 얼굴을 내는 잔치이지 무의탁사병 한 사람 한 사람에게는 위로가 아니라 기합을 주는 것이 된다.

하루는 연대장님을 찾아가 건의를 했다. 사실대로 내용을 말한 다음, 이 같은 쇼를 하지 말고 군목이 그들을 찾아가서 그들의 소원을 들어주는 것이 참다운 위로가 될 것이라고 말했다. 그런데 조건이 하나 있는데 그냥 상담을 하는 것이 아니라 실질적으로 그들의 원을 들어줄 수 있는 인사참모의 권한을 군목에게 주어야 효과가 있다고 건의했더니 이때도 연대장이 "오케이!"를 하시는 것이다.

밤에 조용히 그들 하나하나를 찾아가 그들의 원을 들어 주었다. 물론

'무의탁사병 위로회'라는 쇼는 없어졌다.

이외에도 많은 일화가 있지만 약하기로 한다. 하나 분명한 것은 그것 때문만은 아니겠지만 우리 부대가 그 해에 연대 테스트에서 일등을 했다. 그 후 연대장은 장군으로 진급하여 2군 정보참모부장으로 부임했다. 하루는 나의 군종 사병이 "목사님, 전화 왔습니다. 친구라고 합니다" 했다. 내가 수화기를 받아 들고 "누구냐?" 하고 소리쳤더니 "나 강신탁이요, 여기 2군 정보부 참모로 부임했소" 하시는 것이다.

거의 같은 내용의 이야기를 하나만 더하겠다. 건설공병단에 근무할 때다. 작업장에서 일하는 사병들을 열심히 방문하면서 출근 후 한 10여 분간은 단장과 대화를 했다. 그 후 연대장은 영전을 해서 부산공병기지창장으로 갔다. 그때 나하고 친하게 지내던 작전참모가 같이 갔는데 그 후 이 참모를 만났더니 다음과 같은 말을 전해준다. 자기가 기지창장실에서 들은 이야기인데 창장이 조용한 시간에 혼자 창 밖을 내다보면서 혼잣말을 하더란 것이다.

"내가 건공단 단장의 임무를 무사히 마치게 된 것은 아침 출근해서 목사님과 잠깐 동안 대화를 나눈 그것 때문이야."

작전참모가 전해준 기지창장의 말을 전해 들으면서 혼자 씩 웃었다.

목사는 마르다처럼 열심히 뛰기도 해야지만, 그보다 더 중요한 것은 마리아처럼 주의 발치에 앉아 말씀에 귀를 기울이는 것이다. 오늘 우리 프로테스탄트 목사들은 성철 스님이 뛰지 않고 골방에서 공부만 한 데서 나오는 한 마디, 그리고 그 말이 온 국민에게 미치는 영향에 대해 깊이 생각을 해봐야 할 것 같다. 이만 줄이겠다. 더 길면 노인이 자기 자랑만 늘어놓는다고 후배들이 욕을 할 것만 같다.

여하튼 나는 하나님께서 목사로 불러 주신 것을 첫째로 감사하고, 그와 못지않은 뜨거운 감사는 보병학교를 졸업한 것 그리고 전방부대에서 젊음을 보낸 것이다.

* 참고로 군종 12기인 군대생활을 간략히 정리해보면,

1958. 6.16. 육군보병학교 입교하여, 1958. 8.7. 졸업하고,

1958. 11.8. 육군 제6사단 2연대, 1961. 육군헌병학교,

1963. 논산훈련소, 1964. 육군 제27사단 78연대,

1966. 육군본부, 1967. 주월한국군 십자성부대 102육군병원,

1968. 안양 건설공병단 등에서 근무하다가 1970. 육군 소령으로 예편하였다.

3, 102병원 근무 중 보람 있었던 일

나는 1967년 11월에 월남 중부지방에 위치한 휴양도시 나찡(당시에는 나트랑이라 불렀음) 비치에 도착했다. 인솔 장교의 인도를 따라 십자성부대 영내에 위치한 당시 백마사단을 지원하는 102병원에 도착하여 교회 건물 안에 있는 숙소에 짐을 풀었다.

첫날밤을 맞아 누워 잠을 청했으나 도무지 잠이 오지 않았다. 밤새도록 포 사격 소리가 들려오기 때문이다. 그 후에 알게 되었지만 베트콩이 쳐들어 오기 때문에 밤새도록 포를 쏜 것이 아니라 교란사격이라 해서 적에게 위협을 가하기 위해서 밤만 되면 먼 산을 향해 포를 쏜다는 것이다. 포소리 때문에 잠을 설치기도 했지만, 또 한편으로는 군 생활 10년 동안 단한번도 병원근무를 한 경험이 없었기 때문에 어디에서 어떻게 무엇을 해야 하는지 도무지 생각이 떠오르지 않았기 때문에 잠을 설친 것이다. 그

러다 새벽녘에 생각한 것은 무조건 현장에 가서 부딪쳐서 일을 찾아보기로 했다.

그런데 업무를 파악하기도 전에 그 유명한 베트콩의 구정공세를 당하게 되었다. 밤새 쉬지 않고 헬기가 환자들을 싣고 병원으로 날아왔다. 교회 숙소는 언덕 위에 있기 때문에 나찡 시내가 내려다 보였다. 바다에서 미군이 쏘는 함포 포탄이 비 오듯 시내로 날아가고 있는 그 사이에서 환자를 싣고 병원으로 날아오는 헬기가 쉴 새 없이 날아다니고 있었다. 아침에 환자실을 찾으니 의사와 간호사들은 정신없이 환자를 돌보고 있었다. 거기서 군목은 무엇을 해야 하는지 참으로 난감했다.

그때 바삐 돌아가는 의사와 간호사들이 나를 바라보고 나를 향해 "저리 비키시오"라고 소리치는 것 같이 느껴졌다. '나는 개밥에 도토리' 하는 마음의 소리가 들리는 것 같았다. 앞으로 1년 동안 여기서 근무해야 하는데 계속해서 이 같은 자격지심을 갖고 일을 할 수 없지 않은가, 혼자 고민을 했다.

한국에 있는 어떤 목사님은 "나는 병 고치는 능력을 가졌다"고 선전을 해서 세계에서 가장 큰 교회를 탄생시켰다. 그런데 그 신유의 은사 집회에서 치유를 받은 환자들은 거의가 눈에 보이지 않는 내과 환자들이지 외과 환자는 한 명도 없다. 여기 누워있는 총상 환자들에게는 그분이 와서 기도한다 해도 고칠 수 없는 것이다.

혼자 고민을 하다가 전에 읽었던 폴 틸리히의 『Love, power and justice』에 있는 "사랑은 주기에 앞서서 듣는 것이다"라는 말이 생각났다. 전상 환자들에게 의사는 치료의 손길을 펴주고, 간호장교는 환부에 약을 발라주고 붕대로 감싸준다. 그러나 군목은 이들에게 줄 것이 아무 것도 없다. 그렇다고 그 곁에 우두커니 서 있을 수만은 없지 않은가! 마지막 얼은 결론은 의사가 환부를 꿰매고 간호장교가 싸매어 준 그 환자에게 다가가서 그들 가슴속에 응어리가 맺혀 있는 것을 끌어내어(들어주어) 마음의 병을 고쳐주자고 결심했다.

다음날 작은 의자를 갖고 가서 그 환자의 침상 곁에 앉아 들어주기로 결심하고 행동으로 옮겼다. 그들의 입이 열려졌다. 모든 환자들이 토해내는 고백의 내용은 대동소이했다. "나는 남보다 용감했다. 그래서 부상을 당하게 된 것이다. 그런데 중대장이고 동료들이 알아주지 않더라. 그리고 의사, 간호사들도 자기를 마치 짐짝 취급하듯이 그렇게 대해준다" 등. 전투 중에는 의사와 간호사는 환자를 그렇게 대할 수밖에 없다. 바로 이들 곁에 군목이 다가가서, "그래, 참으로 너는 위대했고 장했다"고 고개를 끄덕여 주었다. 그 환자의 눈에서는 생기가 돌기 시작했다.

하비 콕스는 "기도란 그 사람의 아픔에 동참하는 것 즉 그 환자의 고통을 나누어 갖는 것"이라 했다. 이것이 참사랑이다. 군목의 기도는 무당의 주문과는 달라야 한다. 예수님이 환자의 병을 고치신 것은 바로 이 사랑의 능력이었다. 바로 '대속의 십자가의 능력' 이다.

그 환자의 고통 속에 함께 참여해주는 군목의 기도는 만 원짜리 진통제 주사와는 비교를 할래야 할 수 없는 백만 불짜리 부활의 능력의 약이다. 102병원의 외과과장은 그 병원의 원장 못지않은 영향력을 갖고 있는 분이었다. 그는 크리스천이 아니다. 술 담배로 그의 일과는 시작되고 끝이 났다. 이분이 귀국하여 부산 큰 병원에 근무하고 있었는데 그 아들이 서울대 의과대학에 수석으로 합격했다. 그분이 아들을 서울에 보내면서 당부한 말이다.

"너 서울에 가거든 학교에 가기 전에 역삼동에서 목회를 하는 OOO 목사님에게 먼저 가서 인사부터 해야 한다."

나는 의대생에게서 인사를 받으면서 속으로 중얼거렸다.

"나의 병원 목회 활동은 실패하지 않았구나!"

4. 나의 월남전 참전기

1967년 11월 십자성 102병원에 부임했다. 생애 처음의 병원 근무였다. 병원 안에서 목사가 해야 할 일이 무엇인지 깊이 생각하며 부임했지만 뚜렷한 묘안이 머리에 떠오르지 않았다. 도착한 지 얼마 되지 않아 저 유명한 베트콩의 구정공세가 시작되었다. 환자 후송 헬리콥터가 계속 병원으로 날아들어 병실은 초만원이 되었다. 군의관과 간호장교는 눈코 뜰 사이 없이 쫓아 다니고 있었는데 그 사이에서 군목이 해야 할 일을 찾기란 쉽지 않았다.

혼자 "나는 실로 개밥의 도토리구나"라는 생각마저 들었다. 의사는 째고 꿰매고 부러진 곳을 이어주고 간호사들은 그 뒷바라지를 해 주며 밤을 지새우는데 그 때 그 틈에 끼어서 "기도합시다, 찬송합시다." 할 수도 없고 혼자 우두커니 서서 소외감만 가지고 바라만 볼 수밖에 없었다. 이때에 머리에 떠오르는 생각이 있었다.

일찍이 신학자 폴 틸리히(P. Tillich)가 쓴『사랑, 힘, 정의』란 책에서 그는 말하기를 "사랑은 주기에 앞서 듣는 것"이라 했다. 바로 이것, 듣는 것, 사랑은 상처를 싸매어주고 대소변을 받아주는 것이지만 그 보다 못지않게 중요한 것은 들어 주는 것이란 것이다. 그래서 의사들의 수술이 끝난 환자를 방문해서 열심히 들어 주기로 했다. 일병, 상병 등 일반 사병들에게는 대위 계급장을 단 목사도 꽤 높이 보일 것이다. 의자를 환자 침대 곁에 바싹 붙여 놓고 거기 앉아 열심히 환자는 말하게 하고 나는 열심히 고개를 끄덕이며 들어 주었다. 그 환자들은 하나 같이 자기는 용감했다는 것이다. 금번 전투에서 용감히 영웅적으로 싸웠는데 아무도 알아주는 사람이 없더라는 것이다. 이제 부상을 당해 병원으로 후송되어 왔지만 의사와 간호장교들 역시 알아주기는 커녕 환자를 짐짝 취급을 하더란 것이다. (중환자가 많으니 그럴 수밖에 없었을 것이다.)

그런데 군목은 시간이 많으니 그들을 인격적으로 대해줄 수가 있다. 이때 세계적인 베스트셀러 작가인 파울로 코엘료의 글이 떠올랐다. 그는 다음과 같이 말했다.

"그 누군가에게 선을 행하고 그 사람을 돕고 보호한다면 그건 사랑의 행위가 아니다. 그런 행위는 이웃을 단순히 사물로 파악하고 자신을 자비롭고 지혜로운 사람으로 착각하는 행위이다. … 사랑한다는 것은 타인과의 영적 교류이며 그 사람에게서 신의 불꽃을 발견하는 일이다."

의사들이 육신을 치료한 다음 군목은 뒤따라가서 그의 육신에다 혼을 불어넣어 주는 일을 해야 한다. 이 일은 하나님이 태초에 진흙덩어리에다 생기를 불어 넣어 생령이 되게 하신 바로 그 일이다. 실컷 들어주고 나니 그 환자의 눈빛이 달라지는 모습을 똑똑히 보았다. "그래 그래, 너 참 용감했구나"라고 들어주고 격려해 주는 일도 무척 힘이 드는 일이다. 일 년 동안 이 일을 열심히 했다.

하루는 장교 병동을 찾아갔다. 그런데 병실에 들어서자마자 무서운 얼굴로 나에게 적의를 품고 대항하는 장교 환자가 있었다. 병실을 나와서 다른 사람에게 그 환자가 어떤 사람이냐고 물어 보았다. 알고보니 그 사람은 모범적인 독실한 크리스천이란 것이다. 백마사단 안에 독실한 크리스천을 뽑아서 임마누엘 중대를 만들었는데 그 때 가장 모범적인 신자로 뽑혀 그 중대의 중대장이 되신 분이라고 한다. 그래서 그를 만나 오랫동안 깊은 대화를 했다. 그가 목사에게 적대감을 갖게 된 이유를 알게 되었다. 그 내용은 이러했다.

백마사단 가까이에 닌호아라는 마을이 있다. 당시 주월 사령관 채명신 장군은 한국군 부대 지휘관에게 엄명을 내렸는데, 그것은 어떤 희생이 따르더라도 베트남 민간인이 희생을 당하게 해서는 안 된다는 것이었다. 그런데 이것을 교묘하게 이용해서 베트콩들이 이 닌호아라는 민간마을에 잠입했다.(오늘 인민군도 교묘히 이 전법을 쓰고 있다.) 백마부대 사단장은 박격포를 쏘면 당장에 그들을 전멸할 수 있지만 민간인이 다칠 수밖에 없어 생각해낸 것이 임마누엘 중대를 보내기로 했다. 임마누엘 중대는 하나님이 함께 하시는 중대니까 반드시 승리하리라고 중대장도 믿었고 사단장도 그렇게 생각했다. 그런데 결과는 정반대였다. 적은 민가를 이용해서 철통 같은 방어망을 구축하고 사격을 가해 왔는데 임마누엘 중대는 그렇지 못했다. 많은 병사들이 희생되었고 중대장도 큰 부상을 입고 입원하게 되었다.

"하나님이 살아 계신다면 이럴 수 없다"는 것이었다.

이 임마누엘 중대의 중대장 말은 "우리가 출전할 때 찬송을 부르고 간절한 기도를 드렸는데도 처절하게 패한 것은 하나님이 살아 계시지 않는다는 증거"라는 것이다. 그래서 이 중대장은 목사에게 무섭게 반항하게 된 것이라고 했다. 그 후 오랫동안 중대장과 대화를 나누었다. 한두 마디로 수많은 선지자와 사상가가 물어 온 수수께끼를 풀어 설명할 수가 없었다. 그러나 예수님의 말씀 속에서 힘 닿는 데까지 깊은 대화를 나누었다.

분명 구약의 하나님은 이스라엘인들을 구원하시기 위해 애급의 죄 없는 장자들을 죽이셨고, 애급 군대를 홍해에다 수장시키셨다. 그리고 여리고에 사는 사람, 불레셋, 아말랙 군사들을 처참하게 진멸시키셨다. 그런데 예수님이 오늘 우리에게 보여주신 하나님은 그렇지 않은 분이시다. 햇빛과 단비를 선인에게만 내려 주시지 않으시고 악인에게도 내려주시는 그분의 사랑은 하늘과 같다. 보라! 하나님은 1950년 6월 25일 남한에 쳐내려와 인류 최대의 비극을 일으킨 김일성을 당장 죽이시지 않고 진시황보다 더 길게 영화를 누리도록 그대로 내버려두셨다.

오늘 한국 크리스천들은 공적사상(merit)에 젖어 있다. 하나님이 백화점 점원처럼 만 원 내면 만 원어치 물건을 주고 십만 원 내면 십만 원어치 물건을 주듯이 십일조를 내면 복을 주시고 철야 금식기도를 해야 소원 성취 시켜주시는 분으로 생각한다. 그러나 예수님이 증거하신 하나님은 그렇지 않다.고 그에게 말해 주었다.

어떤 사람은 성경책을 주머니에 넣고 전쟁터에 나갔는데 총알이 그 성경책에 박혀 살아났다고 "할렐루야"를 부르지만 나는 오늘 성경책을 주머니에 넣고 다니지 않았는데도 살려두시는 하나님이시라는 것을 믿는다고 말했다. "하늘에 계신 우리 아버지", 곧 구약의 하나님이 아니라 예수가 보여 주신 보다 크신 하나님을 믿고 바라보라는 이야기를 줄곧 했다. 나와 그 중대장은 점차 좋은 관계를 가지게 되었다.

또 다른 경험담도 있다. 요사이 옹졸한 일부 성직자들은 가진 자와 가난한 자의 편을 갈라 가난한 자의 편에 서서 가진 자를 타도하는 옹졸한 운동을 하고 있다. 그러나 성서를 보라. 누가는 누가복음서를 쓰는 목적이 데모빌로 각하가 알고 있는 바를 더 확실하게 하려 하는 데에 있다고 했다. 나는 병원에 근무하기 전에 임시 중위 계급장을 달고 전방에서 근무한 적이 있다. 누가복음 10장에 나오는 마르다처럼 죽는지 사는지 모르고 최전방 참호를 방문했다. 별이나 몇 개 달고 찾아가면 병사들이 감

동할지 몰라도 군목 중위가 찾아가면 군목은 할 일이 없어서 저리 쫓아다
니는 줄로만 생각하고 있는 것 같았다. 생각을 돌려서 마르다가 아닌 마
리아의 길을 가기로 결심했다.

당시 돈이 있어도 구입할 수 없는 책을 8~9개월 걸려 구입해서 읽었
다. 그리고 지휘관 '가이사의 식구'들을 상대했다. 한번은 5·16 당시 중
앙정보부 기획조정관을 지낸 연대장이 별을 달기 위해(장군이 되려면 먼
저 지휘관을 거쳐야 하기 때문) 부대에 부임했다. 시간이 나는 대로 연대
장을 만나 많은 대화를 했다. 하루는 연대장 관사로 사모님을 방문했더니
사모님이 하시는 말씀이 "목사님, 낮에 우리 주인 양반하고 무슨 대화를
하십니까?" 한다. 나는 "시시한 이야기를 나눕니다"라고 하니, 사모님은
"연대장님이 집에 돌아오셔서 워커끈을 풀 때마다 하시는 말씀이 '오늘
도 목사한테서 많이 배웠는데' 하시던데요." 했다.

연대장은 기획조정관을 지낸 분이니 참으로 아는 것이 많았으나, 역대
미국 대통령과 국민에게 지대한 영향을 미친 신학자 라인홀더 니버(R.
Niebuhr)의 사상 같은 것은 접하지 못했을 것이다. 당시 나는 니버, 본
훼퍼, 부루너 등등 세계를 움직이고 있는 신학자들의 글을 열심히 읽고
있었다. 부대 안에서 군목의 위치는 튼튼했다. 가이사의 식구들에게 복음
을 전하는 것은 참으로 귀한 일이다.

병원 이야기로 돌아가서, 병원에서 열심히 환자들의 영웅담을 들어주
는 한편 가이사의 식솔(의사)들과 열심히 우정을 나누었다. 외과병원이
니까 외과부장이 최고였다. 그는 병원장, 의무부장이 자기보다 계급이 높
았는데도 병원 헤게모니(Hegemony)를 쥐고 있는 것 같았다. 나는 술 고
래, 담배 골초인 이 외과부장과 뜨거운 우정을 나누었다. 동갑내기여서
동성연애를 하는 것 같은 친분을 쌓았다.(크리스천은 아니다.) 후에 제대

를 하고 서울에서 민간 목회를 하고 있을 때이다. 하루는 젊은 학생이 교회 사택으로 나를 찾아와서 인사를 하는 것이다.

"저는 부산에 사시는 아버지가 서울에 가면 학교에 가기 전에 목사님을 찾아가 인사부터 하라고 하셔서 찾아 왔습니다. 저의 아버지는 재자 관자이십니다. 제가 이번에 서울대 의대에 입학했습니다." 인사를 받으며 '월남에서의 병원 근무가 결코 헛되지 않았구나' 라고 속으로 생각하며 웃은 적이 있다.

여기 보태서 남기고 싶은 이야기가 하나 더 있다. 평생 처음 가족을 떠나 십자성 별빛 아래에서 선풍기를 켜 놓고 크리스마스를 맞이하는 장병들의 심정을 직접 경험해 보지 않은 사람은 헤아릴 수 없을 것이다. 102병원 교회 성가대는 참으로 훌륭한 대원들로 짜여져 있었다. 군의관 천희두 대위의 천부적인 재능과 두터운 신심으로 지휘하는 성가대는 어느 유명한 교회 성가대 못지않았다. 미리 한국에서 준비해 온 색동 한복을 입은 18명의 간호장교와 장병들로 구성된 성가대가 부르는 합창은 실로 천사들이 부르는 하늘 합창이었다. 우리 성가대는 본 교회에서는 물론 나트랑(지금의 나찡) 주위에 주둔하고 있는 미군부대를 돌아다니며 구주 탄생의 천사의 노래를 들려주어 뜨거운 환영을 받았다.

병원 생활을 마치고 귀국하자 당시 주월사 김만출 목사님의 편지가 날아 왔다. "여 목사, 말썽 없이 병원 근무를 마친 것을 축하합니다." 그때 그곳에서 맺어진 우정은 거의 반세기 가까운 세월이 흘렀는데도 지금까지 변치 않고 계속되고 있다. 하나님께 감사드리며 요단강에 발을 들여놓으려고 한다.

5. 가라지를 뽑아 버리지 말라

곡식 가운데 가라지가 자라고 있다. 종들이 주인에게 "가라지를 뽑을까요" 하니(마13:28), 주인은 "뽑지 말라"고 한다. "가라지를 뽑다가 곡식까지 뽑을까 염려하노라"(마 13:29). 곡식과 가라지는 겉모양은 비슷하지만 육안으로 구별할 수는 있다. 그러나 눈으로 볼 수 없는 땅 밑에 있는 뿌리는 서로 얽혀 있다. 가라지를 뽑으면 곡식의 뿌리가 같이 뽑혀져 나올 수가 있기 때문에 주인은 가라지를 뽑지 말라 했다.

곡식과 가라지의 관계뿐 아니라 세상만사도 선과 악이 서로 얽혀 있다. 그래서 하나님이 사람(아담)에게 하신 첫 말씀은 "선악과를 따먹지 말라"는 것이었다. 베르챠예프에 의하면 이 말씀은 "인간이 함부로 선악을 구별하지 말라"는 말씀인 것이다.

1) 단독정부와 통일정부

김구는 "같은 민족이니 정부도 하나여야 한다"고 했고, 이승만은 "우선 남한에서만이라도 정부를 세워야 한다"고 했다. 전자는 꿈의 사람이요, 후자는 현실의 인물이다. 앞에 분의 말을 들었더라면 오늘 우리는 20대 철부지 앞에 고개를 숙이고 박수만 쳐야 했을 것이다. 그러나 후자의 말을 들었기 때문에 그런 대로 이만한 삶, 즉 감히 10대 경제대국의 반열에 들어가려고 하는 삶을 살게 되었다. 그런데 기억해야 할 것은 후자는 꿈은 없고 현실만 본 것이 아니다. 그분은 구한말 혼란기에 주먹만 휘두르지 않고 열심히 공부를 했다. 그래서 세계를 보는 눈을 키웠고 이 꿈을 갖고 현실을 바라본 지도자였다. 그는 성서를 열심히 공부한 선각자였다.

"너희는 뱀같이 지혜롭고 비둘기 같이 순결하라"(마10:16). 뱀(현실)

과 비둘기(이상)의 조화인 것이다.

2) 4 · 19

많은 사람들은 4 · 19를 선과 악의 싸움이라고 생각한다. 물론 학생들은 '선'이요, 이승만은 '악'이라고 단정했다. 그런데 성서는 선악을 그렇게 선명하게 구별하지 말 것을 권고한다. 물론 겉으로 보면 그렇게 선과 악이 구별되지만 그 밑을 들여다보면 이 둘은 서로 얽혀 있다. 만약 이승만 대통령이 38선 이북에 있는 독재자처럼 자라나는 세대에게 초등학교 1학년 때부터 민주주의를 가르치지 않았다면 4 · 19는 결코 일어나지 않았을 것이다. 그러기에 지나간 4 · 19를 가지고 난도질을 해서는 안 된다. 용서하고 화해하고 이것을 새 역사 창조의 거름으로 삼아야 한다.

3) 독재와 민주

오늘을 사는 우리 주위에는 아주 대조적인 두 종류의 인물이 있다. 한편은 민주 하나만을 위해 감옥에도 가고 길바닥에 드러눕기도 해가며 뛴 인물이요, 또 한 분은 친일파, 독재자란 딱지를 이마에 붙이고 민족의 보릿고개를 없애기 위해 달려가다가 총을 맞은 인물이다. 이 두 흐름의 싸움은 오늘까지도 계속되고 있다. 어떤 민주 아이돌은 북쪽에 있는 진짜 독재자에게는 함구를 하며 오늘 민주, 자유천국의 지도자를 독재자라고 공격을 하기도 한다.

오늘 이 땅에 민주의 꽃을 피운 사람은 민주투사로 칭송된다. 하지만 그분들 못지않게 공헌을 한 분은 독재자라고 욕을 얻어먹어가며 경제개발을 한 분이다. 그분의 공도 엄청나게 크게 작용을 하고 있다는 것을 알아야 한다. 왜냐하면 에릭 프롬이 말한 것처럼 빵이 없는 자유는 자유가 아니기 때문이다. 오늘 이 땅에 이만한 민주사회의 꽃이 피게 된 그 밑에는 독재의 뿌리가 얽혀 있었고 그 위에는 철저한 독재체제의 군대라는 껍질이 감싸주고 있었다.

4) 보수와 진보는 사람 몸에 붙어 있는 양 다리와 같다

앞으로 한 다리가 나갈 때 다른 한 다리는 뒤에 버티고 있어야 한다. 그리고 양 다리가 서로 움직여 앞으로 나가지 않으면 그것은 진열장에 있는 마네킹이지 숨쉬는 사람이 아니다. 부디 둘 중 어느 하나가 다른 하나를 악으로 몰아 잘라버리려고 하면 안 된다.

"나의 행복의 뿌리는 내 안에 있는 것이 아니다."

네 안에다 내 행복의 뿌리를 내리자. 설령 내가 악이라고 판단한 거기서도 영양을 섭취하자. 식물은 거름더미에서 영양을 섭취하지 않는가!

6. 버들 문화와 대나무 문화

어떤 유학(儒學)자가 선비사상의 위대함을 말하면서 그 으뜸으로 송죽 같은 절개를 들었다. 공맹(孔孟)의 가르침을 따르려는 선비들은 춘하추동 변함없이 푸르기만 한 소나무, 그리고 하늘을 향해 곧게 뻗어 올라만 가는 대나무의 기상을 좋아했고 배우려 했다. 그래서 정몽주, 성삼문과 신사임당, 춘향을 존경했다.

그러나 이스라엘의 옛 시인은 참다운 복을 받은 사람은 시냇가에 심겨진 나무처럼 시절을 따라 과일을 많이 맺는 나무와 같은 사람이라고 했다. 여기 시냇가에 심겨진 나무란 송죽이 아니라 버들이다.

이 버들 사상이 보스포루스 해협을 건너 그리스로 건너가 그리스 문화의 콩고물을 발라 유럽으로 건너가서 거기서 꽃을 피운 것이 오늘의 서구 문명이다. 그런데 세상에서 가장 쓸모없는 나무가 이 버들이다. 건축자재나 가구제작용으로 전혀 쓸 수가 없다. 이 버들의 특성은 강한 생명력과 잘 휘어지는데 있다. 송죽의 뿌리에서는 "이 몸이 죽고 죽어 일백 번 고쳐 죽어도 굽히지 않는 강함"이 나온다. 그러나 버들에서는 "우리가 우리에게 죄 지은 자를 사해 준 것 같이"란 기도가 나왔다.

나는 일제하 대동아전쟁이 한창일 때 초등학교를 다녔다. 그때 받은 교육의 골자는 사람이 사는 목적은 나라를 위해 목숨을 바치는 것이었다. 이 세상에서의 지고의 가치는 천황폐하를 위해 목숨을 헌신짝처럼 버리라고 가르쳤다. 어릴 때 전쟁놀이를 할 때 도망가는 것은 사람 되기를 포기하는 것으로 여겼다. 이 정신은 화랑오계에도 '임전무퇴'라고 명시되어 있다.

그런데 성인이 되어 육군보병학교에 입학해서 미군 군사학을 배우니 달랐다. 전쟁 중에도 사는 것이 제일 큰 목적이라는 것이다. 어떤 지점을 공격할 때도 싸워서 이기는 것을 먼저 생각하지 않고 후퇴를 해서라도 살아날 궁리부터 먼저 한다. 즉 공격해 들어갔다가 불리하면 도망쳐서 살아날 구멍을 찾아놓고 공격하는 것이다.

인생살이에서 용서는 공격이 아니라 항복을 의미한다. N.니버는 기독교 윤리의 면류관은 '용서'라고 했다. 동서양을 망라해서 인류의 역사는 죄로 얼룩진 역사이다. 가장 중요한 것은 누가 죄를 더 많이 범했느냐, 적게 지었느냐에 있는 것이 아니라 어느 쪽에 용서가 더 있느냐, 없느냐 하는 데 있다. 버들을 뿌리로 한 서양 문명 속에는 그래도 용서의 숨소리가 들리고 있는 것 같은데, 동양 대나무 문화권에서는 이것이 없다.

오천 년 우리 민족의 역사는 압박과 설움 속에서 신음하는 역사이다. 늘 중국 아니면 일본의 침략이 있었다. 요사이 위안부의 이야기가 자주 거론되지만 조금만 더 올라가면 중국에게 당한 수모도 이루 말할 수 없다. 그런데 어디에서도 "우리가 잘못했으니 용서해 달라"고 하는 곳은 없다. 일본은 대동아전쟁을 일으켜 세상을 불바다로 만들어 놓고도 "잘못했다"고 한 마디 하지 않는다.

버들 문화를 보라. 십자군 전쟁을 일으킨 죄를 오늘 기독교가 잘했다고 우기지 않는다. 깊은 참회를 하고 있다. 흑인들을 짐승보다 못하게 대한 백인들의 참회는 흑인 대통령을 세우는 것으로 행동으로 옮겨졌다. 세계 2차대전을 일으켜 천인공노할 만행을 저지른 독일인들은 뜨거운 참회를 하고 있다.

슈바이쳐 박사의 아프리카 행은 백인들의 참회이다. 그것을 바라보면서도 악착같이 야스쿠니신사로 향하는 아베의 저 비참한 모습을 보라.

7. 보다 더 무서운 죄악들

지금 시장이나 구청장들은 공장이나 가정에서 쏟아져 나오는 쓰레기 처리문제로 머리 아파하고 있는 줄 안다. 내가 어린 시절에는 자고 일어나자마자 먼저 하는 일은 비를 들고 마당을 쓰는 일이다. 방이나 마당을 쓸어 모은 쓰레기는 마당 한구석에 모아 두었다. 그렇게 모인 쓰레기는 비를 맞고 눈을 맞으며 시간이 흐르면 자연적으로 썩어 좋은 거름이 된다. 이 거름은 귀한 농사 밑천이 된다. 그런데 언제부턴가 비닐 종류의 썩지 않는 쓰레기가 쏟아져 나오면서 지구 표면은 병들게 되었고 사람들은 살려고 녹색운동을 벌이게 되었다.

정신세계도 마찬가지다. 정신세계의 쓰레기는 죄라고 할 수 있는데 이 죄에도 두 종류의 죄가 있다. 썩는 죄와 잘 썩지 않는 죄가 그것이다. 창세기에 제일 먼저 나오는 에덴동산 이야기와 바벨탑 이야기는 잘 썩지 않는 비닐 종류 같은 죄다. 그 다음에 나오는 소돔과 고모라의 이야기는 보기에는 무섭고 더러운 쓰레기 같지만 그래도 그것들은 잘 썩는 죄다. "심판 날에 소돔 땅이 너희보다 견디기 쉬우리라"(마 11:24).

바울 사도는 "의인은 없나니 하나도 없으며…"(롬 3:10)라고 했다.

이 말을 다른 말로 바꾸면 인간은 모두가 죄인(쓰레기)이란 말이다. 예수님이 공생애를 시작하시면서 예수님과 만났던 많은 사람들을 분류하면 그 쓰레기도 역시 두 종류가 된다. 그 하나는 구린내가 심하게 나는 잘 썩은 쓰레기이고 다른 하나는 잘 썩지 않는 회칠한 무덤 같은 비닐 종류의 쓰레기다. 전자는 세리와 창녀이고, 후자는 바리새인, 서기관, 제사장들이다. 예수님 주위에는 세리와 창녀들이 언제나 가까이 있었다. 그리고 누가복음 15장 11절 이하에 나오는 "잃은 아들을 되찾는 아버지 비유"가 두 종류의 쓰레기 모습을 선명하게 밝혀 주고 있다. 그 비유에 나오는 맏아들은 잘 썩지 않는 비닐 종류와 같은 쓰레기요, 둘째아들은 구린내가 요란하게 나지만 아주 잘 썩어 거름이 되어 땅을 기름지게 하는 쓰레기다.

해방 후에 큰 신학자 부르너(E. Brunner) 박사가 한국 크리스천들에게 "여러분은 왜 구원 받은 둘째는 되지 않으려고 하고 구원 못 얻은 맏아들이 되려고 그리도 애를 씁니까?"라고 했다.

오늘 이 사회도 마찬가지다. 신문에 요란하게 보도되는 죄상들은 소돔과 고모라의 죄악들을 저리 가라고 한다. 실은 이 요란한 죄악들은 그래도 잘 썩히기만 하면 거름이 될 수 있는 희망이 있는 쓰레기들이다. 그러나 그 밑에 깔려 있는 스스로 의인인 체 하는 이상한 이념으로 세뇌가 된 비닐 류의 쓰레기들이 얼마나 더 무서운 존재란 것을 아는 사람은 별로 없다.

키에르케고르(S. Kierkegaard)는 "죄란 사건이 아니라 태도요, 방향이다"고 말했다.

오늘의 예언자들은 비닐 류의 죄, 맏아들의 죄, 바벨탑의 죄 그리고 태도와 방향의 죄가 얼마나 더 무서운 죄란 것을 아는 사람이다.

피가 철철 흐르는 남의 외상은 치료해 주면서 자기 안에 간암이 자라고 있는 것을 보지 못하다가 죽는 종합병원 원장을 본 적이 있다.

오늘 이 나라 안에는 이 같은 간암 환자들이 너무나도 많이 설치고 있지 않은지 생각해 봐야 한다. 오늘 이 땅에는 부정부패의 악취가 나지 않는 곳이 없다. 특히 종교계의 타락상은 차마 눈 뜨고 볼 수가 없다.

대한민국의 쓰레기는 그래도 거름으로 쓰일 수 있는 쓰레기들이다. 그러나 휴전선 이북에 우뚝 서 있는 우상은 지구 표면을 병들게 하는 무서운 비닐 류의 쓰레기다. 겉으로만 번쩍이는 이 쓰레기가 보기 좋다고 거기 매력에 쫓겨 대한민국마저 병들게 하는 얼간이들이 이 땅 깊숙이 우글거리고 있다. 예수님 말씀에 귀를 기우려 보자! "맹인된 인도자여 하루살이는 걸러내고 낙타는 삼키는 도다"(마 23:24)

8. 거목(巨木, 嶺南)에서 떨어진 낙엽들

이미 활자화되어 햇빛을 본 이야기들은 약하겠다. 영남에서 구전으로 여기저기 날아다니는 조상들의 일화들을 몇 자 적어보려고 한다.

1) 영남 목사문화재 제1호 목사 강병주(1882~1955)

나는 서슴지 않고 영남의 목사문화재 제1호는 강병주 목사라고 말하겠다. 강 목사님은 지금 초동교회의 담임 강석찬 목사의 조부이시다. 강병주 목사는 1882년 경북 영주에서 태어났다. 그는 이 지역의 제1세대 기독교 신앙인이 되었다.

그는 1910년 4월(28세)에 기독교계 사립학교인 내명학교를 설립하였고 또 같은 시기에 대구의 계성학교에 입학하셨고, 1915년에 그 학교를 졸업하셨다. 계속해서 평양의 장로회신학교에 입학했고 그 학교를 졸업했다. 그리고 목사 안수를 받은 후 1923년에 풍기교회 담임목사로 부임했다. 1930년 풍기교회를 사임하고 총회 종교교육부 교사양성과정 총무로 부임하기까지의 어른의 행적은 실로 필설로 표현할 수 없을 만큼 위대했다.

강 목사는 경안노회가 설립되자마자 주일학교 발전에 전력투구를 했다. 노회 주일학교 협의회 총무를 맡아 풍기교회 주일학교만이 아닌 노회 나아가서 전국 장로교회 주일학교의 아버지로 활동했다. 무엇보다 오늘 우리가 눈여겨볼 점은 강 목사는 한국 초대교회 목회자 중에 찾아보기 힘든 현대교육을 받았고 그래서 교회교육에 눈을 돌렸다는 점이다.

오늘 우리는 장로교하면 길선주, 김익두 목사님을 생각하고 감리교에는 이용도, 성결교 하면 이성봉 목사님을 생각하게 된다. 이 어른들에 의해서 오늘 한국교회가 세계인이 다 놀라는 성장을 가져왔다. 그런데 위 어른들은 신문학을 많이 받아들인 분들이 아니었다. 예를 들면 길선주 목사님은 3년 간 산에 들어가 도(道)를 닦다가 내려와 신학을 했고, 김익두 목사님은 스스로 자랑삼아 증언했듯이 골목대장 출신이었다.

그런데 강 목사는 미션스쿨 계성학교를 졸업했고 직접 사립학교를 세

윘다는 것은 그가 얼마나 교육을 중시했는지를 보여준다. 앞에 어른들은 부흥회를 통해서 교회를 성장시킨 반면 강 목사님은 교육을 통해 교회 안의 뼈대를 튼튼하게 했다.

예수님을 생각해 보자. 예수님의 공생애는 부흥회에서 시작된 것이 아니다. "예수께서 무리를 보시고 산에 올라가 앉으시니 제자들이 나아온지라. 입을 열어 가르쳐 이르시되". 예수님의 공생애 3년 간은 교육이 전부였다. 그 가운데 제자들에게 흥분과 뜨거움을 경험케 한 것은 잠깐 동안의 변화산 위에서의 체험이 전부였다. 그것도 오래 거기에 머물게 하시지 않고 곧바로 산 아래로 데리고 내려 오셨다.

강 목사가 힘을 쏟은 것은 주일학교만이 아니다. 그는 두 권의 농사 안내서를 썼다. 제1권에서는 식량부족을 타개하기 위한 쌀 생산을 증대시키는 농사법에 대해서, 그리고 제2권에서는 채소농사에 관해서 썼다. 이뿐이 아니라 강 목사는 조선어학회에서 유일한 목사 위원으로 활동했다. 그리고 강 목사는 제 26회(1937년)장로교 총회에서 한글철자법 통일안으로 찬송가가 간행되도록 청원해서 통과시켰다.

나는 어려서 겨울 화롯가에 둘러앉아 교회 집사님과 장로님들이 밤을 새워가며 이야기하던 강병주 목사님이 떨어뜨리고 간 주옥같은 일화들을 들으면서 자랐고, 그것을 지금까지 영광스럽게 간직하고 있다.

풍기 뒤편에는 소백산 비로봉에서 흘러내리는 작은 개울이 있다. 그런데 강 목사님이 자전거에 빨래를 싣고 가서 여인네들 사이에서 빨래를 했다는데 그 이야기가 입에서 입으로 전해지고 있다. 이것은 완고한 전통에 젖어 있던 그 시대 그 곳에서는 원자폭탄이 터지는 것 같은 충격적인 사건이었다. 그리고 불화하고 있는 신혼부부에게 찾아가서 성교육을 시켰다는 말도 전해진다.

나는 직접 강 목사님을 뵌 적은 없다. 그러나 내 어머니에게 한글을 가르쳐 주시고 내 아버지에게 농사짓는 법을 가르쳐 주셨다.

유교적인 고리타분한 애급생활에서 출애급시켜 주신 영남의 목사문화재 제1호이신 강병주 목사님께 감사하면서 내 목사 생활을 마무리했다.

2) 또 다른 거목 목사 김광현(1913~2006)

경북 안동은 조선왕조 오백 년 동안 영남문화권의 중심지였다. 그곳에는 지금도 진성 이씨가 더 양반이냐, 하회 유씨가 더 양반이냐고 눈에 보이지 않는 다툼이 있다. 퇴계 이황 자손과 서애 유성룡 자손들이 양반 싸움을 하고 있다. 그런데 "죄가 더한 곳에 은혜가 더욱 넘치나니"라는 말씀과 같이 이 안동지방은 복음의 뿌리가 일찍이 내려 시냇가에 심은 나무처럼 무성하게 자랐다. 그래서 경북뿐 아니라 영남에서도 가장 교세가 강한 지역이 되었다. 이 안동지역에서 가장 큰 영향력을 가지고 존경을 받아온 목사님이 김광현 목사님이시다.

기장, 예장이 갈라지기 전 당시에 장로교에는 조선신학교와 남산신학교가 있었다. 김 목사님은 남산신학교(장신, 총신의 전신)를 신학교 취급을 하지 않았다. 신학교를 지망하는 학생들에게 가도록 권한 신학교는 조선신학교였다. 그래서 보수 왕국인 안동지역의 목사님들에게 미움을 사서 안동성경학교에 출강하던 것도 정지당하고 말았다.

김 목사님에 대한 일화들이 많이 있는데 그 중 어려서 들은 이야기 중에 하나는 이런 것이다. 해방 후 당시 김 목사님이 입법위원이었는데 신익희 의장이 안동에 와서 만나자고 청했다. 연락을 받은 김 목사는 옷을 차려 입고 나가려다 생각을 달리해서 안 나갔다고 한다. "목사인 내가 의장이 오라고 한다고 허겁지겁 달려가서 만나면 되겠느냐"고 생각하고 안 나갔다는 것이다. 그 후 의장이 김 목사님을 찾아왔다는 이야기이다. 이만큼 지혜로운 목사였다.

내가 다니던 풍기교회에서 일어난 일이다. 내가 신학교를 가려고 하는데 신학교를 가려면 남산신학교가 아니고 한국신학대학(조선신학교-현 한신대학교)을 가야겠다는 생각을 했다. 왜냐하면 6·25 전에 내가 다니던 중학교 이사장이신 한경직 목사님이 당시 남산신학교가 아닌 조선신학교에 출강하셨기 때문이다. 나는 이사장님을 가장 존경하고 있었기 때문에 한신을 택했다. 그래서 당회에 추천서를 써 달라고 했더니 아버지를 포함해서 다섯 명의 장로님과 목사님이 쾌히 추천서를 써 주셨다. 그런데 그 후 경안노회에서는 이 문제로 추천서를 써 준 풍기교회 당회장을 제명 처분했다. 이로 인해 교회와 노회에 분쟁이 일어나서 당회장 목사님이 평소 한신을 좋아하시던 목사님인 김광현 목사님에게 도움을 청하려고 안동으로 찾아갔다. 김 목사님은 당신을 찾아온 풍기교회 당회장 목사에게 아주 뜻밖의 조언을 하셨다는 것이다.

"이 목사, 강제로 밀쳐 내더라도 나가지 마시오, 그리고 굴욕적이지만 꾹 참고 기다리시오. 지금 예장 저 꼴통들이 세계적인 흐름을 어찌 막을 수 있겠소. 늦어도 10년 안에 예장은 에큐메니칼(Ecumenical: 전 세계적인 교회연합)적인 신학을 받아들이게 될 거요. 지금 쪼개서 나가면 군소교단이 되고 말거요. 꾹 참고 기다려 보시오."

그 말을 듣고 그때 어렸던 나는 '기회주의자 김광현', 이렇게 존경이 미움으로 바뀌고 말았다. 그러나 성인이 된 지금은 '이 어른이야말로 교계에서 존경받아 마땅한 거목이었구나'라는 생각을 하게 되었다.

김광현 목사는 통합측 장로교에 우뚝 서 있는 진정 존경 받는 거목이다. 송창근 목사님이 살아계셨다면 이 어른과 손을 잡고 장로교를 쪼개어지지 않고 만세반석 위에 굳건히 서 있게 했을 것이라고 생각하며 노년을 보내고 있다.

3) 더 큰 거목 목사 송창근(1898~1950)

영남의 동쪽 거목들이 목회하던 그 시대에 서쪽 김천이라는 소도시에 있는 황금동교회에서 송창근 목사가 목회를 하고 계셨다. 송 목사에 대해서는 전기뿐 아니라 연구서가 많이 나왔기 때문에 약하기로 하겠다.

책에 없는 이야기, 내가 직접 들은 소설가 김말봉 선생의 말을 전하겠다. 그녀가 송창근 목사가 목회를 하던 황금동교회가 있는 동네로 시집을 와서 시집살이를 하고 있을 때이다. 하루는 송 목사님이 집으로 심방을 오셨는데 방으로 들어가지 않고 새색시가 있는 부엌으로 들어오시더란 것이다. 그리고서 찬장 위를 손으로 쓱 훑어서 손이 까맣게 된 것을 자기에게 보이면서 하시는 말씀이 "우리 이렇게 살아서 되겠오" 하셨다고 한다. 김말봉 여사의 말에 의하면 그때는 죽이고 싶도록 미웠다는 것이다. 그런데 지금 와서 생각하니 송 목사님이야말로 위대한 목회자였다는 것을 깨닫게 되었다는 것이다.

거두절미하고 이미 소개한 김광현 목사님과 관계가 있는 송 목사님의 생각을 소개하겠다. 신학교에서 당신이 강의한 내용을 잘 이해하지 못하는 학생들이 있어 그들에 의해서 문제가 되었다. 이때 송 목사님은 학생들과 싸우려 하지 않고 잠깐 미국으로 훌쩍 떠나버리고 말았다. 현대전투에서 공격전술보다 더 중요시 하는 것은 후퇴작전이다. 그 후 학교가 잠잠해졌다.

기독교윤리와 유교윤리의 차이가 여기에 있다. 그런데 다른 교수는 목회자가 될 사람들조차 알아도 되고 몰라도 되는 문서비판설 — 창세기를 모세가 썼느니, 안 썼느니 하는 강의를 해서 학교 안에 큰 소란이 일어났다. 그때 송 목사가 그 교수에게 "내가 주선해 줄 테니 한 1년간 미국에 가서 공부나 하다가 오라"고 권했다. 이때 그 교수는 단호히 거절했다. 임전무퇴 정신이지, 예수 정신은 아니다. 그때 그 교수가 송 목사의 말씀을 들었더라면 교회 강단 위에 인분이 퍼부어지는 비참한 교파싸움은 일어나지 않았을 수도 있었을 것이다.

해방 후 장로교는 세 갈래로 쪼개어졌다.

첫 번째는 일제 치하에서 신사참배를 반대하다가 감옥에 갇혀 옥중생활을 하다가 나온 소위 옥중 성자들의 자기자랑 때문에 쪼개어졌고,

두 번째는 지식 아닌 지식 자랑을 하다가 또 하나의 교파가 생겨났다. 그리고 장로교의 주류라 할 수 있는 예장은 오늘 세상을 어지럽히는 이슬람 원리주의자들 같은 성서무오설을 축자적으로 이해한 근본주의자들의 교만 때문에 갈라지고 쪼개어졌다. 만약 김광현, 송창근 목사 같은 분이 10명만 계셨어도 교단은 깨어지지 않았을 것이다.

송 목사님을 기리면서 빼놓을 수 없는 일화 하나 더 소개하겠다. 송 목사님은 생면부지의 19살 된 소년 김재준을 하숙방으로 찾아가서 그를 불러내어 목사 교수를 만들었듯이, 김천에서도 장래성이 있는 청년을 김천에서 선산 고아까지 자전거로 찾아가서 같이 밤을 새우며 감화를 주어 참으로 목사다운 목사를 만들었다. 이 목사님이 김삼수 목사님이시다. 이 글을 맺으면서 김삼수 목사님에 대해 몇 마디를 남기고자 한다.

4) 20세기 마지막 성자 목사 김삼수

송 목사님은 청년 김삼수를 찾아가 대담을 하며 거기서 밤을 새웠다. 그 후 청년 김삼수는 이미 결혼을 하여 처자를 거느리고 있었는데도 가족

과 과수원을 뒤로 둔 채 서울로 올라가 송 목사님 문하에서 신학공부를 해 목사가 되었다. 노년에도 강단에 서시면 헬라어 성서를 술술 풀어가시는 모습은 후배들에게 큰 감명을 주었다.

목사님이 선산지역에서 목회를 하실 그 무렵 선산과 접해 있는 김천 용문산에서는 나운몽 장로가 세운 기도원에서 부흥의 열기가 하늘을 찌르듯이 치솟고 있었다.

같은 시기에 김 목사님은 큰 교회의 초청을 받았음에도 마다하시고 작은 시골교회에서 목회를 하시면서 슈바이처 같은 삶을 통해 복음을 전했다. 절반 의사가 되고 절반 농군이 되어 농민들과 생사고락을 함께 하셨다. 그런데 오랜 세월이 지난 오늘에 와서 뒤를 돌아보면 용문산에서 솟아오르던 용암은 흔적도 없이 사라졌지만 선산지역에서의 김삼수 목사님이 뿌려 놓은 복음의 열매들은 산을 뒤덮을 지경에 이르렀다. 영남에서 기장교회 교세는 미미하기 그지 없었음에도 선산지역에서만은 그렇지 않게 되었다.

김 목사님은 고향 상모에서 구미까지 초등학교를 걸어서 다녔다. 그때 5년 동안 같이 다닌 친구가 고 박정희 대통령이었다. 둘은 같이 주일학교를 다녔는데 그 시대에는 주일학교에서 설교대회, 웅변대회가 있었다고 한다. 선산 군내 주일학교에서 대회가 열릴 때면 설교는 김삼수 그리고 웅변은 박정희가 대표로 뽑혀 나가곤 했다고 한다. 김삼수와 박정희는 의형제지간이다.

그 후 박정희가 대통령이 된 후에도 의형제란 사실을 자녀들에게까지 말하지 않았다. 실로 성자의 모습을 여기서 엿볼 수 있지 않은가? 그 후 목사님의 누이동생이 돌아가셔서 함께 상가에서 밤을 새울 때 김 목사님이 팔을 걷어 팔뚝에 그려 있는 먹물을 필자에게 보여 주시면서 "이것이

박정희와 맺은 의형제 표시야" 하시는 것이었다.

김 목사님이 대구 성락교회에서 목회를 하실 때다. 서울 한신대에서 강의를 하던 김이곤 전도사가 대구에 내려와 파동에 있는 국민주택 방 한 칸을 얻어 몇 명의 젊은이를 모아놓고 성서강의를 하고 있었다. 이것을 보고 안타깝게 생각하던 필자가 이 사실을 김 목사님께 아뢰었다. 이 소식을 들은 김 목사는 다음날 바로 보따리를 싸서 셋방을 얻어 이사를 하셨고, 장로님들에게 김이곤 전도사를 새로운 목회자로 추천하셨다. 그때 김 목사님은 아버지로서의 의무가 끝나지 않았을 때다. 넷째가 대학, 막내딸이 중학교에 재학 중이었다.

그 후 김 목사님은 새를 길러 그것을 팔아 생계를 유지하셨다고 한다. 신비하게도 값 비싼 새가 어떻게나 새끼를 잘 까는지 그것들이 밥을 먹여 주더란 것이다. 마치 엘리야에게 까마귀가 떡과 고기를 날라다 주듯이. 목사님이 이렇게 쉽게 떠날 수 있었던 것은 송 목사님의 영향 때문인지도 모른다. 송 목사님은 제자들에게 "보따리를 싸서 놓고 목회를 하라"고 말씀하셨다.

김 목사님은 은퇴를 하신 후에도 복음 사랑과 교회와 교단 사랑의 뜨거움은 식지 않았다. 김 목사님을 처음 만나면 유행가 가사처럼 '손대면 톡하고 터질 것 같은' 온유 겸손하신 분이시란 것을 알게 된다. 그러면 약하시기만 하신 분인가? 결코 아니다. 김 목사님은 교단을 마지막까지 사랑하셨고 그렇기 때문에 교단이 정치에 대해 지나친 관심을 가지는 것을 못마땅하게 생각하셨다. 그래서 여러 번 전화로 교단 총무를 찾아 교단이 복음적인 방향으로 나가야지 왜 정치화되어 가느냐고 불같은 호통을 치셨다. 이것 역시 송창근 목사님에게서 영향을 받으신 것 같다. 실로 외유내강하신 분이었다. 김 목사님은 고통 없이 편안한 모습으로 감사하며 하나님의 부르심을 받으셨다.

낙엽들은 떨어져 썩어 거름이 되고 그 거름더미에서 새로운 거목이 돋아난다. 거목에서 떨어진 낙엽들이 썩은 그 거름더미에서 조선신학교의 싹이 돋아난 것은 우연이 아니다. 경북 흥해 제일교회 출신인 김대현 장로가 조선신학교 설립자요, 초대 교장이시란 것을 잊어서는 안 된다. 그리고 경남 거제교회 진도성 장로님이 어마어마한 사재인 임야를 바쳐서 한신이 한국에서 제일 먼저 정규대학 인가를 얻었다는 것도 반드시 기억해야 할 것이다.

9. 귀신의 정체[本心] 〈눅 8:26~39〉

한국사람으로 어렸을 때 귀신이야기를 듣지 않고 자란 사람은 없을 것이다. 신약성서 안에도 귀신이야기가 가끔 나온다. 그러나 이 귀신이 빨간지, 파란지, 어디서 왔으며, 어디로 가는지 도무지 알 길은 없다.

예수님은 마태복음 13장 27절 이하에 나오는 가라지 비유를 통해 간접적으로 귀신이 어디서 왔는지 알 길이 없다고 말씀하셨다. 그리고 마태복음 13장 14절 이하에서는 사람이 이 귀신을 완전히 쫓아낼 수가 없다는 것도 말씀하시고 계신다. 그래서 과학의 세례를 받은 현대인은 귀신의 존재를 부인해 버린다. 그러나 분명한 것은 바울 사도가 로마서 7장에서 고백한 것처럼, 오늘 내가 원하는 선을 행하지 아니하고 오히려 나를 악한 쪽으로 끌고 가는 한 세력이 내 속에 있다는 것만은 오늘 내가 여기 있다는 사실 만큼이나 확실하다. 이 세력을 귀신이라고 가정해 보자.

예수님이 길을 가시다가 귀신에게 사로잡힌 한 사람을 만나 "네 이름이 무엇이냐?"라고 물으셨다. 이스라엘인들에게 '이름'은 상품에 붙어 있는 것 같은 것이 아니고 그의 전존재를 의미한다. 귀신들린 사람에게 "이름이 무엇이냐?"고 물은 것은 도대체 귀신들린 사람은 어떤 사람인가 하고 물으신 것이다. 이때 귀신들린 사람의 대답은 '군대'라 하니 "이는 많은 귀신이 들렸음이라"라고 성서에 기록되어 있다.(눅 8:30)

이 말 안에서 오늘 우리는 귀신들린 사람의 성품을 알 수 있다. '군대'는 무력을 의미한다. 물리적인 힘만 있으면 모든 것이 가능하다고 생각한다. 이 무력이 하나도 아니고 그 수가 대단히 많다는 것을 강조함으로써 자기와 마주하고 있는 예수를 제압할 수 있다고 생각하고 있다.

돈의 힘, 권력의 힘, 지혜의 힘……. 이런 것들을 많이 가지면 모든 것이 가능하다고 생각하는 사람이 귀신들린 사람이다.

에덴동산에서 뱀이 아담에게 한 말도 이런 말이었다. 예수님이 40일 금식기도를 마쳤을 때 그 초인적인 힘만 있으면 "돌로 떡을 만들어 경제문제를 해결하고, 성전에서 뛰어내리는 기적을 행해서 종교적인 문제를 해결하고, 이것을 합해 전 세계를 지배할 수도 있지 않느냐"고 예수님을 유혹한 마귀가 바로 본문에 나오는 귀신들린 사람과 같은 종류의 귀신이다.

예수님은 십자가 없이 그리스도가 되어 달라는 베드로(Peter)의 간청을 사탄의 소리로 들으셨고, 오병이어의 기적을 행하신 후 임금으로 모시려고 하는 군중들의 소리도 귀신의 소리로 여기시고 홀로 산으로 향하셨다. 여기서 분명하게 알 수 있는 것은 "하면 된다"는 것은 귀신들린 사람의 소리다. '꿈을 크게', '긍정적인 생각'……. 한때 유행하던 한국교회의 소리는 귀신들린 자의 소리다. 예수님은 다 뿌리치시고 홀로 쓸쓸히 골고다로 향하셨다.

참으로 놀라운 사실은 오늘 한반도에는 군대, 즉 힘이면 다 된다고 생각하는 귀신들린 사람과 수가 많으면 모든 것을 다 이룰 수 있다고 소리치는 사람들이 으르렁거리며 싸우고 있다. 휴전선 이북에서는 핵폭탄을 끌어안고 큰소리치고 있고, 남쪽에서는 민주라는 이름으로 떼거리만 많으면 모든 것이 가능한 것으로 믿고 있다. 둘 다 귀신들린 사람들이다. 그들에게는 구원이 아니라 멸망이 기다리고 있을 뿐이다.

에덴동산에서 아담은 '하면 된다'는 귀신의 유혹에 넘어갔다. 그러나 예수님은 "주 너의 하나님께 경배하고 다만 그를 섬기라"의 말씀으로 그 유혹을 뿌리치셨다. 믿음은 인간이 자기 유한성을 받아들이는 것이다. 예수님은 귀신들이 우글거리는 개똥밭 세상을 갈아엎으시고 친히 거기 묻히셨다. 그 후 제3일에 하나님이 일으켜 주시는 부활의 열매를 많이 맺어 사람이 그것을 먹고 구원을 얻게 하셨다. 이 십자가의 깃발만이 이 땅에서 귀신들을 다 몰아낼 수가 있다는 것을 믿어야 한다.

10. 메시아니즘(messianism)

메시아니즘은 사전에서는 '악과 불행에 찬 현재를 멸망시키고 정의와 행복을 약속하는 새로운 질서를 가져올 구세주가 나타날 것으로 믿는 종교적 신앙'이라 정의하고 있다. 초등학생이 길을 가다가 힘이 센 선배에게 이유 없이 얻어맞을 때 힘센 형이 나타나기를 기다리는 심정이랄까.

이스라엘 민족의 역사는 주위에 있는 강대국들에게 두들겨 맞는 역사라 해도 좋을 것이다. 그래서 그들은 이 세상 어떤 권력자와도 비교할 수 없는 전능자가 하늘에서 구름을 타고 둥둥 떠 내려와서 복수해 주기를 기다리며 살아왔다. 그런데 진짜 메시아로 이 땅에 오신 예수님은 그들의 기대를 충족시키지 못했다. 그래서 그들은 예수를 버린 것이다.

우리 민족도 이스라엘 민족 못지않은 고난의 길을 걸어왔다. 거기서 움튼 한국적 메시아니즘을 정감록 신앙이라 해도 될 것이다. 정감록을 믿은 분들은 계룡산, 소백산 아래 모여 살다가 6 · 25 동란 중 남보다 더 많은 화를 당했다.

예수 당시 사람들은 하늘나라는 저 구름 너머 해와 달과 별 그 너머 푸른 하늘에 있다고 생각했다. 그러나 예수님은 농부는 밭에서, 주부는 부엌, 어부는 바다에서 하늘나라를 만날 수 있다고 가르치셨다. 하늘나라는 하나님이 지배하시는 나라다.

이 나라는 과거, 현재, 미래를 토막 낸 그 어느 하나에만 존재하는 것이 아니라 피안과 차안을 넘어선 사랑이 지배하는 영원한 나라이다. 이 나라를 이해하지 못한 사람들, 그 중에 제자들까지도 바로 이해하지 못해서 예수님이 세상을 떠나자 말자 저 푸른 하늘을 다시 쳐다보기 시작했다. 그래서 제자들은 자신들이 죽기 전에 예수가 천군천사를 거느리고 하늘에서 둥둥 떠내려 온다고 믿었다. 마치 로마군대에게 처형당한 것을 복수라도 하려고 오실 것으로 생각했다. 이 같은 생각을 가진 사람들을 거짓 선지자들은 잘 이용을 한다. 그래서 예수님은 "미혹을 받지 않도록 주의하라"고 신신당부하셨다.

오늘 한국교회 안에서 '휴거', '용문산', '경기 소사' 바람이 조금 잔잔해지는 것 같더니만 이제는 세속적인 메시아니즘이 다시 거세게 일고 있다. 서울 시민들이 그 바람에 휩싸이더니만 이제는 전 국민들이 때 묻지 않은 하늘에서 둥둥 떠내려 올 메시아를, 아니 이미 이 땅 위에 나타난 깨끗한 메시아를 찾고 거기 박수를 보내고 있다.

20세기 예언자라고 일컬음을 받는 본훼퍼(Bonhoeffer) 목사는 말했다.

"이 땅에 살아 있다는 것은 죄 짓고 있다는 말이다. 전혀 죄를 짓지 않으려면 죽어야 한다. 그런데 자살은 죄 중에 가장 큰 죄다"(의역). 하나님은 흑암, 공허, 혼돈이란 재료를 갖고 아름다운 세상을 창조하셨다. 구린내 나는 흙 속에 하늘 씨앗을 묻고 오래 참고 참으면서 내일을 기다려보자.

"악하고 음란한 세대가 표적을 구하나 선지자 요나의 표적 밖에는 보일 표적이 없느니라"(마 12:39).

11. 시들지 않는 삶

학자들은 성서의 언어를 고백적인 언어라고 한다. 3,000여년 전에 고백된 시편 1편의 말씀을 오늘 나의 신앙고백의 말씀으로 생각해 보고자 한다.

시편 1편 기자는 '복 있는 사람은 여호와의 율법을 주야로 묵상하는 자'라고 했다. 여기 율법이란 말은 '토라' 즉, 구약 앞에 나오는 다섯 권을 가르키는 말인데 그 내용의 골자는 하나님의 사랑이다. 당시 사람들은 이 책에 기록되어 있는 구절들을 암송하기를 좋아했지만 그 글자를 중 염불하듯이 외우는 것보다 그 내용을 밤낮으로 묵상하는 것이 더 바람직한 모습일 것이다.

그 내용을 요약하면, 하나님께서 당신이 택하신 이스라엘 민족이 애급에서 노예생활을 하고 있던 것을 불러내어 광야를 거쳐 가나안 땅에 정착하게 하셨다는 이야기다. 즉, 하나님의 사랑 이야기다.

이 이야기를 오늘 내 이야기로 바꾸어 보자. 나는 열 달 동안 컴컴한 어머니의 배 안에서 자유 없는 노예 같은 생활을 했다. 그러다가 열 달이 차서 그 뱃속에서 나올 때는 실로 이스라엘 민족이 홍해를 건널 때 못지않은 사선을 기적적으로 넘어서 이 세상에 태어나게 하셨다.

그리고 이스라엘인들이 광야에서 메추라기와 만나의 기적으로 살다가 가나안에 들어갔듯이, 나도 일해서 스스로 빵을 만들지 못했는데도 아빠, 엄마의 사랑의 만나를 통해 광야생활 같은 청소년 시절을 보낼 수 있었다. 그리고 이스라엘인들이 가나안 땅에 들어가서 스스로 땀 흘려 일해서 먹고 살 수 있었던 것 같이 나도 하나님의 은혜로 오늘 여기서 일해서 먹고 사는 가나안 땅에 다다르게 되었다. 이스라엘 백성의 출애급에서 가나안 정착은 송두리째 하나님의 은혜였듯이, 내가 모태에서 나와 오늘에 이르게 된 것 역시 전적으로 하나님의 사랑에 의해서다.

그런데 이스라엘 백성이 그렇게도 가나안 땅에 들어가기를 소원했던 것은 다름 아닌 시온산에 성전을 짓고 거기에서 하나님께 감사의 제사를 드리기 위해서였다. 여호와의 율법을 주야로 묵상한다는 말은 내 영혼 속에 언제나 뒤를 돌아보며 내가 걸어온 자욱자욱마다 거기 하나님의 사랑이 가득가득 채워져 있음을 생각(묵상)하고 감사 찬송하는 삶을 사는 것을 의미한다.

나 개인 뿐 아니라 나라를 생각해도 마찬가지다. 우리 민족은 36년 동안 일본인들 밑에서 노예생활을 했다. 그러다가 1945년 8월 15일 홍해를 육지 같이 건너 자유의 삶을 살게 되었다. 이것은 송두리째 기적이요, 은혜이다. 그런데 홍해를 건너 광야로 나온 이스라엘 민족은 먹고 살 길이 막연했다. 하나님이 기적적으로 메추라기와 만나로 그들을 살게 해 주셨다. 마찬가지로 해방 이후에 이 땅은 유대 광야보다 더 황폐한 땅이었다. 이 민족도 하나님의 은혜로 살아남을 수 있었다.

하나님의 자비하심의 은총으로 한강의 기적이 이 땅 위에 일어나게 되었다. 하나님은 이스라엘 백성에게 내려주신 가나안의 축복과는 비교도 되지 않는 은총을 베풀어 주셔서 우리는 세계 경제대국의 반열에 서게 되었고, 올림픽에서 우리 민족은 세계 5위로 선전했고, 삼성은 소니를 앞지르게 되었다.우리 민족은 그 은총을 묵상하고 감사 찬송해야 할 것이다.

이스라엘인들의 종교인 유대교의 본질은 3천 년 동안 하나님의 사랑 (출애굽에서 가나안 정착)을 기억하고 감사하는 것이다.

그런데 오늘 우리는 그게 아니다. 모세, 여호수아 같은 지도자는 독재자 솔로몬 같은 인물들을 착취자로 몰아 끌어내리려고 하고 전 국민의 절반이 이에 동조하고 있다. 열매를 많이 맺을 수 있는 나무가 되는 비결은 하나님의 사랑을 주야로 묵상하는 자리 즉, 감사의 강물이 마르지 않는 거기에 있다는 것을 깨달아야 할 것이다.

12. 만병통치약

옛날에는 있었는지 모르지만 현대의학에서는 만병통치약은 없다. 백년 묵은 산삼이 귀한 약재일지는 모르지만 만병통치약은 아니다. 현대의학의 위대한 발명품인 항생제도 부작용이 이만저만이 아니다. 모든 통증을 없애주는 마약류 역시 마찬가지다. 한의학에서나 서양 의학에서나 공히 모든 병은 그 병의 원인과 증상 그리고 체질을 분석해서 거기 적합한 치료를 해야 한다.

신앙세계와 정신세계에서도 마찬가지다. 믿음, 소망, 사랑은 항상 있을 것이지만 이런 덕목 역시 만병통치약은 아니다. 오늘 한국교회 안에서는 이 귀한 생명의 영(靈)약들이 남용되고 있는데 이것 역시 많은 부작용을 가져 오고 있다.

오늘 한국 신교인들 중에는 믿음이 무엇인지 제대로 이해한 분들이 많지 않다. 믿음과 똥고집을 구별하지 못하고 있다. 덮어놓고 밀고 나가면 믿음인줄 안다. 믿음을 제대로 이해도 못하면서 이것을 만병통치약 같은 것으로 생각하고 남용하고 있다.

소망도 마찬가지다. 교회 강단에서 "꿈을 크게 가져라"라고 고함을 쳐 그것으로 인해 생기는 부작용도 적지 않다. 사랑도 그렇다. 그 의미도 모르면서 함부로 처방해서는 안 된다. 김일성도 자기 나름대로의 '나라 사랑' 때문에 인류 최대의 비극인 6·25를 일으켰다. 그리고 통일이 만병통치약이라 생각하는 어떤 목사는 불장난을 한 이 사람을 끌어안고 "존경한다"고 했다.

정치계로 눈을 돌려 보자. 어떤 정치인은 죽으나 사나 '민주'라는 한 단어만 부르짖어 대통령까지 되었다. 현대에 와서는 인권, 자유, 평등이란 단어만 부르짖어 출세를 하는 정치인도 적지 않다. 어떤 한 개인을 앞에 놓고 생각해 보자. 한 생명이 이 땅에 태어난 바로 그 순간부터 민주, 자유, 인권을 주어서는 안 된다. 적어도 25살은 넘어서 이 약을 사용해야지, 7, 8살 밖에 안 된 어린이에게 살림을 차려주고 민주, 인권, 자유를 누리게 해서는 안 된다. 그 부작용을 한번 상상해 보라.

대한민국은 일제의 노예생활에서 벗어난 지 얼마 되지 않는 나라이다. 어떤 지도자는 민주, 인권, 자유보다 밥을 먹어야 한다고 소리쳤다. 그런데 그 반대의 지도자는 무조건 민주만 소리쳤다. 참으로 한심한 것은 전자는 독재자, 후자는 민주투사로 높이고 있다. 실은 양극은 서로 통하는 법이다.

민주나 독재도 그러하다. 민주국가도 계란의 껍질 같은 딱딱한 군대,

경찰과 같은 독재적인 조직체가 지켜 주어야 한다. 그리고 우리 인간의 몸도(동물) 그 속에 딱딱한 독재자 같은 뼈가 들어 있어야지 뼈 없는 고기 덩어리만 가지고서는 사람 구실을 못한다.

그리고 한 인격체도 그렇다. 어른이 되기 전 엄마 뱃속(독재 하)에서 열 달을 보내야 하고 어릴 때는 자유, 민주하기 위한 교육도 받아야 한다. 오늘 정계에선 민주, 인권, 자유만 맹목적으로 부르짖고 있고 교계(신교)에서는 믿음, 사랑, 기도가 만병통치약인 양 남용되고 있다.

그래서 오늘 이 땅에는 마약 중독자 같은 정치인, 종교인들이 설치고 있게 되었다. 고가의 약일수록 신중히 전문의의 처방 하에서 복용해야 한다. 무조건 산삼만 찾지 말고 단백질, 지방, 탄수화물, 비타민을 골고루 섭취하며 차분히 성장을 기다려 보자.

13. 동방의 요셉

창세기 37장 이하에 요셉의 이야기가 자세히 기록되어 있다. 요셉의 일생을 요약하면 그는 세 번의 큰 고비를 넘는다. 그는 형들의 시기심 때문에 죽임을 당할 뻔 했다. 그 다음에 그는 애급에 팔려가 종살이를 하게 된다. 마지막으로 그는 죄 없이 감옥에 갇히게 된다. 이상의 세 고비를 넘어서 드디어 애급의 국무총리가 되었다. 성서에 나오는 요셉은 아버지의 특별한 사랑을 받았다. 창세기 37장 3절에 "그를 더 사랑하므로 그를 위하여 채색 옷을 지었더니…"라고 기록되어 있다.

그런데 이 요셉과 비슷한 길을 걸어온 나라가 동방에 하나 있다. 대륙 동쪽에 호랑이 모양을 하고 붙어 있는 한반도는 하나님의 남다른 사랑을 받고 있는 동방의 요셉이다. 삼천리 금수강산은 실로 중동에 있는 요셉, 즉 이스라엘 영토와 비교가 되지 않는다. 요셉이 아빠의 특별한 사랑을 받고 있었기 때문에 시기 질투를 사서 죽을 고비를 몇 번이나 넘겼듯이 동방의 요셉도 헤아릴 수 없이 많은 침략을 받아왔다.

최근에 있었던 사건만 하더라도 고대 중동에서 살던 요셉이 죄 없이 노예생활을 한 것과 같이 동방의 요셉도 36년간 일본의 노예생활을 했다. 그리고 요셉의 형들이 요셉을 죽이려고 한 것처럼 1950년 6월 25일 새벽에 38선 이북에 사는 형제가 남쪽으로 쳐 내려왔다. 인류 최대의 비극 속에서도 용하게 동방의 요셉도 살아남았다. 그 후에는 감옥생활 같은 인권 탄압의 독재시대도 있었다. 그러나 이 어려운 시대를 지나 오늘에 이르게 되었다. 분명한 것은 오늘 이 민족의 삶은 애굽 국무총리의 삶과 비교가 되지 않는 풍족한 삶이다. 애굽의 국무총리는 자가용도 없었고 TV가 달린 핸드폰도 없었을 것이다.

그런데 애굽의 국무총리가 된 요셉이 그 후에 어떤 태도를 취했는가?

"당신들이 나를 이곳에 팔았다고 해서 근심하지 마소서……. 하나님이 생명을 구원하시려고 나를 당신들보다 먼저 보내셨나이다"(창 45:5). 오늘의 말로 바꾸면 일제하 노예생활, 6·25의 죽을 고비, 그리고 인권탄압이 하나님이 하신 일이라는 것이다. 다윗은 사망의 음침한 골짜기에도 하나님의 지팡이와 막대기가 거기 있었다고 고백했다. 같은 고백인 것이다.

오늘 우리는 일제시대를 돌이켜보며 일본사람들을 증오만 할 것이 아니라, 그들이 물론 자기들을 위해 한 것이지만, 상투를 자르고 철도를 깔고 신작로를 닦은 것이 오늘의 대한민국이 있게 된 것에 일조를 했다고 믿어 보자. 6·25도 공산주의자들의 허황된 꿈에 의해서 빚어진 것이지만, 오늘의 대한민국은 6·25 때문에 세계 10대 경제대국의 문턱에 서게 된 것만은 틀림없는 사실이다. 독재 역시 오늘 대한민국이 민주국가로 우뚝 서는 것에 한 몫을 했다. 밥을 먹지 못하는 민주시민은 상상도 할 수 없기 때문이다.

"하나님을 사랑하는 자 곧 그 뜻대로 부르심을 입은 자들에게는 모든 것이 합력하여 선을 이루느니라"(롬 8:28). 동방의 요셉도 중동의 요셉 같은 신앙고백을 해야 한다. 여기에 구원의 길이 있다.

14. 세상 의사들이 손댈 수 없는 암

폴 틸리히는 우상이란 '상대적인 것을 절대화하는 것'이라 했다. 사람들의 손으로 만질 수 있고 볼 수 있는 사물만이 아니라, 우리 머리 속에 있는 이념이나 생각도 절대화하면 우상이 된다.

1) 긍정적인 생각을 하라

지난 한때 한국에서뿐만 아니라 세계적으로 이 소리가 메아리쳤다. 특히 한국교회는 여기에 호응해서 재미를 톡톡히 보았다. "능력 주시는 자 안에서 내가 모든 것을 할 수 있느니라"는 말씀이다. 이 말씀을 뒤집어보면, "능력 주시는 자 밖에서는 나는 아무 것도 할 수 없다"는 부정적인 말이 된다. 사람이 무엇이든지 할 수 있다고(절대화) 하면 하나님이 하실 일이 없어진다. 모세, 다윗, 이사야 등은 철저하게 '나는 할 수 없는 자'라는 부정적인 생각에서 출발했기 때문에 위대한 인물이 되었다. 철저한 부정을 맛보지 못하는 데서 나온 긍정은 참다운 긍정이 아니다.

2) "큰 꿈을 가져라"

이 소리는 순진한 한국 청소년들을 병들게 했을 뿐만 아니라 이 나라를 이끌고 가는 지도자들의 큰 꿈 때문에 나라의 기초가 흔들리기까지 했다. 김구 선생은 임시정부의 주석이 될 줄은 꿈에도 몰랐다. 상해 임시정부 청사를 찾았을 때 그가 바란 것은 정부청사 수위였다. 그러나 대한민국 대통령 중에는 중학생 때부터 "나는 대통령이다"란 큰 꿈을 갖고 그 꿈을 이루기 위해 황산 세례를 받아가며 정신없이 뛰었던 분이 있다. 그런데 김구 주석은 온 국민의 가슴속에 존경과 감사의 뿌리를 심어놓았지만, 꿈을 크게 가졌던 그분은 자신이 그렇게도 증오했던 전임자가 닦아놓은 경제적인 기초를 다 망가뜨릴 뻔한 IMF만 터트리고 말았다. 큰 꿈, 그것도 절대시하면 암 덩어리가 된다.

3) 선(善)까지도 절대화해서는 안된다

구약에서 율법을 지키는 것은 지고의 선이다. 그런데 이 땅에서 사람들이 생각하는 선은 절대적인 것이 아니다. 김수환 추기경은 양심의 자유를 위해서는 목숨까지 버릴 수 있다고 했는데 인간의 양심도 절대화해서는 안 된다. 예수님의 십자가는 세상 죄인의 대명사인 세리와 창녀가 아니라 선민 중의 선민들인 바리새인, 서기관, 제사장들이 저지른 죄의 증표다. 세상 선의 맨 꼭대기에 앉아있던 자들이 하나님께 충성하고 하나님의 뜻을 따르기 위해 예수를 나무에 달았다. 세상 선도 절대시하면 무서운 암 덩어리가 된다.

4) 교회와 성서

오늘 대부분의 크리스천들은 교회와 성서를 통해서만 구원을 얻는다고 생각하고 있다. 그러다보니 가톨릭에서는 교회의 제일 꼭대기에 앉아 있는 교황을 절대시했다. 그리고 프로테스탄트는 성서를 높이고 귀히 여기다가 급기야는 축자영감설(逐字靈感說), 성서무오설(聖書無誤說)을 주장하는 데 이르게 되었다. 그러나 성서는 베드로의 실수를 남김없이 폭로하고 있다. 가톨릭에서 초대 교황으로 받드는 베드로는 무오한 인물이 아니다. 그리고 성서 역시 몰몬교 교도들이 믿고 있듯이(그들의 경전이 하늘에서 바로 떨어졌다고), 하늘에서 바로 떨어진 것이 아니고 당시 사람들의 손으로 기록된 것이다.

요사이 정치꾼들이 판을 치고 있는 총회나 연회 같은 교회 집회에서 경전으로 채택된 책이다. 성서나 교회를 절대화하는 것은 그것을 우상화하는 것이다. 그 우상을 깨뜨리고 그 안에서 살아 움직이시는 예수님을 통해 하나님께로 나아가는 데에 구원이 있다. 예수님이 말씀하신 "가난하고 애통하는 마음으로 겸손히 하나님 앞에 나아가 '나는 죄인입니다'라고 고백하는 온유한 자가 되라"는 가르침이 다름 아닌 우상을 부수고 암 덩어리를 도려내라는 말씀이다. 예수님은 바로 세상 의사들이 손을 댈 수 없는 무서운 절대화(우상)라는 암을 고쳐주시려고 이 세상에 오셨다.

15. 양심(良心)

모든 국민들로부터 존경과 사랑을 받는 기독교 성직자가 1970년대에 드린 묵상 기도문을 소개하겠다.

"사회적으로 양심적인 사람들의 힘의 규합이 필요합니다. 그리하여 양심의 유린에 대해 목숨을 걸고 싸우는 용기가 필요합니다."

여기 '양심적인 사람'은 어떤 사람이며 '양심의 유린에 대해' 정말 목숨을 걸고 싸울 가치가 있는 것일까?

사람은 누구나 양심을 갖고 있다. 그런데 누구나 다 갖고 있는 이 양심은 믿어도 되는 것인가. 특별히 조로아스터교를 예로 들지 않아도 세상 많은 종교는 인간 내면에는 선과 악이 공존하고 있는데 종교생활이란 내 속에 있는 악을 제거하고 선성(善性)을 키워나가는 것으로 생각하고 있다. 특히 불교에서는 내 안에 불성(佛性)이 있는데 그것을 잘 가꾸어 나가면 인간은 누구나 부처가 될 수 있다고 가르친다. 종교를 갖고 있지 않은 사람들도 비슷한 생각을 하고 있다.

누구나 인간은 양심을 갖고 있는데 이 양심의 소리를 듣고 그것을 따라 살면 행복한 세상을 이룰 수 있다고 생각한다. 기독교계 지도자들의 생각도 여기에서 멀리 벗어나지 않는 것 같다. 그러니 양심의 유린에 대해서는 목숨을 걸고 반항해야 한다고 기도하고 있는 것이다.

그러나 성서는 위와는 다르게 가르치고 있다. 피조물인 인간 속에 있는 선성을 잘 키우고 가꾸면 구원에 이르게 된다고 가르치지 않는다. 양심이란 어디까지나 상대적인 것이다. 환경, 경험, 그 사람이 갖고 있는 지적인 수준 등에 의해서 얼마든지 달라질 수 있는 것이 양심이다.

창세기에 의하면 두 종류의 죄가 있다. 선악과를 따 먹은 죄와 바벨탑을 쌓아 하늘에 닿아보려는 죄가 바로 그 하나이고, 다른 하나는 소돔과 고모라의 죄다. 그런데 이 둘 중에 경중을 따진다면 첫 번째가 두 번째보다 훨씬 더 무거운 죄다. 대부분의 사람들은 인간이 하나님이 되려고 했던 낙타 같이 큰 죄는 생각하지 않고 하루살이 같이 극히 작은 후자만을 무서운 죄로 생각한다.

오늘 이 땅에도 이런 사람들이 정의의 깃발을 휘두르고 있다. 이 땅의 부정부패에 대해서는 그냥 있을 수 없다고 목숨을 걸고 투쟁하면서도, 저 북쪽에 있는 스스로 절대자가 되어 있는 그리고 양심의 가책이 아니라 지상천국의 꿈에 도취되어 온갖 부정부패와 인권 유린을 저지르는 독재자를 존경하고 있는 자들 말이다. 히틀러, 스탈린의 경우도 좋은 예가 될 것이다.

성서에서 보자. 세금을 훔친 사람, 간음하다가 잡힌 사람은 양심의 가책을 받았을 것이다. 그러나 하나님의 아들을 죽인 바리새인과 서기관은 눈도 하나 깜짝하지 않았다.

기독교는 원죄(Original Sin)의 교리를 갖고 있다. 이것은 인간 안에 있는 죄성 뿐만 아니라 선성(양심)까지도 믿을 것이 못 된다는 것을 의미하는 교리다. 오늘 인류 사회가 이만큼이라도 지탱할 수 있는 것은 1776년 미국독립선언문에 있는 "인간은 피조물이다"라는 겸손한 고백 때문이 아닐까? '양심에 따라'가 아니라 '예수를 받아드려야' 구원에 이른다.

자신의 주장을 양심이란 포장에 싸서 목숨을 걸고 투쟁하기에 앞서 하나님 앞에 조용히 무릎을 꿇고 세미한 하늘 소리를 기다려 보자.

16. 영원한 새것

2014년 새해가 왔다. 사람들은 자신이 낡아가고 있다는 분명한 사실은 잊은 채 끝없이 새것을 찾아서 분주히 뛰고 있다. 그런데 이들을 향해 전도서 기자는 단호히 "해 아래에는 새것이 없나니…"(전1:9) 라고 선언하고 있다. 이 말씀의 뉘앙스는 마치 하늘 아래에는 없지만 하늘 위에는 새것이 있는 것처럼 들린다. 실로 그렇다.

새색시를 맞아들인 순간 그녀는 헌 색시가 되고 비싼 승용차를 사서 굴리는 순간 중고차가 되고 만다. 새 차가 헌 차가 되면 기름이 많이 소모되는 고급차는 기름이 적게 드는 소형차보다 헐값이 되고 만다. 겨울에 고목은 죽은 듯이 웅크리고 있다. 그런데 봄이 와서 따뜻한 햇빛이 고목에 비쳐지면 그 고목에서도 새싹이 돋아난다. 얼핏 보면 그 늙은 나무가 새싹을 움티우는 것 같지만 어림없는 소리다.

육안이 아니고 심안으로 바라보면 그 나무가 새순을 움티우는 것이 아니고 하늘에서 내려오는 햇살이 새순을 움티우는 것이다. 이렇게 생각해 보면 분명히 해 아래에는 새것이 없고 새것은 해 위에 있음이 분명하다.

인류의 역사도 마찬가지다. 고려가 해 아래에서 태어날 때도 피비린내가 나더니 조선왕조가 새로운 나라로 세워질 때도 옛 나라 고려의 수립 때와 조금도 다르지 않았다. 마찬가지로 대한민국이 세워질 때나 오늘까지 걸어온 그 걸음걸이를 돌아보면 새로워진 것은 전혀 업고 옛것의 반복 즉 피비린내, 구린내가 코를 찌를 뿐이다. 겉모습은 많이 발전했고 새로워졌다고 할 수 있다. 그러나 그 안을 들여다보면 옛것의 반복이요 어떤 의미로는 더 퇴화하고 있는 것 같다. 유신독재가 물러가고 민주가 오면 살판이 나는 줄 알았다. 그런데 꿈속에서도 민주만 부르짖던 사람이 그 자리에 앉으니 IMF를 불러온 것이다.

대한민국의 민주주의 역사는 오늘 서구 민주국가에 비하면 실로 짧다. 그런데 이 짧은 세월 속에서 오늘 우리는 서구인들이 경험한 것을 다 경험했다. 제국주의와 공산주의 맛도 보았고, 왼쪽에서 불어오는 바람도 반대로 오른쪽의 바람 맛도 보고 있다. 그러나 분명한 것은 그 어느 것에서도 참다운 새것은 맛볼 수 없었다는 것이다. 정치인들이 썩었다고 어제까지 청진기를 귀에 꽂고 다니던 사람이 새것을 가져다 줄 것이라 생각하는 것은 실로 철부지의 생각이다.

실로 해 아래에는 새것이 없다. 그런데도 사람들은 이 캄캄한 어두움 속에서 새것을 찾아서 개미 쳇바퀴 돌듯이 열심히 돌아가고만 있다. 바로 그 어두운 밤에 하늘을 쳐다보며 희미한 별빛을 찾고 있던 동방박사들이 있었다. 그들이 드디어 태양빛은 아니지만 그래도 희미한 별빛을 찾았다. 그들은 별빛을 따라 더 큰 태양빛을 찾아 서쪽으로, 서쪽으로 나아갔다. 그들이 다다른 곳은 깜짝 놀랄 수밖에 없는 마구간이었다.

그곳을 비취는 태양빛은 송죽도 아니요 박달나무도 아닌 쓸모없는 버드나무로 만든 마구간을 감싸고 있었다. 다말은 생명력을 의미하고 라합, 롯, 밧세바는 썩은 나무를 의미한다. 그러나 이 빛이 이 썩고 병든 나무에 비침에 거기서 새싹이 돋아났다.

이새의 줄기(사11:1)에서 돋아난 새싹 그의 이름은 임마누엘이다. 이 새싹은 고목에서 돋아난 새싹이 아니라 하늘의 빛이 뽑아낸 하늘의 싹이다. 이 새싹이야말로 도무지 참 새것을 맛보지 못했던 사람들로 하여금 영원한 새것을 맛보게 한 새것이다. 이노우에 신부는 다음과 같이 말했다.

"기도란 하나님의 사랑의 햇살 속에 햇빛 쪼이기다."

참다운 종교는 나의 지극 정성이 쌓아올린 그 탑이 아니다. 올바른 종교 (새것)란 하나님의 사랑의 햇빛을 쪼여 거기서 새싹이 움터나오게 하는 것이다.

17. 다윗과 골리앗의 싸움

사무엘상 17장에 다윗이 골리앗을 물매돌로 쓰러뜨린 이야기가 나온다. 여기 블레셋 사람들은 그들의 신들 이름을 앞에 내세웠고 다윗은 여호와 이름으로 그들과 마주했다. 여호와 이름은 히브리말로 '스스로 계신'이다. 그런데 블레셋인들이 앞에 내세운 신들은 우상이다. 유일신이 아닌 '신들'이란 인간들이 제멋대로 만든 잡신이다. 유대인들에게 있어서 여호와는 두려움의 대상이다. 예수님도 기도문을 가르쳐주실 때 맨 앞에 '거룩'을 두셨다.

"이름이 거룩히 여김을 받으시오며", 여호와를 두려워했다는 것과 이름을 거룩히 여긴다는 것을 다른 말로 바꾸면 신 앞에선 인간은 그럴 수 없이 작은 존재란 것을 깨닫는 것을 의미한다. 믿음이란 자기 유한성을 받아들이는 것이다. 실제로 신들을 앞에 세운 골리앗은 크고 위대한 장수였고 여기 맞서 있는 다윗은 작고 초라한 존재였다. 그러나 싸움의 결과는 사람들의 생각과 정반대였다.

신약성서로 넘어가 보자. 예수와 로마가 마주하고 있다. 예수님은 이것을 산과 겨자씨가 마주하고 있는 것으로 비유하셨다(마17:20). 산은 지구 표면을 에워싸고 있다. 산은 지구덩어리다. 여기 비해 겨자씨는 세상 씨앗 중에서도 가장 작은 씨앗이다. 산은 크지만 생명체가 아니고 겨자씨는 생명체다. 그러므로 비생명체인 산은 허물지 않고 그대로 버려두기만 해도 풍화작용에 의해서 바위는 부서져 흙이 되고 그 흙은 밭이 되고 만다. 그러나 겨자씨가 그 흙에 떨어지면 그 밭을 뒤덮어버리고 만다.

생명과 비생명의 싸움은 싸움이 아니다. 이미 생명이 이겨놓은 싸움이다. 예수님은 '스스로 계신' 여호와가 함께 하시는 임마누엘이시다. 당시 로마는 잡신을 섬기는 골리앗에 해당했다. 그 결과는 싸움이 시작된 지 3백여 년이 지나자 그 크고 위대한 골리앗이 작고 초라한 예수 겨자씨 앞에 무릎을 꿇고 말았다. "믿음이 산을 옮긴다"는 말씀은 자기 유한성을 받아들이고 동시에 그럼에도 불구하고 하나님은 나를 사랑하신다는 것을 깨닫는 것이다.

세계 제2차대전을 돌이켜보자. 연합군을 거느린 아이젠하워 장군과 당시 세계 최강 군대를 거느린 히틀러의 외모를 비교해 보았다. 나중에 후루시쵸프가 말했듯이 아이젠하워의 얼굴 모습은 유치원 원장 스타일이고 히틀러의 모습은 코브라 같았다. 그런데 결과는 유치원 원장이 승리했다. 히틀러뿐 아니라 산도적 같이 생긴 20세기 골리앗 소련의 스탈린과 벌인 싸움에서도 20세기 다윗이 승리했다. 그 힘은 어디서 나왔을까?

히틀러나 스탈린은 신들을 앞세웠다. 인간이 만든 '주의', '이념' 들을 절대시했다.

그런데 미국의 힘의 뿌리에는 '모든 인간은 피조물이다' 라는 1775년에 선포한 독립선언문 안에 '인간의 작음' 을 고백하는 문구가 들어있다.

오늘 우리는 휴전선을 사이에 두고 골리앗과 마주하고 있다. 실로 핵은 20세기 골리앗이다. 이 핵이 정상적 국가 지도자가 아닌 철부지 손에 쥐어져 있기에 더욱더 두려워한다. 그러나 이보다 더 두려운 것은 대한민국이 젊은 다윗이 되어야 할 터인데 그렇지 않다는 것이다.

요즘 우리 사회에서는 '民主'를 한문으로 그 뜻을 그대로 받아들여 사람이 우주의 주인인양 설치는 사람들이 많다. 그들은 교인 수가 늘어나면 모든 문제가 해결될 줄 알고 있지만 오히려 그와 반대현상이 일어나고 있다. 여호와를 마스코트로, 십자가 깃발을 부적으로 생각하는 크리스천들이 많이 있다. 이 백성이 진정으로 승리하려면 여호와 앞에 깊이 고개 숙여 두려워할 줄 알아야 한다. 이것이 승리의 길이다.

Ⅳ. 마음의 눈[心眼]으로 보라

1. 부활꽃 : 모닥불 사랑 〈요 21:9~13〉

오늘날 정치 목사와 정의구현을 부르짖는 신부들처럼 예수님의 제자들
도 자나깨나 이스라엘의 독립을 외쳤고 그들의 스승을 그쪽으로 몰고 가
려고 했다. 그들은 예수님의 부활 능력을 정치적으로 이용하려고 했으나
예수님은 단호히 "No" 하셨다(행1:7).

렌즈에는 오목렌즈가 있고 볼록렌즈가 있다. 전자는 빛을 흩어버리고
후자는 작은 한 점에 모은다. 기장의 신앙고백서 안에 있는 '미쇼데이 신
학'은 전자, 즉 하늘빛을 넓게 흩어버리는 신학으로 예수님의 뜻과는 정
반대다. 많은 군중들이 천군천사를 거느리고 하늘에서 떠내려올 메시아
를 기다릴 때 예수님은 소똥 말똥이 뒹구는 마구간에서 탄생하셨고 3년
동안 가신 길도 이스라엘의 독립이란 큰 사랑의 길이 아니라 죄인, 지체
부자유자, 어린 한 사람 한 사람에게 하늘빛을 모아서 뜨겁게 비추셨다.
십자가에 달려 죽으시고 부활하신 후 제자들은 나라의 독립을 기대했다.
그러나 예수님은 호숫가에 모닥불을 피워놓고 하신 말씀인즉 "와서 조반
을 먹으라"였다.

한국 문화는 이스라엘 백성이나 예수님의 제자들처럼 큰 것 좋아하는

문화다. 클太자의 태극기가 그렇고 큰大자의 대한민국이란 이름은 얼마나 큰가! 선교사들이 이 민족을 복음화하려고 처음 세운 학교는 조그마한 연희동의 지명 이름을 따서 연희대학이지만, 순수한 한국인이 세운 학교는 고려대학이다.

큰 것 좋아하는 사람들의 최대 약점은 작은 기본기를 소홀히 하는 데에 있다. 세월호 선장 한 사람만이 아니라 우리 모두의 약점이기도 하다. 일본은 기독교 국가가 아닌데도 일제 하에서 제일 먼저 배운 것은 도시락을 앞에 놓고 '이다다끼 마스'였다. 부활 후 예수님이 제자들에게 하신 말씀과 같은 것이다.

나는 우리 부모에게서 철저하게 교육받은 것은 "밥상에 앉았을 때 맛있는 반찬에만 젓가락이 가지 말라"였다. 나의 일생의 삶은 글자 그대로 '양보'였다. 감투 한번 자청해서 써 본 적이 없다.

캐나다에서 길을 달려가다 보면 'Yield'란 푯말이 계속 붙어 있는 것을 볼 수 있다. 세월호 선장과 승무원의 머리 속에 선원수칙은 고사하고 '양보'라는 두 글자만 새겨져 있어서 승객을 앞세우고 자신들은 맨 뒤에 섰더라면 오늘 같은 참사는 일어나지 않았을 것이다.

예수님이 피워 놓으신 모닥불에서는 작은 사랑을 맛볼 수 있다. 가정에서는 아무리 가난해도 도끼와 식칼이 있다. 옛날 온돌방에 불을 피우려면 도끼가 있어야 하고 부엌에서 요리를 하자면 식칼이 있어야 한다. 교회 사랑은 국가와 민족 사랑을 외치는 국회와 정부종합청사와는 다르다.

교회는 하늘의 큰 사랑을 쪼개어 요리를 해 밥을 지어놓고 "와서 조반을 먹으라"의 작은 사랑을 하는 곳이다. 봉사도 그렇다. 집사란 말이 다름 아닌 '봉사'란 말이다. 교회는 집사들만이 봉사하는 곳이 아니라 목사와 장로가 먼저 봉사하는 곳이다. 예수님이 빵과 생선을 구우셨다. 나는 목사란 말을 아주 싫어한다.

'牧羊室(목양실)', 여기 칠牧자는 말이나 소를 치는 사람 목자이다. 작은 일부터 먼저 챙기는 기본기 교육이 부족해서 오늘 세월호 같은 큰 참사가 빚어졌다. 이것이 한국인의 가장 큰 문제점이다.

세상 종말에 있을 한국교회가 침몰할 때를 상상해 보니 소름이 끼친다. 세계 만백성 구원의 소명감의 불꽃이 하늘로 치솟고 있는 한국교회가 침몰할 때는 오늘 저 세월호 꼴이 되지 않을까 걱정이 된다. 한국에서 목회하는 목회자 중에 믿음과 똥고집을 구별할 줄 아는 목회자가 얼마나 될지 모르겠다. 세계에서 제일 큰 배의 선장이라고 자랑은 하면서도 예수님 말씀의 제1장 제1조인 '가난'이란 말을 이해하지 못하고 있다.

기본기도 갖추지 않은 선장이 불법으로 배를 늘리기만 했으니 염려하지 않을 수가 없다. 우리 교단이 내건 슬로건이 「생명, 정의, 평화」이다. 그러나 그렇게 큰 것만 내걸지 말고, 생명 사랑을 말하려거든 슈바이처처럼 아프리카로 건너가든지, 정의를 외치려면 산속으로 들어가 판검사 되기 위해 고시공부를 하든지, 그리고 평화를 외치려거든 툭하면 데모를 해서 그나마의 평화라도 깨뜨리지 말아야 할 것이다.

열린교회는 작은 모닥불교회다. 하늘을 향해 문을 활짝 열어 하늘빛을 예수 오목렌즈를 통해 받아서 교회 안에서도 모닥불이 피게 하고 그 불이 가정, 가정으로 옮겨 붙게 하자. 그래서 가정, 가정에서는 "모닥불 피워놓고 마주 앉아서 우리들의 이야기는 끝이 없어라" 노래가 흘러나오게 하자. 이것이 부활 예수를 영접하는 우리들의 삶이다.

생명 사랑은 겨자씨 같이 작은 것에서 피어오른다.

2. 선(善)의 도취

예수님은 알곡 속에서 자라고 있는 가라지를 뽑지 말라고 말씀하셨다. 왜냐하면 인간은 알곡과 가라지 즉, 선과 악을 구별할 능력이 없기 때문이다. 오늘의 선이 내일의 악이 될 수 있고 이쪽에서의 악이 저쪽에서는 선으로 인정받는 경우가 있음을 파스칼은 『팡세』에서 시사했는데 오늘날 수많은 사람들이 자기 나름대로 어설프게 선이라고 설정해 놓은 바로 그것을 목숨까지 걸고 밀어붙이고 있다.

오늘 세계인을 괴롭히고 있는 자살폭탄 테러는 말할 것도 없고 지난날 히틀러는 이 땅 위에서 악을 제거하겠다는 자기 나름대로의 '선한' 생각에서 6백만 명의 유대인을 죽였다. 그리고 스탈린은 이 땅 위에 골고루 잘사는 유토피아를 건설하려는 '선한' 소명감에 도취되어 2천만 명의 양민을 학살했다.

미국의 위대한 신학자 라인홀드 니버는 "공산주의는 선하기 때문에 가장 악하다"라고 말했다. 소크라테스를 죽인 아덴 시민들과 예수님을 죽인 바리새인과 서기관, 제사장들도 하나같이 하나님께 충성하고 선을 행하려는 열의에서 악을 저질렀다.

여기 악인과 선인이 있다고 하자. 이 두 사람이 싸움이 붙었는데, 그 싸움은 물론 악인에 의해 일어났다. 그런데 이 싸움이 길어지면 선인과 악인이 구별되지 않을 뿐 아니라 뒤바뀌는 수가 있다. 악인도 양심을 있어서 싸움이 붙은 초기에는 '내가 잘못한 것 같은데……' 하는 생각을 갖는다. 그러나 '나는 잘못이 없는데 저놈이'라고 생각하는 처음에 선했던 사람은 나중에 가서는 눈에 불이 나고 주먹을 부들부들 떨면서 싸움을 하게 된다. 이와 같은 싸움을 하면서도 아랍인들은 지하드 즉 성전이라고 부른다. 그래서 이 싸움에서 죽으면 순교자가 되고 천당에 간다고 생각한다. 이 세상에서 제일 무서운 것이 이것이다.

우리가 두려워하는 조류독감이나 신종플루보다 더 무서운 것이 바로 이 지하드라고 생각한다. 오늘 이 땅에는 선에 도취된 지하드 용사들이 너무나도 많은 것 같다. 민주, 인권, 자유, 평화, 정의를 외치며 이 땅을 깨끗한 유토피아로 만들려고 노심초사하고 있는 성전 용사들이 우글거리고 있다. 그 중에서도 통일을 최우선 순위에 두고 투쟁한다.

미국의 테어도어 루즈벨트 대통령의 전기를 위시해서 많은 미국 대통령의 전기를 쓴 네이슨 밀러는 『이런 대통령은 뽑지 맙시다』란 책에서 미국 역사상 열 명의 악한 대통령을 뽑아서 그들의 행적을 기록했다. 거기에 의하면 가장 악한 대통령 열 명 중에서도 최악의 대통령은 지미 카터라는 것이다. 왜냐하면 그는 스스로 자기가 선한 사람이라고 생각한 나머지 도무지 남의 말에 귀를 기울일 줄 모르는 고집불통의 대통령이었다는 것이다. 우리가 아는 대로 카터 대통령은 자나깨나 인권을 이야기하는 참으로 선한 사람이다. 주일에는 대통령 집무실을 빠져나가 백악관에 들어가기 전 자기가 맡고 있던 교회 어린이학교 교사 일을 할 만큼 순진하고 선한 사람이다. 바로 이 사람이 역대 미국 대통령 중 가장 악한 대통령으로 이름을 남겨 놓았다. 악에 도취된 자는 언젠가는 뉘우칠 날이 있지만, 선에 도취된 사람은 그럴 가능성도 없다.

생명은 공기와 물을 떠나서는 존재할 수 없으므로 공기와 물을 생명 자체라고도 할 수 있겠다. 그러나 이것이 넘쳐흐르는 것이 태풍이고, 미국 뉴올리온즈를 휩쓸고 간 태풍 카트리나와 같이 수많은 사람과 가축의 목숨을 앗아간다. 통일, 인권, 민주, 자유, 정의, 주체사상…… 이같은 덕목은 선한 것들이다.

그러나 이런 선이 때로는 무서운 태풍이 될 수도 있겠기에 우리 함께 조용히 주의 발 아래 무릎을 꿇고 앉아 함께 기도드리는 경건한 자세부터 취할 줄 알아야 한다.

3. 시험에 들게 하지 마시옵고

호박같이 생긴 아가씨는 나에게 시험의 대상이 될 수 없다. 앉으나 서나 그녀 생각만 나게 하는 아가씨가 나를 유혹한다. 실은 그녀가 나를 유혹하는 것이 아니라 —그녀는 이 사실을 알지도 못하고 있다 — 나 스스로 그녀에게 마음을 빼앗기고 있는 것이다. 시험을 받았다는 말은 내 마음이 그리로 쏠리고 있다는 말이다.

사람(아담)이 이 아름다운 세상에 태어나는 순간 제일 먼저 찾아가는 것은 엄마의 젖꼭지다. 뭐니뭐니 해도 세상에서 최우선 하는 것은 먹는 문제다. '금강산도 식후경'이란 말은 진리다. 자유 인권 민주는 그 다음에 와야 한다. 에덴동산 이야기는 사람이 제일 먼저 먹을 생각을 했고 그 다음에 선악을 구별할 수 있는 지혜자가 되어 즉, 에덴의 주인이 되어야겠다는 생각을 하게 되었다는 이야기다. 인류의 처음 사람 아담은 이 시험에 빠지고 말았다.

오늘 우리의 모습을 돌이켜 생각해보자. 8 · 15와 6 · 25를 겪으면서 이 땅은 거의 사막과 같은 폐허가 되었다. 그 속에서 이스라엘 민족을 애굽에서 구출한 모세 같은 위대한 지도자가 나타났다. 그는 민주, 인권, 자유, 정의보다 최우선하는 것이 '빵'이란 것을 알았다. 욕을 먹을 각오로 지팡이로 바위를 내리쳤다. 실로 기적이 일어났고 불가능을 가능으로 만들었다. 유대광야가 아니라 한반도에서 기적이 일어났다. 초근목피로 목숨을 이어가던 이 민족이 이제 살만하게 되었다. 그러니 민주, 자유란 말이 봇물처럼 쏟아져 나오기 시작한다.

굶던 자가 배를 채우고 나니 눈이 밝아졌다. 자기가 지혜롭게 되었으니 이제 자기가 나라의 주인이 되겠다고 나서는 것이다. 이 땅의 주인은 서로 자기란 것이다. 민주, 즉 사람이 주인이란 말이다. 한반도에서는 노동자가 주인이냐, 자본가가 주인이냐의 싸움이 붙었다.

38선 이북에서는 이 싸움에서 노동자가 승리한 것 같다. 그래서 노동당이 권력을 잡은 것이다. 그런데 겉으로는 그렇게 보였지만 그 안을 들여다보면 전혀 그렇지 않다. "노동자가 주인이다" 라는 슬로건을 앞세워 주권을 잡은 다음에는 이 밝은 세상에 왕조시대에 써먹다 버린 혈통을 앞세운 빨치산 대장이 나타나서 그 꼭대기를 차지하고 말았다. 노동자들에게 배급된 것은 가난과 굶주림의 노예생활이다. 한발 늦게 38이남에서도 이 싸움이 붙었다. 밥을 먹게 되니 눈이 밝아져서 주인 자리를 눈독 들이게 되는 것이 마치 아담 하와의 모습과 같다.

'민주(民主)'란 단어가 오늘의 사람들을 무서운 시험에 빠지게 한다. 회사의 주인은 돈 있는 사람이 주인인 것 같으나 이제는 노동조합장이 주인의 자리를 넘겨다보고 눈에 불을 켜고 있다. 학원가도 마찬가지요, 정계도 마찬가지다. 선거에서 패배한 야당이 여당의 발목을 잡고 놓아주지를 않는다. 나라의 동맥인 철도도 사장이 노조에게 고개를 숙이고 쩔쩔매야 한다. 에덴동산에서 일어났던 그 싸움은 오늘 이 땅에서도 계속되고 있다.

이제 예수님을 바라보자. 예수님도 아담이 당한 그 시험과 같은 시험을 받으셨다. '돌을 갖고 떡을'. 이 유혹은 예수님도 떡 문제에 깊은 관심을 갖고 계셨다는 말이다. 그리고 "천하만국을 한번 다스려보라". 즉 네가 주인이 되어보라는 그 시험 역시 에덴의 주인이 되라는 마귀의 유혹과 같은 시험이다.

이때에 단호히 예수님은 하나님의 말씀, "주 너의 하나님께 경배하고 다만 그를 섬기라"의 말씀으로 유혹을 물리치셨다. "우리를 시험에 들게 하지 마옵시고". 눈을 뜨는 순간 이 기도로 하루의 일과를 시작하자.

4. 모닥불

부활하신 예수님이 갈릴리 호숫가에 모닥불을 피워 놓으시고 그 불에 빵과 생선을 구우시며 제자들에게 "와서 조반을 먹으라" 하셨다. 이때에 제자들의 머리 속은 이스라엘 나라의 회복으로 꽉 차 있었는데 말이다. 예수님의 이 모닥불 초대는 아무런 뜻 없이 그냥 제자들의 시장기를 면하게 하기 위해서만은 아닌 성 싶다.

부활하신 후에 예수님의 행적은 십자가사건에 대한 해석으로 봄이 좋을 것이다. 골고다 언덕 위에서 일어난 십자가사건을 제자들은 쉽게 이해하지 못했다. 십자가는 하나님의 사랑의 계시 자체이다. 그런데 이 사랑은 추상적이고 거추장스러운 사랑이 아니라 작고 구체적이고 단순한 사랑이다. "이것을 지혜롭고 슬기 있는 자들에게는 숨기시고 어린아이들에게는 나타내심을 감사하나이다"(마 11:25).

모닥불 만찬은 엄마가 아기를 품에 안고 젖을 먹이는 것과 같은 것이다. 이때부터 아기는 엄마의 사랑을 알기 시작한다. 예수님은 십자가를 오늘의 크리스천들이 생각하는 것 같이 모든 인류를 구원하기 위한 사랑으로 생각하시고 지신 것은 아니다. 간음하다가 현장에서 잡힌 여인, 세리, 어린 아기, 모든 환자, 바로 내 앞에 있는 모든 약자들을 아끼고 사랑하시다가 율법의 거미줄에 걸려 지시게 된 것이 십자가이다. 이 작고 단순하고 순수한 예수님의 하늘 사랑의 본질을 오늘 우리들이 바라보았을 때 이 사랑은 태양빛보다 더 큰 모든 인류를 구원하는 노아의 방주 같은 사랑이 되는 것이다.

우리나라 국기인 태극기와 십자가를 한번 비교해보자. 태극기는 누구나 보지 않고 그리기 힘든 복잡한 깃발이지만 십자가는 누구나 그릴 수 있는 즉 가로 한 줄, 세로 한 줄만 그으면 된다. 주역에서 말하는 태극은 우주의 원리 즉 궁극을 의미한다. 그러나 십자가의 사랑은 밭에서도 주방에서도 맛 볼 수 있는 하나님의 사랑을 의미한다. 원래 우리 민족은 작은 민족이기 때문에 반대로 큰 것을 동경하고 좋아한다. 그래서 나라이름 앞에 큰 대(大)자를 붙였고, 생각하는 것도 이웃사랑이 아닌 넓게 인간을 사랑하는 '홍익인간(弘益人間)' 이다.

그러나 예수사랑은 나와 네가 모닥불 앞에 마주앉아 군고구마를 먹으며 끝이 없는 대화를 나누는 것이다. 6 · 25가 터졌을 때 세기의 영웅 맥아더 장군이 전선을 방문했다. 기다리고 있는 한국군 장병들에게 그가 한 말은 나라사랑 민족사랑의 거창하고 장황한 연설이 아니다. 장병들의 손을 어루만지며 "잘 잤어, 잘 먹었어"였다고 한다.

오늘도 성도들은 2천 년 전의 제자들처럼 예수님이 천군천사를 거느리시고 구름을 타고 거창하게 내려오실 것을 기다린다. 그래서는 안 된다. 오늘 우리는 모닥불을 피워 놓으시고 "와서 조반을 먹으라"고 하시는 주의 음성, 그리고 "너희들은 땅 끝까지 이르러 이 모닥불 사랑의 증인이 되어야 해, 나는 단지 그 '불쏘시개' 가 되어 줄께"라고 하시는 소리도 동시에 들을 줄 알아야 한다.

5. 신을 기억하라

누가복음 15장 11절 이하에 나오는 '되찾은 아들의 비유'의 말씀으로 오늘의 현실을 비추어보며 생각해보자. 두 아들 중 맏아들은 아버지의 집 안에 머물면서 "나는 이 가정의 장자다"라는 의식을 가지고 아버지의 뜻에 순종하며 살았다. 그리고 둘째는 아버지께 자기 몫을 달라고 해 집 밖 먼 세상에 나가 살았다. 오늘의 맏아들을 교회 안에, 그리고 둘째는 교회 밖 저 넓은 세상에 사는 세상 사람들이라 할 수 있을 것이다.

오늘 한국 크리스천들은 비유에 나오는 맏아들처럼 "나는 이 가정의 장자다"라는 투철한 확신을 갖고 있다. 즉, 나는 예수를 믿으니 천국의 유업을 확실히 받을 수 있다고 믿는다. 이것이 신앙이라고 목회자들이 가르친다. 그리고 이 아버지의 집인 교회 밖에 있는 사람들은 지옥에 간다고 생각한다. 맏아들은 아버지의 법을 잘 지켰다. 마찬가지로 한국 교인들은 율법을 빠짐없이 잘 지키려고 무던히 애쓴다. 이분들은 율법에 덧붙여진 금주, 금연의 법까지 잘 지키므로 그 공로로 천당에 들어갈 수 있는 티켓을 다 딴 것으로 믿고 있다.

그런데 아버지의 재산을 가지고 집을 떠나간 둘째 같은 오늘의 사회인들은 어떠한가? 둘째가 아버지께 요구한 것은 나의 몫을 달라는 것이다. 이것은 바로 인권을 달라고 한 것인 동시에 민주와 자유, 나아가서는 복지를 달라고 한 것이다. 이제는 아버지의 그늘에서 벗어나서 내가 주인이 되어 마음대로 살아보겠다는 것이다.

오늘 국민들이 머리에 붉은 띠를 두르고 주먹을 휘두르는 것도 실은 이것을 달라는 소리다. 철부지들은 감옥에 들락거리면서 독재와 싸운 사람들만 민주투사요, 영웅인 것처럼 치켜세우지만, 실은 그들이 독재자로 매도한 바로 그 사람도 국민들을 잘 살게 하기 위해서 독재를 했다. 생각이 얕은 대중은 오늘 대한민국은 과거 독재국가에서 민주국가로 성장했다고 생각하지만 빵이 없는 민주, 인권, 자유는 있을 수 없기 때문에 이 둘은 똑같은 민주 투사요, 민주 역군들이다.

어떤 의미에서는 이 민족을 가난으로부터 해방시키고 총에 맞아 죽은 그 독재자가 참 애국자일지도 모른다. 우리나라가 올림픽에서 5위를 하고 경제대국 10위권 진입을 하게 된 것은 누구 때문인가.

그러면 오늘 이 민족은 모두 하나같이 행복한가? 그렇지 않다. 동서남북이 갈려 있고 신구노소가 오만과 증오로 서로 얼굴을 붉히고 있다. 물질적인 풍요는 더 무서운 정신적인 갈증을 가져왔다. 여기서 참으로 살길은 어디에 있을까?

2013년을 맞으면서 로마 가톨릭 교황이 전 세계인을 향해 발한 일성은 "신을 기억하라"였다. 둘째아들이 물질적인 풍요를 누리면서도 그의 영혼은 돼지먹이 쥐엄 열매로 배를 채우려고 하는 한계상황에 이르렀을 때에 그는 "내 아버지에게는" 하면서 아버지 집을 생각하게 되었다. 즉 신을 기억하게 된 것이다.

내 아버지는 하늘과 같은 멋있는 아버지다. 거기에는 이 세상에서는 맛볼 수 없는 참 사랑이 태양처럼 빛나고 있다. 세상을 향했던 발길을 돌려 "아버지, 내가 하늘과 아버지께 죄를 얻었사오니"라고 비명을 지를 때 아버지는 천국잔치를 베풀고 나를 맞아 주신다. 율법도 아니요, 거짓 믿음도 아니다. 민주, 인권 자유도 참 행복을 가져다주지 않는다. 고개를 하늘로 제켜 신을 바라보고 그 사랑의 햇살을 마음껏 쪼일 때 참으로 행복한 새해가 될 것이다.

새해에는 신앙생활을 할 때나 사회생활을 할 때나 언제나 그 밑에는 이처럼 신을 기억하는 뿌리가 자리 잡고 있어야 많은 열매가 맺히는 새해가 될 것이다.

6. 십자가의 도(Paradox)

"십자가의 도가 멸망하는 자들에게는 미련한 것이요, 구원을 얻는 우리에게는 하나님의 능력이라" (고전1:18)

각종 여론조사기관에서 조사한 한국에서 가장 설교를 잘하신다는 목사님에게 기자가 물었다. "목사님 '믿음', '믿음' 하시는데 도대체 '믿음'이 무엇입니까?" 신문 문화면 일면을 꽉 채운 대담 속의 목사님의 대답을 요약하면 "믿음은 덮어 놓고 믿는 것"이라는 것이다.

그 다음 주 같은 지면에서 불교계의 명진스님은 기독교가 믿음의 종교라면 불교는 물음의 종교라고 했다. 나는 속으로 '목사님이 스님에게 KO패를 당했구나' 생각했다. 유교경전이나 불교경전을 읽을 때는 절로 고개를 끄덕이게 된다. 그러나 생각이 있는 사람이라면 성서를 펼쳐들고 창세기부터 읽기 시작하면 처음부터 고개를 좌우로 기우뚱거릴 수밖에 없다. 왜 그럴까? 한마디로 답을 한다면 성서는 생명의 책이기 때문이다. 생명은 공기를 들이쉬고 내쉬는 들숨과 날숨에 의해서 존재하게 된다.

육군 소령 계급장을 단 군목이 부대 안으로 들어간다. 육군 일등병이 "승리"하고 큰소리로 외치고 '앞에 총'을 해서 경례를 한다. 그런데 군목이 저 멀리 사라지려고 할 무렵에 위병소 안에서 '예수 사랑하심은' 찬송 소리가 들리는 것이 아닌가. 이것은 은혜를 받고 부르는 찬송이 아니고 지나간 군목을 놀려대는 소리다. 군에서 일등병이 소령을 놀린다는 것은 절대로 있을 수 없는 일이다. 군목은 그 자리에 서서 가만히 생각을 해 본다. 그 일등병의 놀림은 세상 지혜자가 하나님의 능력을 비웃는 소리다.

학교에서는 1+1=2를 가르친다. 그런데 교회에서는 1-1=100이라고 외치고 있다. 한 알의 밀알이 땅에 떨어져 죽어야 즉 마이너스가 되어야 많은 열매를 맺는다고 가르치고 있지 않은가! 성서는 도무지 세상 지혜자들은 받아들일 수 없는 즉 조롱거리가 될 수밖에 없는 말씀으로 가득 차 있다. 그래서 세상 지혜자들이 성서 안으로 들어갈 때는 먼저 고개를 갸우뚱해 봐야 한다. 먼저 물어봐야 한다.

들숨과 날숨 둘 중에 어느 하나만 택하면 그것은 곧 죽음을 의미한다. 크게는 구약과 신약 역시 어느 한쪽만 취하면 생명의 도가 꽃을 피울 수 없다. 구약 시편 기자는 "나는 벌레요 사람이 아니라"(시 22:6)라고 고백한다. 그런데 신약에서 예수님은 "사람의 목숨은 천하보다 귀하다"고 말씀하셨다. 어느 하나만 취하면 안된다. 자신을 벌레보다 낮은 자로 고백할 때 천하보다 귀한 하나님의 자녀가 된다.

신명기 28장 13절에는 하나님이 당신의 말씀을 삼가 듣고 행하면 너는 머리가 되고 꼬리가 되지 않게 하신다고 약속을 하신다. 그런데 예수님은 하나님의 말씀에 죽기까지 순종하셨는데도 스스로 머리가 아닌 꼬리의 길을 가셨다. 그리고 시편 37편 25절에는 하나님께 순종하는 자는 버림을 당하지 않는다고 했는데 예수님은 마지막 "나의 하나님 나의 하나님 왜 나를 버리십니까?"라고 비명을 지르셨다. 이 역설, 이것이 바로 들숨과 날숨의 영생의 호흡이다. 신약 안에서도 이 호흡은 멈추지 않는다.

예수님은 천국의 관문은 파리에 있는 개선문 같은 것이 아니라 인간의 꿈과 욕망이 산산이 부셔져서 나는 아들이 될 수 없으니 종의 한 사람으로 써달라는 절규, 즉 회개가 천국의 관문이라고 하셨다. 바울 사도는 인간은 죄인 중의 죄인이라고 고백하는 바로 거기에 의인으로 칭함을 받는다고 했는데 이 역설을 십자가의 도라고 했고 현대 신학자들은 이 신학을 변증법적인 신학이라고 했다. 스스로 의인이 되려 한 아담은 실낙원의 비극을 가져왔으며 지구상에 있는 최대의 비극이 일어났던 골고다 언덕이 바로 부활 영생으로 이어지는 통로가 된 이 역설, 이것이 십자가의 도다.

7. 아상(我相)

'아상'을 사전에서는 '자기의 학문이나 재산, 가문, 지위 등 자기 처지를 자랑하여 다른 이를 몹시 업신여기는 마음'이라 설명하고 있다.

창세기 11장에 바벨탑 이야기가 기록되어 있다. 인간들이 탑을 쌓아 하늘에 닿아 보려고 할 때 하나님은 탑을 허물고 인간들을 사방으로 흩으셨다는 이야기다. 이 바벨탑 이야기를 한마디로 요약하면 '아상'이 된다.

이 바벨탑의 이야기보다 뒤에 나오는 소돔과 고모라 성의 이야기는 도덕적인 인간의 죄가 얼마나 무서운 결과를 가져오는지를 알려주는 이야기다. 그러나 분명한 것은 모든 도덕적인 죄보다 아상의 죄가 더 무서운 죄의 뿌리라는 것이다. 키르케고르(S. Kierkegaard)는 "죄란 사건이 아니라 태도요, 방향이다."라 했다.

요사이 민속씨름 경기의 인기가 떨어지고 있다. 씨름은 모래판에 상대를 넘어뜨리는 것으로 끝나는 경기인데 인기가 떨어질 수밖에 없다. 격투기 경기를 예로 들면 이 경기는 상대를 쓰러뜨린 다음에도 주먹과 팔꿈치를 이용해 상대가 의식을 잃을 정도로 짓뭉개 놓아야 승부가 난다.

야구에서도 관중은 타자가 만루 홈런을 친 다음 투수가 그 자리에 주저 앉아 한숨짓고 있을 때 타자가 껑충껑충 뛰며 홈으로 들어오는 것을 보려고 야구장을 찾는다. 야구 경기만이 아니라 모든 경기가 같은 성격을 가지고 있다.

현대인이 그렇게 운동경기를 좋아하는 이유는 이상의 심리를 충족시킬 수 있기 때문이다. 운동경기에서만이 아니다. 여당이 야당을, 아니면 야당이 여당을 짓누르고 승리했을 때 같은 쾌감을 느낀다. 학원가도 마찬가지이다. 가인이 아벨을 죽였던 그 비극이 오늘 이 땅에서도 일어나고 있다.

이러한 세상을 바라보면서 세상은 으레 그럴 것이라 생각하며 거기에서 한 단계 높은 세계에서 살아 보려는 사람들이 있다. '이웃 사랑'을 외치며 선을 행해 보려고 애쓰는 사람들도 많이 있다. 그러나 그 안을 들여다보면 그것도 별것이 아니다.

세계적인 베스트셀러 작가는 "누군가에게 선을 행하고 그 사람을 돕고 보호한다면 그건 사랑의 행위가 아니다. 그런 행위는 이웃을 단순히 사물로 파악하고 자신을 자비롭고 지혜로운 사람으로 착각하는 행위이다."라고 했다. 선을 행하는 사람의 마음 깊은 곳에도 이상의 심리가 작용한다는 뜻이다. 높은 자리에 앉아 밑을 내려다보며 전 재산을 아낌없이 내어 주고 새벽, 낮, 밤을 가리지 않고 죽도록 충성만 하면 되는 줄 아는데 참으로 놀라운 것은 그 선 속에도 여전히 이상이 들어 있는 것 같다.

그래서 바울 사도는 전 재산을 나누어 주고 국가와 이웃을 위해 몸을 불사르는 것으로는 문제가 해결되는 것이 아니라고 했다(고전 13장). 사도는 비명을 토해냈다. "오호라, 나는 곤고한 사람이로다. 이 사망의 몸에서 누가 나를 건져내랴"(롬 7장 23절).

이상에 사로잡혀 허덕이고 있는 나를 철저하게 십자가에 못 박아 죽여

버려라. 그리고 난 다음 제3일에 향품을 준비하여 무덤으로 찾아가자. 분명히 하늘에서 들려오는 부활 소식을 듣게 될 것이다.

8. 신의 명령(Divine imperative)

에밀 브루너(Emil Brunner)는 그의 『신의 명령』(Divine Imperative)이란 책에서 다음과 같이 말했다.

"만약 마을을 휘감고 흘러가는 강둑이 홍수로 인해 무너져서 마을로 강물이 밀려들어 온다면 사제는 미사(예배)를 중지하고서 삽을 들고 교인들과 함께 뛰어나가 강둑을 막아야 한다."

옳은 말이다. 그런데 이때에 그 강의 크기가 어느 정도 되어야 예배를 멈추고 뛰쳐나갈 수 있는지는 쉽게 규정지을 수 없다. 교회 앞을 흐르는 아이들이 물놀이를 하는 도랑둑이 무너졌다고 해서 쫓아 나가야 하는 것은 아니다.

붉은 띠를 머리에 두르고 손에는 화염병을 든 노동자와 손에 방패를 들고 방탄조끼를 입은 경찰이 대치하고 있다. 군과 경찰은 마을 뒤를 흐르고 있는 그것이 무너지면 마을이 송두리째 강바닥이 되고 마는 그 강을 막고 있는 강둑이라면, 재개발문제로 열을 올리는 사람들은 작은 개울둑을 막으려는 사람들이다. 나는 성직자이기 때문에 약자를 도와야 한다고 어느 한 편에 서서 싸움을 북돋우기에는 세상사 문제가 너무 복잡하다. 어느 한 편에 서서 다른 한 편을 적으로 몰아 버려서는 안 된다.

오늘날은 백과사전적인 지식이 아니라 아주 작은 전문적인 지식을 필요로 한다. 그런데 일부 종교인들 중에는 스스로 만물박사인 양 건드리지 않는 곳이 없다. 옛날에는 만병통치약이 있었는지 모르나 오늘날은 그런 약이 통하지 않는다. 천박한 지식을 가지고 다른 분야에 대해 함부로 왈가왈부하는 것이 곧 종교인의 예언자적인 사명은 아닌 성 싶다.

법정 스님, 김수환 추기경 같은 존경을 받는 분들은 젊었을 때는 사회참여라는 이름으로 투쟁적인 길을 갔지만 말년에는 조용한 자기성찰의 은둔 생활을 했다. 투쟁을 하다 보니 자꾸만 속에서 악이 솟아나더란 것이다.

웅덩이에 빠져 허우적거리는 사람을 구해 주기 위해서는 그 웅덩이 안으로 뛰어드는 방법도 있지만 밖에서 밧줄을 던져 끌어 올리는 방법도 있다. 위의 두 분은 거리로 뛰쳐나온 수많은 성직자들보다 더 큰 감화를 주고 가셨다.

헬무트 틸리케(H. Thielicke)는 말했다. 예수님을 올바로 보려면 물 위로 걸어가시고 병자의 병을 고쳐주시는 것에서가 아니라 "자기를 억지로 붙들어 임금 삼으려는 줄 아시고 다시 혼자 산으로 떠나 가시니라"(요 6:15). 여기를 봐야 한다고 했다. 마르다처럼 열심히 뛰는 것도 좋지만 마리아처럼 주의 발치에 앉아 그의 말씀에 귀를 기울이는 것이 종교인 특히 성직자들이 가야할 더 좋은 길인지도 모른다.

9. 서울지구 원로회 기도

사랑의 하나님 감사합니다.

스스로의 머리털을 1mm도 자라게 할 수 없는 무능한 저희들을 70~80여 년 동안 졸지도 주무시지도 않으시며 보호하시고 인도해주셔서 오늘 이 자리에 나와 앉아 아버지께 감사예배를 드리게 하심을 진심으로 감사드립니다. 특히 아버지의 텃밭에서 아버지와 함께 일할 수 있게 하셨음을 뜨겁게 감사드립니다.

아버지!

오늘 저희들은 요단강 가에서 하나님께 감사의 제단을 쌓으면서 뒤를 돌아보옵니다. 그리고 우리들이 4, 50여년 동안 땀 흘려 가꾸어 놓은 밭에 곡식이 잘 자라고 있는지 생각하지 않을 수가 없습니다. 그런데 이게 웬일입니까? 우리 교단이 출범할 당시에는 예장과 감리교단에 이어서 세 번째로 큰 교단이었습니다. 그리고 당시 한신재단은 서울에 있는 큰 교단 신학교 재산을 모두 합친 것보다 많았다고 합니다. 그런데 오늘은 우리 교단보다 뒤에 있던 성결교에서 갈려나간 작은 교단보다도 더 작은 교단이 되었습니다. 그리고 전에 들도 보도 못한 이상야릇한 교단보다도 뒤쳐진 교단이 되고 말았습니다.

하나님 아버지!

이 교단의 원로라고 하는 우리들이 베옷을 입고 잿더미에 앉아 피눈물을 흘리며 참회를 해야 할 것 같습니다. 왜 이렇게 되었습니까?

아버지 하나님!

우리 교단 신앙고백서 제4문서에 의하면 "교회는 대 사회투쟁을 하는 아방가르드"라고 정의하고 있습니다. 그런데 오늘 우리는 어떤 문서 어떤 신학사조보다도 성서에 기록되어 있는 교회의 원형인 마가의 다락방을 돌아보아야 한다고 생각합니다. 그 당시 로마정권은 세상에서 가장 악한 정권이었습니다. 그런데 다락방에 모인 무리들은 복수의 칼을 휘두르지 않았습니다. 바리새인처럼 손에 돌을 들고 사회악을 향해 던지지도 않았습니다. 전혀 뜻밖에 "형제들아 우리가 어찌할꼬"하며 자기 가슴을 쳤습니다. 교회는 남을 향해 돌을 던지는 곳이 아니라 자기 가슴을 치는 성령이 역사하는 곳이었습니다.

하나님 아버지!

우리가 우상종교라고 공격하는 불교의 큰스님은 "내가 많은 사람을 속였다"고 참회하며 열반에 드셨고, 가톨릭의 국민신부님은 "나는 바보다"하며 선종했습니다. 그런데 우리 교단에는 세례요한 같은 의인들은 많이 있지만 성령 받은 분은 거의 없는 것 같습니다. 성령의 역사는 "우리가 어찌 할꼬"이며 이것이 교회의 뿌리인 줄 아는데, 이 뿌리가 시들면 열매를 맺을 수가 없는 줄 압니다. 인자하신 예수님도 열매 없는 잎만 무성한 무화과나무를 저주하셨습니다.

기름기가 흐르고 반짝반짝 빛이 나는 똑똑하고 의로운 밀알에서는 새싹이 움트지 않는 줄 압니다. 구린내가 나고 보기에 흉측스러운 썩어가는 밀알에서만 새싹이 솟아납니다. 우리 후배들이 안 하면 이제 늙어 세상에서 쓸모없게 된 우리 원로들만이라도 가슴을 치게 하옵소서. 그리하여 요단강 건너 아버지 집에 가서 강 너머를 바라보며 기장 교단이 시냇가에 심은 나무처럼 시절을 따라 과실을 많이 맺는 것을 바라볼 수 있게 해 주시옵소서.

예수님의 이름으로 기도드립니다.

10. 마음의 눈[心眼]으로 보라

기독교는 계시의 종교이다. 계시란 '열어서 보여주는 것'이다. 영어로 계시는 'Revelation'인데 이 말은 Reveal(드러내다, 알리다, 폭로하다)이란 말이 명사화한 단어이다.

사람이 찾아가기 전에 하나님이 당신의 비밀(사랑)을 먼저 보여주셨다고 믿는 종교가 기독교다. 그래서 믿는 사람이란 다름아닌 하나님이 보여주신 계시를 바라보고 받아들이는 사람들이다. 이때 보는 것은 눈(肉眼)으로만 보는 것이 아니라 마음의 눈(心眼)으로 보는 것을 포함해서 하는 말이다.

예수님이 백합화를 앞에 두고 "이것이 어떻게 자라는지 생각하여 보라"고 말씀하신 것은 육안으로가 아닌 생각으로 보라고 하신 것이다. 눈으로는 눈앞에 있는 꽃밖에 볼 수가 없다. 그러나 생각(심안)으로는 자라는 것이 보여진다. 거기서 하나님의 손길도 함께 보여진다. 처음 사람 아담과 하와는 육안으로만 선악과를 바라보았다. 그러니 "먹음직도 하고 보암직도 하고"해서 따먹고 말았다. 만약 그때 마음의 눈으로 보았더라면 결코 그 같은 죄를 범하지 않았을 것이다.

'하나님이 왜 동산 한가운데에 선악과를 두셨을까?' 한번쯤 생각했을 것이고 이어서 하나님이 인간을 당신의 형상대로 지으시고 자유를 주시기 위해서 거기 두셨다는 것을 알게 되었을 것이다. 선악과를 따먹을 수도 있고 따 먹지 않을 수도 있는 자유를 인간에게 주셨다는 뜻이 선악과를 거기 두신 까닭이다.

철학자 파스칼(B.Pascal)이나 데카르트(R.Descartes)의 말을 빌리지 않더라도 인간은 생각할 수 있을 때만이 인간다운 인간이 된다. 이 말을 다른 말로 바꾸면 사람은 마음(생각)의 눈으로 사물을 바라볼 때만이 참다운 인간이 된다는 것이다. 그래서 예수께서 그 귀한 산상수훈의 말씀을 전하실 때 제자들과 군중들을 향해 "들의 백합화가 어떻게 자라는지 생각하여 보라"라고 말씀하신 것이다. 아담과 하와처럼 열매만 바라보지 말고 뿌리까지도 생각을 통해 바라보라는 말씀이다.

오늘을 살아가는 현대인에게 가장 중요한 것은 육안으로만 역사와 자연을 바라보지 말고 심안으로 표면 그 너머까지 바라볼 줄 알아야 하는 것이다. 육안으로는 잎과 꽃송이 밖에는 볼 수가 없다. 그러나 심안으로는 땅속에 묻혀 있는 뿌리까지 바라볼 수 있다. 뿌리는 캄캄한 흙 속에 묻혀 있고 뿌리는 서로 얽혀있다. 뿌리는 한 알의 밀, 혹은 옥수수, 벼 알이 썩는데서 움터난 것이기에 거기에는 꽃송이에서와는 달리 언제나 구린내가 나기 마련이다.

역사도 인간의 일생도 마찬가지다. 고려가 건국되었을 때나 조선왕조가 역사의 표면에 나타날 때도 차마 말로는 표현할 수 없는 비극이 있었고 피비린내가 났다. 대한민국이 수립되었을 때도 마찬가지였다. 한 개인도 마찬가지로 젊잖은 곳에서는 생명이 태어나지 않는다. 바로 그 구린내 나는 컴컴한 땅속 뿌리에서 돋아난 향내 나는 꽃들이 그 화분에서 구린내가 난다고 해서 그 뿌리를 잘라버리려 해서는 절대로 안 된다.

거실에 둔 화분에서 구린내가 약간 난다고 해서 밖에 내다버리고 꽃만 잘라 꽃꽂이를 만들어 방안에 가져오면 그 수명은 며칠 가지 못할 것이다.

온 천하보다 소중한 오늘의 나의 생명을 꽃피우기 위해 소쩍새는 5천년 동안 밤새워 울어댔고 땅 밑 컴컴한 곳에서는 자기 자신을 썩혀 새 생명을 움트게 한 선열들의 희생이 있었다는 것을 기억해야 한다.

"예수께서 이르시되 … 천국의 제자된 서기관마다 마치 새것과 옛것을 그 곳간에서 내오는 집주인과 같으니라"(마 13:52).

제3부

타락을 뛰어넘어 성숙(成熟)을

Ⅰ. 사랑과 지혜를

Ⅱ. 종교심(religious)이 많도다

Ⅲ. 절망(絕望)과 희망(希望)

Ⅰ. 사랑과 지혜를

1. 내 사랑하는 아들 딸

석가모니는 생로병사의 인간의 어두운 면을 바라보고 출가를 했다. 정반대로 예수님의 공생애는 땅을 내려다보신 것이 아니라 하늘을 쳐다보았다.

"하늘이 열리고 하나님의 성령이 비둘기 같이 내려 자기 위에 임하심을 보시더니… 하늘로부터 소리가 있어 말씀하시되 이는 내 사랑하는 아들이요"(마3:16~17)라는 소리를 듣고 인류 구원의 첫발을 내디디셨다.

세상의 판검사 그리고 의사, 재벌이 되기 위해서는 뼈를 깎는 듯한 피눈물 나는 노력을 해야 한다. 그런데 자기 노력으로는 절대로 되지 않는 것이 있다. 딸 혹은 아들은 자기 노력과는 전혀 상관없이 된 것이다. 내가 OO의 딸이 된 것은 나 자신의 행위와는 전혀 관계가 없이 된 것이다. 부모의 사랑의 불꽃 속에서 나는 이 세상에 태어났다.

예수님은 거듭나야 천국에 들어갈 수 있다고 하셨는데 그 거듭남은 하나님의 딸 혹은 아들이란 사실을 믿는 것이다. 제자들이 이스라엘 나라의 회복을 꿈꾸고 있을 때 예수님은 어린아이의 머리에 손을 얹고 축복해 주셨다(막 10:16). 아이의 엄마가 하늘로부터 내려오는 "내 사랑하는 아들이다"라는 음성을 듣게 해주신 것이다.

그리고 환자들의 병을 고쳐주실 때도 "네 죄 사함을 받았느니라"라고 하셨는데 이 역시 아버지의 대속의 사랑을 보여주신 것이다. 예수님이 제자들과 길을 가시다가 날 때부터 맹인이 된 참으로 비참한 사람을 보았다. 제자들이 맹인이 왜 저처럼 고통을 받아야 하는지를 물었을 때, 예수님은 석가모니처럼 그 원인을 캐어보려 하지 않고 그 고통 속에도 아버지의 사랑이 숨어 있다고 하셨다.

사제지간이나 부부간의 사랑은 끊어질 수가 있다. 그러나 부모와 자녀의 사랑은 영원히 끊어지지 않는다. 아버지가 살인을 했어도 내 아버지요, 아들이 강도가 되었어도 역시 내 아들이다. 예수님이 보여주신 하나님의 사랑은 바로 이 같은 아버지의 사랑이다.

그런데 예수님은 하나님이 당신을 "아들"이라고 불러주시는 그 음성을 들으시고, 하나님은 당신 뿐 아니라 세상 사람 모두에게 똑같이 "아들아" "내 사랑하는 딸아"라고 불러주시고 계시다는 것을 전파하셨다. 그리고 아들, 딸은 이 같은 아버지의 사랑을 받아들이기만 하면 된다는 것이다. 이것이 믿음이다.

이 예수님을 바로 바라본 사람이 바울 사도이다. 그래서 그는 하나님의 이 아버지로서의 사랑에 감격하여 "우리를 주 그리스도 예수 안에 있는 하나님의 사랑에서 끊을 수 없으리라"라고 선포하고 있다.

그리고 기독교 신앙과 신학을 한마디로 요약한 복음, 즉 행위가 아닌 믿음(하나님의 사랑을 받아들이는 것)으로만 구원을 얻을 수 있다고 담대히 선포하고 있다.

2. 생명(生命)

"사람이 만일 온 천하를 얻고도 제 목숨을 잃으면 무엇이 유익하리요"
(마 16:26). 이 세상에서 가장 귀한 것이 생명인데도 사람들은 그 생명체
의 성격(nature)은 깊이 생각하려고 하지 않는 것 같다. 그에 대해 생각
해보자.

첫째, 생명체는 부드러운 땅에서 부드럽게 자란다.

흔히 옥토는 거름기(영양소)가 많은 땅으로 생각한다. 실은 그것이 아
니라 아무리 비옥한 땅이라도 굳어 있으면 거기 생명이 뿌리를 내리고 자
랄 수가 없다. 그래서 농부는 봄이 오면 제일 먼저 그 굳은 땅을 갈아엎는
기경(起耕)부터 한다.

신앙이란 아름답고 단단하고 오래도록 변하지 않는 다이아몬드 같은
것이 아니라, 겨자나무나 연꽃 같은 것에 비유할 수 있다. 신앙은 정몽주,
성삼문, 성춘향으로 이어져 내려오는 아름다운 절개와 비슷한 것도 아니
다. 신앙의 사람은 굳을 대로 굳어져 있는 마음밭을 성령의 불길을 받아
들여 애통, 가난으로 기경하여 온유의 밭을 만들고 거기 하늘의 씨앗을
뿌려 사랑(矜恤)의 꽃을 피우는 사람이다.

둘째로 생명은 차지도 덥지도 않는 미지근한 곳에서 움트고 거기서 결
실한다. 봄은 미지근한 계절이다.

그러므로 이 계절에 생명의 씨앗은 움트고, 또 마찬가지로 미지근한 계
절인 가을에 열매를 맺는다. 요한계시록 3장 15절 이하에 나오는 "차던
지 뜨겁던지 하라"는 말씀은 무서운 로마의 박해 하에서 기록된 특별한
말씀이다. 너무 뜨거우면 생명은 죽어버리고 만다. 씨앗이 땅속에서 움터
나올 때나 누룩이 가루 서 말 속에서 그 가루를 부풀어 오르게 할 때에는

미지근한 열 즉, 미열이 난다. 다른 사람들이 그가 예수를 믿는지 안 믿는지 모를 정도의 미지근한 믿음의 사람이 거북이처럼 최후 승리의 깃발을 산 위에 꽂을 수 있다.

셋째로 생명은 성장하되 갑자기가 아니라 점진적으로 자란다.

"그가 밤낮 자고 깨고 하는 중에 씨가 나서 자라되 어떻게 그리 되는지를 알지 못하니라"(막 4:27). 한때 '전도 폭발' 이라는 운동이 있었다. 분명한 것은 옥수수가 뻥튀기 기계 속에 들어가서 열을 받아 펑하고 터져 나오면 작은 것이 큰 것으로 변했지만 그때 거기에는 생명은 사라지고 만다.

마지막으로 생각할 것은 생명은 그 곳에 반드시 죽음을 내포하고 있어야 한다. 저기 천년만년 변함없이 우뚝 서 있는 바위는 생명이 없는 존재이기에 죽음도 없다. 그러나 홀로 떨고 서 있는 들국화는 언젠가는 반드시 죽을 날이 있기에 생명체라고 부른다. 하나님이 모든 생명체에게 생명을 주셨다는 말과 죽음을 주셨다는 말은 같은 말이다.

"꽃이 시듦은 여호와의 기운이 그 위에 붊이라"(사 40:7). 봉숭아꽃이 시들어 가는 거기에는 그 씨앗이 반드시 영글어 간다. 십자가를 깊이 바라보며 받아들일 때만이 무덤 문은 열리고 거기에서 부활의 생명체가 솟아난다. 십자가(죽음)가 없는 부활은 부활이 아니다.

성서는 영원불변의 금은보화가 가득 차있는 금고 같은 책이 아니다. 솔로몬의 모든 영광과도 비교가 되지 않는 신비한 하늘생명이 담겨있는 꽃백합화가 자라고 있는 화분에 비할 수 있다. 하나님은 진흙에 생명을 불어넣어 사람을 만드시고 그 사람에게서 나오는 거름까지도 다시 썩혀 영양소를 만들어(구속 사랑) 또 다른 생명들을 키워 가신다.

오늘 한국교회가 이 같은 생명력을 지니고 있는지 조용히 생각해 보자.

"그러나 죄가 더한 곳에 은혜가 더욱 넘쳐나니……"(롬 5:20).
참으로 깊은 은총의 말씀이다.

3. 다문화(多文化)

유대인들과 크리스천들에겐 출애급(Exodus)은 큰 의미가 있지만 그외 사람들에겐 그렇지 않을 것이다. 하나님이 애급 군대를 홍해 바다 속에 수장을 시키고 이스라엘 백성을 애급에서 불러내셨다는 출애급 이야기는 애급인들에게는 달갑지 않은 이야기가 될 것이다. 그리고 여리고성을 함락시켰다는 이야기나 하나님이 아말렉이나 불레셋과 이스라엘 군대가 싸워서 이기게 하셨다는 이야기도 마찬가지이다.

유대교의 역사는 이방인이나 이방신과의 피가 섞이는 것을 방어하는 투쟁의 역사라 해도 과언이 아니다. 이 싸움은 오늘까지 계속되어 전 세계인을 불안에 빠트리고 있다. 이 싸움은 피(血)의 싸움이요, 문화의 충돌이라 해도 좋을 것이다. 이 충돌은 신약시대, 아니 예수님에게 와서 비로소 멈추어진다. 예수님의 족보 속에는 들어갈 수 없는 여인의 이름이 들어가 있다. 그것도 네 명의 여인의 이름이 기록되어 있는데 그 네 명 중에는 신사임당 같이 순결하고 고고한 여인이 아닐 뿐만 아니라 이스라엘인들이 짐승처럼 여기는 이방 여인이 세 명이나 들어가 있다. 그것도 불결한 여인들이다.

한국 크리스천들은 동정녀하면 순결한 여인을 생각하지만, 마리아 그 위에서 흘러 내려온 피는 다문화(多文化) 피였다고 해도 될 것이다. 그리고 예수님의 삶 역시 그러했다. 예수님은 모세처럼 이방인을 진멸하시지 않으셨다. 예수님은 유대인들이 짐승같이 여긴 이방인들과 친구처럼 어울리셨다.

초대교회도 그러했다. 베드로는 이방인들과 어울리는 것을 주저했지만 바울은 담대히 선배인 베드로를 책망하면서 유대인 크리스천과 이방인 크리스천을 뒤섞어 다문화 교회를 만들었다. 만약 초대교회가 순수한 피만 강조했더라면 오늘의 기독교는 이 땅 위에 존재할 수가 없었을 것이다. 바울 사도는 담대히 외쳤다. "그리스도 예수 안에서는 할례나 무할례가 효력이 없되 사랑으로서 역사하는 믿음뿐이니라"(갈 5:6).

여기서 한 걸음 더 나아가 신비적인 동양 종교인 기독교가 합리적인 서양사상을 받아들였기에 세계 종교로 성장할 수 있었다. 일본이 동양에서 가장 문화적으로 일찍 개화된 것은 그들이 동양에서 가장 먼저 서양 문화를 받아들였기 때문이 아닐까? 그런데 이 땅에서는 대원군이 전국 방방곡곡에 척화비를 세우고 서양바람이 들어오지 못하도록 문을 굳게 닫았기 때문에 36년이란 짧지 않은 세월 동안 노예생활을 하게 된 것이다. 그러던 이 땅에 앞을 내다볼 수 있는 지도자가 나타났다. 처음에 외국 여인을 아내로 맞아들인 지도자가 돌아왔을 때 전 국민은 눈이 둥그래졌다(다문화 가정). 그러나 그분이 있었기에 오늘 대한민국은 존재하게 된 것이다.

그러나 38선 이북에는 장백산 골짜기를 헤매고 돌아다니던 자가 나타났다. 세계를 바라보는 눈이 있을 리 만무하다. 그는 '천상천하 유아독존'이다. 그를 따르는 무리들은 이 사람이 우리 민족사만이 아니고 세계 역사의 중심이라고 치켜세운다. 그리고 '주체사상'이란 안경을 만들어 씌워 놓고 그 앞에 가서 경배를 하게 한다.

미국은 별의별 민족이 서로 섞여 함께 살고 있는 나라다(다문화 나라). 그와 정반대의 나라가 38선 이북에 있는 나라다. '나'만이 세계 제일의 영웅이라고, 그러니 이 피를 받은 자만이 통치자가 되어야 한다고 한다. 멸망의 날이 다가오고 있다.

이제 대한민국 이 땅에서 다문화 가정의 문제가 제기되고 있다. 어디로 가야할 것인지 대답은 이미 나와 있다.

4. 심령이 가난한 자

"심령이 가난한 자는 복이 있나니 천국이 그들의 것임이요"

'가난' 이 천국의 관문이란다. 문(門)중에서도 가장 아름다운 문이다. 그런데 가난한 문 이외에 또 다른 천국의 문이 있는데 그 문의 이름은 회개이다. 예수님의 공생애 제일성은 "회개하라, 천국이 가까이 왔느니라" 였다. 회개란 말은 너무 거칠고 자극적인데 반해서 가난은 부드럽고 아름다운 말이다.

"먼저 회개하라"는 선포는 바위처럼 굳어진 인간의 마음에 다이너마이트(dynamite)를 터뜨리는 것이라면 가난이라는 말은 굳어버린 사람의 마음밭을 농부가 쟁기로 기경하는 것에다 비할 수 있다. 신앙생활의 적은 '나는 아브라함의 자손' 이란 확신 속에서 안주하는 것이다. "나는 세례를 받았으니 성수했고, 십일조를 잘 받쳤으니 이미 나는 천국 백성이 되었다." 대부분의 한국교회 성직자들은 그렇게 가르치고 있다. 이것처럼 잘못된 것은 없다.

예수님의 말씀 중에서 바로 이같이 달팽이가 자기 집 속에서 안주하듯이 자기 확신 속에서 안주하고 있는 인간들의 그 껍질을 깨부시는 말씀이 '가난' 이란 말씀이다. 묵은 땅은 갈아엎어야 한다. 부드럽게 만들어야 한다. 그렇게 하지 않고 아무리 씨앗을 뿌리고 거름을 주고 물을 주어봤자 헛수고가 되고 만다. 성령의 역사는 다름 아닌 묵은 땅을 갈아엎는 역사이다.

다음으로 '가난'이란 문은 열려 있는 문이다. "부자가 천국에 들어갈 수 없다"는 말을 뒤집으면 "가난한 자가 천국에 들어갈 수 있다"는 말이 된다. 부자는 도적이 들어올까봐 언제나 문을 꼭꼭 닫아 걸고 살아가는 사람이지만 가난한 사람은 그럴 필요가 없는 사람이다. 가난한 사람은 언제나 자기 부족을 느끼며 살아가는 사람이기에 하늘의 도움을 기다릴 수밖에 없다. 동시에 이웃을 향해서는 언제나 마음의 문을 열어놓고 산다.

갈아 엎어진 부드러운 밭에는 언제나 하늘의 햇빛과 단비가 내려져서 곡식이 움트고 자라게 된다. 그리고 가난한 마음은 비어 있는 마음이기에 그 빈 곳에는 공기가 채워질 수밖에 없다. 자기 지식과 경험, 아브라함의 자손이라는 확신으로 가득찬 그곳에는 공기(성령)가 뚫고 들어갈래야 갈 수가 없다.

가난한 마음은 배고픈 마음이다. 우리말에 '시장이 반찬'이란 말이 있지 않은가. 배가 부르면 산해진미도 맛이 없다. 가난한(시장한) 마음에는 도토리도 꿀맛이다. 오늘 이 땅의 비극은 감사가 사라진 것이다. 왜냐하면 모두들 배가 불러서이다. "내 잔이 넘치나이다"의 감사가 터져 나올 수 있으려면 잔이 작아야 한다. 즉 가난해야 한다.

내가 가진 모든 것, 생명까지도 그것들은 주인이 잠깐 나에게 맡겨 놓은 것들이다. 이 세상에서 내 것이란 것은 아무것도 없다. 잠깐 맡아서 관리하다가 주인이 오라 하시면 고스란히 그대로 두고 갈 수밖에 없는 것이 인생이다. 여기서 맡아 놓은 것은 다름 아닌 '빚'이다. 빚은 작을수록 좋다. 특히 인생은 나그네인데 나그네가 여행을 쉽게 할 수 있는 비결은 짐보따리를 가볍게 하는 것이다. 빚이 적은 자, 짐 보따리가 가벼운 나그네야 말로 가난한 자이고 이 가난한 자는 이미 하늘나라 백성이 된 자이다.

조계종 전 종정 법전 스님이 불자들에게 한마디로 요약해서 전해준 말이 "가난부터 배워야지"였다. 그리고 독실한 가톨릭 신자인 구상 시인은 그의 유언시에서 "마음이 가난한 삶을 살아야 한다. 마음을 비운 삶을 살아야 한다."라고 했다. 모세가 전해준 "우상숭배 말라"라는 명령보다 "가난한 자는 복이 있나니 천국이 그들의 것임이요". 얼마나 아름답고 복된 말씀인가! 왜 한국 크리스천들은 이 아름다운 축복의 말씀을 밀쳐놓고 호통치는 소리에만 굽실거리고 있는지 알 수가 없다.

5. 악한 자를 대적하지 말라〈마 5:38~〉

선한 사람과 악한 사람이 싸우게 되었다. 원인은 물론 악한 사람 때문이다. 그런데 싸움이 오래 계속되면 선악의 판도가 달라진다. 악한 사람도 사람인지라 어느 정도 자기 잘못을 생각하게 되고 그러다 보니 그 싸움에 대한 독기가 희석된다. 그러나 선한 사람은 자기 잘못도 없는데 당하고 나니 화가 나고 그 화가 지속되면 독기로 변한다. '나는 잘못한 것이 없는데 저놈이' 나중에 가서는 선과 악의 자리가 바뀌어서 착했던 사람이 악한 사람이 되고 만다.

나도 경험했던 일이다. 처음에는 좋은 뜻에서 반정부운동을 시작했다. 3선 개헌에서 유신체제로 바뀔 때 정의를 위해 물불을 가리지 않고 투쟁했다. 경찰들이 미행을 하고 감시를 한다. 그리고 밤이 되어 자리에 누우면 공상 속에서 청와대를 무반동총으로 사격을 한다. 이런 생활을 하다가 주일이 되면 죄 없는 성도들을 향해 공격적인 설교를 한다. 나도 병들고 교인들도 병들 수밖에 없었다.

법정 스님의 고백을 들은 적이 있다. "젊어서 사회 정의를 부르짖었는데 그렇게 계속해서 투쟁을 하다 보니 속에서 악이 생기더라." 그래서 산속으로 들어 가셨단다. 타인을 향한 공격에서 자기 자신과의 싸움으로 방향전환을 한 것이다. 서애 유성룡도 "스스로를 꾸짖을 줄 알아야 장부라 할 수 있지."라고 했다.

깡패들의 싸움은 주먹이나 야구방망이 정도이지만 선한 종교인들의 싸움은 자살폭탄테러이다. 지금 세계를 공포의 도가니로 몰아가고 있는 지하드〔Jihad-성전(聖戰)〕는 자칭 선한 사람들이 일으킨 전쟁이다. 11세기 말에서 13세기 말까지 유럽 각국의 기독교도들이 일으킨 십자군의 잔인성도 오늘 이슬람교도들의 성전의 잔인성에 못지않았다. 싸움은 무조건 하지 말아야 한다.

오늘날 세계 제2차대전 당시 위안부를 끌고 다녔던 일본군의 야만성이 세계인의 규탄을 받고 있다. 사실 우리도 6·25 당시 국군이나 인민군 가릴 것 없이 잔인한 짓을 얼마나 많이 했는가? 싸움이 사람을 그처럼 잔인하게 만들었다. 그래서 바울 사도는 권고하고 있다. "아무에게도 악을 악으로 갚지 말고…"

알렌 리처드슨(Alan Richardson)은 "그렇게도 왕성하던 예루살렘교회는 끝까지 로마에 대항하여 투쟁을 하다가 역사 위에서 흔적도 없이 사라지고 말았다. 그러나 바울 사도가 개척한 이방교회는 부드럽게 싸움을 피해 성장해 갔기 때문에 기독교가 세계적인 종교가 되었다."라고 했다.

자신의 정치적인 편견을 예수, 혹은 코란의 이름으로 포장해서 스스로 의인인 체하며 거리로 나와 주먹을 휘두르는 모습은 모든 사람들의 이맛살을 찌푸리게 할 뿐이다.

"나는 너희에게 이르노니 너희 원수를 사랑하며 너희를 박해하는 자를 위하여 기도하라"(마 5:44).

6. 애국(愛國)

파스칼은 『팡세』에서 "사람은 천사와 악마 사이를 왔다 갔다 하는 존재"라고 말했다. 이와 비슷한 이야기를 R. 니버는 그의 『인간의 본성과 운명』이란 책 첫 페이지에서 말하고 있다. 그리고 『팡세』에서 파스칼은 "기독교 초대교회에는 큰 이단이 둘 있었는데 그 하나는 '예수는 하나님이다'라고 주장하는 이단이요, 다른 하나는 '예수는 사람이다'라고 주장하는 이단"이라고 했다. 왜냐하면 '예수는 하나님이다'라고만 고집을 하면 예수가 십자가에 못 박혀 돌아가실 때 하나도 안 아팠을 것이라는 주장이 나온다.

그래서 기독교는 '예수는 신이시오, 동시에 완전한 사람'이라는 교리를 택했고 이것을 교회는 정통교리로 받아들였다.

이 같은 맥락에서 선악의 문제를 생각해보자. 인류의 사상계에는 인간의 본성은 선하다는 주장 즉, 성선설(性善說)과 인간의 본성은 악하다는 주장 즉, 성악설(性惡說)이 있다. 이 두 설은 동서양을 망라해서 크게 영향을 주고받으며 오랜 세월 동안 이어져 내려왔다. 동양인들의 머리 속에는 맹모삼천지교(孟母三遷之敎)가 깊이 뿌리내려 있는데 이것은 성선설에 가깝다. 그리고 서양인들의 머리속에는 에덴동산 이야기가 자리 잡고 있는데 이것은 선한 곳(에덴동산)에서 무서운 악이 나왔다는 것으로서 원죄설의 기초가 된다. 그런데 참으로 놀라운 사실은 맹모삼천지교를 바탕으로 인내천(人乃天)을 부르짖던 조선 말 이 땅의 비참함을 돌이켜 생각해보자. 그리고 인간은 태어날 때부터 이미 원죄로 물들어 있다고 주장하는 기독교를 바탕으로 해서 발전해 온 서구사회는 꾸준히 민주주의를 발전시켜왔고, 급기야 노예의 후손인 흑인을 대통령으로 세웠다.

1945년 8월 15일, 해방을 맞이한 그때 이 민족은 "동의합니다", "제청합니다"도 몰랐다. 그리고 비민주적인 군사독재에 의해서 제대로 밥을 먹게 되니 이제는 "민주, 자유, 인권" 주장이 넘쳐나고 있다. "늦게 배운 도둑질 밤새는 줄 모른다", "0이 고기맛을 보니 빈대껍질도 안 남긴다"는 속담이 오늘 이 민족에게 해당된다. 체벌을 금하는 것까지는 이해가 되지만, 학생을 뒤에 잠깐 세워둔 것(벌로)도, 5초 엎드려 뻗쳐도 문제가 된다. 무상급식, 무상교육, 인간을 하늘처럼 떠올리고 천사로 떠받드는 것은 좋을지 모르나 그때 그 밑에 있는 악마성은 어떻게 하란 말인지 모르겠다.

학자들은 국가를 '일정한 지역 안에서 합법적인 폭력을 장악하고 행사하는 집단'이라고 정의한다. 애국심은 헌법에 대한 믿음이다. 비록 천사들의 노래 소리가 들린다고 해도 거기에만 정신을 쏟아 부어서는 안 된다. 바로 거기가 악마들이 춤추는 곳이 될 수도 있다는 것을 알아야 한다.

순진하신 김구 선생님과 어떤 목사님은 경찰서 대신 교회를 많이 세우면 살기 좋은 사회가 된다고 했는데 그것이 아니다. 합법적인 폭력(경찰, 군대)을 존중하며 그 밑에서 오래 참고 조용히 민주, 자유, 인권의 꽃을 피워나가는 데에 참 애국이 있다.

"그런즉 너희 하나님 여호와께서 너희에게 명령하신 대로 너희는 삼가 행하여 좌로나 우로나 치우치지 말고…"(신명기 5:32).

7. 우상숭배 말라〈출 20:4, 마 6:9〉

계명은 사람을 잘살게 하기 위해서 하나님이 주신 귀한 선물이다. 마치 아빠가 네 살짜리 아들에게 "칼을 갖고 놀지 말아라" 하는 것과 같다.

그러면 우상숭배란 무엇인가. 신학자들에 의하면 "상대적인 것을 절대화하는 것"이다. 에덴에서 선악과를 따먹고 사람이 하나님이 되려고 한 것이나, 바벨탑을 쌓아 하늘에 닿아 보려고 한 것이 여기에 해당된다. 성서 제일 앞에 이 두 이야기가 나오고 십계명에 제일 먼저 "우상숭배 말라"는 말씀이 나오는 것은, 이 계명이 그 만큼이나 중요하기 때문이다.

오늘 한국 크리스천들은 우상숭배하면 일제 치하에 행해지던 신사참배, 그리고 불교사원에서 드리는 예불과 조상숭배의 제사를 생각한다. 그래서 신사참배를 거부한 사람을 순교자로 모시고 이 문제 때문에 교파까지 하나 생겼다. 그러나 우상숭배는 이렇게 단순하게 생각할 성질의 것이 아니다. 출애굽기 20장 4절 말씀을 보면 세 종류의 우상이 있는데 이것을 오늘의 말씀으로 받아들여 보자.

1) 하늘에 있는 것

여기 이 말씀을 오늘 사람의 머리 속에 있는 것으로 받아들여 보면 현대인의 머리 속에 있는 우상은 이데올로기다. 그 중에서도 공산주의라는 괴물이 나타나서 인간을 얼마나 괴롭혔나. 이것을 절대적인 것, 즉 신으로 떠받들던 스탈린은 이천 만의 양민을 죽였다. 또한 이것을 절대적인 것(神)으로 떠받들던 —오늘의 우리말로 바꾸면 우상숭배— 김일성은 6·25를 일으켜 이 땅을 초토화시켰다.

6·25는 지나갔지만, 머리 속에 남아 있는 이데올로기 우상은 지금까

지도 이 나라를 어지럽히고 있다. 6·25를 일으킨 그는 죽었지만 죽어서도 우상이 되어 헐벗고 굶주린 인민공화국 백성들에게 경배를 받고 있다. 그리고 그 파편들은 남쪽 땅까지 튕겨 대한민국 하늘 아래에서 그 우상 앞에 절한 것이 죄가 아니라고 판결하는 판사까지 나오게 되었다. 참으로 한심한 것은 주기도문과 십계명을 암송하는 목사, 신부들까지 여기 가담해서 열을 올리고 있다.

자기 생각이 절대로 옳다는 것은 새끼 우상이다. 이것을 깨트리는 것이 믿음이다.

2) 땅에 있는 것

땅에 있는 우상을 사람이라 생각해보자. 나는 민주(民主)란 단어를 처음부터 싫어했다. 신구약 성서 66권에는 사람에게 주인 주(主)를 붙이라고 하는 데는 없다. 에덴에서 마귀가 사람에게 "네가 한번 주인이 되라"고 유혹했다는 기록은 있지만. 1776년 미국이 선포한 독립선언문 안에 "모든 인간은 피조물이다"라는 구절이 들어가 있는데 이것이 참 민주주의 뿌리이다.

이 뿌리를 모르고 잎과 꽃만 바라보고 직수입한 오늘 한국 국민. 그 중에서도 국회의원들의 저 행태를 보라. 이 나라가 안 망하고 이 만큼이라도 유지되는 것은 하늘같은 하나님의 용서의 사랑 때문이다. 우상숭배 말라는 것은 "인간아, 너는 피조물이야." 하시는 하나님의 음성을 들으라는 말씀이다.

3) 땅 아래

땅 아래 있는 우상은 인간이 갖고 있는 욕심이라는 본능이라 해도 좋을 것이다. 만약 인간에게서 이 욕심을 다 빼 버린다면 그것은 사람이 아니다. 이 같은 욕심은 하나님이 주신 귀한 축복의 선물이다. 그러나 이것들을 하나님처럼 절대화하면 인류는 멸망할 수밖에 없다. 소돔과 고모라가 망한 것은 바로 이런 것들을 절대화했기 때문이다. 오늘 우리도 바로 땅 아래 있는 욕망들을 섬기고 있지나 않는지.

4) 하늘에 계신 우리 아버지

동양의 노자는 '도가도 비상도(道可道非常道)'라 했다. "도를 이렇다, 저렇다 말하면 그것은 더 이상 도가 아니다"란 말이다. 하나님을 이렇다, 저렇다 말하면 그것은 하나님이 아니다. 우상이다. 말로 표현할 수 없는 하늘과 같은 사랑의 하나님 아버지 앞에 무릎을 꿇고 "실로 나는 피조물입니다"라고 고백하는 것이 믿음이다. 믿음은 자기의 유한성을 받아들이는 것이다.

8. 장자의 명분

창세기 25장에 에서가 동생 야곱에게 장자의 명분을 팥죽과 맞바꾸어 먹은 이야기가 기록되어 있다. 이 이야기 중 34절에 "에서가 장자의 명분을 가볍게 여김이었더라"라는 구절이 나온다.

장자는 아버지의 맏아들이다. 장자의 명분은 상속권, 타고난 권리, 어떤 사전에는 의인(義認)을 의미하기도 한다. 연인 사이에서 첫사랑은 순수하고 뜨겁고 영원하듯이 자녀를 향한 아버지의 사랑도 그러하다. 이러한 사랑이 장자의 명분이다.

구약에 장자란 신약에 독생자란 말과 뜻을 같이 하고 있다고 해도 될 것이다. 이삭의 장남 에서가 이 귀한 아버지의 사랑을 코밑에 보이는 팥죽 한 그릇에 팔아먹었다는 것은 크나큰 실수였다. 이 비극은 에서뿐 아니라 인류의 조상 아담에게서도 찾아볼 수 있는 비극이다. 보암직하고 먹음직한 선악과에 눈이 팔려 그 선악과를 주신 창조주의 사랑을 잊어버린 것이 에덴에서 쫓겨나는 비극을 가져왔다. 메시아의 조상 다윗도 같은 실수를 했다. 자기 머리에 왕관을 씌워준 분의 사랑을 잊은 채 순간적인 욕심에 이끌려 크나큰 죄를 짓고 말았다.

에서의 동생 야곱도 형 못지않게 결함 많은 인물이었다. 그는 아버지를 속이고 형을 속여서 자기 욕망을 채웠을 뿐 아니라 외삼촌을 속여 팥죽 한 그릇과는 비교도 되지 않는 많은 재산을 가로채기도 했다. 인간적인 면으로 볼 때도 야곱은 형을 따라갈 수가 없었다. 에서는 사냥을 좋아했는데 야곱은 엄마의 치마폭에 싸여 부엌에서 맴돌고 있었다. 그런데도 사기성이 많은 야곱이 어떻게 해서 이스라엘 민족의 조상이 될 수 있었는가? 본문에 의하면 야곱은 수단 방법을 가리지 않고 장자의 명분을 차지하려고 했다. 남의 물건을 가로채려는 것과 님의 사랑을 독차지 하려는 것은 그 성격이 같지 않다.

땅속은 흑암과 혼돈과 공허가 있기 마련이다. 거기서는 닭똥 소똥이 썩는 냄새가 나기 마련이다. 그런데 어리석은 바보들은 냄새가 난다고 땅속에 있는 뿌리를 잘라버리자고 야단을 치지만 야곱은 그 흙에서 영양을 섭취해서 빨리 땅 밖으로 나가 하늘에서 비춰오는 햇빛을 받으려고 했다. 장자의 명분이란 다름 아닌 하나님의 사랑의 햇빛이다.

이 민족의 조상 단군은 홍익인간의 큰 뜻을 이 땅에 펼치려고 한 거룩한 분이시다. 그러나 이스라엘 민족의 조상 야곱은 실로 죄 많은 볼품없는 인물이다. 그러나 그 죄의 거름더미 속에서 영양을 섭취해서 거기에서 새싹이 나게 하고 그 새싹을 하나님의 사랑의 햇살을 쪼이게 했다. 유대 땅 북쪽에 있는 헬몬산 꼭대기에서 내리는 눈 녹은 물이 산 아래에서 자라고 있는 많은 식물들의 뿌리를 적셔주고 내려온다. 이 물이 요단강을 이룬다. 이 강물이 모인 곳이 갈릴리 호수요, 이 호수의 물이 오늘까지 이스라엘 민족의 식수원이 된다.

예수님의 족보에는 들어가서는 안 될 불결한 네 명의 여인이 들어있다. 구린내 나는 뿌리에서 메시아는 탄생하셨다. 에서나 야곱, 그리고 다윗은 다 같은 죄인들이다. 아담 · 에서와 야곱 · 다윗의 다른 점은 아담과 에서에겐 회개가 없었고 야곱과 다윗은 회개가 있었다. 회개는 다름 아닌 아버지의 사랑을 기억하는 것이다. 장자의 명분을 떠올리는 것이다.

2014년 신년 교황 프란체스코의 메시지는 "신을 기억하라"였다. 이 메시지가 다름 아닌 '팥죽을 주고 장자의 명분을 사라'가 아닐지… .

대한민국의 건국 대통령은 야곱같이 결함 많은 대통령이다. 그러나 그분은 야곱같이 아버지의 장자의 명분을 사서 대한민국 주춧돌 위에 새겨 놓았다. 이것을 고맙게 생각해야 한다.

9. 하늘에 계신 우리 아버지여!

예수님 오시기 전 유대인들이 섬겼던 야훼 하나님은 하늘에 계신 분이 아니라 땅 위에 계신 분인 것 같았다. 야훼는 여러 민족 가운데 이스라엘 민족을 특별히 선별해 세우시고 편애를 하신다.(주체사상 속에는 여기서 따 온 흔적이 들어있다). 애급의 종살이를 하던 이스라엘 백성을 출애급

시키시는데 애급 장자와 애급 군대를 희생시키신다. 택한 백성과의 맺은 약속을 지키기 위해서 여리고 성을 함락시키시고 아말렉과 불레셋 군대를 진멸시키신다. 그리고 모세를 통해 이스라엘 백성에게 율법을 주시고 그 법을 잘 지키면 수천 대까지 복을 주시고 안 지키면 3, 4대까지 죄를 갚는다고 하신다.

시편 37편 기자는 "의인이 버림을 당하거나 그의 자손이 걸식함을 보지 못하였도다"라고 노래하고 있다. 예수님의 제자들도 나병환자나 장님은 그 자신이나 그 조상의 죄 때문에 하나님으로부터 벌을 받은 자들이라고 믿고 있었다. 칸트는 공적사상(Merit)을 가장 천박한 윤리사상이라고 했다. 오늘의 말로 바꾸면 부자는 하나님의 축복을 받은 자, 가난한 자는 의롭지 못한(죄를 지었기 때문) 자가 된다. 오늘 휴전선 이북의 통치자들은 이스라엘인들의 선민사상에서 주체사상을 뽑아왔고, 휴전선 이남에 있는 성공한 종교인들은 유대인들이 갖고 있는 공적사상에서 배운 것이 많다.

"십일조 바치면 부자가 된다."

그러나 예수님은 담대히 선포하셨다. "이는 하나님이 그 해를 악인과 선인에게 비추시며 비를 의로운 자와 불의한 자에게 내려 주심이라"(마 5:45). 그리고 이어서 "그러므로 그들을 본받지 말라, 구하기 전에 너희에게 있어야 할 것을 하나님 너희 아버지께서 아시느니라. 그러므로 너희는 이렇게 기도하라, 하늘에 계신 우리 아버지여 …". 이 말씀은 실로 폭탄선언이다.

하늘이란 육안으로 볼 수 있는 머리 위에 있는 푸른 공간만을 의미하지 않는다. 우리의 생각, 말, 글로는 도무지 표현할 수 없는 무한을 의미한다. "하나님을 이렇다, 저렇다고 단정하지 말라"는 말이 하늘이다. 동양

사상의 핵심도 "도가도비상도(道可道非常道, '말할 수 있는 도(道)는 늘 그러한 도가 아니다' 라는 뜻으로, 도(진리)는 말로서 한정할 수 있는 성질의 것이 아님을 일컫는 노자의 『도덕경(道德經)』의 사상 중심 개념"이다. 그리고 폴 틸리히(P. Tillich)도 "하나님은 OOO하다고 정의한다면 그것, 즉 인간이 판단한 그것은 하나님이 아니다"라고 했다.

그러면 우리가 믿는 하나님은 도무지 알 수 없는 분인가. 그렇다면 우리가 어떻게 믿을 수 있나? 예수님의 대답은 하나님을 비유로 말할 수밖에 없는데 그것은 아버지 같은 분이시라는 것이다. 그러면 '아버지' 는 어떤 분이신가? 탕자의 비유에서 분명히 밝히고 있다.

요약하면 아버지는 편애를 하지 않으신다. 오히려 그 반대로 예수님이 말씀하신 아버지는 지체부자유자, 세리, 간음자 등등 그럴 수 없이 속 썩힌 탕자를 얌전한 맏아들보다 더 사랑하신다는 것이다. 십일조 잘 바치고 성수 잘하면 복 주시고 아니면 벌 주시고 하시는 하나님이 아니시다. 그리고 예수티켓 손에 들면 천당, 아니면 지옥행? 그것은 잘 모르겠다. 분명한 것은 인간은 하나님을 이렇다, 저렇다 떠들지 말라는 말씀이 "하늘에 계신"이고 그러면서도 분명히 알 수 있는 것은 우리 죄 많은 인간들을 하늘만큼 땅만큼 사랑하시고 계시는 아버지시란 것이다.

아버지는 그 자녀를 위해 생명까지 줄 수 있는 존재다. 예수님의 십자가는 이 같은 아버지의 사랑을 보여 주신 하나님 사랑의 계시의 상징물이다(Sign). 거듭난 사람이란 하나님을 '하늘에 계신 우리 아버지' 로 고백하는 자다.

10. 홍수에 마실 물이 없다

물은 생명 그 자체라 해도 과언은 아닐 것이다. 그러나 이 귀한 물도 차고 넘치면 생명과 재산을 송두리째 삼켜 버릴 수도 있다. 말(말씀)도 그렇다.

요한복음 기자는 "태초에 말씀이 계시니라. 이 말씀이 하나님과 함께 계셨으니 이 말씀은 곧 하나님이시니라"(요 1:1) 라고 선언하고 있다. 물이 귀한 것이지만 그것이 홍수가 되면 엄청난 파괴를 가져올 수 있듯이 말씀도 범람하면 무서운 비극을 가져올 수 있다.

'말' 을 사전은 '사람이 사상, 감정을 나타내는 소리' 라고 정의하고 있다. 그런데 세상에는 자기 사상이나 감정을 말만 가지고서는 표현할 수 없는 것들이 너무나 많다. 이 세상에서 나와 가장 가까운 분은 어머니이다. 이 어머니를 말과 글로 선명하게 정의할 수는 없다. 젖을 주는 사람, 밥을 해주는 사람, 이 같은 말로는 '어머니' 란 단어가 설명이 되지 않는다.

'사랑' 이란 말만 해도 그렇다. 성서 66권은 끝없이 사랑이 어떤 것인지를 밝히려고 하지만 하나에다 하나를 보태면 둘이 된다는 식으로 분명하게 정의를 내리지 못하고 있다. 하물며 궁극적인 진리를 혀끝으로 아니면 글로써 설명을 하려는 것은 산을 여기서 저기로 옮기는 것 보다 더 어려운 일이다.

마틴 루터(M. Luther)가 라틴어 성서를 독일어로 번역한 이후 프로테스탄트 성직자와 신도들은 자기 멋대로 성서를 해석했고 하나님은 이렇다 저렇다 하며 떠들기 시작했다. 댐의 물이 상수도관을 통해서 서서히 흐르지 않고 댐을 폭파시켜 단번에 쏟아져 흐르게 즉 홍수가 나게 했다. 물론 종교개혁이 현대문명에 끼친 영향은 이루 말로 표현할 수 없지만 그 부작용도 그만큼 컸다는 것을 잊어서는 안 된다.

앞에서도 말했지만 노자는 '도가도비상도(道可道 非常道)'라고 했다. '도를 사람의 혀끝으로 이렇다 저렇다,라고 설명하면 그것은 도가 아니다'는 것이다. 20세기 큰 신학자 폴 틸리히(P. Tillich) 또한 "사람들이 하나님을 이렇다 저렇다,라고 정의한다면 그때 인간이 정의한 그 하나님은 하나님이 아니다"라고 말했다.

예수님이 가르쳐 주신 주기도문 제일 앞에 나오는 "하나님의 이름이 거룩히"란 말씀도 같은 뜻의 말씀이다. 그리고 요한복음 기자가 요한복음 제일 마지막에 "예수의 행적을 다 기록한다면 이 세상에 그 책을 둘 만한 곳이 없다."는 말씀도 말과 글로서는 예수님의 행적을 다 설명할 수 없다는 말로 이해해야 한다.

예수님은 비유로 말씀하셨고, 가톨릭 성당이나 불교 사원에는 음악, 미술, 조각 같은 상징물들이 은은하게 이 궁극적인 진리를 보여 주고 있다. 그런데 프로테스탄트의 일부 몰지각한 성직자들은 '우상숭배'란 이름으로 이것들을 배척했다. 그래서 개신교 교회에는 강대상만 덩그렇게 놓여져 있고 설교가 흘러나온다. 그런데 하나님의 말씀은 오히려 나의 혀 놀림이 멈추어지고 눈이 감겨지며 아니 나의 심장 맥박이 멈추어지는, 즉 이사야 선지처럼 "화로다. 나여, 망하게 되었도다."라고 내어뱉는 절규 속에서 희미하게 들려오는 소리일지도 모른다.

오늘 한국의 강단에서 흐르고 있는 시내는 그 강 가에 심겨진 나무가 시절을 쫓아 과실을 맺을 수 있는 맑고 고요한 시내가 아니고 댐이 폭파되어 거기서 쏟아진 홍수이기에 앞날이 캄캄하기만 하다. 이 홍수에 신도들은 마실 물이 없어 안절부절하고 못 하고 있다.

11. 재인(災人)

장자의 명언 중 '재인(災人)'이라는 말이 있다. 「장자 내편 인간세(莊子 內篇 人間世)」에 나오는 말로서 '시이인악육기미야(是以人惡育其美也) 명지왈재인(命之曰災人)이라'고 하였다. 즉 "타인의 불의를 헐뜯어 **규탄함으로써 마치 자신이 의인인 듯 과시하는 자**"가 재인이라는 것이다.

예수 당시 간음하다가 잡힌 한 여인을 치려고 손에 돌을 든 채 그 여인 주위에 둘러 서 있는 서기관과 바리새인들이 여기에 해당될 것이다. 이들의 마음속에는 죄인을 치려는 것보다 자기 자신이 의인이란 것(나는 불의를 보고 그냥 있을 수 없다)을 과시하려는 것에 더 큰 목적이 있었다.

오늘 국회에서 행해지고 있는 청문회를 바라보면 국회란 곳은 '재인(災人)'들의 집단이 아닌가 하는 생각을 하게 한다. 재인 중에 한 사람이 이 국회에서 다윗이 돌팔매로 골리앗을 쓰러뜨렸듯이 전임자에게 날카롭게 돌팔매질을 잘해 권력을 잡게 되었다. 그것으로 재미를 본 '재인(災人)'은 살아있는 사람뿐만 아니라 세상을 떠난 사람들에게까지 과거청산이란 이름으로 돌팔매질을 하게 되었다.

인류의 역사를 과거, 현재, 미래로 나눌 수 있다. 식물에 비유하면 과거는 뿌리, 줄기는 현재, 꽃 봉우리는 미래라 할 수 있겠다. 그런데 줄기와 잎 그리고 꽃은 햇빛을 받아야만 하지만 뿌리가 햇빛을 받으면 뿌리 뿐 아니라 줄기와 꽃까지 시들어 버리고 만다. 그런데도 이 미련한 재인(災人)은 그 뿌리까지도 뽑아서 난도질을 하려 했다. 자기 의를 과시하려고 하다가 자기가 돌에 맞아야 할 자란 것이 알려지자 버티지 못하고 스스로 목숨을 끊고 말았다.

국회, 정부 가릴 것 없이 이 땅 위에는 '재인(災人)'들이 설치고 있다.

어찌 거기 뿐이겠는가? 1952년 제37회 대구총회에서는 죄 없는 한 신학자를 돌로 쳐 매장시키는 일이 벌어졌다. 스스로 성직자로 자처하던 거기 모인 사람들이 다름 아닌 '재인(災人)'들이다. 그런데 '재인(災人)'들에 의해서 쫓겨난 사람들이 모여서 새롭게 탄생한 우리 교단 역시 이젠 거의 같은 길을 가고 있는 것 같다.

우리 교단 신앙고백서에 의하면 교회란 '대 사회불의를 향한 투쟁의 아방가르드'라고 정의하고 있다. 그런데 분명한 것은 초대교회는 죄 없는 예수를 처형한 불의 중에 불의의 화신인 빌라도(로마 권력)를 향해 돌을 던지려 하지 않고 전혀 반대로 자기 자신의 가슴을 치며 '우리가 어찌할꼬!'를 외치며 탄식했다. 이것이 성령의 역사인 것이다(롬 8:26).

일찍이 교단의 어른인 만우 송창근 목사님은 이렇게 말했다. "하지만 내 생각으로는 교회는 결코 사회문제, 노동문제, 국가문제를 말하거나 혹은 사람의 변변치 않은 지식을 두루 주워모은 사상을 논하는 곳이 아닙니다. 교회의 중심은 하나님의 말씀입니다." 그리고 이어서 권하기를 "세상에는 이겼지만 자신에게 지는 어리석은 싸움을 더 이상 해서는 안됩니다."(신학박사 논문)

누가복음 18장 11절 이하에 나오는 바리새인 같은 '재인(災人)'의 기도가 아닌 자기 가슴을 치는 세리 같은 죄인(罪人)의 기도만이 나 자신과 나라를 구할 수 있다.

12. 에덴의 비극

교육부총리를 역임한 서울대학교 교수의 강연을 들었다. 그 내용을 요약하면 맹모삼천지교(孟母三遷之敎)를 조금 수정, 발전시킨 것이었다. 사람은 환경만 좋게 하면 모두 다 훌륭한 인물이 될 수 있다는 것이 중심 골자였다. 정말 그럴까?

성서는 그와 정반대의 이야기를 하고 있다. 에덴동산은 세상에서 가장 선하고 아름다운 좋은 곳이다. 그런데 이처럼 좋은 환경에서 가장 무서운 마귀의 유혹이 나왔다. 그 시험의 내용은 피조물이 창조주가 되려는 것이고, 이 교만의 골자는 인간이 선악을 구별할 수 있는 심판주가 되려는 것이다. 그 결과는 에덴에서 쫓겨나는 것이었다.

일제 치하 특히 대동아전쟁 말기와 6·25를 경험한 세대에게는 오늘이 땅은 그야말로 에덴동산이다. 지방자치제가 자리 잡아 가면서 지자체장들은 앞다투어 자기들이 살고 있는 곳을 경쟁적으로 천국을 만들어 가고 있다. 오늘 젊은 세대들은 어두웠던 과거를 경험해 보지 못했기에 감사 없이 '으레 그렇거니' 하지만 비극을 경험했던 세대들에겐 실로 지상천국이다. 기성세대와 젊은 세대 사이의 사고(思考)의 갈등이 깊어지기 시작한 것은 여기서부터다.

실로 오늘 나는 징기스칸보다, 그리고 세종대왕보다 더 잘 먹고, 입고, 보고, 살고 있다. 오늘을 오늘로 성장시킨 세대는 썩고 냄새나는 거름더미 생활을 한 세대들이요, 여기에 비해 젊은 세대는 그것이 없이 그냥 에덴에서 나서 먹고, 입고, 자랐다. 이들에겐 아담 하와처럼 뱀의 유혹을 물리칠 힘이 없다. 그러니 고스란히 그 시험을 받아들일 수밖에 없다.

오늘 이들의 비극은 바로 교만이다. 이들에겐 위아래가 없다. 에덴동산의 주인은 자기들만이란 것이다. 한 알의 선악과가 열리기까지 그 뒤에 흑암과 공허, 혼돈의 뿌리가 있었다는 것을 전혀 생각할 줄 모른다. 자신과 역사와 자연 그 뒤에서 그것들을 움직이는 손길을 생각할 줄 모른다. 오직 그 '먹음직도 하고 보암직도 한' 그 표면만 본다.

오늘 진보를 자처하는 사람들은 자기가 살고 있는 그 나라의 뿌리를 잘라 버리려고 안달이다. 심지어 자기가 '단군'이 되려고 제2건국을 하겠다고 설친다(실패는 했지만). 오늘 이들이 이렇게 되기까지는 민주주의 바람이 한몫을 했다. 성서 66권 중에는 사람에게 주인 주(主)자를 붙인 곳이 하나도 없다. 그런데 철부지들은 '이 세상나라의 주인'이란 그 뜻을 확대 해석해서 자기가 에덴의 주인 행세를 하려하고 있다.

그래서 이들은 스스로 선악까지도 심판하려고 달려든다. 일반 우매한 대중들은 으레 그렇다 치자. 하지만 목에 로만칼라를 한 성직자들이 언제 군사학을 공부했는지는 모르겠으나 왜 목숨을 걸고 항만 공사를 반대하고, 신학교에서 학생들을 가르치고 강단에서 설교를 하던 목사님들이 쇠고기 불매, 4대강 반대에 왜 그렇게도 열을 올리는지 모르겠다.

8·15 해방 후 장로교가 갈라지게 된 것은 "나는 신사참배 안했다"고 큰 소리 치는 자들의 교만 때문이요, 또 다른 한편에서는 순진한 학생들 앞에서 "모세 5경을 모세가 썼느니 안썼느니" 하는 지식 자랑을 하다가 교단이 쪼개어지게 되었다. 선악과를 따 먹은 것이다.

세계 2차대전과 6·25를 외상(外傷)에 비한다면 에덴에서 얻은 병은 간암(肝癌)에 비할 수 있다. 하늘까지 높아지려는 가버나움(Capernaum)의 죄는 부패한 소돔과 고모라의 죄보다 더 크다는 것을 알아야 한다. 불교와는 달리 기독교는 쓸모없는 땅, 사막의 한 모퉁이에서 탄생되었다는 것도 기억해야 한다. 예수님도 에덴동산이 아닌 말구유에서 탄생하셨다. 뱀의 소리가 아닌 예수님의 말씀에 귀를 기우려 보자.

13. 두려움(이루아)

여호와께서 모세를 부르실 때 부르신 분이 "이리로 가까이 오지 말라" 하셨다. 그리고 그때 모세는 "하나님 뵈옵기를 두려워하며 얼굴을 가리"었다(출 3:5~6). 모세만이 아니고 백성들 모두가 하나님을 두려워했다. "모세에게 이르되, 당신이 우리에게 말씀하소서. 우리가 들으리이다. 하나님이 우리에게 말씀하지 말게 하소서. 우리가 죽을까 하나이다"(출 20:19). 여호와는 모세에게나 이스라엘 백성에게나 두려움의 대상이었고, 여기(두려움)가 유대교의 발원지다. 어찌 유대교뿐이겠는가!

모든 종교는 하나같이 두려움이 그 뿌리가 되었다. 종교뿐 아니라 인간의 모든 사상은 이 두려움에서 시작된다. 파스칼은 "우주의 신비가 나를 전율케 한다"고 했고 슈바이쳐 박사의 '생의 철학'은 생명에의 외경(畏敬) 그 자체라 할 수 있다.

산부인과 여의사가 강남에서 오랜 세월 개업을 하고 있었다. 그분의 말인즉 "내가 젊어서는 생각 없이 아이를 넙죽넙죽 받았는데 이제 나이가 들어서 생명 탄생의 신비를 바라보니 너무 그 신비함에 놀라 온몸이 떨리어 함부로 아이를 받을 수 없다"고 한다.

책을 보다가 책장을 넘겼더니 거기에 눈에 보일까 말까 하는 책벌레가 기어가고 있다. 물끄러미 내려다보며 생각해 보았다. 이 벌레도 생명체이니까 심장도 있고 신장도 있을 것 아닌가! 저 작은 몸체 속에 박혀 있는 그 기관들은 얼마나 작을까! 다시 생각을 바꾸어 벌레에서 나 자신에게로 관심을 돌려본다. 아침에 먹은 김치, 고등어 한 토막, 된장, 쌀밥 그것을 생각 없이 먹었는데 그것들이 어떻게 살이 되고 뼈가 되고 손톱 발톱 머리털이 될까! 나의 호기심은 두려움으로 변해갔다. 그러나 현대인은 컴퓨터의 원리를 생각하는 동안 이 우주와 생명체의 신비를 생각하지 않고 있는 것 같다.

불교의 명진 스님은 불교는 '물음의 종교'라 했고 기독교의 설교 제일 잘 한다는(각종 여러 여론 조사기관에 의한) 목사님은 기독교는 '믿음의 종교'라 했다. 여기 목사님이 말하는 믿음은 '덮어 놓고'의 믿음이다. 아버지가 정해준 남자에게 시집가서 일생 덮어 놓고 맡기고 순종하며 사는 여인과 같은 것이 신앙생활이라고 믿음을 설명했다.

프로테스탄트 목사보다 스님이 한 차원 더 높은 자리에 있는 것 같다. 종교의 자리는 물론 '덮어 놓고'는 아니고 물음의 자리에서 한 단계 더 올라서서 '두려움, 떨림'의 자리이다.

예수님은 우리에게 기도를 가르쳐 주실 때 맨 앞에 "하늘에 계신 우리 아버지, 이름이 거룩히 여김을 받으시오며"라고 하셨다. 여기 '거룩히'는 두려움의 뜻을 내포하고 있다. 오늘 어떤 신학자들은 여기 하나님의 거룩성을 빼 버리고 하나님을 잡상인처럼 만들어 버리려고 한다(하나님의 선교). 여기 예수님의 뜻은 '하나님은 우리 인간들이 두려워해야 할 대상이시지만 호랑이를 대했을 때나 막연한 신비 앞에서 떨어야 하는 그런 대상이 아니시고 아버지와 같은 분'이시란 것이다. 즉 하나님은 사랑의 떨림으로 마주해야 할 아버지 같으신 분이란 것이다.

"사랑은 떨림이다". 사랑이 없는 남녀의 만남에는 떨림이 없다. 그냥 떨림이 없이 남녀가 만나다가 그 인격 속에 사랑이 움트기 시작하는 순간 상대방의 손을 잡을 때 손이 떨리기 시작한다. 하물며 사랑의 하나님 앞에 나아가는 순간 떨지 않을 수 있겠는가! 오늘 현대인의 비극은 이 사랑의 떨림이 없는 데에 있다.

이 같은 현대인에게 사랑의 두려움을 갖게 하는 것이 종교인의 사명이다. 불교인에게나 가톨릭 신자에게는 이 떨림이 있는 것 같은데 프로테스탄트 성직자나 신도들에게는 이것이 부족한 것 같다. M.루터를 제대로 이해하지 못한 한국 크리스천들은 기도와 예배에서 그것도 성령의 이름을 빙자해서 신앙의 뿌리인 거룩, 두려움, 떨림을 빼 버리고 있지나 않은지…. "여호와를 경외하는 것이 지식의 근본이거늘…."(잠 1:7)

14. 종교, 이웃 사랑(이해)

하나님을 사랑하고 이와 같이 이웃을 사랑하는 것이 율법과 선지자의 강령이라고 했다(마 22:37~40). 그런데 땅에 있는 사람들이 하늘에 계시는 우리 아버지를 어떻게 사랑할 수 있겠는가! 예수님은 그 방법을 가르쳐 주셨다.

인간이 하나님을 사랑하려고 하늘로 올라가려고 쌓은 바벨탑을 하나님은 허물어 버리신다. 그러신 다음 하나님이 인간들을 찾아내려 오셨다는 것이다. 이것이 기독교의 중심교리다. 사람들은 나를 찾아 가까이 오신 하나님을 영접하면 된다는 것이다. 이것이 믿음이다. "이는 그를 믿는 자마다… 영생을 얻게 하려 하심이라". 기독교의 사랑은 저 멀리 공중에 떠 있는 무지개 속에 계시는 하나님을 사랑하는 것이 아니라 바로 내 곁에 있는 '이웃'을 내 몸처럼 사랑하는 사랑이다.

우리 속담에 "사촌이 땅을 사면 배가 아프다" 란 말이 있다. 친척 중에서도 사촌이 제일 가까운 친척이다. 그런데 친척이 아닌 저 멀리 있는 사람들이 땅을 사고팔면 배가 안 아픈데 왜 제일 가까운 사람이 땅을 사면 배가 아픈가? 오늘 한국 크리스천들은 종교를 갖지 않은 사람들을 우상숭배자들이라고 매도하지 않는다. 성격은 다르지만 불교, 유교도 기독교와 나란히 설 수 있는 종교다. 서로 사촌지간이다.

그런데도 크리스천들은 예불과 제사를 우상숭배라고 공격한다. 국보급 보물이 여러 점 있는 화계사에 세 번이나 불을 지르려고 한 크리스천들이 있었다. 불교가 우상종교인지 아닌지 알아보려고도 하지 않는다. 불교신자들은 법당에 있는 부처상을 신으로 섬기지 않는다. 크리스천들이 나사렛 예수님을 삼위일체 하나님으로 섬기는 것과는 다르다.

그리고 우리 조상들이 대대로 지켜온 제사도 조상을 신으로 섬기는 것이 아니다. 가톨릭에서는 제사를 우상숭배라고 단정하기 전에 교황청에 문의를 했다. 아니라는 답을 얻은 다음 지금 신자들은 제사를 지내고 있다. 구약에 '지혜' 란 귀 기우려 듣는 마음이다. 오늘 지혜자들은 좁다란 자기 생각으로 판단한 그 자를 갖고 상대방에게 돌팔매질을 해서는 안 된다. 예수님은 하늘나라 진리를 말씀하실 때는 직설법을 쓰시지 않으시고 비유, 우화, 은유 등을 사용하셨다. 복음을 받아들인 사람들이 그것을 전할 때도 필설로서는 다 전달할 수가 없다. 그래서 고대 종교뿐 아니라 오늘 이 땅 위에 존재하는 권위가 있는 종교의 사원에는 상징(symbol)이 있을 수밖에 없다. 루터가 종교개혁의 깃발을 든 것은 이 상징들을 성당에서 모두 쓸어내고 성당을 창고 같이 만들기 위해서가 아니었다.

그런데도 오늘 한국교회 정통보수를 주장하는 일부 교회에서는 강대 뒷면에 있는 십자가까지 우상으로 여겨 달지 않는다. 오늘 이 땅에서 일어나고 있는 이 모든 비극은 우상숭배가 어떤 것인지 이해하지 못하는 데서 왔다. 신사참배를 반대하다가 옥사한 것을 순교자라고 하니 그 뒤를 따라 학교 교정에 세워진 단군상을 부수고 감옥에 가면서 마치 순교자의 반열에 선 것으로 착각을 하는 자가 나오게 된다.

유대나라는 동양에 속한다. 그러므로 동양 종교와 맥을 같이 하는 것이 많이 있다. 노자는 일찍이 '도가도 비상도(道可道非常道)' 라 했고 유대인들은 하나님을 여호와라 불렀다. 여호와는 "스스로 계시는 이"란 뜻이다. 말로 이러쿵 저러쿵 할 수 없는 분이란 뜻이다.

좀 더 깊이 생각해보면 유교, 불교를 우상종교라고 돌을 던지는 사람들이 진짜 우상숭배자일지 모르겠다.

폴 틸리히는 "우상숭배란 상대적인 것을 절대화하는 것"이라 말했다. "우상숭배 말라"는 하나님의 명령은 하나님이 숨 쉬지 않는 조각품을 시기해서 내린 명령이 아니다. 이 계명 역시 사람을 잘살게 하기 위해서다. 그래서 진짜 우상은 다름 아닌 그것을 사람이 섬기면 죽을 수 있는 위험한 존재를 의미한다. 지금 휴전선 이북에는 철부지가 핵을 만지작거리고 있다. 3대를 내려오면서 자기 혈통, 자기 생각을 절대화하고 있는데 이것이 숨 쉬는 우상이다.

15. 세대교체

지금으로부터 이천여 년 전 요단강 가에서 있었던 세례요한과 예수의 만남, 이보다 더 아름다운 장면은 없는 것 같다. 왜 미켈란젤로 같은 대화가가 이 장면을 한 폭의 그림으로 남겨 놓지 않았는지 무척 궁금하다.

선배와 후배, 구약과 신약, B.C.와 A.D.가 여기에서 만났는데 마치 처녀와 총각이 만나서 새 생명을 탄생시키듯이 여기에서 구원의 역사가 탄생되었다.

우리나라 역대 대통령 중에는 자기가 물러나면서 나라가 흥하든 망하든 상관하지 않고 자기에게 고분고분하지 않는다고 인위적인 장난을 해서 그 후배를 떨어뜨린 예가 있다. 장로라는 분이 말이다. 전임자가 후임자를 선택할 때는 자기와 DNA가 같은 자를 택하기 마련이다.

그런데 요한과 예수는 그렇지 않았다. 요한은 금욕적인 종교인이었다. "이 요한은 약대 털옷을 입고 허리에 가죽띠를 띠고 음식은 메뚜기와 석청이었더라"(마 3:4).

그런데 예수는 그렇지 않았다. 공생애의 첫발을 혼인잔치집에서 내어디디셨다. 결혼은 섹스의 결합이다. 거기서 물로 포도주를 만들어 흥을 돋우어 주셨다. 그리고 세리와 죄인의 친구로 사셨다(눅 7:34). 이에 반해 요한은 세상 불의에 대해 목숨을 걸고 투쟁했다. 정몽주, 성삼문 같은 위인이었다. 그러나 예수는 날카로운 정의가 아니라 '용서'가 그의 메시지의 핵심이었다. 그리고 요한은 사회악 혹은 구조악에 항거하다가 목숨을 잃었지만, 예수는 사람을 특히 잃어버린 양을 사랑하다가 목숨을 잃었다. 그런데도 이 두 사람은 '형님 먼저, 아우 먼저'였다.

일부 신학자는 동양의 신비적인 성향의 기독교가 서양의 합리적인 전통의 풍토 속으로 들어가면서 타락하기 시작했다고 한다. 그러나 나는 그렇지 않다고 생각한다. 동양의 디오니소스(Dionysus)적인 줄기와 서양의 아폴로((Apollo)적인 아주 이질적인 전통이 만났기 때문에 오늘의 기독교가 있게 되었다고 생각한다. 전(前) 고대 총장이 졸업식 때마다 졸업생과 재학생에게 당부한 훈시였던 "동양 속에 서양을, 현재 속에 과거를,

지성 속에 야성을 수용 조화시킬 수 있는 슈퍼맨(Super Man)이 되라"는 말이 이를 잘 표현한 예이다.

일전 모 정당에 새로 선출된 지도부의 평균연령이 낮아졌다고 좋아하는 모습을 보았다. 꽃이 구린내가 난다고 자기가 거기서 나온 뿌리를 잘라버리면 자기도 시들어버리고 만다. 미국 역대 대통령은 카터 같은 독선적인 대통령 몇 분을 제외하고는 거의가 중임을 했다. 우리는 천사같이 떠받들며 대통령으로 뽑아 올려놓고는 그때부터 흔들기 시작한다. 5년이 언제 끝나나 조급해 못 산다. 한국에서 대통령이 중임할 날이 있을지….

신임 목회자를 천사 같이 받들며 모셔놓고 얼마 안 가 개구멍으로 내쫓아버린다. 아름다운 향기를 내어 품으며 피어나 급기야 열매로 영글어가는 그 열매는 오늘의 자기를 있게 한 구린내 나는 땅속에 묻혀 있는 뿌리를 향해 감사해야 한다. 그리고 그 흑암과 혼돈의 땅속에 묻어 있는 뿌리는 땅 밖에서 영글어가는 꽃과 열매를 생각으로 바라보며 하나님께 감사해야 한다.

"예수께서 이르시되 그러므로 천국의 제자된 서기관마다 마치 새것과 옛것을 그 곳간에서 내오는 집주인과 같으니라"(마13:52)

16. 나누어 준다는 것

많은 사람들은 덮어놓고 주는 것이 사랑인줄 알고 있다. 대단히 위험한 생각이다. 독일 출신의 여성 정치철학자 한나 아렌트(1906~75)는 "생각 없이 사는 일상적인 삶이 악의 근원이다"라고 했는데 생각 없이 덮어놓고 믿고, 덮어 놓고 주는 것이 사랑인 줄 아는 것도 악의 뿌리가 될 수 있다.

요한복음 12장 1절 이하에 다음과 같은 이야기가 기록되어 있다. 마리아라는 여인이 값비싼 향유를 예수님의 발에 부었을 때 가룟 유다가 "이 향유를 어찌하여 삼백 데나리온에 팔아 가난한 자에게 주지 아니하였느냐 하니…" 라고 나무란다. 그런데 성서는 가룟 유다가 이렇게 말하는데는 그 마음속에 흑심이 있어서라고 기록하고 있다. 여기 이 본문 말씀을 읽을 때는 오늘 공산주의자들과 가장 진보라고 스스로 말하는 사람들의 얼굴이 머리에 떠오른다. 같은 주장을 하고 있기 때문이다. 그들은 "골고루 나누어 주자"는 달콤한 말로 권력을 잡고 얼마나 많은 사람들을 비극의 수렁으로 몰아넣었던가! 에덴이란 선한 곳에서 가장 무서운 마귀의 유혹이 나왔다. "나눠 갖자"는 그 말 뒤에는 무서운 도적의 마음이 도사리고 있었던 것이다.

요한복음 6장 1절 이하에 나오는 오병이어의 기적 이야기도 마찬가지다. 예수님은 배고파하는 오천 명이 넘는 많은 군중들을 잔디 위에 앉게 하시고 떡 다섯 개와 물고기 두 마리로 그들의 배가 차도록 풍족하게 나누어 주었다. 그런데 제자들과 군중들은 배가 부른 다음에는 생각이 달라졌다. 예수님을 그들의 임금으로 모시려고 했다. 경제문제의 해결이 곧바로 정치적인 야욕으로 이어져 갔다.

오늘 이 나라에 정당정치를 뿌리째 흔들고 있는 태풍이 몰아쳐 오게 한 것도 오늘의 빵인 돈봉투에 정치인들의 야욕을 담아서 돌렸기 때문이다. 덮어놓고 나누어 주는 것이 사랑이 아니다. 덮어놓고 받아 먹으면 큰일난다. 오늘 정치인들과 그 뒤를 졸졸 따라다니는 반(半) 종교인들은 하나같이 "나누어 갖자, 내가 나누어 준다"고 야단들이다. 다른 사람들이 떡을 장만할 때는 거들기는 커녕 반대만 일삼던 자들이 이제 떡이 어느 정도 마련되니까 앞 다투어 자기들이 '복지, 복지' 하며 "나누어 주겠다"고 야단이다.

이들이야말로 나누어 주는 복지를 자기들의 정치적 야욕을 채우려는데 이용하려는 자들이다. "이것을 팔아 가난한 사람에게 골고루 나누어 주자"는 가룟 유다의 주장을 되풀이하고 있다.

떡을 나누어 준 제자와 얻어먹은 군중이 예수를 임금으로 모시려고 하는 것도 똑같은 그들의 흑심 때문이다. 예수님은 단호히 "No" 하셨다. 그들의 도적 같은 마음에서 우러난 "나누어 주자"는 소리를 뒤로 하고 홀로 산으로 가셨다.

'나눈다'는 것은 윤리다. 그것은 종교라는 뿌리를 가져야만 참사랑이 될 수 있다. 정치인들이 이것을 이용해서 자기 욕심을 채우려할 때 종교인들은 그 뒤를 따라서 뒷북만 칠 것이 아니라 단호히 "No" 하고 조용히 하나님 앞에 무릎을 꿇어야 한다. 예수님은 나누어 주기 전에 축사를 하셨다. 인간은 피조물(죄인)이라는 고백의 기도를 드렸다는 말이다. 그리고 나누어 준 다음에는 홀로 산으로 향하셨다.

인간에게서 솟아난 선(나눔)을 그대로 버려두면 곧바로 교만으로 끝나겠기에 하나님 앞에 무릎을 꿇으신 것이다. 종교인은 꽃이 아니라 이 시대에 뿌리의 사명을 감당해야 한다.

"너희는 먼저 그의 나라와 그의 의를 구하라"(마 6:33).

17. 문익환 목사의 방북에 대한 우리의 견해

1) 하늘을 향해 한 점 부끄럼 없기를 바라는 마음

구약 창세기 11장에 바벨탑의 이야기가 기록되어 있다. 사람이 탑을 높이 쌓아올려 하늘까지 닿아보려고 한다. 그때 하나님은 이 탑을 헐어버리고 사람들을 동서남북으로 흩어버리신다. 이 이야기가 뜻하는 것은 무엇인가. 자기 선에 도취된 자들은 화해와 통일이 아닌 그와 정 반대의 결과만 가져온다는 뜻이다.

6 · 25를 일으켜 수많은 생명과 재산을 앗아간 그 자도 남북통일이라는 미명 아래 광신적이고도 허구적인 날조된 통일론에 도취된 듯 보였다. 그 엄청난 비극을 초래한 장본인인 그의 마음도 하늘을 향해 한 점 부끄럼이 없는 마음인가?

하나님을 향해 티 없이 맑고 깨끗하다고 자신만만했던 바리새인의 마음을 하나님은 원하시지 않으시고, 통회하는 세리의 깨어진 마음을 원하신다는 것을 기억해야 한다.

2) 모든 통일은 선인가?

어린이들의 동요 중에 '꿈에도 소원은 통일' 이라는 노래가 있듯이 육천만 동포 가운데 통일을 원하지 않는 사람은 단 한 사람도 없을 것이다. 그러나 우리는 북진통일을 원치 않는 것처럼 적화통일도 원하지 않는다. 적화통일도 선이란 말인가?

아브라함의 식솔과 그의 조카 롯의 식솔이 서로 다투었다. 아브라함은 과감하게 평화를 위해 가족 통일을 희생했다.

꿈에도 소원은 통일이다. 그러나 통일이 절대일 수는 없다.

3) 독재와 외세에 대한 투쟁

구약 예언자들이 활동하던 시대에 이스라엘도 오늘 우리처럼 남북으로 갈라져 있었다. 그런데 이상하게도 그때 예언자들은 '통일'을 외친 것이 아니고, 불의와 우상숭배에 항거하여 투쟁했다. 그러나 예언자들의 공격의 강도는 이 둘 중에 우상숭배 쪽이 훨씬 더 강했다.

그 동안 남한에서 문 목사의 불의에 대항한 투쟁의 경력을 우리는 높이 평가하고 있다. 그런데 왜 20세기 지구상에 존재하는 유일한 우상인 바로 그 앞에서는 고개만 숙이고 있는가?

4) 존경하는 김일성 주석······

"한 사람을 죽이면 살인자가 되고 1,000명을 죽이면 영웅이 된다."는 파스칼의 말이 생각난다. 그런데 바로 이 땅 구석구석에 박혀있는 불의의 작은 티는 그렇게 샅샅이 잘 지적하던 분이 6·25 전쟁을 일으켜 수백만의 무고한 생명을 앗아간 그에게 존경을 한다니 이 무슨 망발인가? 하루살이는 걸러내고 낙타는 삼켜버리는 우를 범하고 있는 것이 분명하다.

1983년까지는 이북에 단 하나의 교회도 없었다. 그런데 개방화의 물결에 밀려 급조된 교회가 생겨났다. 그 몇 개의 교회에 대해서는 감탄하면서도 종교와 언론의 자유를 마음껏 누릴 수 있는 대한민국, 그리고 북한보다 더 잘살고 있는 이 남한에 대해서는 그렇게도 부정적인 눈으로만 바라보는가?

5) 교단에 대한 우리의 기대

어디까지나 문 목사는 개인 자격으로 북한에 갔다. 우리는 이만한 자유와 평화를 만끽하며 살 수 있게 된 것을 하나님께 진심으로 감사한다.

그런데 왜 교단이 그 사람을 두둔하고 나서는가? 교단의 대표자의 성명만 없었다면 우리는 이런 모임을 갖지 않았을 것이다. 우리는 지금 가만히 앉아서 문 목사의 뜻과 행동에 동조가 될 수는 없다.

그러므로 지난 날 우리의 동역자였던 그 사람에 대한 연민의 정을 가지면서도 이 시점에서 우리의 생각을 분명히 밝히는 바이다.

1989년 3월 30일
한국기독교장로회 신앙수호동역자의 모임 목사 권현찬
문안 작성자 목사 여규식

Ⅱ. 종교심(religious)이 많도다

1. 밤낮 자고 깨고 하는 중에

예수께서 길 가실 때 귀신 들린 자 하나를 만나신다. 예수께서 "네 이름이 무엇이냐" 물으신즉 그가 대답하기를 "군대입니다"라고 했다. 여기 '군대'라는 말은 무력을 의미하기도 하고 무리를 의미하기도 한다. 유대인들에게 이름은 단순한 네임(Name)이 아니고 그의 인격을 포함한 전 존재를 의미한다. 귀신 들린 사람의 사고방식은 무력이면 다 된다는 것과 동시에 수가 많으면 모든 것이 가능하다고 생각하는 데 있다.

오늘 이 땅에 살고 있는 사람들의 생각은 어떠한가? 휴전선 이북에서는 선군정치를 한답시고 손에 무기(원자탄)만 들고 있으면 되는 줄 알고 있다. 그리고 휴전선 이남의 사람들은 수만 많으면 모든 것이 가능하다고 생각한다. 이들은 소크라테스나 예수를 죽이라고 아우성치든 말든 수만 많으면 그것이 진리요, 정의라고 생각한다. 그래서 자기 주위에 많은 무리를 모으기 위해 수단과 방법을 가리지 않는다. 이것이 민주주의라고 자랑한다.

여기에서 한 걸음 더 나아가 오늘 에덴동산 같이 아름다운 이 땅에 살고 있는 사람들은 하나같이 사람은 피조물이란 사실을 잊고 있다. 남북

공히 자기가 사람이 주인(民主)인 나라를 세웠다고 자랑한다. 처음 사람 아담과 하와와 같이 실낙원의 길을 뒤따라가고 있다.

북쪽에 있는 사람은 빨치산이 되어 장백산 골짜기를 좀 누비고 다녔다고 해서 자기가 8·15를 가져온 것처럼 큰소리 치고 있고, 남쪽에서는 자기가 하버드대학, 프린스턴대학 나왔다고 해서 민주주의를 이 땅에 가져왔다고 소리쳤다. 그러나 분명한 것은 그 누구도 이 땅에 8·15를 오게 하지 못했다. 6·25도 그렇다. 자기가 수가 많은 군대를 거느리고 내려와 이 땅 위에 유토피아를 건설하겠다고 설치던 그 사람은 유토피아와는 정반대로 금수강산을 잿더미로 만들고 말았다. 핵무기면 다 된다고 생각하는 군대귀신 들린 자나 수만 많으면 모든 것이 가능하다고 생각하는 또 다른 귀신 들린 자는 오늘 휴전선(DMZ) 철조망 앞에서 조용히 고개 숙여 깊은 생각에 젖어봐야 한다.

사람의 손과 발이 닿지 않은 자연 그대로 내버려둔 그곳은 이 지구상에 많지 않은 낙원이 되어가고 있다. 낙원은 사람의 손이 적게 미치는 그곳에 있다. "또 이르시되 하나님의 나라는 사람이 씨를 땅에 뿌림과 같으니 그가 밤낮 자고 깨고 하는 중에 씨가 나서 자라되 어떻게 그리 되는지를 알지 못하느니라"(막 4:26~27). 실로 그렇다. 사람들은 생명의 씨앗이 즉, 복음의 씨앗이 뿌려지고 거기 하늘 햇빛이 비추어지는 곳에서 조용히 기다리면 된다.

조선 말엽 나라가 썩을 대로 썩었을 때 대원군이 나타나서 나라를 바로 세우겠다고 개혁의 망치를 휘둘렀다. 그런데 사람이 주도한 개혁은 나라를 망하게 하는 것에 일조를 했을 뿐이다. 김구 선생이 세운 무관학교 출신들이, 아니면 장백산 골짜기를 설치고 다니던 그 사람이 해방을 가져온 것은 결코 아니다. 뿐만 아니라 4·19, 5·16, 광주사건을 주도한 그분들이 오늘을 있게 한 것도 아니다.

대한민국의 오늘은 에덴동산을 만드신 분, 한반도를 창조하신 분, 그리고 세상을 이처럼 사랑하시는 그분의 섭리에 의해서 있게 된 것이다. "밤낮 자고 깨고 하는 중에" 설치지 말고 자고 깨고만 해도 된다. 그분이 자라게 하신다. 그러면 입 딱 벌리고 감나무 밑에 드러누워만 있으란 말이냐? 결코 아니다. 인간은 주인이 아닌 종의 모습으로 거름 주고 김매는 일만 열심히 하면 된다.

그리고 하늘 단비와 햇빛을 마음껏 쪼이면 저 DMZ 안에서 자라는 식물들처럼 싱싱하게 하나님이 성장시켜 주실 것이다. 그리고 거기엔 날아가는 새들도 마음 놓고 둥지를 틀게 될 것이다.

2. 외나무 다리

"좌로나 우로나 치우치지 말라"(신 5:32, 수 1:7, 23:6).

이 말씀이 구약성서 여러 곳에 기록되어 있다. 그리고 예수님은 "좁은 문, 좁은 길로(마 7:13-14) 가라"고 말씀하셨는데 좁은 문, 좁은 길로 가는 자는 좌나 우로 치우치지 않고 조심스럽게 걸어가는 것을 의미할 것이다. 마치 흐르는 강물 위에 놓여진 외나무다리를 걷는 자가 좌우로 치우치지 않고 조심스럽게 걸어가야 하는 것 같이 가야 한다는 말씀이다.

예수님은 말씀만 이렇게 하신 것이 아니라 스스로 좌우를 살피며 어느 한 편으로 치우치지 않고 그 좁은 샛길을 조심조심 걸어 골고다 언덕으로 올라가셨다.

1) 빵 문제

예수님이 공생애에 첫발을 들여 놓으려는 순간 맨 먼저 마귀에게 당하신 시험은 경제적인 문제였다. "돌을 갖고 떡을 만들어 보라"는 유혹은 빵이 이 세상에서 사는 동안 가장 중요한 것이니 바로 이 문제부터 해결해보라는 것이다. 이 시험에서 예수님의 대답은 "사람은 떡으로만 살 것이 아니요 하나님의 … 말씀으로 살 것이라"(마 4:4) 하셨다. 여기 '만'은 좌와 우 둘 중에 어느 하나만 취해서는 안 된다는 말씀이다.

2) 기적 문제

성전에서 뛰어내려보라는 마귀의 시험이 뒤따라왔다. 예수님이 시작하신 하늘나라운동에서 빵 문제 다음으로 심각한 문제는 기적의 문제였다. 신약성서 안에는 특히 복음서 안에는 예수님이 행하신 기적 이야기가 꽉 차 있다. 오늘 이 땅에는 이 기적 이야기를 그대로 받아들여 그 흉내를 냄으로 재미를 톡톡히 보는 목회자가 많이 있다. 그러나 이것이 전부가 아니다. 성서 안에는 예수님이 기적을 행하셨다는 이야기만큼 그 반대의 이야기도 기록되어 있다.

예수님은 기적을 구하는 세대를 '악하고 음란한 세대'라고 말씀하셨다. 예수님이 보여주시려고 하신 표적은 요나의 표적인데 사람들이 찾고 있는 기적이 아니다.

그리고 예수님의 탄생과 십자가의 죽음은 철저하게 기적을 거부하시는 예수님의 손짓이다. 예수님이 가신 길은 기적의 길임과 동시에 기적을 거부하시는 요나의 표적, 즉 생명의 길이었다. 기적만도 아니요, 비기적만도 아닌 그 사이길 외나무다리였다.

3) 정치적인 길

"천하만국과 그 영광을 보여주며 이르되 만일 내게 엎드려 경배하면…"
(마 4:8~9). 만약 예수님이 당시 세상을 지배하고 있는 로마권력과 손을
잡으셨거나 아니면 유대종교의 지도자들과 손을 잡으셨더라면 십자가의
죽음은 없었을 것이다. 당시 로마는 자기들이 지배하고 있는 나라의 종교
를 무시하지 않고 어느 정도 자유롭게 종교생활을 하게 하는 유화정책을
취했다. 그래서 예수님이 유대종교 지도자들과 손을 잡았더라면 로마가
예수님을 십자가에 매달지는 않았을 것이다.

그런데 예수님은 로마권력과 유대종교 그 둘 중 어느 쪽에도 치우치지
않고 그 사이에 놓여 있는 좁고 협착한 외나무다리를 홀로 걸으셨기 때문
에 십자가에 달리시게 된 것이다.

지난날 세계가 좌우로 갈라져 으르렁거릴 때가 있었다. 그러나 오늘 서
구에서는 이 냉전이 멈추어져 가고 있는데 그 찌꺼기가 한반도로 몰려와
배달민족을 초조하게 하고 있다. 38선 이북에는 좌의 찌꺼기가, 이남에서
는 우의 쓰레기가 불태워지고 있다. 북쪽에서는 프로레타리아 독재 대신
철부지의 독재가 철권을 휘두르고, 남쪽에서는 지하에 묻혀 있는 자기 지
도자를 폭군으로 몰아붙이고, 살아 있는 지도자는 비행기에서 떨어져 죽
으라고 저주를 퍼붓고 있다.

외나무다리 위를 걸어가는 자는 좌나 우로 치우치지 말아야 한다. 그래
야 만나면 즐거운 외나무다리가 될 것이 아닌가!

3. 웃어야 하나 울어야 하나

한때 한 강사의 신바람 강의는 국회의원 선거에 본인이 출마를 결심할 만큼 인기가 대단했다. 그분의 강의 내용의 요점은 '웃으라'는 것이다. 억지로라도 웃어야 건강할 수 있다는 내용이다. 얼마 전 국회의원이 내란 음모죄로 구속이 되는 과정을 TV를 통해 자세히 보았다. 나 같으면 겁이 나서 부들부들 떨었을 텐데 그 의원님은 처음부터 끝까지 싱글벙글 웃었다. 억지로라도 웃으라고 강의한 신바람 교수가 살아 있었더라면 찾아가서 "저 의원님의 웃음도 건강에 도움이 되는 것입니까?"라고 묻고 싶었다.

소크라테스는 죽음의 독배를 손에 들고 웃었고, 석가모니는 이천오백 년 동안 법당에 앉아서 자비로운 미소를 짓고 계신다. 그런데 예수님께서는 그러시지 않으셨다. 십자가 상에서 운명하시는 순간 세상이 캄캄해지고 땅이 진동하고 바위가 터져나가는 무서운 혼돈 속에서 비명(울음)을 지르셨다. 이때 뿐이 아니고 예루살렘성을 바라보시며 우시기도 하셨다. 그리고 누가복음 6장 21절에 보면 예수님은 신바람 강사처럼 "웃는 자가 복이 있다" 하시지 않으시고 "우는 자가 복이 있다"고 말씀하셨다.

그러면 오늘 우리는 어느 길을 택해야 하나. 웃음이냐, 울음이냐? 시인들은 갓 피어나는 꽃송이를 웃음에다 비유한다. 사람들의 영혼을 맑게 해주는 아름다운 꽃 중에는 두 종류가 있다. 하나는 화분에서 피어나는 꽃이요, 다른 하나는 꽃꽂이 꽃이 그것이다. 이 중에 뿌리가 있는 화분에서 피어나는 꽃은 수명이 길지만 화병에 꽂혀 있는 꽃은 그렇지 않다.

웃음에도 두 종류가 있다. 그리스인과 인도인의 조상은 같은 뿌리다. 그 뿌리에서 나온 생각도 거의 비슷한 것 같다(dualism). 이 세상을 부정적으로 바라보는 대신 저 너머의 세계를 긍정적으로 바라본다. 그러므로 이 세상을 떠나는 순간 웃음이 나올 수밖에. 그러나 인도와 그리스 그 사이에 끼어 있는 하잘것없는 작은 땅에 살고 있는 이스라엘 민족은 그러지 않았다.

오늘 우리가 살고 있는 이 세상은 하나님이 이처럼 ―독생자를 주시기까지― 사랑하시는 땅이다. 그러니 이 세상을 떠나는 순간 울지 않을 수가 없다. 거지는 이 집에서 저 집으로 갈 때 울지 않지만, 부모들은 무남독녀가 시집을 갈 때 눈물을 흘린다. 예수님은 하나님이 이처럼 사랑하시는 이 땅에다 하나님의 사랑의 씨앗을 묻어놓고 거기에서 온 세상을 밝게 하는 사랑의 꽃을 피우셨다. 전자의 웃음은 화병에 꽂혀 있는 꽃처럼 뿌리가 없기에 잠깐 피었다가 시들어버릴 꽃과 같은 웃음이다. 예수님은 값싸게 웃으시지 않으시고 먼저 우셨다. 이 울음은 땅에 파묻혀 썩는 울음이요, 거기 그 울음은 새싹을 움트게 하는 그리고 새 생명을 탄생시키는 산모의 울음이기도 하다. 십자가 상에서의 예수님의 울음은 제3일 만에 전 세계인의 울음을 부활꽃 웃음으로 바뀌게 했다.

"지금 우는 자는 복이 있나니 너희가 웃을 것임이요"(눅 6:21).

법정으로 끌려가는 한 국회의원의 웃음은 '나는 애국자, 진정 노동자와 억압받고 있는 민중의 구세주, 정의의 투사', 이 같은 자기 확신에 뿌리를 내린 웃음이다. 이 사람은 자신에 대해선 관대하고 남을 향해서는 잔인하다.

오늘 이 땅에는 이 같은 웃음을 웃는 자가 어찌 이 한 사람 뿐이겠는가!

선배들을 다 매도하고 자기들만이 이 땅에 민주, 정의를 구현할 수 있다는 자기 확신 속에서 웃고 있는 성직자들이 얼마나 많은가.

이들은 껍질을 깨고 거기서 나와야 한다. 무릎을 꿇고 "아버지! 내가 하늘과 아버지께 죄를 지었사오니…" 하고 울 때, 나와 너를 같이 품는 진정

한 풍악과 함께 춤추는 모습, 즉 참 웃음꽃이 세상에 활짝 피어나게 될 것이다.

울음은 뿌리요, 웃음은 꽃이다. 나에 대해서는 울고 너를 향해서는 웃어야 한다. .

4. 자기보다 남을 낮게 여기고

역사가 백년이 넘은 교회가 있다. 도무지 성장이 되지 않고 냉랭하기만한 이 교회에 혜성과 같이 나타나서 그 교회를 크게 부흥시킨 목사님의 설교 내용이다. 그 교회 장로님이 강북에 있는 큰 병원에서 수술을 받게 되었다. 물론 수술 전에 목사님의 기도를 받았다. 교회가 차고 넘쳐 예배당 밖에다 스피커를 걸어놓고 온 동네 동민들이 다 들을 수 있도록 요란하게 설교를 한다. "○○장로님이 병원에서 고생을 많이 하셨는데 이번에 내가 기도를 해서 건강을 되찾으셨다." 동네 사람들이 고개를 갸우뚱한다. '이번에 병원에서 수술을 받고 건강해지셨는데…', 수술 받기 전에 목사님이 기도를 한 것은 사실이기 때문에 목사님의 설교는 거짓말은 아니다.

"오늘 한국의 민주화는 내가, 혹은 우리 교단이 이루게 했다."

물론 민주화를 위한 투쟁을 한 것은 틀림없지만 이것을 스스로 자랑할 필요는 없지 않은가 생각해본다. 오늘 한국에는 생명, 정의, 평화를 사랑하는 신학자라고 은근히 자랑하는 신학자가 있다.

슈바이쩌 박사는 실로 생명을 사랑하는 철학자요, 신학자였다. 그런데 그는 생명을 사랑하기 위해서 생철학자, 파이프 오르가니스트, 신학자라는 세계적인 명성을 다 버리고 의학공부를 하고 아프리카로 건너갔다.

불교 스님들은 생명 사랑의 증표로 일생 그렇게도 먹고 싶은 고기 한 점을 먹지 않는다.

그런데 프로테스탄트 신학자들은 콩 한 포기를 키우기 위해 김 매거나 거름 한 번 주지 않으면서 생명 사랑을 무슨 낯으로 외치고 있는가.

추운 겨울 새벽 어시장에서 생선을 파는 영세 상인이나, 무더운 삼복더위에 주물공장에서 땀 흘리는 근로자들은 실로 가족의 생명을 사랑하는 사람들이다.

정의만 해도 그렇다. 젊은 시절 다른 사람들은 등산, 낚시, 데모하러 나갈 때 보따리를 싸서 깊은 산속으로 들어가 머리를 싸매고 공부를 하는 사람은 오직 하나 정의로운 사회를 만들기 위해서다. 판사, 검사, 변호사들은 오직 하나 정의를 실현하기 위해서 공부했다.

실로 정의를 부르짖으려면 지금 목사, 신부라는 직분을 잠깐 접어두고 법학 공부를 새로 시작하라. 사법부에 일심, 이심, 삼심 제도가 있는 것과 헌법재판소가 존재하는 것은 정의를 위해서다. 경찰이 골목길을 누비는 것, 형사가 전봇대 뒤에 숨어서 밤을 새는 것도 정의를 이루기 위해서다.

그리고 평화도 그렇다. 제주도 강정마을에 해군기지를 건설하는 것은 금수강산의 평화와 육천만 민족의 평화를 지키기 위해서다. 이 세상에서 제일 무서운 평화 파괴자들은 나만이 평화를 사랑하는 사람이라고 착각하는 사람이다. 실로 바리새인과 서기관들이 예수를 죽인 것은 예수야말로 하나님의 평화를 깨뜨리는 자라고 단정했기 때문이다. 교회는 다름 아닌 이런 편견, 독선, 아집의 평화 파괴자들이 하나님 앞에 고개 숙여 자기 가슴을 치며 "형제들아, 우리가 어찌할꼬?" 하는 곳이다.

우리 교단 신앙고백서 제 4문서에는 '교회란 대 사회 투쟁을 하는 아방가르드' 라고 정의하고 있다. 이것은 아니다. 이 세상 정부는 생명과 재산을 지키기 위해 존재하는 기구요, 정의로운 사회를 세우기 위해 그리고 국민 모두가 평화로이 살게 하기 위해서 존재한다. 그래서 바울은 그 모진 박해를 받으면서도 위에 있는 권세에 복종하라고 권했다.

5. 정직(正直)

몇 년 전 미국 백악관 대통령 집무실에서 일어났던 스캔들을 기억하고 있다. 그런데 참으로 놀랍게도 그것으로 인해 대통령이 자리에서 물러나지는 않았다. 그런데 그 이전 대통령은 거짓말을 한 것이 드러나자 대통령 자리에서 물러나고 말았다. 서구 사회를 여행하다 보면 그 나라 사람들이 얼마나 정직하다는 것을 알 수 있다. 어떤 마을에서든지 거주민 중에 거짓말한 것이 알려지면 그 마을에서 그대로 눌러 앉아 살 수가 없다. 이사를 가야만 한다.

그런데 우리는 어떠한가? "남자는 거짓말과 우산은 가지고 다녀야 한다."는 속담이 있다. 사람, 그 중에서도 남자가 정직하기만 하면 '앞뒤가 꽉 막힌 사람, 맹꽁이' 취급을 받는다.

정치계, 종교계 가릴 것 없이 지도급에 있는 인물 중에 참으로 정직한 분이 얼마나 될까? 시도지사 후보 중에 군대에 가지 않은 후보가 43%에 달한다. 시도지사 후보뿐 아니라 역대 대통령 중 특히 민주, 인권운동을 위해 일생을 바친 대통령 4명 중에 3명이 군대에 가지 않았다.

종교계를 보라. 불교계나 가톨릭의 지도자는 신도들로부터 사랑과 존경을 받는 분이 수장(首長)의 자리에 추대된다. 그러나 프로테스탄트 교회를 대표하는 조직체의 지도자 자리에 앉아 있는 분들은 물불을 가리지 않고 정치적인 수완을 발휘해서 싸워 이겨 그 자리에 앉은 분들이다. 다른 나라에서는 거짓말 한 마디로 권좌에서 쫓겨나는데, 한국에선 거짓말 한 것이(그것도 성서를 앞에 놓고) 만천하에 드러났음에도 불구하고 대중에게 환영을 받고 있다. 그것도 정의와 민주를 부르짖는 사람들에게서 말이다.

원래 정치란 단어의 정(政)자는 바로잡는다는 뜻이다. 그런데 오늘 한국에서는 '정치 목사'라는 딱지가 붙어 있는 목사는 정직하지 않는 목사로 인식되어 있다. 그러면서도 교회는 정직한 목회자를 청하지 않는다. 왜냐하면 교회 성장을 못시켜서이다. 부흥 강사들의 설교는 허풍이 섞여 있다는 것을 부인할 사람은 없을 것이다.

왜 이렇게 됐는지 자연의 탓으로 돌려 보자. 한국의 산(山)은 소나무가 주종을 이루고 있다. 그리고 한국인들은 소나무를 좋아하고 사랑한다. 그런데 대부분의 소나무는 수직으로 자라지 않고 굽어 있다. 지금 한국에 있는 포플라, 낙엽송들은 수직으로 자라고 있지만 이것들은 외래종이다. 그래서인지 한국인은 직선보다 곡선을 선호한다. 버선과 고무신 코를 보라. 여자들의 옷소매도 굽어 있다. 굽어 있는 소나무는 시인들에게 시상을 떠오르게 하지만 건축자재로는 부적합하다. 높은 건물을 세우는 데는 반드시 수직으로 뻗어 있는 재료가 필요하다.

집은 만세반석 위에 세워야 한다. 그러나 그에 못지않게 중요한 것은 수직으로 세워야 한다. 1센티미터만 굽어 있어도 그 끝에 가면 엄청나게 굽어져서 내일을 기약할 수가 없다.

민주, 인권, 자유보다 못지않은 것이 정직인데, 왜 우리는 여기에 눈을 돌리려 하지 않는지 모르겠다.

6. 제일(第一)주의

오늘 아침 일간지 일면의 「전국 1등 때문에… 어떤 모자의 비극」이란 제목의 기사를 읽었다. 혼자 '드디어 올 것이 왔구나' 하는 생각을 했다. 나는 종교인으로서 남을 탓하기 전에 자신과 자신이 속한 한국, 특히 기독교 그 중에서도 신교 목사로서 스스로를 크게 책해 보았다.

오래 전 일이지만 성서를 우리말로 옮길 때 하나님을 '하나님'으로 하느냐, '하느님'으로 하느냐,의 문제를 가지고 많은 토론을 한 다음 '하느님'이 아닌 '하나님'으로 결정했다.

지금 가톨릭에서는 '하느님'으로 통일되어 있고 애국가에서도 '하나님'이 아닌 "하느님"으로 불리어지고 있다. 그리고 우리 민족은 오랜 세월 하나(일)가 아닌 하늘이라고 '하나님(God)'을 불러왔고 그렇게 경배해왔다. 그런데 신교 지도자들이 '하늘님'이 아닌 '하나님'으로 기어코 부르게 한 것은 궁극, 절대의 의미보다 으뜸, 넘버원이란 뜻이 더 마음에 들어 그렇게 한 줄로 안다. 그래서 어느 지방에서나 교회가 세워질 때 그 이름을 제일교회로 하기 위해 안달을 하고 있다.

일등, 톱. 이것이 오늘 한국 어머니들의 기도의 제목이고 여기 발맞추어 "믿고 구하면 무엇이든 다 이루어진다"라는 것이 한국교회 목사 특히 부흥사들의 메시지의 중심 골자이다. 오늘 세계의 장로교, 감리교, 순복음교회에서 제일 큰 교회가 한국에 다 모여 있다고 자랑하는데, 그 대형교회들의 성장비결은 다름 아닌 제일주의다. 나는 지금까지 살면서 '제일성당(聖堂)' '제일사(寺)'란 간판을 한 번도 본 적이 없다. 그런데 프로테스탄트의 제일주의는 어디서 왔는지 모르겠다. 하나 분명한 것은 예수님은 "너희 중에 누구든지 으뜸이 되고자 하는 자는 너희 중에 종이 되어야 하리라"(마 20:27)라고 말씀하셨다. 그리고 또 하나 분명한 것은 구약 신명기 28장 13절에는 으뜸 제일주의도 기록되어 있다. "여호와께서 너를 머리가 되고 꼬리가 되지 않게 하시며…"(신 28:13)

오늘 이 세상을 어지럽히고 있는 자들이 누구인가? 그것은 분명히 같은 구약이란 뿌리에서 돋아난 유대교인들과 이슬람교도들이다. 이 으뜸주의 자들이 싸우는 것은 충분히 이해가 간다. 그런데 "으뜸이 되고자 하는 자는 종이 되라"고 말씀하신 예수님을 믿는 자들이 예수님이 아닌 모세만 따르려고 열을 올리는 것은 도무지 이해가 되지 않는다. 바리새인과 서기관들은 하나님을 섬기는 것에서 으뜸이 되고자 했다. 그런데 그 결과는 하나님의 아들을 나무에 달아 죽이는 것으로 끝나고 말았다.

오늘 한국교회 안에서도 마찬가지다. 한국 기독교 성직자 중에서 으뜸이 되고자 하는 자, 즉 평범한 연합도 아니고 총연합회의 제일 높은 자리에 앉으려 하던 목사의 그 뜨거움이 한국 전 교회의 이름을 더럽히고 있다. 체육계에서는 으뜸자리가 그럴 수 없이 부귀영화를 누릴 수 있는 자리일지는 모르나, 인간 최대 욕망 그 제일 높은 자리는 영광되기만 하지는 않은 것 같다. 보라, 오죽했으면 바위에서 떨어지는 자살을 택했겠는가.

'하나님' 이란 낱말은 하나님을 제일 높은 곳에 모신다는 아름다운 신심에서 출발했을지는 모르나 야훼는 그 제일 높은 자리에서 내려와 말구유에 누워 계신다. 창세기 11장에 나오는 바벨탑 이야기는 제일, 제일을 찾아 높이 올라가려고만 하면 심판을 받는다는 이야기다. 예수님은 물처럼 낮은 곳을 향해 끝없이 내려가는 삶을 사셨다. 여기에 구원이 있다는 것이 복음의 골자가 아니겠는가!

7. 좁고 협착한 길

"멸망으로 인도하는 문은 크고 그 길이 넓어 그리로 들어가는 자가 많고 생명으로 인도하는 문은 좁고 길이 협착하여 찾는 이가 적음이라…" (마 7:13~14).

일제 치하 대동아전쟁과 해방 후 6·25를 경험한 세대에게는 오늘의 삶은 지상천국에서의 삶이다. 오늘 이만큼 살게 된 것은 경부고속도로가 뚫리기 시작하면서부터일 것이다. 오늘 이 땅에는 좁고 협착한 국도는 없어져가고 곧고 넓은 고속도로가 거미줄처럼 전 국토를 뒤덮고 있다. 분명한 것은 이 세상은 옛날에 비해 살기 편하고 좋아졌다.

그러면 이 땅에 살고 있는 사람들의 행복지수는 그와 함께 올라가고 있는가? 쉽게 "Yes"라고 대답할 수는 없을 것 같다. 휴가를 즐기기 위해 서울에서 동해바다를 향해 차를 달린다고 가정해 보자. 한계령이 너무 좁고 협착하다 해서 그 밑에 터널을 뚫는다고 한다면 시간과 기름은 크게 절약되지만 오랜 시간 콘크리트 벽과 전등불빛만 바라보며 달려야 한다. 그러나 좁고 협착한 국도를 달려 고개를 넘을 때는 돈으로 계산할 수 없는 무한의 보화를 맛보게 된다. 하늘 거기에서 쏟아지는 햇빛과 단비가 대지를 적셔 나무를 자라게 하는 신비를 맛볼 수 있다. 풍화작용을 통해 하나님이 빚어 만들어 놓으신 자연조각품들을 감상하면서 달려가는 그 상쾌함을 어찌 콘크리트 벽만 내다보며 빨리 가는 그것과 비교할 수 있겠는가.

아름다움은 영혼을 맑게 하는 향기이다. 빨리 달려가서 동해바다를 보면 되지 않겠느냐, 라고 반문할지 모른다. 인생의 의미는 목적지까지 가는 도중(道中)에 있지 목적지에 있는 것은 아니다. 목적지에 도달하는 순간은 인생의 끝이 되고 마는 것이다.

예수님은 넓고 똑바르게 놓인 길을 따라 이 땅에 오신 것이 아니다. 당시 사람들은 하늘의 천군천사를 거느리고 오시는 메시아를 기다렸지만 예수님은 말구유라는 좁고 협착한 길을 따라 이 땅에 오셨다. 뿐만 아니라 이 땅에서 33년간 걸어가신 그 길도 좁고 협착한 길이었다. 3년 동안 공생애에서 제자들은 하나같이 "문은 크고 그 길이 넓어…" 그 길로 가시라고 간청했지만 예수님은 단호히 마다 하시고 십자가의 가시밭길을 걸어가셨다. 왜인가. 생명의 길은 좁고 협착하기 때문이다.

아침에 심어서 저녁에 따 먹을 수 있는 곡식이나 과일은 없다. 농부가 봄, 여름, 가을까지 김매고 거름 주며 땀 흘리는 동안 이것을 마다 하는 노름꾼들은 골방에 앉아 화투장을 쥐고 정신통일을 한다.

그래서 예수님은 말씀하셨다. "악하고 음란한 세대가 표적을 구하나 선지자 요나의 표적 밖에는 보일 표적이 없느니라"(마 12:39). 요나의 표적은 한 알의 밀이 땅에 떨어져 죽어 많은 열매를 맺는 것이다.

옛날에는 봄 보리쌀과 가을 보리쌀이 확연히 구분되었다. 가을 보리쌀은 가을에 심어서 겨울을 지나 다음 여름에 수확을 한 것이고, 봄 보리쌀은 봄에 심어서 여름에 수확하는 보리쌀이다. 그런데 이 둘로 밥을 지으면 엄청난 차이가 난다. 가을 보리쌀밥은 부들부들하고 구수한데 반해 봄 보리쌀밥은 까실까실해서 보리밥 맛이 나지 않는다.

사람도 그렇다. 몸을 불사르고 전 재산을 털어 가난한 자에게 나누어 주는 화끈한 사랑보다, 차디찬 눈보라를 맞고 견디어낸 오래 참은 다음에 피어나는 사랑이 참사랑이다. 세상에서 가장 아름답고 선한 에덴동산에서는 무서운 마귀의 시험이 나왔다. 그러나 성자의 땀과 피로 얼룩진 골고다 언덕 위에서는 모든 인류를 구원하는 십자가의 깃발이 나부끼지 않았는가!

8. 종교심(religious)이 많도다

동양의 유일신을 믿는 바울 사도가 서양문화의 뿌리라 할 수 있는 아덴을 방문해서 입을 열었다.

"바울이 아레오바고 가운데 서서 말하되, 아덴 사람들아 너희를 보니 범사에 종교심이 많도다"(행17:22).

같은 구약성서에 뿌리를 두고 있는 마호멧(Mahomet Mohammed) 같았으면 그러지 않았을 것 같다. 마호멧을 따르는 탈레반 전사들은 세계적인 문화유산인 아프칸에 있는 불상들을 폭파시켰다. 어떤 학자들에 의하면 불교의 불상들은 그리스신전에서 영향을 받았다고 한다. 원래 불교는 자율(Autonomy) 종교이기 때문에 불상이 없었다. 서양선교사들이 복음을 들고 처음 이 땅을 찾았을 때 바울 사도와 같은 태도를 취했더라면 얼마나 좋았을까 하는 생각을 종종 해 본다. 우리 민족은 참으로 종교심이 많은 민족이다.

그런데 예수님이나 바울 같았으면 이 종교심을 '미신' '우상'으로 몰아버리지 않고 이것들을 복음의 씨앗을 뿌리는 밭에 귀한 거름으로 삼았을 것이다. 동구 밖에 서 있는 천 년 묵은 고목 느티나무에다 금줄을 동여 묶은 다음 그 앞에 촛불을 켜 놓고 두손 모아 기도하는 할머니들을 예쁘게 보아줄 수도 있었다.

그 나무를 전기톱으로 썰어서 테이블을 만들 궁리를 하는 오늘 과학의 세례를 받은 현대인들보다는 얼마나 더 아름다운 종교심을 가진 사람들일까. 겨울에 죽은 듯이 서 있던 나무가 봄이 되면 새파란 새순을 뾰죽 내민다. 그 앞에서 옷깃을 여미고 꿇어앉아 두 손을 모으는 모습이야말로 수영복을 입고 심사위원 앞에서 걸어가는 미스코리아 후보들의 아름다운 몸매 보다 몇 십 배 더 아름답지 않은가.

또한 조상들의 무덤을 찾아 그 주위를 빈 손으로 한 바퀴 돌아보는 것보다 새로 수확한 오곡으로 빚은 떡과 술을 그 앞에 갖다 놓고 다소곳이 고개를 숙이는 모습을 보고 우상숭배자로 몰아버리지 않고 "종교심이 많도다"라고 했더라면 얼마나 좋았을까 하는 생각을 해본다.

예수 부활의 소식은 예수님의 무덤을 찾아갔던(향품을 손에 들고) 세 여인에 의해서 세상에 전해졌다. 불교도들은 석가모니를 신으로 경배하지 않는다. 존경의 대상이다. 군인들이 하기식 때 '국기에 대한 경례' 역시 국가를 신으로 섬기는 것이 아니다. 존경의 뜻을 담아 경의를 표하는 것을 싸잡아 우상숭배로 몰아버린다는 것, 다시 한번 깊게 생각해 볼 문제다. 거기다 여호와를 질투하는 신으로 알고 조각품(불상, 마리아상)을 질투하신다고 생각하는 신도들까지 있다. 이런 사람들은 하나님을 두세 살 질투 잘하는 소녀 정도로 생각하고 있는 사람들이다. 이것이야말로 진짜 우상숭배다.

"우상숭배 말라"는 계명은 하나님이 당신 자신을 위해서 주신 것이 아니고 우리 인간들을 위해서 만드신 것이다. 이 계명을 위해서 목숨을 바치는 사람도 있고 그런 사람을 순교자라고 떠받드는 학자도 있으니 참으로 한심한 일이다. 참으로 불행한 것은 오늘 한반도에는 세계에서 제일 큰 살아 있는 우상이 있다. 이 우상은 당장 한반도를 불바다로 만들 수 있는 힘을 갖고 북쪽 하늘 아래 우뚝 서 있다. 이 살아 있는 우상도 한국인의 이 종교심을 잘 이용하고 있다.

그러기 때문에 오늘 기독교는 바울처럼 이 민족의 종교심을 적대시할 것이 아니라 받아드려 복음 전파의 귀한 밑거름으로 삼아야 한다.

9. 주의 발치에 앉아 … 듣더니

많은 사람들은 "땅 끝까지 이르러 내 증인이 되라"(행 1:8)와 "강도 만나 쓰러져 있는 어떤 사람을 도와 준 이야기"(눅 10:24~)에 대해 눈의 촛점을 맞추고 있다. 그러나 나는 그보다 누가복음 10장 38절 이하에 나오는 마르다와 마리아 자매의 이야기에서 눈을 뗄 수가 없다.

마르다와 마리아 자매가 길 가던 예수님을 영접했다. 유대인들에겐 나그네를 대접하는 것이 지고의 선이다. 언니 마르다는 예수님이 나그네 되었을 때 영접하여 있는 힘을 다하여 대접했다는 것은 인간이 행할 수 있는 선 중에서 최고의 선을 행한 것이다. 바로 이 같이 언니가 지고의 선을 행하는 순간 동생 마리아는 얌체같이 예수님의 발치에 앉아 그의 말씀에 귀를 기우리고 가만히 앉아 있었다. 그런데 선의 극점(極點)에 있던 마르다는 주에게 "이래라, 저래라" 하는 명령을 한다.

오늘날 강도 만나 쓰러져 있는 가난한 자, 소외된 노동자, 농민들을 위한다고 일어난 공산주의자들이 종교(마리아)를 아편이라고 공격하는 것과 같은 모습이다. 그리고 역시 경제를 살리겠다고 일어선 대통령은 세계를 이웃집 드나들듯이 뛰어다니며, 새벽에 파출소까지 뛰어다니는데 이분의 두드러진 특성은 도무지 남의 이야기를 들으려 하지 않는 데 있다. 이분은 믿음과 배짱, 소신, 뚝심을 구분할 줄 모른다. 오늘 정치인들이 그렇게도 독재자라고 욕을 퍼부은 사람이 벌어놓은 돈을 가지고 서로 자기가 나누어 주겠다고 열을 올리는 동안, 그 사람 뿐 아니라 오늘을 있게 한 지도자들을 친일파, 독재자로 난도질한다.

마치 마르다가 마리아를 얌체로 몰아버렸듯이 말이다. 그리고 선교에 열을 올리는 종교인 특히 프로테스탄트 성직자들 중에는 '꿩 잡는 게 매'

라는 슬로건을 내걸고 긁어모은 헌금으로 "선교만 하면 되지 않느냐"는 식의 처신을 한다. 도무지 "주의 발치에 앉아" 그의 말씀을 들으려 하지 않는다. 교회 안으로 들어가 다시 한번 생각해 보자. 한국 교회의 약점은 "주의 발치에 앉아" 들으려 하지 않는 데 있다.

처음 출발할 때부터 그런 것은 아니다. 한국 초대교회의 뿌리는 부흥회가 아니라 성서를 공부하는 사경회였다. 그러던 것이 언제부터 감정 위주의 부흥회가 전국을 휩쓸면서 세계 제일의 감리교회, 세계 제일의 장로교회, 세계에서 제일 큰 순복음교회를 탄생시켰다. 그러면서도 믿음이 무엇인지는 가르치지 않았다. 참 믿음은 자가발전에서 솟아나는 소산물이 아니라 "주의 발치에 앉아" 그의 말씀을 듣는 데서 얻어지는 것이다.

그러나 한국교회는 믿음과 자기소신 즉 똥고집을 구별하지 못했다. 그래서 역대 대통령 중 장로 대통령들이 제일 듣지 않는 고집쟁이로 알려지고 있다. 또한 소망하면 정감록이 그 바탕이 되어 있는 소망을 가르쳤다. 한국 초대교회 부흥회를 주도한 그 목사님은 도인이 되려고 3년간 산에서 도를 닦던 그 눈으로 요한계시록을 천 번인지 만 번인지 읽어 그것을 기독교신학 없이 전국 교회에 전달했다. 참 소망은 "주의 발치에 앉아" 듣는 것인데 말이다.

사랑 역시 마찬가지다. 중학교 선생님들이 가르친 '사랑은 주는 것'을 반복해서 가르쳤다. 참사랑 역시 주는 것이라기보다 상대방과 영적인 교류를 하며 상대방에게서 신의 불꽃을 발견하는 것이다. 즉 "주의 발치에 앉아" 듣는 것이 참 사랑이다. 오늘의 시대를 요약하면 '많은 일로 염려하고 근심하는 시대' 이다.

바로 이런 시대에 우리 크리스천들이 참으로 해야 할 좋은 일은 "주의 발치에 앉아 그의 말씀을 듣더니" 이다. 오늘 정부가 계획 실천하는 봉사

(의료, 건설), 교육, 복지사업 등은 교회가 도저히 따라갈 수가 없다. 정부에게 맡기고 정부가 눈을 돌리지 않는 아니 돌릴 수도 없는 "주의 발치에 앉아" 말씀을 듣는 일, 여기에 눈을 돌려 보자.

이것은 단순한 기도만을 의미하지 않고 그 이상의 것을 의미한다. 여기에 믿음, 참사랑, 소망의 구원이 있다는 것을 알아야 한다.

10. 주일예배 기도

사랑의 하나님 아버지!

선풍기 바람이 너무 약하다고 생각했던 순간이 조금 전인 것 같은데 벌써 가을이 깊어지고 있습니다. 도심 한가운데에서도 낙엽이 떨어지는 소리를 마음의 귀로 들을 수 있고, 낙엽이 날리는 것도 볼 수가 있습니다. 저 하잘 것 없는 낙엽도 가을을 알려주기도 하고 생각 없이 살아가던 인간들에게 이 세상에는 생명의 공기가 꽉 차있다는 것을 귀띔해 줍니다.

그런데 요단강 가에서 인생의 가을을 맞은 오늘의 우리는 어떻습니까? 아무런 생각 없이 강 가에서 이리저리 흔들리는 갈대 같은 삶을 살고 있는 것은 아닌지요. 지난 주간에 이미 먼저 세상을 떠나신 가족도 있습니다. 여기 고개 숙인 우리 모두는 다음 차례를 기다리고 있는 자들입니다. 저희가 세종대왕, 이순신 장군 같은 큰 업적을 남겨 놓지 못했다 하더라도, 저 한 잎의 낙엽이 휘날리면서 하나님이 주신 사랑의 공기가 이 땅에 꽉 차있다는 것을 알려 주고 가듯이, 하나님의 사랑의 흔적이라도 남겨두고 가야 하지 않겠습니까. 부디 저희로 하여금 노욕을 버리게 하여 주시고 아름답고 순결하게 삶을 마무리하게 하여 주시옵소서.

오늘 우리는 이 나라의 백성입니다. 어찌 나라가 잘되기를 바라는 마음이 없겠습니까. 이 시간 저희들은 "이래 달라, 저래 달라"는 기도를 드리지 않겠습니다. 그런데 인간인지라 나라가 무척 걱정이 되옵니다. 남북이 갈려 있는 것만으로도 비극인데 게다가 동서가 갈라져 있고, 뿐만 아니라 지금은 노소가 철저하게 갈라져서 서로 불신하고 있습니다. 앞이 캄캄합니다. 하나님 아버지!

그러나 하나 분명한 것은 있습니다. 과거에도 이 나라에는 오늘과 같은 위기가 여러 번 있었습니다. 그러나 그 때마다 이 민족이 잘 나고 현명해서가 아니라, 하나님의 자비하심이 폭포수 같이 쏟아부어져 오늘의 세상이 이 땅 위에 남아있게 되었습니다.

8·15, 6·25, 4·19, 5·16 등등이 하나님의 은총이 이 나라에 내려지는 기회가 되었습니다. 그러나 아름다운 에덴동산에서 무서운 시험이 나타나듯이 고난과 역경 속에서 보다 오늘 같이 풍요로울 때에 다가오는 시험이 더 무섭고 위험하기 때문에 염려하지 않을 수가 없습니다.

지금 철 없는 사람들은 연구실에 앉아 있는 때 묻지 않은 사람이 나타나면 당장 살 길이 나타날 줄 알고 있습니다. 그런데 성서는 더러운 귀신 하나를 내좇고 방이 깨끗해졌을 때 거기 전보다 더 악한 귀신 일곱이 들어왔다고 기록하고 있습니다. 이 땅 위에는 믿고 기댈만한 사람이 한 사람도 없습니다.

그렇기에 오늘 우리로 하여금 이전에 이 민족을 인도하신 하나님이 장래에도 인도해 주실 것을 믿고 나아가게 하옵소서.

예수의 이름으로 기도 드리옵니다.

Ⅲ. 절망(絕望)과 희망(希望)

1. 지혜와 순결의 대화

1945년 8월 15일 이후 이 땅에는 태양처럼 빛나는 두 애국 지도자가 나타났다. 그 중 한 분은 과거 행적과는 달리 하늘을 나는 비둘기 같은 처신을 했고, 다른 한 분은 뱀 같은 몸가짐을 가졌다. 비둘기와 뱀은 아주 대조적인 동물이다. 비둘기는 하늘을 나는 조류 중에도 순결과 평화를 의미하고 아름다움과 선의 상징이다. 이와는 반대로 뱀은 땅을 의미하고 악의 상징이다.

불행하게도 한반도는 38선을 사이에 두고 두 동강이 나 있었다. 비둘기의 길을 가신 애국자는 38선을 넘나들며 자유롭게 하늘을 날며 천사 같은 말로 백성들을 감동시켰다.

"단독정부는 안 된다", "같은 민족끼리 갈라져서 싸워서는 안 된다", '내가 바라고 소망하는 나라는 다른 나라를 침략하는 강한 나라가 아니라 문화가 꽃피는 평화로운 나라이다.'

이와 달리 뱀 같은 지도자는 그가 공부한 국제법의 눈으로 세계를 바라보았고 두 동강난 이 땅의 상황을 직시했다. 그래서 "단독정부라도 세워야 한다"고 주장했고 그것을 행동에 옮겼다. 그는 일본을 증오하면서 일생을 살았지만 공산세력을 제압하기 위해 친일파도 서슴지 않고 등용해서 공산세력이 확장되는 것을 막았다.

세계적인 춤꾼 홍신자 씨는 "도를 닦는 것도 중요하지만 현실을 바로 보는 것은 더 중요하다."고 말했다. 뱀은 비둘기처럼 사람들에게 사랑을 받지 못한다. 아니 사랑은 고사하고 증오의 대상이 된다. 현실은 언제나 뱀처럼 구불구불하기 마련이다.

신학자 브루너(E. Brunner)는 "사람은 완전한 원을 그릴 수 없다. 컴퍼스로 종이 위에 정성껏 원을 그려 놓고 현미경으로 들여다보면 뱀이 개구리를 잡아먹은 것 같이 구불구불하다. 완전한 원은 머릿속에만 있다."고 했다. 뱀 같은 지도자는 이것을 알았다. 그릴 수도 없는 완전한 동그라미를 그리려고 구불구불한 현실을 부셔버리려고만 하지 않고 그 불완전한 현실을 그대로 받아 들였다. 뱀은 자기 몸을 유연하게 굽혀 풀밭, 늪, 강변, 돌담을 가리지 않고 잘 빠져 나간다.

니버(R. Niebuhr)도 비슷한 생각을 가지고 있는 것 같다. "이 땅 위에는 완전한 선은 없다. 이것도 저것도 모두가 추하고 죄가 된다. 그렇기에 인간은 불완전한 둘 중에 조금 덜 악한 쪽을 택해서 살아가야 한다."고 했다. 뱀 같은 지도자는 이것을 알았다. 그리고 그렇게 처신했다. 미움을 받을 수밖에 없었다. 6·25전쟁 얼마 전에 서울에서 실시한 국회의원 선거에서 서울 분위기는 뱀 지도자는 미움을 받고 이미 세상을 떠나신 비둘기 지도자는 존경의 대상이 되어 있었다.

비둘기 지도자는 민족, 특히 젊은이들과 바르게 살아보려고 애쓰는 선량한 사람들에게 희망, 꿈을 안겨주고 갔다. 그리고 사후에까지도 존경과 사랑을 받고 있다. 그러나 뱀 지도자는 밟히고 돌에 맞아가며 오늘을 지켰고 오늘을 창조했다.

예수님은 세례를 받고 물에서 올라오실 때 비둘기 같은 성령을 받으셨다고 한다. 그러시면서도 "뱀 같이 지혜롭고 비둘기 같이 순결하라"라고 말씀하셨다. 비둘기의 부리로 징그러운 뱀을 쪼아낼 것이 아니라 그에게서 지혜를 배우라는 말씀이다. 최선이 때로는 평범한 악보다 더 불행한 결과를 가져올 수도 있다.

이 민족이 비둘기의 말만 들었더라면 벌써 이 땅은 적화통일이 되고 말았을 것이다.

2. 착하고 충성된 종

1) 맡김과 같으니

마태복음 25장 14절 이하에 나오는 달란트 비유에 주인이 먼 이국으로 가면서 그 종들을 불러 자기 소유를 맡겼다고 기록되어 있다. 아주 준 것이 아니라 맡겼다. 인간이 이 땅에 와서 80~90년을 사는 동안 소유한 모든 재물은 신이 인간에게 맡겨주신 것이지 완전한 자기 소유물이 아니다.

누가복음 12장 20절 말씀을 읽어보자.

"하나님은 이르시되 어리석은 자여 오늘 밤에 네 영혼을 도로 찾으리니 그러면 네 준비한 것이 누구의 것이 되겠느냐…"

오늘 이 땅에는 크고 작은 바람이 끊임없이 일어나고 있다. 그 바람이 일어나는 진원지를 찾아보면 서로 더 많이 갖겠다는 욕심이다. 인간의 지혜나 권력을 갖고서는 이 바람을 멈추게 할 수 없다. 이 바람을 맞아 상처투성이가 된 사람이 교회에 찾아 나오는 것은 갑과 을의 전쟁에서 승자가 되기 위해서가 아니다. 조용히 창조주 앞에 고개 숙여 "오늘밤에 네 영혼을 찾으리니 그러면?" 이라는 음성을 듣기 위해서요, 성서를 펼쳐 들고 "맡김과 같으니"란 말씀을 깊이 음미해보기 위해서다.

잠깐 맡아 있는 것은 빚이다. 빚은 많은 것보다 적은 것이 좋다. "가난한 자가 복이 있나니 천국이 저의 것이다."

2) 각각 재능대로

이 땅에 공산주의가 나타난 후 가장 많이 유행된 말은 '골고루, 공평하게, 공의' 같은 말들이다. 창조주는 창조 때부터 세상 만물을 똑같게 '하나'로 창조하시지 않으셨다. 하나님은 생명의 근원인 빛을 창조하신 후 그것을 쪼개어 어둠이 있게 하셨다.

사람을 쪼개어 한쪽은 가슴이 평평하게, 다른 한쪽은 불룩하게 만드셨다. 끝없이 펼쳐진 몽골 초원이나 캐나다 밀밭, 그 곳은 실로 아름다움이 없는 곳이다. 산도 있고 강도 있는 삼천리 금수강산은 창조주가 이 민족에게 내려주신 가장 큰 축복의 땅이다. 동등성이 아닌 비동등성(非同等性), 여기에서 사랑이 움터나온다. 육상, 복싱 등등 여러 경기에서 남녀 금메달을 따로 준비해 놓은 것은 여성을 무시해서가 아니라 존경하고 배려하고 사랑해서이다.

남·녀, 청년·어린이, 지체자유자·지체부자유자를 똑같이 대한다면 어떻게 될까? 이 땅은 당장 생명이 없는 사막이 될 것이다. 주인이 한 달란트, 두 달란트, 다섯 달란트 각각 비동등하게 맡긴 것은 주인의 사랑하는 마음에서 나온 것이다. 이것을 모르고 사람들은 "하나님은 왜 내게는 적게 주시고 저 사람은 부자가 되게 하셨습니까?' 하고 불평을 한다.

달란트 비유에서 주인의 가장 큰 사랑을 받은 종은 한 달란트 맡은 종인데도 말이다. 빚은 적을수록 좋다.

3) 천국의 정문은 믿음이다

달란트 비유에서 눈여겨볼 말씀은 "주인이 먼 곳에 가면서 소유를 맡길 때 임금에 대한 약속을 하지 않고 떠났다"는 바로 거기다. 주인은 네가 이 것으로 열심히 일해서 이윤을 많이 남기면 내가 돌아와서 장가를 보내 주 겠다던지, 혹은 땅을 얼마쯤 장만해 주겠다는 등등의 약속을 하지 않았 다. 두 달란트 혹은 다섯 달란트 맡은 종은 임금에 대한 약속이 없었는데 도 주인을 믿고 열심히 일했다. 그러나 한 달란트 맡은 종은 "임금 약속도 없는데 내가 왜 열심히 일해 공연히 부르조아 좋은 일만 하는 것 아니냐" 고 생각했다. 그는 주인에 대한 믿음이 없었기 때문에 땅을 파고 그 달란 트를 묻었다.

오늘 한국교회 목사님들은 달란트 비유를 수박 겉 핥는 식으로 읽어서 "하나님은 장사만 잘하면 더 많은 복을 내려 주신다"고 외친다. 하나님을 인자하신 아버지 같은 분이 아니라, 돈만 아는 사장 같은 분으로 가르친 다. 이런 주장은 구약성서 안에 흐르고 있는 공적사상(Dogma of Merit) 과 맥을 같이 한다. 즉 사람의 행위(공적)가 앞서고 하나님의 은총이 그 뒤를 따른다는 생각인데 예수님의 뜻과는 거리가 멀다. 달란트 비유는 믿 음으로 구원을 얻는다는 프로테스탄트 핵심 교리를 더 분명하게 해주는 말씀이다. 믿음의 뿌리를 가진 종만이 착하고 충성된 종이 될 수 있다.

3. 천하보다 더 귀한 생명(生命)

"사람이 만일 온 천하를 얻고도 제 목숨을 잃으면 무엇이 유익하리오" (마 16:26). 이 세상에서 목숨보다 더 귀한 것은 없다는 말씀이다.

이 말씀이 참말일진대 20살에 군에 입대한 이등병은 60세에 별 4개를 단 대장을 조금도 부러워해선 안된다. 왜냐하면 100세가 인간 수명의 한계라면(그 이상도 있지만) 이등병은 80년이란 긴 생명을 소유한 자요, 대장은 거기에 비하면 고작 절반 밖에 생명을 가지지 못한 자이기 때문이다.

요사이 빈부의 격차는 점점 벌어지고 있다. 이것이 오늘 이 사회의 가장 큰 비극이다. 특히 갖지 못한 자들이 지닌 많이 가진 자를 향한 증오의 눈빛은 무슨 비극을 곧 터트릴 것만 같다. 그러나 대학을 갓 졸업하고 취직을 못해 한숨짓고 있는 젊은이들이 재벌 총수를 바라보며 부러워하다가 증오로 변하는 그 눈빛과 분노를 뒤집어 생각해 볼 필요가 있다. 재벌 총수가 되는데는 (극히 소수의 예외만 제외하곤) 거의가 이순(耳順, 60세)은 지났을 것이다. 이분들은 재물을 많이 가진 반면 천하보다 더 소중한 생명은 신입사원보다 적게 가진 사람들이다. 재물과 생명, 이 둘은 참으로 비할 수 없는 질적인 차이가 있는 성질의 것들이다.

"하나님은 이르시되, 어리석은 자여 오늘밤에 네 영혼을 도로 찾으리니 그러면 네 준비한 것이 누구의 것이 되겠느냐…"(눅 12:20). 지하에 누워 있는 돈 많이 가졌던 부자, 징기즈칸, 플라톤, 양귀비 등은 지금 여기 살아 있는 젊은이들을 한 없이 부러워하고 있을 것이다.

지금 이 땅에는 대선 출마자들의 레이스가 시작되었다. 젖 먹던 때의 힘까지 다 쥐어짜서 거기 올라가려고 발버둥치고 있다. 창세기 11장에 인간들이 "… 성읍과 탑을 건설하여 그 탑 꼭대기를 하늘에 닿게 하여 우리 이름을 내고 온 지면에 흩어짐을 면하자 하였더니…"(창 11:4). 하나님은 그들의 언어를 서로 못 알아듣도록 혼잡하게 하셨다고 기록되어 있다. 사람들이 자기 이름을 내고 통일을 가져오겠다고 쌓아 올린 그 탑을 하나님은 허물어 버리시고 거기 그 사람들이 깔려 죽고 말았다는 이야기다. 대한민국이 세워진 이후 그 탑 꼭대기에 앉았던 분들 중에 비극으로 끝나지 않은 분은 한 분도 없다. 그런데도 목숨을 걸고 거기 올라가려고 몸부림치고 있다.

지상에서 가장 높은 에베레스트산 꼭대기에는 산소가 희박하다. 높은 꼭대기 거기는 생명이 머물기 부적합한 곳이다. 이와 반대로 낮은 곳은 산소가 풍부할 뿐 아니라 생명 자체라 할 수 있는 물도 넘쳐난다. 갈릴리호수는 지구 표면에서 가장 낮은 곳 사해와 연결되어 있다. 예수님은 여기에서 세례를 받으셨다. 출생도 그러하셨다. 말구유는 웅덩이 중에서도 가장 깊은 웅덩이다.

일등병, 말단 사원, 하급 공무원 등 주리고 목마른 이들이 있는 곳, 바로 거기가 가장 생명이 풍부한 곳이다. 높이 쳐다보며 시기, 질투, 원망, 불평을 말라. 천하보다 귀한 생명이 가장 풍부한 곳, 오늘 내가 서 있는 지금 여기에서 긍지를 가지고 감사하며 최선을 다하라.

"가난한 자는 복이 있나니 천국이 그들의 것임이요"(마 5:3).

"때가 아직 낮이매 나를 보내신 이의 일을 우리가 하여야 하리라. 밤이 오리니 그때는 아무도 일할 수 없느니라"(요 9:4)

4. 태풍(颱風)

"때론 인간에게 무서운 해를 끼치기도 하지만 태풍이 없다면 더운 곳과 그렇지 않은 곳, 비가 많이 오는 곳과 오지 않는 곳의 차이가 커져서 생태계에 악영향을 끼치게 됩니다. 알고 보면 태풍은 지구 전체의 생명을 살리기 위해 최선을 다해 일을 하고 있는 것일지도 모르겠습니다."—조영선

(과학학습도서 저자)

칼 바르트(K. Barth)는 '신학자들이 모여 있는 운동장에 떨어진 폭탄'이란 별명을 갖고 있는 『로마서 강해』에서 "혁명을 하지마라. 하나님이 하시면 몰라도 사람이 하면 그 사람이 그 사람이기에 공연히 헛수고만 하는 것이 된다."(의역)라고 말했다. 이 지상에서는 태풍이 일어나지 말아야 하고 역사 위에서는 혁명이 일어나지 말아야 한다. 그러나 생물이 진화하는 데는 돌연변이(突然變異)가 유익을 가져오기도 하듯이 때로는 태풍이나 혁명이 인간에게 유익을 가져오기도 한다.

바울 사도는 "위에 있는 권세인들에게 복종하라"(롬 13:1) 했는데, 한국 젊은이들은 목숨을 걸고 권세자들에게 항거하여(4·19) 이 땅에 민주주의의 씨앗을 뿌렸고, 8·15 해방의 자유를 얻었으나 헐벗고 굶주림에 신음하고 있던 백성들을 위해 일어난 5·16 혁명은 이 민족의 주린 배를 채워주었다.

실로 에릭 프롬의 말처럼 빵이 없는 자유는 자유가 아니다. 오늘 이 민족이 민주화와 산업화를 성공시켜 이 만큼 살게 된 것은 4·19와 5·16 태풍 덕이다.

신학자 폴 틸리히(P. Tillich)는 "인류의 역사는 '폼'(Form)과 '다이나믹'(Dynamic 혹은 Vitality)이 얼키고 설키어 이어져간다"고 했다. 여기 '폼'을 독재자라 하고 '다이나믹'을 자유 혹은 생동력이라 해도 좋을 것이다.

5·16 혁명을 전자, 즉 독재라 하고 4·19를 자유 혹은 생동력이라 해보면 이 둘 중 어느 하나만 가지고서는 새 역사를 창조할 수 없다.

4·19 이후 이 땅의 혼란상은 참으로 비참했다. 5·16은 군인들만이 일으킨 혁명이 아니었다. 청와대 안에서만이 아니라 당시 뜻이 있는 사람

의 입에서도 올 것이 왔다는 소리가 절로 터져 나왔다. 그때 태풍이 불지 않았다면 38선 이북보다 더 못한 세상이 되었을지도 모른다. 분명 무정부적인 사회보다는 무서운 독재적인 사회가 더 나을 수도 있다. 실로 이 민족은 독재와 자유를 잘 조화시켜 오늘의 발전을 가져왔다.

올림픽에서 세계 수 많은 국가 중에 5위를 했다는 것은 일제 통치와 6·25를 경험한 늙은이의 가슴에 눈물이 넘치는 감격이었다.

그것은 4·19 때문만도 아니요, 5·16 때문만도 아니다. 8·15 해방과 6·25 전쟁을 포함해서 이 무서운 태풍이 이 땅에 몰아쳤는데 이 모든 태풍은 결과적으로 하나님이 이 민족을 살리시고 복 주시려는 하나님의 사랑의 섭리였다.

독재가 나쁘다는 것은 삼척동자도 다 안다. 이승만 대통령은 오늘의 시대와는 비교도 할 수 없는 구한말 감옥에서도 일제 치하에서도 우리 민족의 내일을 위해 공부를 했다. 그런데 오늘의 정치꾼들의 학창시절에는 독재와 대항해 투쟁한답시고 감방에 들락거렸다가 그 경력이 훈장이나 되는 듯 지금에 와서는 감투나 쓰려고 설치고 있다.

4·19 앞에는 학생들이 섰지만 그 뒤에는 이승만이 있었다. 만약 빨치산 출신의 무식한 사람처럼 초등학교부터 민주교육을 시키지 않았더라면 4·19는 일어날 수가 없었다. 그리고 5·16 쿠데타가 후진국 중에 유일하게 성공한 혁명이 될 수 있는 것도 일찍부터 외국에 나가 최첨단 민주군대 교육을 받은 엘리트 장교들이 있었기 때문이다.

하나님의 섭리의 톱니바퀴가 돌아가고 있을 때 목숨 걸고 반대만 했던 소위 민주투사들은 과거를 부끄럽게 생각하고 잠잠히 있어야 할 터인데도 오늘날 자기들만이 애국자인 것처럼 설치고 있다.

"우리가 알거니와 하나님을 사랑하는 자 곧 그의 뜻대로 부르심을 입은

자들에게는 모든 것이 합력하여 선을 이루느니라"(롬 8:28). 구약의 하나
님은 다윗을 통해 골리앗을 쓰러뜨리셨으나, 예수님이 보여 주신 하나님
은 다윗 뿐 아니라 골리앗까지도 이용하셔서 당신의 구원사업을 이루어
가신다.

5. 포퓰리즘(Populism)

포퓰리즘의 사전적 의미는 '일반 대중의 인기에 영합하는 정치형태'를
말하며 반대되는 개념은 엘리트주의다. 얼핏 생각하기에는 소크라테스와
공자님은 엘리트에 가깝고 예수님은 아주 서민적인 분으로 보인다. 예수
님은 엘리트들이 쓰는 헬라어나 아랍어가 아닌 아주 서민들이 사용하는
아람어를 쓰셨다. 그리고 환자와 어린아이들을 가까이 하셨고 세리와 창
기 등과도 곧잘 어울리셨다. 또한 그가 선포하신 말씀도 유식한 지성인
들만이 알아들을 수 있는 진리가 아니고 어린아이들과 서민들이 알아들
을 수 있는 것이었다.

그래서 당시에 예수님의 대중적 인기는 대단했던 것 같다. 예수님이 디
베랴 바다 건너편으로 가셨을 때 거기 모였던 사람들의 수는 어마어마했
다. 이 일반대중의 인기를 약삭빠른 사람들은 당장에 정치적으로 이용
하고자 했다. 예수님을 임금 삼으려고 공작을 했던 것이다. 오늘의 반
(半) 기독교 성직자 같은 자들은 언제 어디에도 있었던 같다. 예수님이
공생애에 첫발을 디디셨을 때부터 무섭게 이 정치 마귀가 따라붙었다. 그
러나 예수님은 단호하게 이 유혹을 뿌리치시고 혼자 산으로 가셨다.

민주주의의 최대 약점은 언제든지 이 포퓰리즘이 될 수 있다. 어찌 정치계 뿐이겠는가.

시편 제1편 기자는 "악인은 바람에 나는 겨와 같다"고 했다. 생각 없이 겨처럼 살아가는 대중들을 이용해서 자기의 욕망을 채우려는 자는 악인 중에 악인이다.

세계적인 정치철학자 한나 아레트(Hannah Arendt)는 "생각없이 사는 일상적인 삶이 악의 근원이다"라고 말했다.

에릭 프롬(Erich Fromm)은 "자본주의 하에서는 참다운 메시지가 있을 수 없다. 왜냐하면 메시지는 상품가치가 있어야 하기 때문에 포장에만 신경을 쓴다"고 말했다.

헬뮤트 틸리케(Helmut Thielicke)도 비슷한 말을 했다. "오늘 강단에서는 소금이 뿌려지지 않고 대중의 비위를 맞추기 위해서 설탕만 뿌려지고 있다."

오늘 한국교회가 크게 성장하고 있다고 자랑할 것이 아니고 한국 강단이 일반 대중의 인기에 영합하고 있는 포퓰리즘으로 가고 있지나 않는지 다시 한번 깊이 생각해 봐야 하겠다.

6. 폭언(暴言), 폭력(暴力)

동양의 성현들이 폭언과 폭력을 휘둘렀는지는 잘 모르겠다. 그런데 예수님은 분명히 그렇게 하셨다. 때로는 폭력을 쓰셨고 때로는 폭언을 퍼붓기도 하셨다. 예수님의 공생애는 교육으로 시작하셨다.

"예수께서 무리를 보시고… 입을 열어 가르쳐 이르시되"(마 5:12). 방금 하늘에서 내린 금싸라기 같은 귀한 말씀으로 무리를 가르치셨다. 부드럽고 따스한 예수님의 말씀은 모든 희망을 잃은 환자들에게 희망과 용기를 주었고 당장 돌에 맞아 죽을 처지에 놓인 간음한 여인, 전에 남편을 다섯이나 가졌던 버림받은 사마리아 여인, 그리고 죄인 괴수 삭개오 같은 지옥 갈 사람들을 천국 백성으로 불러들이셨다. 그런데 이것이 전부가 아니다. 청천하늘에서 천둥소리가 들리듯이 때로는 날벼락 같은 독설을 퍼부으시기도 하셨다.

"독사의 자식들아"(마3:7), "뱀들아, 독사의 새끼들아, 너희가 어떻게 지옥의 판결을 피하겠느냐"(마23:33).

그리고 예수님은 아이의 머리에 손을 얹어주시기를 바라고 찾아온 여인의 청을 거절하시지 않으시고 들어주시고(막10:16), 또한 음행 중에 잡힌 여인 앞에 몸을 굽히시며(요8:8), 죄인 괴수 삭개오를 쳐다보시던 예수님이시다. 그런데 이 같은 온유 겸손하신 예수님이 성전에 들어가서 "돈 바꾸는 사람들의 상과 비둘기 파는 사람들의 의자를 둘러엎으시는"(마21:12) 폭력을 휘두르셨다. 왜? 오늘 교육학자들은 학교에서 절대로 폭력이나 폭언을 못 쓰게 한다. 이분들은 분명히 예수님보다 더 선한 사람인 것 같이 보인다.

오늘 우리는 예수님이 어떤 때에 폭력과 폭언을 쓰셨는지를 조용히 생각해보아야 한다. 먼저 예수님이 폭언을 하실 때 그 대상은 종교인들이었다. 종교인, 예나 지금이나 이들이 문제인들이다. 신앙생활이란 묵은 땅을 갈아엎는 생활이다. 그래서 부드러운 마음밭을 만들어 생명의 씨앗을 받아들이고 하늘로부터 내리는 햇빛과 단비를 받아들여 무럭무럭 생명의 씨앗이 자라나게 하는 것이 신앙생활이다. 그런데 예수시대나 오늘이나 똑같이 종교인은 그와 정반대의 길을 가고 있다.

오늘의 종교인의 비극은 자기 똥고집을 신앙으로 착각하는데 있다. 똥고집, 즉 이 굳어버린 땅은 삽 가지고는 안 되니 곡괭이로 찍어 넘겨야 한다. 예수님의 폭언은 곡괭이였던 것이 아닐까.

폭력도 마찬가지다. 현재 학교에서는 체벌을 금하고 있다. 파스칼(B.Pascal)이나 니버(H.R.Niebuhr)는 '인간은 천사와 악마 사이를 왔다 갔다 하는 존재' 라고 정의한다.

그런데 현대교육학에서는 인간이 지니고 있는 '악마성' 즉 기독교가 주장하는 원죄(Original Sin)를 너무 가볍게 생각하고 있는 것 같다. 윤리적인 죄보다 종교적인 죄가 더 무서운 죄의 뿌리다.

그래서 예수님은 성전 안에서 채찍질을 하신 것이다. 오늘 학교에서 매질이 없어진 것 그리고 교회 강대상에서 짠 소금대신 달콤한 설탕만 뿌려대는 것이 어떤 위기를 몰고 올 수도 있다는 것을 깊이 생각해 봄직하다. 예수님의 욕설과 매질이 없었다면 십자가에 달리시지도 않았을 것 같고, 그리 되었더라면 인류의 구원도 없었을 것이다.

7. 한국교회 성장의 네 뿌리

세계에서 제일 큰 교회가 이 땅에 있다. 참으로 놀라운 사실이 아닌가. 그런데 그 교회에서 나는 향내가 아닌 구린내가 지금 온 국민들의 이맛살을 찌푸리게 하고 있다. 여하튼 이 땅에는 대형교회가 우후죽순처럼 나타났는데 그 대형교회의 뿌리를 한번 찾아보자.

1) 교회 성장의 첫 번째 비결은 헌금 강조에 있었다

오늘 한국 크리스천들이 헌금을 잘 바치는 그 마음 밑에는 보상사상(dogma of merit)이 깔려 있다. 이 사람이 믿는 대상자는 "하늘에 계신 우리 아버지가"가 아니라 인색한 장사꾼이다. 바쳐야만 주신다는 생각이 자리하고 있다. 그리고 바친 사람은, "네 재물이 있는 곳에 네 마음이 있다"고 하신 예수님의 말씀처럼, 바친 돈이 아까워서 교회를 사랑하지 않을 수 없게 된다. 예수님이 처음 마귀에게 시험을 당하신 것이 바로 돈(빵) 문제였다. 예수님은 이 시험을 이기셨지만 한국 목회자들은 이 시험에 져서 헌금을 마구 걷어들이고 있다.

2) 기적 문제

마귀는 예수님께 기적(성전 꼭대기에서 뛰어내려보라)을 행해보라 했다. 세계에서 가장 큰 교회는 기적문제를 잘 활용해서 '제일'이란 자리에 앉게 된다. 이 교회 목회자가 많은 환자들의 병을 고친 것은 분명하다. 그런데 이상하게도 눈에 보이지 않는 속병은 잘 고치는데 타박상 같은 외상은 고치는 것을 보지 못했다. 여기 목회자는 신학을 제대로 공부하지 않은 것은 늘 자랑했다. 하늘로부터 직접 능력을 받았다는 것이다. 그러나 지금이라도 성서의 기적이야기를 좀 공부했으면 좋을 것 같다.

3) 권위주의

세 번째로 예수님이 당하신 마귀의 시험은 높은 자리에 앉아 군림해 보라는 것이다. 『카라마조프가의 형제들』이란 작품 속에 다음과 같은 장면이 있다. 예수님이 재림을 하셔서 당시 사제들을 만난다. 이때 사제들은 예수에게 강하게 항의를 한다.

"예수님 당신은 왜 이 좋은 권위주의를 버렸습니까? 당신이 버린 권위주의를 우리가 주워서 목회를 하니 이렇게도 교회가 부흥하는데 말입니다"(의역). 오늘 교회에서 목회자가 예수님을 닮아 종의 자세를 가진다면 얼마 있지 않아 그 교회는 문을 닫게 될 것이다.

교회 성장의 기적을 일으킨 모 교회 목사가 다른 교회에서 제직수련회를 인도할 때 다음과 같은 말을 했다. "제직들은 목사가 0을 먹으라고 해도 먹어야 해."

4) 신약성서보다 구약을 많이 인용해야 한다

구약 중에서 성장하는 교회 강단의 주 메뉴는 신명기 28장 13절 "여호와께서 너를 머리가 되고 꼬리가 되지 않게 하시며…"와 시편 37편 25절 "내가 어려서부터 늙기까지 의인이 버림을 당하거나 그의 자손이 걸식함을 보지 못하였도다"의 두 구절이다. 빌립보서 3장 7절 이하에서 바울 사도는 예수 이전에 가졌던 최고의 것을 예수를 영접한 지금에 와서는 배설물로 여긴다고 했다.

그런데 오늘 교회 성장에 눈독을 들인 목회자들은 예수님이 버리신 마귀의 유혹과 바울이 배설물로 여긴 것들을 주워서 교묘히 교회 성장에 이용을 하고 있다. 원래 유혹이란 가장 아름다운 것, 가장 매혹적인 것, 가장 달콤한 것들이다.

내가 미스 김에게 시험을 받고 있다는 말은 내 마음이 앉으나서나 자나깨나 그에게 쏠리고 있다는 말이다. 전 인류가 앉으나서나 자나깨나 그것만 생각하고 추구하는 그것을 갖고 마귀는 예수를 유혹했다. 예수님은 담대히 물리치셨지만 예수님이 버리신 그것을 한국 목회자들이 주워서 교회 성장에 교묘히 이용해서 성공(?)을 하고 있다.

여기 하나 더 생각해야 할 것이 있다. 초대교회가 박해 아래 있을 때 교회는 십자가 대신에 물고기 마크를 사용했다. 그런데 교회 성장을 간절히 소망하는 목회자는 생선 속에 들어 있는 십자가라는 가시를 뽑아 살코기만 교인들에게 먹인 것이다. 십자가 없는 기독교. 그건 아무런 가치도 없다.

8. 햇빛 쪼이기(영원한 새것)

영원한 새것은 하늘 위에만 있다. 어제의 햇빛은 오늘의 햇빛이 아니다. 어제의 햇빛은 어제와 함께 가버렸고 오늘 동녘하늘에서 떠오르는 태양빛은 완전히 새 빛이다. 예수님의 일생은 햇빛 쪼이기 일생이다.

예수님은 어려서 맹자처럼 공부를 많이 하신 것 같지는 않다. 그리고 예수님도 석가처럼 고행을 하셨다. 40일을 금식하셨지만 아무 것도 얻은 것이 없고 마귀에게 시험만 당하셨다. 성서에는 예수님이 12살 때 그 부모와 함께 유월절 절기를 지키시려 예루살렘에 올라가셨다는 기록만 있다.

유월절 절기란 하나님이 애굽의 종살이하던 이스라엘 민족을 구원해 주신 하나님의 사랑을 기억하고 감사하는 절기다. 다른 말로 하면 유월절 절기는 하나님의 영원하신 사랑의 햇빛을 쪼이는 절기다. 그리고 예수님이 공생애를 시작한 것은 어떤 신비한 진리를 깨달은 데서가 아니고 "하늘로부터 소리가 있어 말씀하시되 이는 내 사랑하는 아들이요 내 기뻐하는 자라 하시니라"(마3:17)라는 음성을 듣고서였다.

이 말씀을 오늘의 말씀으로 바꾸면 하늘로부터 내리는 하나님의 사랑의 햇살을 쪼이는 데서부터 공생애를 시작하신 것이다.

예수님은 하나님이 아니다. 예수님 스스로 "나는 인자(人子)다"라고 거듭거듭 말씀하셨다. 예수님은 발광체(發光體)가 아니고 반사체(反射體)

이시다. 예수님은 하나님의 사랑의 햇빛을 쪼이고 그것을 3년 동안 사람들에게 반사시켜 사람들로 하여금 하나님의 사랑의 햇빛을 쪼이게 하셨다. "쥐구멍에도 볕들 날이 있다"고 하지만 그것은 거의 불가능하다. 쥐구멍에는 여자들이 화장할 때 쓰려고 핸드백에 넣고 다니는 작은 손거울 같은 거울로 비춰야 거기 햇빛이 들어간다.

예수님 시대에 혈류증 병은 나병과 함께 사람과 하나님으로부터 완전히 버림받은 사람이 앓는 병이라고 생각했다. 그래서 문둥병 환자, 혈류증 환자는 사람 사는 세상에서 살 수 없고 쥐구멍 같은 어두운 곳에서 숨어 살았다. 예수님은 허리를 굽혀 이들이 살고 있는 그 쥐구멍 안으로 사랑의 햇빛을 비추어주셨다. 세리와 같은 사람, 또 간음하다가 현장에서 잡힌 여인 같은 사람은 그 자리에서 돌에 맞아 죽게 될 캄캄한 사망의 음침한 골짜기를 헤매고 다니는 사람들이다. 바로 이들에게도 하늘의 사랑의 태양빛을 비추어주셨다. 어린 아기를 품에 안은 여인은 예수님께 머리에 손을 얹어 달라고 간청했다.

오늘 많이 배운 어머니들은 좋은 음식, 좋은 환경, 좋은 학교면 훌륭한 사람으로 키울 수 있다고 생각하고 있다. 그러나 여기 이 어머니는 그것이 아니었다. 농부가 열심히 김 매고 거름만 준다고 해서 곡식이 잘 자랄 수 있는 것이 아니란 것을, 즉 하늘에서 내리는 햇빛이 잘 비춰 주지 않으면 헛수고가 된다는 것을 여인은 알았다.

믿음은 캄캄한 굴 속에서 쑥과 마늘을 먹으며 100일 기도를 드리는데서 솟아난 것이 아니다. 그 굴 속에서 나와서 예수님을 통해 사랑의 햇빛을 쪼이는 것, 이것이 믿음이요 영성이요 영원한 새것을 맛보는 것이다.

2014년 새해에 하늘로부터 오는 영원한 새것을 마음껏 받아들여 영원한 새 열매가 주렁주렁 열리는 새해가 되게 해달라고 기도하자.

9. 헌금(獻金)

하나님이 보시기에 좋았던 에덴동산 바로 거기에서 가장 무서운 마귀의 유혹(temptation)이 나왔다. 예수님이 공생애에 첫발을 내디디는 순간에도 같은 유혹이 있었다. 하나님의 나라는 하나님이 다스리는 나라다.

그 나라는 사랑이 지배하는 나라다. 그런데 오늘 인간들이 살고 있는 이 세상 나라는 분명히 「돈」이 지배하고 있는 나라다.

돈은 에덴만큼 아니 그 이상으로 아름답고 사람들이 보기에 먹음직도 하고 보암직도 하고 지혜롭게 할 만큼 탐스럽기도 한 물질이다.

처음 사람 아담과 하와에게 나타났던 마귀가 예수에게도 나타났다. "네가 만일 하나님의 아들이어든 명하여 이 돌들로도 떡덩이가 되게 하라" (마 4:3)

어떤 신학자의 말처럼 기독교는 물질종교다. 물질, 즉 몸을 입지 않는 메시아는 참 메시아가 아니고 도깨비다. 물질이 따르지 않는 사랑도 참사랑이 아니다. 그러기에 예수님이 사랑의 복음을 전하시려고 하는 순간 가장 먼저 관심을 가지신 것은 이 물질문제였다.

예수님이 맨 먼저 시험을 받으신 것은 거기에 가장 큰 무게를 두셨다는 것을 의미하고 그것에 내 마음이 빠져들어 가고 있음을 의미한다. 그러나 예수님은 아담과는 달리 이 무서운 유혹에서 승리하셨다. 그래서 모든 인류의 구주가 되신 것이다. 그러나 예수님과 함께 생사를 같이 하기로 다짐한 가룟 유다는 이 돈(헌금)문제를 잘못 다루어 스승을 배신하고 말았다.

초대교회에 아나니아와 그의 아내 삽비라라는 사람이 있었다. 이들은 헌금을 가볍게 생각하다가 사도 베드로 앞에서 즉사하고 말았다. 이로 인해 초대교회 성도들은 참으로 두려운 마음으로 헌금을 바쳤고 두려운 마음으로 헌금을 관리했다.

나는 50여 년 목회 생활을 끝마치고 조용히 뒤를 돌아본다. 하나님 앞에서 이렇다 자랑할 만한 것이 하나도 없다. 그런데 단 하나 분명하게 말할 수 있는 것은 헌금을 두려워했다 것이다. 자녀교육도 헌금으로 시키지 않았다. 손님접대 후 영수증을 교회 회계부에 제출하지 않았다.

담임목사 취임식 설교를 부탁 받고 제주도에 갔다. 부득이 호텔에서 자고 일어나 아침식사를 교회 헌금으로 하지 않고 나가서 내 돈으로 간단하게 해결하려다가 문을 연 식당이 없어 굶고 취임식 설교를 했다. 그리고 대구시가 들썩들썩한 큰 행사를 하고 난 후 그 거물 강사를 호텔이 아닌 여신도회관 방에서 잠을 재우고 교회 식당에서 아침을 대접했던 적이 있다. 대구에서 노회장이 된 후 서울에 실행위원회에 갈 때 노회 회계가 5만원을 주기에 거기서 3만 원만 갖고 2만 원은 돌려주었다. 그때 회계에게 주면서 말했다.

"나도 나이가 있으니 새마을호를 타고 싶소. 그러나 이 돈은 기도하고 걸은 헌금이 아니요. 불편하지만 무궁화호 열차를 타겠오."

오늘 교계의 비극이 어디서 오는가! 각 교회와 그 위의 노회와 총회의 관계가 껄끄러운 데에 있다. 그런데 그렇게 된 까닭은 어디에 있나. 나는 노회와 총회가 헌금을 아무런 두려움 없이 마구 사용했기 때문이라 생각한다. 그래서 내가 노회장으로 있을 때 노회 임원회를 할 때면 호텔 식당에 가지 않았다. 돈 만 원을 가지고 7명의 임원들에게 천 원짜리 샌드위치 한 개씩과 작은 우유팩을 한 개씩 돌린 일도 있다. 그런데 조기 은퇴할 때 교회가 나에게 붙여준 죄명은 헌금을 낭비했다는 것이다.

돈이 기름을 쳐 주지 않는 인간관계는 부드럽지 못한 법이다. 내 가슴을 치며 인간관계를 제대로 못 맺은 탓이라 후회하며 그래도 예수님은 '가난한 자가 복이 있다 하셨지' 혼자 중얼거리면서 감사하는 마음으로 지금 요단강에 발을 들여 놓고 있다.

10. "옳다 옳다, 아니라 아니라, 하라"

"기장의 새 역사운동은 '예' 할 것은 '예' 하고 '아니요' 할 것은 '아니요' 하는(마 5:37) 것을 자신의 생활의 지표로 세운 김재준의 선택과 결단에서 비롯되었다".

한신대 교수 연규홍 박사의 주장을 그대로(연규홍, 『새역사 50년사』 pp.70~73)받아들일 수 있을까? 여기에는 다시 한번 생각해야 할 것이 있다. 왜냐하면 인간의 이성으로서는 선과 악을 선명하게 구별할 수 없을 뿐 아니라 신앙생활은 인간이 선과 악을 구별해서 악을 버리고 선을 택해서 그 선을 행하기 위해 전력투구를 하는 것이 아니기 때문이다.

믿음은 결단이 아니라 고백이다. 20세기 유일한 예언서란 평을 받는 본 훼퍼의 『Ethics』에 의하면, "선이란 사는 것이고 산다는 것은 죄 짓는다는 것"이다. 누가복음 18장 22절에 예수님이 부자에게 "네게 있는 것을 다 팔아 가난한 자들에게 나누어주라"고 하신 말씀은 자기 재산을 다 나눠주면 구원받는다는 말씀이 아니다.

바울 사도는 고린도전서 13장에서 "내가 내게 있는 모든 것으로 구제하고"도 사랑이 없으면 아무 것도 아니라고 했다. 예수님이 그 부자에게 하신 말씀은 부자로 하여금 ―사람은 누구나 소유가 전혀 없으면 살 수가 없다― 하나님 앞에 무릎을 꿇게 하기 위해서 그렇게 말씀하신 것이다.

에덴 동산에서 하나님이 사람에게 하신 첫 말씀은 "선악과를 따 먹지 말라"였다. 이 말씀을 베르자예프는 "사람은 선악을 분명히 구분하지 말아야 한다"는 말씀으로 해석하고 있다. 실로 그렇다. 태초에 "땅이 혼돈하고 공허하며 흑암이 깊음 위에 있고……", 이 흑암 혼돈 속에서 선악과는 나왔다. 선악과의 뿌리는 혼돈이고 흑암이다. 선과 악은 서로 얽혀 있다. 그래서 예수님은 제자들에게 "가라지를 뽑지 말라"고 하셨다. 왜? 가라지의 뿌리와 알곡의 뿌리가 서로 얽혀 있기 때문이다. 그런데 처음 사람은 하나님의 명을 어기고 선악과를 따 먹고 말았다. 오늘 선과 악, 예와 아니오를 내가 분명하게 구별해서 예스쪽 즉 선을 택해서 살았다고 하더라도 조금만 다른 각도에서 그리고 시간이 지나서 그것을 보면 그 선이 절대적인 선이 아니란 것을 알게 될 것이다.

향교에서는 악을 버리고 선을 택해서 살라고 가르치지만, 교회는 인간은 선악을 구별할 수 없을 뿐 아니라 설령 선을 택했다 하더라도 그것을 행할 능력도 없는 자란 것을 고백하고 참회하며 용서받는 곳이다. 에덴동산 이야기의 핵심은 "불순종하면 죽는다"는 교훈적인 이야기가 아니다. 예수님이 보여주신 하늘에 계신 우리 아버지는 일곱 번씩 일흔 번이라도 용서해주시는 아버지시다. 그러기에 선악과를 따 먹은 아담과 이브가 거기서 회개를 했더라면 실락원의 비극은 없었을 것이다. 그런데 그것이 없었다.

그래서 예수님의 천국운동의 제일성이 "회개하라"였다. 예수님이 하신 "너희 말은 옳다 옳다, 아니라 아니라 하라"라는 말씀도 이미 선악과를 따 먹은 인간들로 하여금 아버지 앞으로 나아가 무릎을 꿇고 "내가 아버지께 죄를 지었사오니 지금부터는 아버지의 아들이라 일컬음을 감당하지 못하겠나이다"(눅15:21)라고 고백하고 회개하게 하기 위함이다.

"오직 너희 말은 '옳다 옳다, 아니라 아니라,' 하라"는 마태복음 5장 37절의 말씀을 우리 교단의 지표로 삼을 수 있을까? 여기에는 율법종교와 공자님의 냄새가 풍기고 있다. 우리 교단이 사는 길은 제주도 강정마을로 날아가 해군기지 설치 반대운동을 진두지휘하는 데 있는 것이 아니다. 하나님의 사랑과 주님의 은총 앞에서 가슴을 치는 회개와 함께 구원의 복음을 전하는 교회의 본연의 사명을 감당하는 데에 있다.

11. 절망(絶望)과 희망(希望)

성서는 아브라함, 야곱, 다윗 같은 이스라엘 민족의 조상들의 어두운 면을 있는 그대로 기록하고, 거기에 비쳐지는 하나님의 사랑도 함께 기록하고 있다. 그래서 마치 검은 칠판에 흰 분필로 글씨를 쓸 때 글씨가 잘 읽혀지듯이 하나님의 말씀이 선명하게 보인다.

성서는 하나님께서 당신이 창조하신 피조물을 향해 그 중에서도 특히 사람들을 향해 "I Love You!"하시는 말씀인 동시에 인간들의 죄성을 있는 그대로 폭로하는 책이다. 성서를 읽을 때는 고개를 숙였다 제쳤다 해야 한다. 아래로 인간의 죄된 모습을 바라보고 또 다른 한편으로는 고개를 뒤로 제쳐서 '그런데도 불구하고' 용서하시고 사랑하시는 하늘에 계신 하나님의 사랑을 바라보아야 한다.

어찌 성서뿐이겠는가! 나는 80여 년 간 살아오면서 인간과 세상을 똑같은 모습으로 바라보며 살아왔다. 굼벵이도 구를 재주를 타고 났다지만 굼벵이 같은 나도 한두 번 구르는 재주를 했던 적이 있다. 더도 아니고 두서너 사람에게 큰 은혜를 끼친 적이 있다. 그런데 분명히 나에게서 은혜를 입은 그 사람에게서 나는 배신을 당했다. 평범하게 그저 가까이 한 사람에게선 많은 사랑을 받았는데도 말이다. 처음에는 섭섭한 마음도 가졌었지만 그러나 이제는 아니다. 나는 결코 사람들에 대해서는 절망하지 않는다. 그 비법은 사람에 대해서는 애초에 기대를 하지 않아야 한다는 것을 알기 때문이다. 80여 년 간 인생을 살아오면서 터득한 지혜라고 할까. 아니 성서가 나에게 가르쳐준 지혜이다.

나는 50여 년 간 목회생활을 했다. 그리고 내가 제일 정성을 쏟고 피와 땀을 쏟아부었던 마지막 목회지 바로 그곳에서 피눈물을 흘리며 떠났다. (하나님, 예수님의 십자가의 아픔을 맛보게 해 주심을 감사합니다)

나는 참으로 이상한 경험을 했다. 일생 중 제일 처음 부임한 교회는 전국에서도 아주 유명한 교회로 '목사를 잘 내쫓는 교회' 라는 간판이 붙어 있는 교회였다. 그리고 마지막 목회를 한 교회는 '좋은 교회' 라는 소문이 전국적으로 퍼진 교회였다. 그런데 지내놓고 보니 나쁜 평판이 있던 교회에서 받은 사랑은 뜨거웠고 아니 지금까지도 그 사랑이 이어져 가고 있고, 제일 좋은 교회라고 소문난 그 교회에서 받은 상처는 지금까지 아물지 않고 있다.

나의 목회 철학은 "내 탓이요" 이다. 내 가슴을 치며 나 자신을 나무라며 여생을 보내고 있지만 순간순간 느껴지는 그 아픔은 요단강을 건너면서도 지워지지 않을 것 같다.

이 세상에는 나쁜 사람, 좋은 사람이 따로 있는 것이 아니다. 그리고 나쁜 교회, 좋은 교회가 따로 있는 것이 아니다. 6 · 25 직후 군대는 무척 거친 곳이었다. 거기에서 10년 넘게 생활할 때는 빨리 제대를 하려고 했다. 제대 후 40여 년 간 "할렐루야, 아멘" 만 부르짖는 교회, 그 중에서도 목사와 장로들이 모인 노회, 총회를 들락거리며 목회생활을 해왔다.

지금 뒤를 돌아보니 이 사회에서 가장 거친 군대생활이 에덴 같은 교회 생활보다 비할 수 없이 더 인간미가 넘치는 곳이었다는 것을 깨닫게 되었다. 하나님이 창조하신 에덴에서는 가장 무서운 시험이 나왔고, 이 땅에서 가장 추한 해골 골짜기에서는 모든 인류를 구원하는 십자가가 솟아났다는 성서의 역설이 요단강 가에서 서성이고 있는 늙은 사람의 머리에 떠오른다. 바로 이 절망을 요단강물에 던져버리고 고개를 제쳐 하늘을 바라보며 요단강을 건너기로 마음을 다짐해본다.

어찌 하늘에 계신 아버지 하나님이 예수님만 사랑하시겠는가!

"하늘로부터 소리가 있어 말씀하시되 이는 내 사랑하는 아들이요, 내 기뻐하는 자라"(마 3:17).

12. 타락을 뛰어 넘어 성숙(成熟)을

나는 중 2 때『백범일지』초판을 겨우 구해 눈물을 흘리며 정독했다. 그후 김구 선생은 현역 육군 장교가 쏜 흉탄에 쓰러졌다. 당시 나는 이승만 대통령에 의한 것이라고 단정하고 내 젊은 시절을 이 대통령을 증오하면서 보냈다.

그리고 40대에 들어서면서는 '군인이 정치를 해서는 안 된다'는 단순한 생각에서 박정희 대통령을 증오하는 삶을 살았다. 3선 개헌과 유신헌법을 반대하는 투쟁대열에 제일 앞장 서서 큰 감투를 쓰고 열을 올렸다. 심지어는 실천에 옮길 수도 없는 공상의 세계에서 밤마다 중앙청 앞에 우뚝 서 있는 종합청사 옥상에 올라가 청와대를 향해 무반동총을 쏘아댔다.

지금 생각하면 그러다가 손도 씻지 않은 채 설교 준비를 했으니 그 설교를 받아먹은 교인들이 배탈이 나지 않을 수가 있겠는가? 이제 은퇴를 하고 조용한 시간이 많아 뒤를 돌아보며 참회의 눈물을 흘린다. 내 생각과 행동을 하늘빛으로 다시 조명해 본다.

"이는 내 생각이 너희 생각과 다르며 내 길은 너희의 길과 다름이니라"(사 55:8), "이 예수는 건축자들의 버린 돌로서 집 모퉁이의 머릿돌이 되었느니라"(행 4:11).

하나님은 죄 많은 야곱을 이스라엘 민족의 조상으로 그리고 죄 많은 다윗을 메시야의 조상으로 삼으셨다. 그렇게도 내 젊음을 다 바쳐 증오하던 그 대통령이 바로 이 민족을 오늘 같이 잘 살게 해준 대통령이었다는 생각이 들기 시작했다. 정의감이 강한 젊은 후배들은 나 같이 늙은 사람을 바라보며 "육신이 늙어가는 것과 같이 정신세계라 할까, 영적인 세계라 할까, 육체 속에 있는 생각하는 세계도 늙고 타락해 간다"고 말할 것이다. 여기서 '타락'이란 말은 옳은 길에서 벗어나 나쁜 길로 간다는 뜻만이 아니고 익어서 떨어져 잊혀진다는 뜻도 있다고 할까!

인간의 일생에는 두 길이 있다. 바로 가는 길(直)과 돌아가는 길(迂)이다. 사람은 모두가 곧고 똑바로 가야 하지만 때로는 우가 직보다 효과적일 때가 있다. 이쪽은 옳고 저쪽은 나쁘다고 단정해서는 안 된다. 어떤 가수는 '돌아가지마, 내 인생은 직진이다'라는 노래를 부르지만, 예수님은 천국 비유에서 "천국은 농부가 밭을 갈다가 뜻밖에 보화를 발견하는 것과 같다"(直)고 하시기도 하셨고, 또 다른 곳에서는 "상인이 보화를 찾아 오랫동안 찾아다녔다"(迂)고도 하셨다.

불교에서도 "일시에 깨치고 더 닦을 것이 없이 공행을 다 이루는 돈오돈수(頓悟頓修)냐", "진리를 깨친 뒤 번뇌와 습기를 차차 소멸시켜가는 돈오점수(頓悟漸修)냐"를 가지고 논쟁을 한다. 젊은 시절은 직진을 좋아

한다. 반드시 그래야 한다. 그러나 나이가 들면 돌아가는 길을 택할 수도 있다. 아기 예수를 찾아가서 경배를 한 세 명의 동방박사들은 천사의 지시로 고향으로 갈 때는 직진이 아닌 돌아가는 길을 택했다.

나이가 들면 이처럼 타락할 수가 있다. 아니 타락해야 한다.

여기 타락은 성숙이란 말과 통하는 말이다. 꽃잎이 시들면 반드시 그 안에서 씨앗이 영글어 간다. 오늘 젊은 세대는 시들어 가는 꽃잎을 보고 타락했다고 손가락질만 하지 말고 그 시듦, 즉 연륜(年輪) 속에 돌아가는 나이 많은 사람들에게서도 얻을 것을 찾아 손에 꼭 쥐면 절망을 뛰어넘어 희망의 새것을 맞이할 것이다.

문화혁명의 한가운데 서 있었던 마오쩌둥의 동상이 조금도 훼손되지 않고 그대로 우뚝 서 있다. 덩샤오핑이 공칠과삼(功七過三)을 말하며 마오쩌둥을 용서했다.

우리 모두 한 발씩 물러서서 공오과오(功五過五)의 사람까지도 가슴에 품어보자. 과거라는 뿌리를 뒤져보면 구린내가 나기 마련이다. 구린내가 난다고 해서 잘라버린다면 잎과 줄기는 시들어 열매를 거두지 못할 수도 있다.

서로 용서하고 화해할 때 이땅의 민주주의의 나무는 무럭무럭 자라게 될 것이다.

■ 향기 여규식 목사님의 신앙 수상록

이 책에서의 권유

권 영 수
성현교회 원로목사

여규식 목사님의 이 신앙 수상록은 나같이 멍청하게 살아온 사람이나 또 지금 멍하게 살고 있는 사람이 꼭 읽어볼 만한 책이다. 나는 일찍이 공무원생활도 해보고 또 시정에서 장사꾼 생활도 해보고 목사로 목회활동도 해 봤지만 어느 것도 성공하지 못 했다.

항기 여규식 목사님의 이 신앙수상록은 성공한 사람들이나 성공을 향해 달려가고 있는 사람들에게는 잘 보이지 않을지도 모른다.

한때 잘난 체 해 보았던 사람이나, 여 목사님 말씀처럼 성숙함을 넘어 타락한 사람이나, 나같이 한가한 사람의 눈에나 띄는 들풀이나 들꽃의 구린내와 함께 새로운 희망의 향기를 내뿜는 책이다.

나는 고려대학교와 감리교신학대학교를 다녔다. 그냥 다녔다. 경북고등학교 1학년 때부터 어떻게 살든 결국은 다 죽고 그리고 영원한 흑암(시간) 속에 흔적도 없이 묻혀버릴 텐데 산다는 것이 무슨 의미가 있느냐 하는 생각 속에 그냥 사는 날 동안 살아 있을 수밖에 없다는 생각으로 멍하게 살아 있는 것뿐이다. 자살할 생각은 별로 없었다. 그냥 있으면 죽는데 뭐 구태여 자살까지⋯ 하는 생각이었으리라.

여규식 목사님은 하나님께서 나를 딱하게 여기시고 보내주신 분이라고 믿고 있다. 유치원 다니는 손주 녀석이 웃으면서 나를 "멍청아"하고 부르기도 한다. 지 할매가 나보고 멍청하다고 가끔 야단(?)치는 것을 여러 번 보았기 때문이다.

멍청한 분, 성공하지 못했다고 생각하는 분(loser), 교회에도 절에도 적응이 잘 안 되는 분들에게 여규식 목사님의 얘기를 나누어 읽어보라고 권하고 싶었다. 그래서 여규식 목사님의 은퇴하신 후의 옥고에 생명을 불어넣어 책으로 만들어보자고 권한 사람들이 있다. 이 책이 바로 그 책이다.

2014년 6월 28일

향기 여규식 목사의 신앙수상록
빈 항아리의 투덜거림

제1쇄 인쇄 2014년 7월 5일
제1쇄 발행 2014년 7월 10일

지은이 향기 여규식
펴낸곳 화산문화
출판등록 1994년 12월 19일. 제 2-1880호

(110-043) 서울 종로구 자하문로55, 효자상가 A 201호
전화 02)736-7411~2
팩스 02)736-7413
huhmanil@empal.com

ISBN 978-89-93910-37-7 03230   값 15,000원